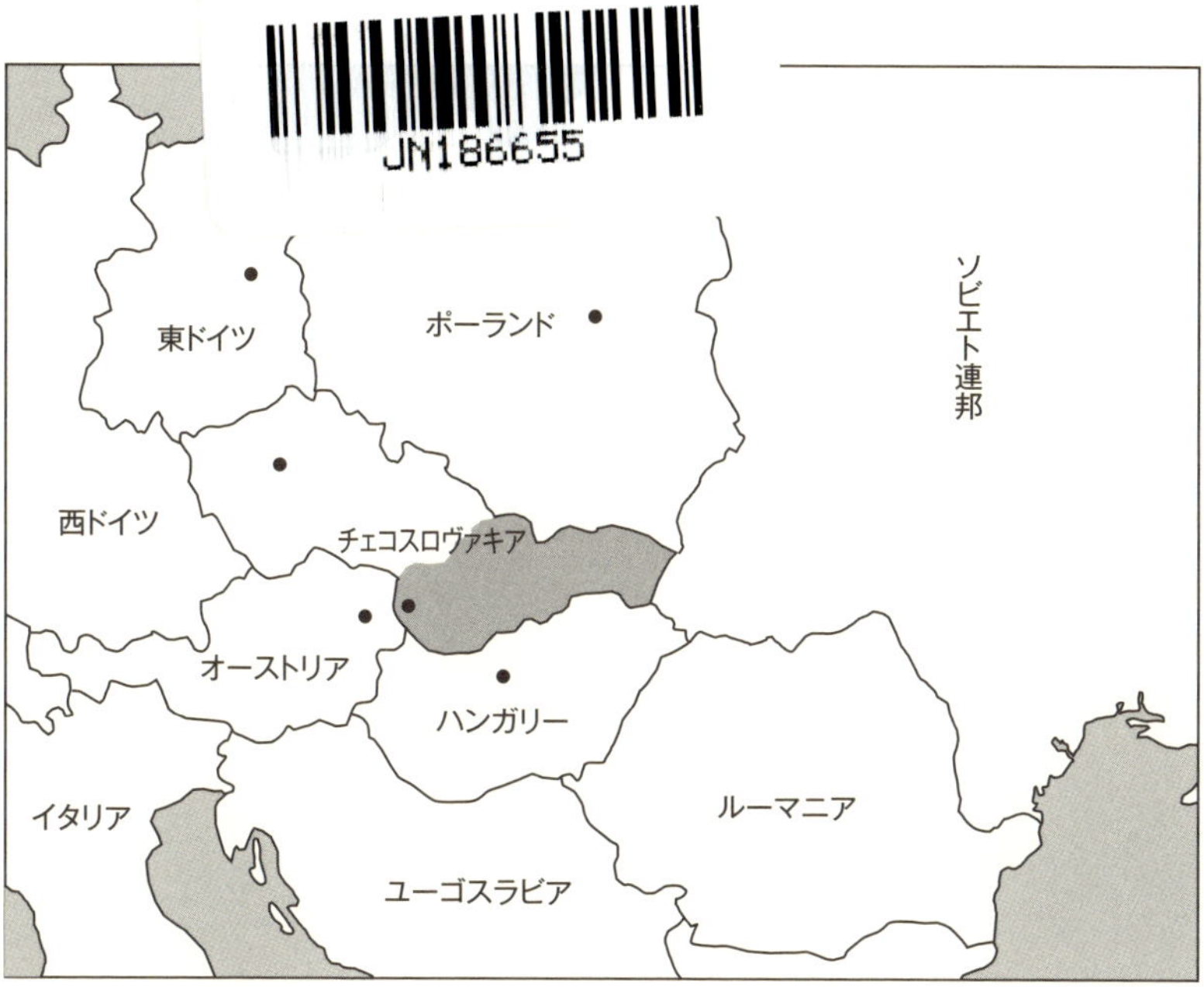

3. 冷戦期

4. 現在（2015年）

デモクラシーという作法

スロヴァキア村落における体制転換後の民族誌

神原ゆうこ

九州大学出版会

Democracy in Practice

Slovak Villages' Struggles after the Transition

Demokracia v praxi

Pohraničný slovenský vidiek po transformácii

（扉写真）
スロヴァキア―オーストリア国境のモラヴァ川
（スロヴァキア側から対岸を望む。）

冷戦時代は国境警備隊に管理され，
スロヴァキア側は地元の人もこの川に簡単に近づくことができなかった。
現在は釣り人のための小屋が建つのどかな場所である。
（2007 年 4 月　筆者撮影）

目次

図表目次……viii
凡例……xiii
アルファベット略称一覧……xiv

序 「革命」のあと……3

第1部 体制転換を取り巻く諸概念の検討

第1章 文化人類学が体制転換を扱うことの可能性……19
1 体制転換後のスロヴァキア社会……19
2 ローカルな場における政治的価値観の検討にあたって……24
(1) 時代の象徴としてのデモクラシー／民主主義 24
(2) 東欧の体制転換と市民社会についての理解 28
(3) ポスト社会主義の人類学における市民社会の位置づけ 33
(4) アソシエーションへの注目 36

(5) 公共性に関する人類学的問い　40
(6) 複層的な市民社会を支える価値観を考察するために　44
3　研究方法……………………………………47
(1) 調査について　47
(2) 社会主義の経験を分析するということ　49

第2章　現地の人々にとっての市民社会とアソシエーション……53
1　スロヴァキアにおける市民社会論の所在……………53
(1) 体制転換時に出現した「市民社会」についての理解　53
(2) 「輝かしい過去の市民社会」を支えたアソシエーション活動について　57
(3) アソシエーションの再編を経て　60
2　社会主義時代における市民社会の存在可能性……………63
3　アソシエーション活動に託す希望……………68
(1) 体制転換後のスロヴァキアのアソシエーションを取り巻く状況　68
(2) オルタナティブな市民社会の理解をめざして　73

第2部　国境地域の村落の人々の生活変化とデモクラシーの自覚

第3章　スロヴァキア西部国境地域における人々の生活の変容……79
1　スロヴァキア西部国境地域の概観……79
2　調査地について……81
(1)　現在の状況　81
(2)　歴史的背景　86
3　「断絶」の時代の記憶……96
(1)　越境の制限と監視の経験　96
(2)　アソシエーションの再編　101
4　有刺鉄線の撤去後……103
(1)　体制転換後の国境地域　103
(2)　越境移動の再開　105
(3)　移動しない人々の存在　113
5　ヨーロッパ地域統合時代の国境地域……115
(1)　EU時代における労働移動　115
(2)　国境地域協力の可能性　121
(3)　越境のありかたの変容　125

第4章　自覚されるデモクラシーとつながりの再生――パヴォル村を事例として――……129
1　「革命」の時代が生んだ価値観……129
(1)　村落の「革命」　129
(2)　村落における実践者の立場　130
(3)　村における「革命」の記憶　134
2　新しい隣人との交流とその共有……145
(1)　橋がつなぐ対話と交流　145
(2)　活動の継続性と意味の転換　148
(3)　協力の経験とその共有　151
3　時代を担う経験……155
(1)　自由選挙後　155
(2)　デモクラシーの不安定なかたち　158
(3)　「革命」の到達点　164
第5章　国境の開放としたたかな熱狂――リエカ村を事例として――……169
1　国境の開放と「革命」のずれ……169
(1)　「革命」と社会主義への憧憬　169
(2)　国境の開放の文脈と「革命」の文脈の切り離し　176

2　アソシエーションの連携の契機としての地域交流……179
(1)　橋の存在と交流　179
(2)　リエカ村民族舞踊団　183
(3)　連携を支える現場　188
3　ボランタリーな活動のポテンシャル……193

第3部　「自治」の時代の人々にとってのデモクラシー

第6章　ネオリベラリズムの時代の自治／「自治」……207
1　地方分権化と「自治」……207
(1)　地方分権の時代へ　207
(2)　二つの自治／「自治」　209
2　「自治」の模索……212
(1)　スロヴァキアの地方分権化プロセスと新たな「自治」のはじまり　212
(2)　求められる「自治」とは　215
(3)　自助努力と「自治」の相違　220
3　リエカ村の「自治」と自治の間の可能性……225
(1)　「自治」への反発の局面　225

(2)「自治」と資本主義的な思考　230
(3) 村落における「自治」がもたらす市民社会への経路　235
第7章「自治」の時代の自律性を支えるモラリティの存在……245
1「自治」を支えるアソシエーションのシステムと村落……245
2「自治」と自律性——パヴォル村における新しい動向——……250
(1) パヴォル村におけるアソシエーション活動の状況　250
(2) 自律的な活動のジレンマ　253
3 村のための「自治」と村のためのモラリティ……260
(1) 市民的な自発性とモラリティの境界　260
(2)「村のため」という言葉の含意の差　264
(3) 作法とモラリティ　269
結論　デモクラシーという作法……277
あとがき……291
注
文献一覧
年　表

地図

索引

〈コラム〉

1 社会主義時代までのスロヴァキア略史……14
2 中欧を移動する人々……127
3 チェコスロヴァキアの分離とその後……199
4 民族舞踊団と村の年中行事：メイポールとヤンの焚火……241
5 キリスト教と村の年中行事……273
6 読書案内……288

図表目次

図

図1　スロヴァキアおよび周辺諸国の失業率……20
図2　市民社会論の視点……56
図3　NGO活動内容の比較……69
図4　NGO財源の比較……69
図5　VPNの分裂……164

地図

地図1　戦前のスロヴァキア—オーストリア国境を越える主な経路……89

表

表1　スロヴァキア国民戦線（Národný Front SSR）を構成するアソシエーション一覧……62
表2　サードセクターを支えるアソシエーションの活動内容……72
表3　ザーホリエ地域の職業別人口割合……83
表4　パヴォル村の人口と年齢構成……85
表5　リエカ村の人口と年齢構成……86

表6　リエカ村の主な産業と各会社の従業員数……87
表7　リエカ村の労働者の構成……87
表8　リエカ村以外で働く人々の行先……87
表9　パヴォル村における第一共和国以前のアソシエーション……93
表10　リエカ村における第一共和国以前のアソシエーション……94
表11　社会主義時代のパヴォル村の主な就業機会……97
表12　パヴォル村における活動中の主なアソシエーション……152
表13　一九九〇年六月スロヴァキア総選挙政党別得票率……156
表14　パヴォル村の村議会議員選挙結果……163
表15　リエカ村の村議会議員選挙結果……175
表16　リエカ村民族舞踊団の年間スケジュール……186－187
表17　リエカ村における活動中の主なアソシエーション……189
表18　スロヴァキアの自治体の規模と人口割合……213
表19　権限移譲の計画……213
表20　公共サービスの管轄……214
表21　調査地への主な経済的支援（EU関連）……216

写真

写真1　スロヴァキアの体制転換推進派政党「暴力に反対する公衆（VPN）」発行の新聞（新聞記事1）……4

写真2　スロヴァキア・ザーホリエ地方新聞（新聞記事2）……5
写真3　かつてのモラヴァ川の渡し船……90
写真4　かつてのリエカ村の橋と国境検問……90
写真5　一九九四年から二〇〇八年まで使用された国境検問所……90
写真6　現在のパヴォル村の国境の橋……90
写真7　現在のニジナー村の国境の可動の浮橋……90
写真8　オーストリア国境通過のための許可証……91
写真9　スロボダ氏が村役場そばに貼ったプラカード……137
写真10　モラヴァ川に向かって国境警備地域を歩く人々の列……140
写真11　ノイドルフ村との合同イベント「昔のスロヴァキア―オーストリアの結婚式」のポスター……188
写真12　EUからの支援を得て建設されたパヴォル村の橋……217
写真13　EUからの支援を受けたことを示す石板……217
写真14　パヴォル村の上水道工事がEUの支援を受けたことを示す石板……217
写真15　EUからの支援を受けて改装されたリエカ村の文化センター「文化の家」……217
写真16　EUからの支援を示す表示……217

巻末資料

別図1　中央ヨーロッパ地図
別図2　調査地周辺拡大図

別表1　スロヴァキアと周辺諸国の年表
別表2　パヴォル村とチェコスロヴァキアの体制転換期（一九八九年十一月〜一九九〇年十一月）詳細年表

見返し

スロヴァキア歴史地図

凡　例

●スロヴァキア語の表記について

本書では、現代スロヴァキア語正書法にもとづいて表記している。なお本文中においては、スロヴァキア語を表記するときは、人名・地名については、現地語の発音に近い形でカタカナを用いて表記した。その他の団体名などについては、場合に応じて、カタカナ表記と翻訳を使い分けており、必要に応じて現地語を併記している。固有名詞を除いた現地語についても、必要に応じてイタリック体で併記している。

●国名について

日本国外務省はスロバキア共和国と表記しているが、本書では現地語の発音に近いスロヴァキア共和国（Slovak Republic = *Slovakia* 英語／*Slovenská republika* = *Slovensko* スロヴァキア語）という表記で統一する。

●調査地の地名、インフォーマントの人名について

本書の民族誌的な記述の中には、インフォーマントの個人的な事情に触れる箇所もある。日本文化人類学会倫理綱領第5条を鑑み、インフォーマントに間接的な不利益が生じないよう、調査地の地名およびインフォーマントの人名はすべて仮名またはイニシアルを用いて表記している（インフォーマントのうち、頻繁に登場する者については仮名を用いた）。近隣の都市名などは実際の名称をカタカナ表記しているが、調査地の対岸の村名など、調査地の特定につながる村についても、仮名を用いている。そのため一部の写真には加工を加えている。

●インタビュー記録について

インタビュー調査の記録に基づいた記述については、注にインフォーマントの属性と調査日時を記している。なお、主たるインタビュー調査はスロヴァキア語で行った。

●参照文献について

本書は、文中に参考文献を［著者の姓　出版年：引用ページ］の形式で示しているが、同姓の著者については、欧文は著者のファーストネームのイニシアルを追加し、和文は著者の名前最初の文字を（　）内に併記している。

アルファベット略称一覧

ANO	Aliancia nového občana 新市民同盟（政党名）
DS	Demokratická strana 民主党：社会主義時代も存続を認められていたが、政治的な活動は制限されていた民主主義政党
EU	European Union
ESWMK	Spolužitie-Maďarské kresťanskodemokratické hnutie 共生・ハンガリーキリスト教民衆運動
HZDS	Hnutie za demokratické Slovensko 民主スロヴァキア運動（政党名）：ＶＰＮの後継政党であり、1990 年代半ばに政権の座にあった。
KDH	Kresťanskodemokratické hnutie キリスト教民主運動（政党名）
KSČ	Komunistická strana Československa チェコスロヴァキア共産党
KSS	Komunistická strana Slovenska スロヴァキア共産党
PHARE	Poland and Hungary Assistance for Reconstructing：ＥＵ加盟準備のための地域補助プロジェクト。対象国はポーランドとハンガリーから、その後その他の加盟候補国に広がった。
PHARE CBC	CBC ＝ Cross Border Corporation：PHARE のうちの国境地域協力のためプロジェクト
SAV	Slovenská akadémia vied. スロヴァキア科学アカデミー
SDKÚ	Slovenská demokratická a kresťanská únia　スロヴァキア民主キリスト教連合（政党名）
SDĽ	Strana demokratickej ľavice 左派民主党
SMK	Strana maďarskej koalície ハンガリー連立党
SNS	Slovenská národná strana スロヴァキア民族党
SZ	Strana zelených 緑の党
VPN	Verejnosť proti násiliu「暴力に反対する公衆」（政党名）：スロヴァキアにおける体制転換を主導した政党

＊スロヴァキアの政党名の翻訳については、基本的に林［林 2009］を参考にした。

デモクラシーという作法——スロヴァキア村落における体制転換後の民族誌

序　「革命」のあと

本書は、一九八九年に社会主義からの体制転換を経験し、現在はＥＵの加盟国となっているスロヴァキア共和国を調査地とし、地域社会における体制転換後の政治的価値観の変容を文化人類学的に考察した成果をまとめたものである。ここで言う体制転換後の政治的価値観とは、新しい時代を代表する理念として普及している民主主義や、それに関連する諸概念についての人々の理解に基づくものを想定している。一九八九年の東欧の旧社会主義国の政変は「東欧革命」という言葉で表現されることが多く、現地においても「革命（*revolúcia*）」という言葉がよく用いられている。しかしながら、本書では当事者の語りに言及する場合を除いて、基本的に体制転換という言葉を使用する。なぜなら、「革命」はその後の社会変容の入り口を示す言葉でしかないのに対し、体制転換は一九八九年以降の民主主義の導入や市場経済化などの複合的な変化を指し示す言葉であるという違いを重視しているからである。

一九八九年十一月の東西ドイツを隔てたベルリンの壁崩壊は日本のメディアでも大きく取り扱われた。その後、チェコスロヴァキアの「ビロード革命」(1)が続いたのであるが、当時はチェコスロヴァキアを構成する連邦共和国であったスロヴァキアの体制転換に関する報道の記憶を持つ読者は多くはないだろう。チェコスロヴァキアの「革命」に関する世界のメディアの注目は、首都プラハの動向と運動のリーダーであったバーツラフ・ハヴェルに集まっていた。その一方で、スロヴァキア国内でも民主化運動は盛り上がり、その結果としてもたらされた共産党の支配の終焉を意味する行事には多くの人々が参加していた。

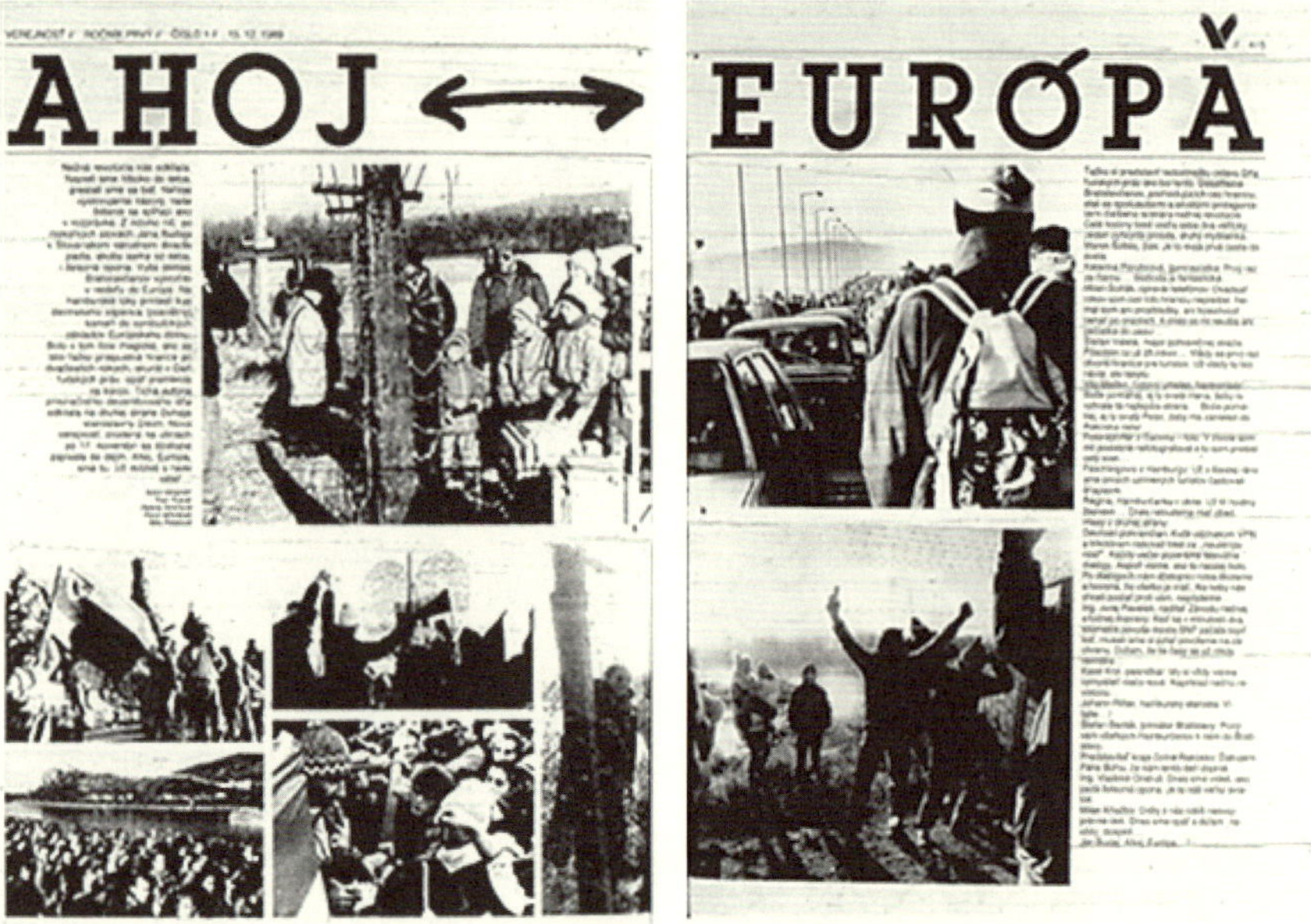
AHOJ ⟷ EURÓPA

写真1　スロヴァキアの体制転換推進派政党「暴力に反対する公衆（VPN）」発行の新聞（新聞記事1）

例えば、以下に示す新聞記事の抜粋（新聞記事1、2）は、いずれも十二月九―十日にブラチスラヴァ（現在のスロヴァキアの首都）郊外に位置するオーストリア国境の有刺鉄線の一部が取り除かれた際の様子を記述したものである。ブラチスラヴァはオーストリア国境に接した都市であり、〈新聞記事1〉ではブラチスラヴァの西側の国境地帯、〈新聞記事2〉では北側の国境地帯の様子が取材されている。

〈新聞記事1〉

ビロード革命は、私たちを魔法から解いた。自分自身を深く見つめ、恐れることはもうやめた。私たちは声に出して、意見を言葉にし、要求は物語のように実現した。ヤン・ブダイ[2]がスロヴァキア民族劇場で（「こんにちはヨーロッパ」という：筆者注）言葉を発した後、何によってでもなく、まるで自ら「鉄のカーテン」は崩れたようであった。この日曜日、一〇万人以上のブラチスラヴァ市民がヨーロッパへと踏み出した。私はハインブルク郊外の草原に、デヴィーンの石灰岩のかけらを置いた。それは、象徴的にヨーロッパという家の基礎となる石である。通過するのが非常に大変だったこの国境が二〇年経って、[3]ちょうど人権の日（十二月十日：筆者注）に再び、散歩できるようになったのは、なんとも不思議な気分であった。十二月の澄み切ったこの日の静かな熱狂は、ドナウ川の対岸にある古スラヴ人の遺跡があるデヴィーンをも魔法から解いた。新しい公共性は、十一月十七日に市街で生まれ、堂々と歴史に刻まれた。こんにちはヨーロッパ、私たちはここにいます。もう、あなたたちの一員です……[4]（写真1参照）。

この日は、およそ一〇万人が集まり、人々は国境の開放を共に祝った。このうち、およそ一万人ものスロヴァキア人がそのまま国境を越えて、オーストリア側の国境の町のハインブルクを徒歩で訪問したのである。

AHOJ EURÓPA

(Od nášho vyslaného spolupracovníka)

HAINBURK (M. BLUSK) — Symbol slovanskej jednoty — Devínsky hrad, bol opäť tým miesto, kde občania Bratislavy, ale aj celého Slovenska, ba aj bratia Česi, raz navždy skoncovali so „železnou oponou." Po prvý raz mnohí, či prevažná časť, videla Devínsky hrad z rakúskeho brehu. Bol to krásny — slobodný pohľad. Vyše sto tisíc účastníkov v predvečer Dňa ľudských práv hádzali kvety do Dunaja, aby sa rozlúčili raz navždy s obdobím diktátu a neslobody v našej spoločnosti. Poslali sme tak aj pozdrav obyvateľom krajín kadiaľ Dunaj tečie, ako aj ostatným ľuďom na našej modrej planéte. Teraz, keď píšem tieto riadky, azda najsrdečnejší pozdrav rumunskému ľudu, aby raz navždy skoncoval s fašistickou vládou Ceausesca. Navštívili sme aj obec Hainburg, kde sme boli srdečne prijatí. Vďaka vám susedia Rakúšania Urobili sme krok do Európy. Ahoj Európa, povedal jeden z tých, ktorému patrí naša vďaka, Ján Budaj z Verejnosti proti násiliu. (na obr. vpravo). Obrázok dole, približuje nezabudnuteľný pohľad na hrad Devín od susedov z Rakúska.

写真2　スロヴァキア・ザーホリエ地方新聞（新聞記事2）

〈新聞記事2〉

スラヴ人の象徴であるデヴィーン城は、鉄のカーテンが永遠になくなったことで、ブラチスラヴァの人々だけでなく、スロヴァキア人すべて、また兄弟であるチェコ人もまた再び自由に訪れることができる場所となった。多くの人々がこの日初めてオーストリア側の岸からもデヴィーン城を眺めることができた。それは美しく、自由な眺望であった。人権の日の前日に一〇万人を超える人々がドナウ川に花を投げ入れ、独裁的な政治の時代から永遠に別れを告げた。それは、同時に私たちからのあいさつでもある。ドナウ川が流れる国の人々さらに、ひいては、この地球の人々に。また、とりわけチャウセスク政権下のルーマニアの人々に[5]（写真2参照）。

ブラチスラヴァからさらに北側に延びるスロヴァキアとオーストリアの国境は、モラヴァ川という名の川で隔てられており、この川はブラチスラヴァの北側の郊外でドナウ川と合流する。その合流地点には、デヴィーン城という古城の遺跡がある。この城はスロヴァキア国内に位置しているが、その周辺地域は社会主義時代、国境警備隊の管理下に置かれており、一般の人々の立ち入りが制限されていた。そのため、当時の人々にとっては、国境を越えることだけでなく、かつて国境警備隊が管理していた地域に立ち入ることだけでも、自由の象徴として受け止められたのである。これらの記事からは、当時の人々の喜び、好奇心、解放感をうかがうことができるが、文体から推察できるように、この記事は体制転換に肯定的な立場から抒情的に記されている。したがって、当時の様子を客観的に記述しているかどうかという点については疑問が残るが、少なくとも、当時体制転換を求めていた人々が何に感動していたかということが印象的に伝わる。「鉄のカーテン」の向こう側に自由に行けるようになったこと、新しいヨーロッパの時代が始まるということ、この記事は、当時の人々の希望の一側面をよく示している。

しかしながら、この熱狂はほどなく失望へと変化した。その主たる理由は、体制転換以降の政治が混乱状態に陥り、市場経済への移行により、多くの人々の生活が苦しくなったことにある。進出してきた外資系の企業に就職したり、国外に職を見つけたりすることで体制転換の恩恵に与った人も多数存在するが、外国語を話せない人や、未熟練労働者にそのチャンスは限られていた。さらに、採算性をそれほど重視していなかった社会主義時代の国営企業や協同組合が解体したことにより、職を失う人が増加した一方で、物価は上昇し始めたので、生活が苦しくなった人々の間には体制転換後の社会への失望感が漂うようになった。

筆者がスロヴァキアに長期滞在していたのは、二〇〇二年から二〇〇五年頃および二〇〇七年と二〇〇八年頃であり、本書の大部分は二〇〇七年と二〇〇八年にかけてスロヴァキア西部国境地域で行ったフィールドワーク調査に基づいた記述である。二〇〇二年から二〇〇五年にかけては、スロヴァキアの首都であるブラチスラヴァでコメニウス大学付属の語学センターおよび哲学部民族学・文化人類学学科に留学生として所属し、大学の講義や研究会、調査実習などに通いつつ、フィールドワーク先を探した。その後、二〇〇七年と二〇〇八年はスロヴァキア科学アカデミー民族学研究所に所属して、本書の舞台であるスロヴァキア西部国境地域のリエカ村とパヴォル村で本格的なフィールドワーク調査を行った（場所は巻末別図2参照）。その後、二〇一一年から二〇一三年にかけて継続的に補足調査を行い、その結果も踏まえて本書を執筆しているが、基本的には二〇〇七年当時の状況に基づいて考察を進めている。

なお、本研究では、体制転換後の人々の政治的な価値観の形成という関心に即して、ある一時点の個人的な見解を多数収集した。調査地の普通の人々の個人的な経験や考えを文字として残すことにより、承諾は得ているとはいえ、調査に協力してくださった方々に予期しない形で後に問題をもたらすかもしれないことを配慮し、本書では、調査地の村落名およびインフォーマントの名前はすべてイニシャルか仮名を用いている。

筆者が長期滞在を始めたのはスロヴァキアがEUに加盟する前だったが、当時、ブラチスラヴァの人々は将来の不安をよく口にしていた。その不安の主な原因は国内の生活格差に基づくものであった。村落と都市の格差（または首都とそれ以外の地域の格差）は現地で自明のように語られており、「EU加盟は時期尚早だ。まだまだスロヴァキアの村落はそのレベルではない。」「村落は首都とは全く違う。週末にのんびりしに行くのはいいが、現実は『神に見放された』地域だ。いまだに社会主義がいいと思っている人々がたくさんいる」という言い方がよくなされていた。あとから考えれば、この発想は首都の人々の奢りが含まれていることがわかるが、この地域格差の指摘は強い印象を筆者に与えた。

本書における村落／都市の区分は、スロヴァキアにおける行政上の村（*obec*）／町・市（*mesto*）[(6)] の区分に一致させているが、スロヴァキアではおよそ人口が五、〇〇〇人以下の集落で、かつ町として認められた歴史がなければ村として扱われている。ただし、これを日本語に翻訳した際の「村」「村落」という言葉が喚起するイメージとスロヴァキアの村落はおそらく異なる。日本では市町村合併で村の数こそ減ってきたが、村落というと高齢化が進みつつも農作業を営む山間部の村や離島のイメージが強固なように思う。スロヴァキアにおいても村落は、畑に囲まれていることが多いものの、社会主義時代に強力に進められた工業化と農業の効率化の影響で、農業で生計を立てている人は多くなく、大多数は労働者として働きに出ることで生活の糧を得ている。一軒家が多く、庭に家庭菜園を持っている世帯の割合は高いものの、村の人々の生活はベッドタウン化している。住宅の暖房は電気やガスに依存しており、生活を現金に依存する傾向が強い環境であるので（近年、光熱費の高騰で薪の需要が高まっているが、多くの場合薪を調達するにもお金が必要である）(7)、経済状況の悪化は村落で生活する人々にとって大きな脅威であった。

居住地によって生活格差があるのは他の国でも当たり前であるが、体制転換は都市、村落に関係なく進み、スロヴァキアがＥＵに加盟すれば、スロヴァキアの村落もＥＵに加盟することになった。現地において、ブラチスラヴァの人々の言説の上では疎外されていた村落であるが、体制転換から二〇年以上時間が止まったままでいられるわけではない。とくに二〇〇〇年代以降、村落と地方都市の活性化はスロヴァキアでも大きな問題として認識されるようになり、人々はその活動主体となることも求められるようになった。このような大きな変化のなかで、「神に見放された」と表象される村落の人々がどのように自身の価値観を変容させてきたかが本書の主たるテーマであり、周縁における民主主義のありかたと市民社会の存在可能性を明らかにすることが本書の目的である。

本書は、このようなテーマに対して、文化人類学的な視点でのアプローチを試みている。文化人類学的な視点の特徴は、ローカルな現場に着目し、人々の行動や会話から課題となる状況の分析を試みることにある。当然、文化人類学を専門としない者からの質問として、「村落の人々は民主主義について深く考えることはなく、テレビなどで見聞きした気の利いた言葉を繰り返しているだけではないのか。そこから価値観を捉えることはできるのか」というものが想定される。民主主義国家であり、若者の半数近くが高等教育を受ける日本においても、自身の政治的価値観を語ったり考えたりする機会はそう多くないだろうから、この質問はもっともである。これに対するひとつの答えとして、実際にインフォーマントの多くが、体制転換という時代の変動の経験を語る際、民主主義や社会主義という言葉を自ら用いており、その言葉の用法が興味深いという点を挙げることができる。国を代表する運動家でなくとも、体制転換に賛同した無名の人々は村落にも多数おり、とくに体制転換直後の自由選挙で選出された村議会議員のなかに、そのような者を見つけることは難しくなかった。ただし、これだけでは、記憶を掘り起こす社会史的な研究の延長にすぎない。そこで、もうひとつの答えとして、体制転換後、スロヴァキアがヨーロッパの一員として新たな市民社会の形成を目指す際に、重要な要素としてみなされ、かつ現実に活動状況を観察することが可能なアソシエーションに注目し、言語化されない実際の行動の分析を試みた点を指摘したい。多くの研究において「意志を持ち社会に自発的に関わろうとする」アソシエーションは、市民社会の重要な構成要素と考えられており、現地におけるアソシエーション活動に注目することで、現地の人々の価値観をより深く分析することが可能になると考えられる。本書ではこの分析を通して、文化人類学的な視点での周縁における民主主義や公共性のありかたの考察につながることを試みた。

　本書の舞台となるスロヴァキア共和国は、チェコ、オーストリア、ハンガリー、ポーランド、ウクライナに囲まれた中央ヨーロッパ（中欧*）の国である。面積は四九、〇三四平方キロメートル［Štatistický úrad Slovenskej republiky 2007：49］であり、ほぼ九州程度と考えてよい。人口は、二〇〇七年の調査開始前の二〇〇六年十二月三十一日の時点でおよそ五三九万人であり［Štatistický úrad Slovenskej republiky 2007：33］、このうち、ハンガリー系のマイノリティが九・五一パーセントを占めるほかは、ロマ系が一・八九パーセント、チェコ系が〇・九二パーセントであり、人口の大部分（八五・四三パーセント）はスロヴァキア系である（二〇〇七年十二月三十一日）

[Štatistický úrad Slovenskej republiky 2012 : 75]。ハンガリー系のマイノリティが人口の一割を占めるのは、現在のスロヴァキアの領域は二〇世紀初頭にチェコスロヴァキアが独立するまで、およそ九〇〇年近くハンガリーの支配下にあった歴史的経緯に由来する。信仰については、ローマ・カトリックが六八・九パーセント、無神論者が一三・七パーセント、プロテスタント系（Evangelical Church/*Evanjelik*）が六・九パーセント、ギリシア・カトリックが四・一パーセント、正教が〇・九パーセントである（二〇〇一年の国勢調査より）［Štatistický úrad Slovenskej republiky 2007 : 210］。調査地である西部国境地域は、スロヴァキア系が多数を占める地域であり、ロマ系の住民も若干居住しているが、エスニシティや宗教の相違が大きな問題となる地域ではない。

＊中欧

中欧という地理概念は、一九八九年以降、旧ソ連よりも西の旧社会主義国にドイツ・オーストリアを加えた地域を指すものとして使用されている。本書においても、一九八九年以降や社会主義時代以前の出来事に言及する際には中欧という言葉を用いているが、社会主義時代に言及する場合は、鉄のカーテンを境に東欧と西欧に分ける当時の用法にならい、スロヴァキアを東欧に含めるものとする。なお、体制転換後であっても、この社会主義時代の認識的な分類概念を強調する場合は、「　」をつけて、「東欧」「西欧」または「東」「西」と表記している。

本書は、基本的に現在のスロヴァキアの村落についての記述が中心であるが、一九八九年の体制転換、二〇〇四年のEU加盟などの政治的なトピックは、村落に大きな影響を与えた事象であるため、インフォーマントの会話のなかでも知っていることを前提として話が進むことが多い。もっとも基本的な歴史的概要はここで簡単に説明したい。

現在のスロヴァキアの領域は十世紀以降、およそ九〇〇年近く非スラヴ系の文化を持つハンガリーの支配下にあった。十八世紀末頃から、中欧各地で民族的な紐帯への意識が高まるとともに、スロヴァキアの独自性が自覚されるようになり、スロヴァキアは一九一八年に、ハンガリーよりも文化的な親和性の高いチェコとともにチェコスロヴァキアとして独立した。第二次世界大戦後は、ナチス・ドイツから国土を解放したソビエト連邦（ソ連）の影響力が強まり、チェコスロヴァキアには社会主義政権が成立した。社会主義政権の誕生がもたらした変化については、次の三点を強調したい。まず、農地や工場などの個人所有が制限され、農業の集団化とそれ以外の産業の国有化が進んだことが挙げられる。これにより農家の人々は、協同農場の農業労働者となり、それ以外の自営業者も国営企業の労働者となった。さらに、計画的に工業化が進められ、国内各地に国営の工場が建設され、村落の人々が工場での労働に従事するようになったことも重要な点として指摘したい。社会主義国以外の外国への渡航が厳しく制限されたことも大きな変化である。とくに西側の国境に接している地域の人々にとっては、このことは、社会主義時代以前は比較的自由に往来できた国境の向こう側との地域との関係の断絶を意味した。

社会主義的な統制を緩める政治方針を掲げた「プラハの春」が一九六八年にソ連を中心としたワルシャワ条約機構軍の介入によって中断された後、チェコスロヴァキアはこの時の賛同者を厳しく処分する「正常化」の時代を迎えた。この「正常化」の経験は近隣のポーランドやハンガリーと比較して、チェコスロヴァキアの民主化への動きを長い間鈍らせていた。しかしながら、一九八〇年代後半からは、雪解けの気配が見え始め、一九八九年にはプラハを起点するとする体制転換を求める運動が成功し、およそ四〇年におよんだ共産党の時代は終わりを告げた。その後一九九三年にチェコとスロヴァキアは分離し、現在に至る。

スロヴァキアは二〇〇四年にEUに加盟し、西側のヨーロッパ諸国との連携はますます強いものとなった。EU加盟とともに域内の労働市場への参入も段階的に可能となり、二〇〇八年一月にはシェンゲン協定に加盟したことで、東側のウクライナ国境を除く陸路の国境検問が廃止された。一見、社会主義時代に作られた「西欧」と「東欧」の境界はここで消失したかのように見える。しかし、EU加盟の恩恵を得ることのできた人々とそうでない人々の差が可視化され始めるなかで、社会の一部に閉塞感が漂う状況が存在し続けていた。本研究の調査は、このように西側のヨーロッパとの人やモノなどの移動が加速し始めた状況下で行われたのである。二〇〇九年一月には、隣国のチェコやハンガリー、ポーランドに先駆けてスロヴァキアの国内通貨がユーロになった。

最後に、本書の重要なキーワードであるデモクラシーとアソシエーションについても、簡単にその用法を確認したい。まず、本書において「デモクラシー」とは、現地の人々に共有される民主主義（*demokracia*）という意味で用いている。分析概念としての民主主義に関しては、第1章で検討を行うが、理念上の民主主義から多少外れているとしても、現地の人々にとってイメージされる民主主義については、デモクラシーという言葉で記述している。

もうひとつ、本書では「アソシエーション」という語を頻繁に用いている。ここでの「アソシエーション」とは、広く任意団体を意味しており、古典的な定義をたどれば、共同生活の範囲であるコミュニティとは対照的にアソシエーションは共通の関心を追求するための組織として考えることができる［マッキーヴァー 2009：46–47］。スロヴァキアにおいて有志の人々の集団についての制度化は十九世紀末から行われており、該当する語も認定基準も時代によって変容している。時代に応じて結社（*spolok*）、市民団体（*občianske združenie*）と言葉が変わることの煩雑さや、市民団体としての登録を申請していなくても、実質的に他の市民団体と同じ活動を行っている団体をどのように扱うかという区分に関する問題を避けるため、概念的にこれらを総括してアソシエーションと呼ぶ。したがって、現在のNGOも、村落の消防団もスポーツクラブもアソシエーションとして扱う。

このような説明をすると、村落においては家族や親族の集団、または居住地ごとの地縁集団のようなものが、アソシエーション以上に重要な役割を持つのではないのかという質問が想定される。スロヴァキアにおいても、家族関係および、洗礼親を含む親族的な関係は重要ではあるが、二十世紀初頭から社会主義時代を通して、多くの人々が関わっていたアソシエーションに基づく村落の人間関係は、地域コミュニティにおいて公的な存在感を持つものであり、注目に値するものである。(8) 現実には、自発的な加入が原則のアソシエーションも、実際の構成員が特定の家族関係や地理的な居住の近接性に依存していることは珍しくはない。そのような曖昧さも含めて、村落のアソシエーションに注目したいと考えている。

スロヴァキアをはじめとしたかつての東欧諸国はデモクラシーの実現を求めて、さまざまな社会運動を行い、一九八九年の体制転換を導くことができた。しかし、現実には、そこからデモクラシーに基づく社会の構築が始まったのであり、本書はその過程を描くことを試みている。なお、本書は近接する二つの調査地でのフィールドワークを元に執筆しているため、章ごとに主たる記述の対象となる調査地が異なることに注意していただきたい。本書は3部構成であり、第1章と第2章によって構成される第1部では、市民社会やアソシエーションなど、政治的価値観を考察するうえで必要となるに理論に関して先行研究の整理を行っている。スロヴァキアの具体的な情報を読みたい読者は第1部を読み飛ばしていただくことをお勧めする。第2部は、第3章から第5章までの章によって構成され、交流が自由になった国境地域におけるアソシエーション活動の状況を記述する。第3章では二つの調査地を包含する地域の特性を概観し、第4章ではパヴォル村に焦点をあて、革命期の動向とその後のオーストリア側との交流に注目したアソシエーション活動の分析を行った。第5章はパヴォル村ほど体制転換に賛同する活動が見られなかったリエカ村を舞台として、体制転換からEU加盟へとマクロ的な政治状況が変化するなかでのアソシエーション活動を描いている。第3部のテーマは、体制転換後の社会における自治である。第6章はリエカ村、第7章はパヴォル村をフィールドに、二〇一一年以降に行った補足調査の結果も踏まえ、地方自治の時代のなかで求められるアソシエーション活動のありかたから、村落における市民社会の存在可能性を考察している。また本書では、スロヴァキアになじみのない読者を想定して、スロヴァキアに関するコラムを挿入している。こちらも必要に応じて参照していただければ幸いである。

〈コラム1　社会主義時代までのスロヴァキア略史〉

中欧の多くの国々にとって、国の領域や国境線が変化することは当たり前のことであった。そのため、この地域の各国史においても、時代によって「自国」の領域が変化することは当然のこととして捉えられている。では、スロヴァキアのように一九九三年に独立した新しい国の場合はどうするのか。スロヴァキアの歴史教科書は、現在のスロヴァキアの領域で過去に起きたことを、スロヴァキアの歴史として記述している。したがって、スロヴァキアの歴史は、ハンガリー史ともチェコスロヴァキア史とも重なりを持ち、スロヴァキアの人々は、それを当然のこととして理解している。

現在のスロヴァキアの領域は十世紀頃からハンガリー王国の支配下に入り、その後九百年近くハンガリー系の人々による支配を受けていた。隣国のチェコが、神聖ローマ帝国やオーストリア帝国の一部であったとしても、一つの領邦国家としてある程度の自治を保っていたことと対照的に、スロヴァキアは、ハンガリー王国が後にオーストリア帝国の統治下に入っても、十九世紀にオーストリア・ハンガリー帝国となっても、ハンガリー系の人々の政治的支配下にあったままであった。十六世紀から十七世紀にかけて、オスマン・トルコが勢力を拡大していた時期は、現在のスロヴァキアの領域が当時の「ハンガリー」の中心であったが、そのような時代も通して、土着のスロヴァキアの人々とは異なる非スラヴ系の文化を持つ人々が支配階層である時代が継続していた。ただし、土地の人々が十世紀からスロヴァキア人という意識を持っていたわけではなく、この当時、民族的な出自という発想がどの程度存在していたのかは不明である。むしろ、ラテン語などヨーロッパの支配層に共通の言語能力が求められる統治者たちと土着の人々との階層差の方が、民族の差以上に大きかったと想像される。

ハンガリー王国以前には、現在のチェコ東部からスロヴァキア西部にかけて大モラヴィア国というスラヴ系の人々の国が存在していた。この時代、キュリオスとメトディオス（スロヴァキア語読みは、キリルとメトダ）という修道士がスラブ系の言語で典礼を行うために、ビザンツから呼び寄せられたという記録がある。キュリオスとメトディオスの活動は結果的には不成功に終わったが、スロヴァキアの歴史において、この時代はスラヴ系としてのルーツを示すものとして象徴的に引用される。現在のスロヴァキア国内を走る特急の名前に大モラヴィア国の王の名前が使われていたり、キュリオスとメトディオスがユーロ導入前のスロヴァキア・コルナ紙幣に描かれていたりしたのは、その一例である。この大モラビア国は十世紀初めにハンガリー系の人々の攻撃によって滅び、十一世紀の終わりごろには、ハンガリー系の人々が現在のスロヴァキアのほぼすべての領域を支配するようになったと言われている。ただし、ローマ教皇から贈られた王冠を一〇〇〇年に戴冠し、初代ハンガリー王となったイストヴァーンの拠点は、現在のスロヴァキアとハンガリーの国境の町エステルゴムであり、スロヴァキアの南部はかなり早いうちにハンガリー系の人々の支配下に入っていたと考えられている。

スロヴァキア人という意識が人々に共有されるようになったと確実に言えるのは、それほど昔のことではない。十八世紀末から十九世紀にかけて、ハンガリーが国民国家形成を目指して、ハンガリー語の公用語化を進めたことへの対抗として、スロヴァキア系の知識人の間では民族の文化への関心が高まった。この運動は文章語としてのスロヴァキア語の成立を後押しした点で、スロヴァキア人にとって重要な意味を持つ。当時は、スロヴァキアに限らず、中欧各地で民話採集などが行われており、民族意識が高まりつつある時期でもあった。第2章で触れるような、スロヴァキアにおける初期のアソシエーション活動は、このような歴史背景の影響を大きく受けていた。

その後、一九一八年にスロヴァキアはチェコスロヴァキアとしてハンガリーからの独立に成功した。それまでチェコとスロヴァキアは、大きく異なる歴史を歩んできたが、言語的にチェコ語とスロヴァキア語は非常に近く、人々の交流は古くからあったので、少なくともスロヴァキア人にとってのハンガリー人、チェコ人にとってのドイツ人よりは互いに文化的な親近感を抱くことが可能であった。このような親近感を土台として、第一次世界大戦中、オーストリア・ハンガリー帝国の戦局が悪化するなかで、チェコとスロヴァキアの知識人同士の間で、一つの国として独立する構想が練られたのである。

残念ながら、この戦間期のチェコスロヴァキア第一共和国は、長く続かなかった。なぜならば、ほどなくドイツでナチスが政権を掌握し、一九三八年のミュンヘン会談で、ドイツ系の住民が多く居住するチェコのズデーテン地方を割譲させた後、翌年にはチェコスロヴァキアは解体されてしまったからである。スロヴァキアはナチス・ドイツの保護の下

1939〜1944 年頃のスロヴァキアとその周辺の状況
□部分はドイツ領，ハンガリー領となった。

で独立し、チェコはナチス・ドイツの保護領として併合された。スロヴァキアは、このときはじめて独立を経験したが、この国の政治体制はナチスに協力的なものであったため、その評価は現在にいたるまで割れている。終戦後、チェコスロヴァキアは再び復活し、一九四八年に社会主義国家となった。

第 1 部

体制転換を取り巻く諸概念の検討

ブラチスラヴァ市内のバス停で見つけた落書き
「ロシア人は我々をドイツ人から解放し，
アメリカ人は我々をロシア人から解放した
次は神の御子がアメリカ人から我々を解放するだろう。」
（2013 年 9 月著者撮影）

第1章　文化人類学が体制転換を扱うことの可能性

1　体制転換後のスロヴァキア社会

多くの旧社会主義国に共通することではあるが、体制転換後、貧富の差が拡大し始めたことは、経済学、社会学、文化人類学などの各研究分野において問題として指摘されており［Danglová 1997, Faľtan et al. 1995, Inotai 2000, Radičová and Vašecka 2001, Ringold 2005, Tang (ed.) 2000, World Bank 2000］、現地の人々にも実感をもって語られてきた。具体的には、外資系企業に就職し、すばやくそこでの働き方に適応することができた高学歴の若者に代表される「勝者」が登場した一方で、低学歴者や高齢者などが体制転換以降の社会に適応しにくい「敗者」としてカテゴライズされるようになった状況を挙げることができる［Lewis 2005］。二〇〇〇年代前半のスロヴァキアの失業率は一五パーセントを超えており、深刻な問題として認識されていた（図1）。低学歴者および未熟練労働者は、一度失業してしまうと、条件の良い職を見つけることが困難であり、それは問題を悪化させる一因となった。年金受給者や失業者はインフレが進むにもかかわらず、簡単には増額されない年金や失業給付金に頼るしかなく、その生活は厳しいものであった。

以下に示すのは、ハンガリー地域研究者の南塚信吾がその著書に記した体制転換期の「東欧の民衆の生活についての図式的な素描」であるが、隣国のスロヴァキアにも共通する「敗者」の生活イメージを端的に表しているの

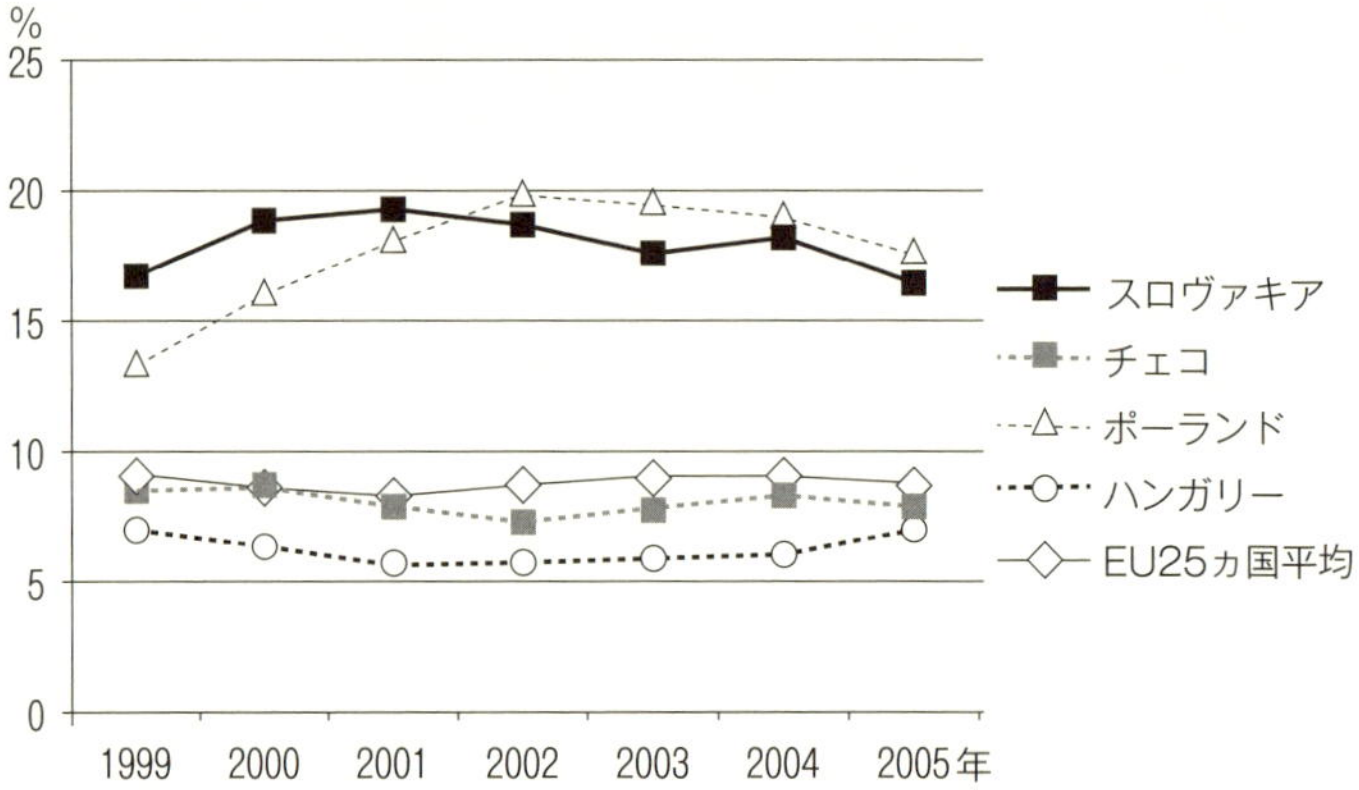

［Štatistický úrad Slovenskej republiky 2005：647；2006：616］より作成。

図1　スロヴァキアおよび周辺諸国の失業率

で、紹介したい。

> ……国際的に競争力がない国有工場は倒産し、労働者は失業した。新しい職に就ける者は技術のある者か、運のいい者である。失業しなくても労働者はより厳しい規律を求められ、さらに工場の収入だけでは足りないので、副業をせねばならなくなった。共稼ぎの家は平日は戦争である。週末は疲れて子どもの世話もできない。農民は土地を返還してもらって、個人経営をしてもよくなった。だが資金も技術も市場知識もない。だから、土地は組合にゆだねて借りてもらい、地代を受け取る形にしたい。だが、組合はコメコン市場がなくなって赤字が続き、経営ができない状態にある［南塚 1992：7］。

「敗者」にカテゴライズされる人々は都市にも村落地域にも居住していたが、「勝者」にカテゴライズされる人々の多くが都市部に居住していたことにより、この貧富の差は地域的にも可視化されるようになった。社会主義時代のスロヴァキアでは、一九六〇－七〇年代にかけて政府主導で工業化と都市化が進められていたため、体制転換の頃には多くの村落の基幹産業が農業とは限らなくなり、スロヴァキアの地域社会の性格も農村から居住区へと変容していた。残存していた農業に関しても、市場の欠如、急速な自由化、収入減による国内需要の崩壊、イデオロギーが先行した農業政策の失敗などによって危機的状況に至った［Inotai 2000 : 30］。ＧＤＰに占める農業生産額の割合は、一九八九年の九・四パーセントから一九九七年には五・一パーセント[1]に低下し、全就業者数に占める農場就業者数の割合も一九八九年の一二・二パーセントから、一九九七年には七・〇パーセント[2]に減少した［スピシアク 2000 : 156］。スロヴァキアの農業は産業としての重要度を失いつつあり、村落は農業と工業の不振により二重に不利な状況に置かれたのである。

　このように描くと村落をとりまく環境の厳しさが際立つが、そもそも社会主義時代に工業化が進んだことで、村落がベッドタウン化しているのであるから、都市に働きに行く人々が多く、日常的な生活の中で都市と村落は連続している。スロヴァキアで都市住民と村落の住民の比率が逆転したのは一九八〇年であり［Krivý 2004 : 9］、本人は都市住民であっても、その家族や親戚が村落に居住する者は多いと予想される。その意味では、スロヴァキアにおいて、村落の人々は「敗者」として排除された存在というよりは、むしろ「普通の人々」としての代表性が高いと考えることができる[3]。

　体制転換後の村落の人々を扱った民族誌的研究においては、社会主義時代の価値観のなかで生活し続ける一九九〇年代のチェコスロヴァキアやポーランドの村落の様子が指摘されている［Buchowski 2001 ; 2003, Skalnik 1993］[4]。しかし、人々が体制転換で求めたデモクラシーのある社会の特徴のひとつと言える、市民による自由な社会参加は、都市部であってもすぐに受容されたわけではなかった。序で記したような体制転換への熱狂は、スロヴァキアの主な地方都市でも共有されていたにもかかわらず、たとえば、中部スロヴァキアの人口一〇万人程度のゼレナー市で一九九〇年代から市民活動を支援してきたコミュニティ財団の代表は当時を以下のように振り返る。

　一九九三年に私たちは、Ｚ地区でひとつのプロジェクトに取り組んだ。当時のＺ地区にはこの市の人口の三分の一にあたる、二五、〇〇〇人くらいが住んでいたが、アパートが立ち並び、学校以外の社会的なインフラがほとんどない非常に社会主義的な町だった。そこで公園を作ることが提案された。まず、この地区の子供たちに理想的な公園（*ihrisko*）の絵をかいてもらい、それを心理学者に「何を子供たちが必要としているか」分析してもらった。そのうえで建築家に設計を依頼した。建設のための資材は（体制転換後に復活した）ロータリー財団が寄付してくれたので、あとはボランティアで作業をしてくれる人を集めるだけだった。最初に集まったのは大学生たちだったが、作業を進めるうち周辺住民も手伝ってくれるだろうと私たちは思っていた。周辺のアパートからこの作業を見れば、住民の子どもたちのための作業をしているのはわかるはずだから。しかし、何も起きなかった。人々は窓から私たちを眺めるだけで、だれも手伝いには来なかった。

会議でこのことについても話し合った。当時、九〇年代初めの頃は、人々はボランティアが何であるか全くわかっていなかった。まだ人々は、自発的に活動することを恐れていた。または、役所の許可・依頼があれば動いてもいいと考える人が大多数で、自分で何かしようという考えはなかったのだ。結局、そのときの会議では、私たちは子どものためのプロジェクトを行っていたので、ここの大人にとって公園は優先順位の高いプロジェクトではないから仕方ないという結論に至った。

（ゼレナー市に拠点を置くコミュニティ財団代表者、女性・五〇代、2013/3/12）

この後に続いたインタビューでは、状況が少しずつ変化していく様子が語られるが、中規模の都市でこの状況であったのだから、市民活動家がほとんど存在していなかった村落地域において、思考様式の転換がさらに困難であったのは想像に難くない。そもそも体制転換に関わった人々ですら、人々が求めたデモクラシーについての明確な像は共有されていなかった。それは、以下に引用するチェコの反体制派の歴史学者ハジェクによる指摘からも明らかである。

彼らは民主主義の理念を受け入れたが、社会のほんの数パーセントだけが民主主義とは何ぞやということについて知っていただけであった。そしてたいていの人々は民主的社会についてでなく消費社会について思い描いていたことは言うまでもないことである。民主的国家の機能について比較的知っていたはずの知的エリートでさえも、それに関する個人的経験を持ち合わせていなかった［ハジェク 2001：302］。

むしろ、ここで立ち上がるのは、どのように人々は「民主主義」的な思考や活動様式を身に付けたのだろうかという根本的な疑問である。少なくとも、ゼレナー市のコミュニティ財団の人々は、人々の「自発的な活動」や「ボランティア」に多少は期待していたからこそ、変わらない現実に失望したのである。つまり、期待できる程度には、社会の状況は変化しつつあったと考えられる。その変化はどのようなかたちでコミュニティに現れたのだろうか。それとも、実は大した変化はなく、元から存在していたものの意味づけが変わったにすぎなかったのだろうか。本書で着目したいのはこの点である。本書では、社会主義的な価値観から、民主主義と資本主義の時代への価値観への移行を文化人類学的な視点で理解することを試みている。それは「西」側の価値観への単純な同化でもなく、また「敗者」として市場経済の社会への対抗的な価値観を急進的に身に付けるだけでもなく、そこに生活する人々の重なり合った価値観の拮抗のなかに見ることができるものであると考えられる。そのためにまず本章では、関連する概念の理論的な整理を行いたい。

2　ローカルな場における政治的価値観の検討にあたって

(1)　時代の象徴としてのデモクラシー／民主主義

本書の目的は、地域社会における政治的価値観の変容について考察することにあるが、まず、体制転換後の社会理念を示す言葉として強いインパクトを持つ「デモクラシー（*demokracia*）」という概念に注目したい。この言葉自体は社会主義時代も用いられていたが、体制転換を経験した人々が、立場にかかわらず自らの経験を語る際に頻繁に言及する言葉である。体制転換の語りにおけるこの言葉の存在感は、非常に大きく、この土地で生活する多くの人々の価値観に影響を与えた概念のひとつと考えることができる。

前節で触れたように、国家のレベルで体制転換が成功したことと、転換に伴う新たな概念が社会全体に共有されることは別の問題であり、この言葉の意味が人々に理解されていたとは限らない。したがって、このときの民主主義は、あくまで現地における理解に根差したものであり、それはローカルタームとしての「デモクラシー」である。ポーランドの歴史学者のイエドリツキは、体制転換後の選挙における投票率の低さを嘆き、体制転換後のポピュリズムの台頭を恐れ、「中欧では民主主義への欲求はどこでも強いが、しかし、多くの人々はこの言葉の意味するものをほとんどわかっていない」［イエドリツキ 1991：76］と述べている。文化人類学者のヴァーデリーもまた、ルーマニアにおける「民主主義」について、政党を超えて共通した認識が生まれなかったことから、時にナショナリズムと結びついたり、時に「ヨーロッパへの回帰」に結びついたりと、政治的な混乱が生じていたことを指摘している［Verdery 1996：104–109］。このように、デモクラシーの理解の具体的な内実は曖昧なままであっても、この言葉に希望を見出した者は運動に加わり、体制転換は進行したのである。

このようなローカルな民主主義の理解に関しては文化人類学においても、それなりの蓄積がある。多くの人類学者が研究してきたラテンアメリカ、アジア、アフリカの国々には、民主化を経験した国も多く、フィールドのレベルにおいても、民主化は何らかの影響が避けられないものであると考えられてきた背景があるからである。民主主義に関する文化人類学的研究のレビューを行ったパレイによると、文化人類学における民主主義への関心は主として政治人類学の枠組みのなかで育まれ、一九六〇年代に植民地から新興諸国が独立した時期および、冷戦の終結とそれに続く民主主義と自由経済の「勝利」を背景として一九九〇年代に、そのローカルな場所における民主主義のありかたに関心が集まった［Paley 2002：472-473］。このような研究の背景から推測できるように、民主主義に関する文化人類学的研究は、基本的には民主主義的な社会を形成する試みの民族誌となることが多い。ただし、民主主義は多様な文脈と接合する可能性を持つ概念であるため、民主主義に関する研究の多くは、他のフレームワークのなかに置かれたり、他の議論に埋め込まれたりしていることが多く（例えば、社会運動、人権、法、市民権、官僚制、暴力、軍、ポスト植民地主義、国家、グローバリゼーション、権力、NGO、市民社会など）、研究史上の民主主義の外枠は捉えにくい［Paley 2002：470］。確かに、民主主義ないし民主化が題名に入る研究は数多く見つかるが、各論文の主たるテーマが、これらのいずれかにすり変わっていることも多く、民主主義の人類学について議論を整理することを困難にしている。

さらに、民主主義のオルタナティブとなる政治形態がなくなってしまったという意味で、一九九〇年代に民主主義の「勝利」が確定して以降、民主主義のありかた自体が一つではないという考え方が一般的となった。それによって、逆説的ではあるが「民主主義」という言葉で網羅できる政治形態は拡大することになった。極端な例を挙げれば、民主的とされる制度（選挙制度など）を整備しても、独裁者の出現によって自由が制限される危険性の高い「反自由主義的な民主主義（illiberal democracy）」もまた（名目だけではあるが）民主主義の一つのありかたとして許容することになった［Zakaria 1997, ザカリア 2004］。このような形式的な民主主義を除外し、民主主義が

「定着」[5]したとみなされている国々の間でも、すでに理想的な民主主義とはかけ離れた民主主義に支配されているという批判が聞かれるようになって久しい。クラウチが「ポスト・デモクラシー」と名付けた、強力なロビー活動に代表される自由主義に侵食された現代の西欧やアメリカ合衆国の民主主義の状況［クラウチ 2007］や、マーケティングの手法を政治に応用して支持を獲得するマーケティング・デモクラシー［平林 2014］は、民主主義の「先進国」に広がりつつある。そこでは、理念的な民主主義で注目される自由や法の下の平等、意志ある市民の政治参加といった個人の権利の視点は遠景に退き、ネオリベラリズム（新自由主義）の下で普通の人々が、絶望的に従属的な主体として想定されている。

もちろん実際に、人々が従属しているかどうかという点には議論の余地がある。クラウチも、ある程度までは人々の市民活動に希望を見いだしており、ここで政治学的な研究が人々を客体化しすぎていると批判するつもりはない。しかし、ローカルな場所に「定着」した民主主義のありかたについての研究は、文化人類学が異なる視点を提供できる領域でもある。例えば、パレイは独裁政権崩壊後、民主化が進められたチリをフィールドに、市民による地域保健活動に注目し、民主化後の社会における「民主的な」統治のシステムと強力さを指摘すると同時に、民主主義の言説の下で市民が統治のシステムに組みこまれるジレンマの様子を民族誌に描いている［Paley 2001］。ただし、パレイの民族誌には、社会問題に関心が高い人々が集まっている団体が焦点にあてられていることもあり、普通の人々の意思が見えにくいという欠点がある。

そこで、注目すべきはコミュニティの現場における民主主義に注目した研究である。田辺明生とミッチェルティは、それぞれインドの別のフィールドでローカルな場所における固有化した（vernacular）民主主義の分析を行っている。田辺は、ヒンドゥー教のダルマの思想と共同体のモラルに沿う形で解釈された民主主義のありかたを示し［Tanabe 2007，田辺（明）2007：2008］、ミッチェルティは宗教と親族構造を通じて共同体に固有化された民主主義のありかたを示した［Michelutti 2007］。また、社会主義国における村落自主管理の範囲内での民主化が対象であるが、加藤敦典はベトナム村落におけるローカルな民主主義が「情」や「義」という語りを介して実践されることを指摘している［加藤 2004；2006］。現地の民主主義の考察を試みたこれらの研究は、規範的な意味での民主主義にもともと親和性のなかった人々をも包含した、コミュニティに共通する理念としてのデモクラシーの土着化に注目している。民主主義といういわば外来の思考が、政治の中心部から個別の社会まで浸透していく過程については俯瞰的に捉えにくいという欠点があるとはいえ、いずれの研究も、個別の社会の内側で実践を通して浸透していく、厳密には民主主義とは言い切れない政治的価値観のありかたに注目しており、文化人類学的な政治研究の可能性を示すものとして評価できる。

このようにデモクラシーの規範性を照射できるような、例えば宗教といった、ローカルな規範がある程度明確であれば、コミュニティにおけるローカルな民主主義を理解する手がかりは摑みやすい。しかしながら、補助線となりうる規範の有無はフィールドに依存する可能性がある。少なくともスロヴァキアの現場において、デモクラシーに代替可能なものは容易には見いだせない。先述のヴァーデリーは、民主主義がナショナリズムやエスニックなアイデンティティないし、ヨーロッパ的なものに置き換えられる現象を指摘したが［Verdery 1996：104–109］、これらは一時的な政治状況によって規定される流動的な価値観への読み替えにすぎない。体制転換の現場におけるデモクラシーを分析するには、デモクラシーの語りのみに依存せず、別の視点を持つ必要があると考えられる。

加えて、体制転換期におけるデモクラシーへの熱狂自体が、そもそも一過性かもしれない現実をどう評価するかという問題もある。既述のように、スロヴァキアは体制転換の熱狂の後、体制転換への幻滅が社会を支配した。人々の政治参加があった事実は、注目すべきであるが、職業政治家ではない一般市民が自発的に政治参加するというのは、特殊な状況において短期的に見られる現象であり、その長期的持続を期待してそこに何か「新しい政治」を想定するというのは過度の楽観論だという指摘も存在する［塩川 1999：478］。そこで、本書で注目したいのは、村というコミュニティにおける、体制転換後の実際の人々の活動である。日常的に彼／彼女らが村落で何をしてきたか、その行動に注目することで、地域社会のなかにおける政治的価値観を彼／彼女らの行動から読み取ることを試みたい。

(2) 東欧の体制転換と市民社会についての理解

体制転換を果たした現地の人々が自身の獲得した成果に疑問を抱き始めていた一方で、市民の力が社会を変革したという事実そのものは欧米から注目され、東欧の体制転換はその後の市民社会論の隆盛をもたらすことになった[cf. Cohen and Arato 1992, Outhewaite and Ray 2005, 川原 1993, 千葉 2002]。この市民社会という概念は、デモクラシーのように人々に熱狂的に共有された理念や言説とは別に、体制転換後の社会のありかたについて言及した概念として注目に値する。共有された理念としてのデモクラシーとは異なり、市民社会はあくまで社会のシステムないし、規範的なありかたのひとつである。人々に価値観として共有されるのは、その市民社会イメージのもとでふさわしい行動規範としてパラフレーズされたものである。体制転換が市民社会という文脈で理解されていること、またそれが再帰的に人々の価値観の影響を与えている可能性を鑑みると、人々の政治的価値観を客観的に把握するにあたって、現行の市民社会論の蓄積を理解することは必要であると考えられる。ただし、市民社会はどの立場から何に焦点をあてるかによって、分析枠組みが変化するので視点を整理しておく必要がある。

東欧の体制転換を政治学的、社会学的な市民社会論の視点から分析する場合、体制転換を引き起こした運動や、その後の政治体制、または現地において注目すべきＮＧＯ活動に焦点があてられることが多い。一方、文化人類学の視点から市民社会を捉えようとする場合、一部の例外はあるものの、特定のコミュニティを対象とし、普通の人々の動向に焦点をあてた研究がなされる。東欧（旧ソ連含む）の体制転換によって、調査を行うことがそれ以前と比較して容易になったことも追い風となり、一九九〇年代から二〇〇〇年代にかけて旧ソ連・東欧地域のポスト社会主義国に関する文化人類学の研究の蓄積は大幅に増加した。

さらにここで注意したいのが、現地における市民社会研究の存在である。少なくともスロヴァキアにおいては、英語で書かれた文献にはほとんど引用されない現地語での豊富な研究蓄積が存在する。これらの現地の文化人類学および社会学、政治学の関心と、外国の研究者の研究関心には無視できない差異があるにもかかわらず[6]、現地の研究者のほうが外国の研究者（または外国で教育をうけた現地の研究者）が英語、ドイツ語で発表した研究を参照する関係が存在する。スロヴァキアの地域社会における体制転換後の政治的価値観を考察するならば、東欧の体制転換に関する市民社会論と、ローカルな場所を対象にした類似テーマの文化人類学的研究蓄積に加え、スロヴァキアにおける体制転換後の社会を扱った研究蓄積の三つに目配りする必要があると考えられる。実際には現地の研究者が英語で書いた論文など、この区分を厳密に適用できないケースも多い。しかし、体制転換の評価が現地と外部で異なっていることを知ったうえで、この研究を進めるのであるから、研究者の視点の差に留意する必要はあると考えられる。ただし、議論の混乱を避けるため、本章ではまず英語と日本語の先行研究の蓄積を中心に検討し、続く第2章で現地の研究の蓄積を中心に考察を進める。

まず、近年の市民社会論の状況を簡単に説明すると、東欧の体制転換に注目した市民社会論の隆盛を経て、ボランタリー・アソシエーションの活動に注目した市民社会論［cf. Barber 1998, ウォルツァー 2006, パットナム 2006］が勢いを見せていることが指摘できる[7]。非常に大まかなまとめ方をすれば、東欧の体制転換に注目した市民社会論は、国家の支配への対抗、あるいはそこからの自律性を求めようとする市民に注目が集まっている点で、規範的な側面が強い。一方で、ボランタリー・アソシエーションに注目した市民社会論は、ボランタリー・アソシエーションそのものが自律的であるという前提に基づき、グローバルなアソシエーション活動へと対象とする範疇を広げることで、市民社会という概念を、現代社会における重要な概念へと成長させることに成功した［cf. Nash 2002, カルドー 2007, ヘルド 2002］。この概念が二つの異なる文脈によって構成されていることからわかるように、市民社会は共通して了解される単一の概念ではない。それぞれの研究者が依拠する理論の起源も、アリストテレス、ルソー、ヘーゲル、トクヴィル、ウェーバー、ハーバーマスと様々であり、変容する社会状況に合わせて、市民社会論の研究者は、その概念のありかたを議論してきた。

この概念の用法について問題点を的確に指摘しているのが、神野直彦と澤井安勇である。市民社会という概念は、社会に参画する意志ある市民、または国家権力に対抗しようとする市民によって形成される社会空間という程度の合意はなされているが、その汎用性が高くなることによって、その使用法や定義の幅が広がる傾向も強くなる。彼らの市民社会に関する研究への批判のポイントは、この曖昧さの下で、市民社会の概念定義をする研究と、「市民社会」という用語で社会現象を説明しようとする研究と、市民社会を代表すると考えられる組織などの事例研究の三つの次元がしばしば混同される点である［神野・澤井 2004：18］。曖昧さを回避するために、先に筆者の立場を明言すると、本研究は二番目の「市民社会」という用語で社会現象を説明しようとする研究に近い。しかし、理念的な市民社会と現実の齟齬を明らかにすることが目的ではなく、スロヴァキア社会のなかで、人々があるだろうと仮定している「市民社会」の枠組みと現実の社会の相互作用に注目して、体制転換後に形成された社会とそのなかを生きる人々の価値観を描きたいと考えている。市民社会を代表すると考えられる組織の事例研究として、最後の立場に近いと誤解があるかもしれないが、本書で扱うスロヴァキア村落の事例が市民社会を代表するという前提には立っていない。

個別社会における市民社会の状況に関する研究については、一九七〇‐八〇年代から南欧やラテンアメリカの民主化に関する研究などが蓄積されてきていたが、東欧の体制転換はこの市民社会論の蓄積にひとつの方向転換をもたらした。ポーランドの体制転換を導いた労働組合「連帯」や、後にチェコスロヴァキアの大統領となったハヴェルが率いた「市民フォーラム」の活躍によって、国家の政治に対抗する市民の力が、市民社会を考えるうえで重要な論点として捉えられるようになったのである。

東欧革命から展開した市民社会論について、千葉眞はこれらの議論の特徴を以下の三点にまとめている。それは、①市民社会の概念が、国家に対する対抗概念であり、政治意識を共有した市民がつくりあげる「いま一つの公共圏」として、「新しい型の政治」の可能性を内蔵した領域であること、②それによって、ブルジョワ社会を前提とした市民社会から離脱したこと、③市民社会の概念に、民主化闘争の基盤となるような民主化のための解放的モメントが潜在していることを明らかにしたことである［千葉 2002：120–124］。①や③のような議論は規範性が高いものであり、これが政治学の分析概念として適するかどうか疑問視されながらも、欧米の政治学の論者に東欧革命を核とした市民社会の規範的議論は浸透していったのである［平田 1999：313］。ただし、その後ボランタリー・アソシエーションに注目した市民社会論がその議論の対象を世界中に拡大する一方で、この地域に実際に市民が求めた民主主義が定着したかどうかが市民社会論の展開に大きな影響を与えることはなかった。二〇〇〇年代後半以降のハンガリー政治がポピュリズム化したことは、民主化の後退として危惧されているが、それは市民社会の問題というよりも、単純にポピュリズム、権威主義、ナショナリズムの台頭として分析されている［Kalb 2011, 平田 2014］。

このような東欧の体制転換以降の市民社会論の布置を理解するにあたり、歴史的経緯をたどりつつ市民社会概念の分類を提示したエーレンベルクの論考は有用である。彼は、三種類の市民社会論の系統が概念の発展を特徴づけ、それぞれの系統の交流が市民社会論の伝統を豊かにしたと考えている。その三種類とは、①国家によって保護された法治社会と同一な共同社会としての古典的な意味での市民社会、②社会が生産・私的利害・競争によって成立することを前提として、啓蒙や公的規制などが論じられる市民社会、③自由を守り中央権力機構を限定する、中間諸団体による新しい親密圏としての市民社会である［エーレンベルク 2001：15–16］。先に挙げた市民社会論の起源として言及される様々な論者も、この三つの系統のどれかに位置づけることが可能である。現在、主流として理解されている市民社会の概念は③に依拠するものであるが、重要なのはこの三種類の理論は時代とともに入れ替わるものとは限らず、必要に応じて遡って参照され、市民社会論のバリエーションが新たに派生する際の根拠となっているとである。

　エーレンベルクによれば、アメリカ合衆国では、アソシエーションの存在が市民社会を表現している一方で、東欧では市民社会を国家権力の制限という意味に概念化させているという［エーレンベルク 2001：14-15］。東欧革命から派生した市民社会論もエーレンベルクの理解に即せば、主として③のモデルに依拠しているが、生産や市場競争の自由がなかった社会主義からの脱却を背景としているため財産を持つ個人の存在を意識した②のモデルの影響も受けていると考えることができる。千葉が挙げた先述の東欧の市民社会論の特徴と照合した場合も、基本的には③のモデルに近いが、最初と最後に挙げた特徴に見られる強い規範性は②に関わってくる。その意味でエーレンベルクの議論は単に市民社会論を整理しただけでなく、その複数性やバリエーションの方向性を明示している点に注目できる。逆に言えば、市民社会のどの特質に注目するかによって、適切に参照すべき市民社会論も変化するはずであり、時代の要請が変われば、求められる市民社会像が変化する可能性を指摘できる。

　このような市民社会論の展開をふまえると、スロヴァキア社会で前提とされる市民社会もまた、体制転換直後から二〇〇〇年代にかけて、規範的な市民社会から、現在主流のボランタリー・アソシエーション型の市民社会へと変容したという仮説が可能になる。つまり、スロヴァキア社会のなかで、市民社会像が、体制転換前後の人々が、民主主義的な社会変革の意志を持って行動を起こすものから、ボランタリーな意志を持ってアソシエーション活動を行うものへの変化したと考えれらる。この仮説については、第2章で現地におけるアソシエーションの歴史と現状について触れる際にも検討したい。もちろん、社会思想を人々はそのまま内面化するわけではない。日常的な人間関係と折り合いをつけるために自身の価値観を調整していく必要もあるだろう。ただ、人々に影響を与えうる当該社会において支配的な「市民社会」ないし「デモクラシー」概念が変化するのであれば、どの時点で、その概念に触れたかにより考え方も変わるはずである。そこを把握するためには、語りだけでなく、人々がどうコミュニティのなかで活動しているかが重要となる。

(3) ポスト社会主義の人類学における市民社会の位置づけ

旧ソ連・東欧をフィールドにした文化人類学において、ポスト社会主義期は、研究の蓄積が豊富な時期である。文化人類学はローカルな場所をフィールドとして研究を行うため、そもそもフィールドワーク調査を行うことができるかということが研究蓄積に直接影響を与える。もちろんポスト社会主義期に外国人研究者によって行われた調査の成果がそれなりに豊富であるのは、その前の時代に調査が制限されていたことの裏返しでもある。一九九〇年代以降に、この地域で関心を集めた研究テーマとその可能性については、既に複数の研究者によって論じられており［Verdery 1996, Hann et al. 2002, 渡邊 2002］、何に研究者が注目していたか概観することが可能である。まず、体制転換からそれほど時を経ていない一九九〇年代半ばにヴァーデリーは、今後のポスト社会主義人類学における重要な論点として、次の三つを挙げた。一つは「自由民主主義の勝利」ののち、地域で何が起きているか見極めること、二つ目は、「西」側の経済や政治のありかたについて、それを形成していく経験をした立場から批判すること、三つ目は現実に存在していた社会主義が、どのようなものであったか再度理解することである［Verdery 1996：10–11］。結果として、最初の二つの論点がその後の研究の多くを占めることになり、それは二〇〇〇年代に入ってから発表されたハン(9)や渡邊日日のレビューからも確認できる。ハンは、社会制度の全体的な崩壊を分析する人類学者の間で、具体的には、土地の私有化と「伝統的」なモラルの間のジレンマ、市場や消費などの経済的生活、欧米的な政策の受容、エスニック・マイノリティに関する問題、ポスト社会主義期の儀礼などが関心を集めたことを指摘している［Hann et al. 2002：3–7］。渡邊は代表的な論点として、国家と民族文化、脱集団化などによる農村の社会構造の変容、シンボルとしてのヨーロッパとナショナリズム、市民社会などを挙げており［渡邊 2002］、ハンと比較してナショナリズムや市民社会の政治的なイデオロギーに関する研究を、より明示的にレビューに組み込んだ。ただし、厳密な分類が困難な研究も多く、当然のことながら、一つの現象に対して、複数の論点が重複することもある。調査地によっては、脱集団化における所有権の問題と民族文化の問題が重なり合うこともあれば、市民社会の問題とシンボルとしてのヨーロッパの問題が重なり合うこともありうる。

一九九〇年代の体制転換後の旧ソ連・東欧地域の研究において、政治は非常に重要なキーワードであるが、実際のところ政治的な価値観を正面から扱ったものは限られていた。この時期は、体制転換直後の社会が混乱するなかでの脱集団化や市場経済の導入など、制度の転換に伴う生活の分析をテーマとした論集が多く発表されている[10] [Abrahams (ed.) 1996, Bridger and Pine (eds) 1998, Burawoy and Verdery (eds) 1999, Kideckel (ed.) 1995]。多少趣向が異なるのは、デ・ソトとアンダーソンの共編書とハンとダンの共編書である [De Soto and Anderson (eds) 1993, Hann and Dunn (eds) 1996]。デ・ソトらは体制転換に伴うイデオロギーなどの社会に流通する概念の変容についての研究に焦点を絞り、ハンらは市民社会をテーマに論集を編んでいる。このような現地の価値観を掘り下げることをテーマにした研究論集は、二〇〇〇年代に入っても発行されており、代表的なものとしては、ハンの編集によるポスト社会主義期の社会における諸問題を規定する、信用、不平等、民主主義などの概念の考察を中心とした論集 [Hann (ed.) 2002] や、マンデルとハンフリーの編集による、経済活動にともなう価値観に焦点を当てた論集を挙げることができる [Mandel and Humphrey (eds) 2002]。むしろ、価値観に関する研究は、体制転換後の変容の総括として少し遅れて注目され始めるようになったと言えるだろう。

ハンや渡邊のレビューで指摘された民族的カテゴリーに関する研究も政治に関するものであるが、厳密には両者で視点が異なる。ハンは、体制転換後の旧ソ連・東欧地域で民族問題が噴出した時事的な背景をふまえ、エスニシティの問題に注目しているが、渡邊はナショナリズム的なレトリックやナショナルな範疇を越えた「ヨーロッパ」というレトリックが、体制転換期とその後の政治的混乱のなかで、政治的なレトリックとして多用される現実に注目している。社会主義的政策の維持はナショナリズムに訴える手法が取られ、市場の解放など体制転換を進める政策は「ヨーロッパ」を志向するものとも、反ナショナルなものとも理解されることが可能であった [Verdery

1996：2000］。政治的な選択が、より人々の感情に訴えやすい別の次元にすりかえられてしまう政治的な価値観の脆弱性は、他の人類学者にも指摘されている。ハンらが編集した市民社会に関する論集では、論者はそれぞれ市民社会が、現地におけるスローガンに過ぎなかったり、魔術的なものだったり、ただの見せかけだったりすると結論づけており、この時点で市民社会が現地で内実を持つものとはあまり考えられていなかった［Hann and Dunn (eds) 1996］。

ハンは西欧中心的な概念である市民社会を、非西欧地域に文化人類学的な分析概念として持ち込むことは不適当であると認識し、この概念を導入すること自体に権力勾配があることも否定できないと考えている。しかし、現実に非ヨーロッパ圏にも市民社会の概念は広まり、その理解のありかたや作用の文化的な側面に関する研究の可能性を否定することもできないと考え、先の論集を編集した［Hann 1996：1-2］。ポスト社会主義地域でのフィールドワークに基づいた研究の多くは、このハンの姿勢を踏襲しており、欧米の理念的な市民社会とは異なる現地の市民社会、またはその萌芽を描くことを試みている。

これらの文化人類学的研究の動向においても、市民社会論の変容に類似した現象が見られる。一九九〇年代の研究では、村落におけるインフォーマルな私的領域、あるいは後に規制の緩くなった個人の経済活動の領域から、国家へ対抗する市民社会的領域が生じ始めたことが指摘されている［Anderson 1993, Buchowski 2001, Gellner 1991, Hann 1990；1995, Samptom 1995］。その後、既存の社会の現状への不満の解決を目指して、意志を持つ有志の人々が行うアソシエーション活動や社会運動に注目した研究が徐々に増加し始めた［Mandel 2002, Torsello 2012, Wallace- Lacrencová 2003］。体制転換後の社会において、人々の政治的な価値観の変容は市民社会の模索と並行するかたちで進行したと考えられる。したがって、この点においても市民社会の基礎とみなされたアソシエーションは、近年の変容を観察するためのひとつの参照軸となると言えるだろう。

(4) アソシエーションへの注目

アソシエーションを媒介として市民が協働する側面を重要視した市民社会論が、近年は主流となりつつあるということはすでに言及したとおりである。特に、ある程度統一された指標を用いる必要がある比較政治学などの分野では、概念的な市民社会を指標として明確化するためという目的のために、アソシエーションの存在に注目する傾向が強い。例えば、ポスト社会主義諸国の民主化について研究を行った比較政治学者のリンスとステパンはその著書において、市民社会を「国家から相対的に自立している自己組織的な集団・多様な運動・諸個人が、価値を表出し、結社をつくって団結し、自らの利益を推し進めようとする領域」［リンス&ステパン 2005：27］と定義し、アソシエーション活動を中心に考察を進めている。ジョン・ホプキンス大学の市民社会研究所（Center for Civil Society Studies）もまた一九九〇年代後半から『グローバル市民社会：非営利セクターの様相』と名付けられた各国比較研究プロジェクトに取り組み、二二ヵ国を対象に各国のNGOの活動状況の比較研究を行っている[11]。

もちろん、アソシエーションさえあれば市民社会が成立するわけではなく、この市民社会のシステムは民主主義を支える機能を持つことが前提となっている。アソシエーション活動を重視した市民社会論が、とりわけアメリカ合衆国で展開した背景として、十九世紀前半にトクヴィルがアメリカの民主主義を支えてきたボランタリー・アソシエーションの重要性を指摘したことは重要な意味を持つ。意思を持った個人によって結成されたアソシエーションの活動は、市民社会において歴史的に重要な位置を占めてきたのである。アソシエーションに注目した市民社会論が主流となっていく過程において、注目すべき議論は二つあり、一つは新しい社会運動への関心と連動した市民社会論である［伊藤 2006：10］。新しい社会運動とは、既存の政党などを通した政治活動でなく、人々が直接参加する政治的な活動を社会運動として注目することで生まれた概念であり、これは市民によるアソシエーションを介した政治参加を重視したラディカル・デモクラシー論とも親和性が強い［田畑ほか（編）2003, 千葉 1995, デランディ 2004, ラミス 1998］。グローバル化の進行とともに、この議論の適用範囲は、一つの国の内部に留まらず、国際NGOの活動に注目したグローバルな市民社会論へと、さらなる展開を見せている［Nash 2002, カルドー 2007］。必ずしも個別の研究が市民社会論と接続するとは限らないが、文化人類学においても国家の枠を超えた途上国の開発系NGO活動や先住民のNGO活動が研究対象として注目されている［Appadurai 2002, 清水 2012, 信田 2010, 丸山 2010］。その背景には、このように国際的なNGO活動が一般的なものになり、グローバルな市民社会という想像力が普及してきたことがあるだろう。かつての市民社会論では、初期ハーバーマスの議論に代表されるように、公衆や公論を生みだす言論機関が中心組織とみなされていたが、このようなアソシエーション活動への注目は市民社会論に新たな展望を開いた［田畑 2003：31］。

もう一つは、政治哲学の分野で関心を集めたリベラル・コミュニタリアン論争である。この論争は公共性のありかたが焦点であり、市民社会については派生的に扱われたにすぎないが［ムルホール&スウィフト 2007］、市民社会におけるアソシエーションをどう捉えるかという点で、重要な視点を提示している。基本的に市民社会は、国家に対置する私的な領域内に存在する概念とされるが、コミュニタリアン*が私的領域を共同体の影響下にあると考える一方、リベラル**やリバタリアンは私的領域の定義において、自由の存在を重要視してきた［Barber 1998：16–33］。自由の尊重が、ときに社会全体のためにならない一方で、アソシエーションのような私的領域が共同体の影響下にあるという前提は、場合によっては、市民性を破壊し、地域的規範も民主主義を脅かす危険性を持つため、このバランスが論争の対象となったのである。例えば、市民社会におけるアソシエーションや地域コミュニティの存在を重要視する社会学者のパットナムは、アソシエーションの黄金時代を形成したのが、第二次世界大戦を経験した世代であることに注目しており、その時代の人々に共有された共同性に注目している［パットナム 2006：326–337］。しかし、戦争時というのは一種の全体主義的な統制が容認されやすい時期であり、国家権力の影響を少なからず受けた全体主義的なアソシエーションによって市民社会が形成されるのであれば、社会主義時代のアソシエーションも、問題なくその条件を満たしていることになる。それならば、東欧の体制転換が新たな市民社会の発現とは扱われないはずである。エーレンベルクは、パットナムの見解はファシズムであっても通用すると批判している［エーレンベルク 2001：315］。これらの議論からうかがえるように、市民社会論においてアソシエーションは重要視されているが、その位置づけについてはまだ議論の余地がある段階である。

＊コミュニタリアン
個人主義によって社会から公共性を支える価値観が失われることを危惧し、コミュニティや共同体の価値を重視する立場。

＊＊リベラル
古典的には個人の政治的な自由を重視する立場を指す。ただし、リベラル・コミュニタリアン論争において、リベラルの代表として頻繁に引用されるロールズは、社会の公正さの基盤としての個人の平等と自由に注目しており、単純に「自由を尊重」というほど素朴な分類ではなく、議論の細分化が進んでいる。したがって、自由至上主義者を意味するリバタリアンと、リベラルは通常は区別されるが、ここではバーバー（Barber）に倣い、コミュニタリアンと対比するうえで、自由に着目する本質は共通すると考え、並列して記載している。

さらに市民社会については、国家との関係が理解しにくいという指摘がなされるが、それは国家から独立した領域という市民社会の定義のグレーゾーンが大きいことに由来している。グレーゾーンが大きいということは、権力エリートもまたアソシエーションに加入できることや、アソシエーション活動を行うこと自体がある種の権力を持ってしまうことを否定できず［佐藤（慶）1994：53］、人々の自発性に基づいて、国家から自立して活動するはずのアソシエーションは、容易に権力に取り込まれてしまう側面も持っている。また、先進国、発展途上国を問わず、アソシエーションがその活動資金を国家、国際機関、企業などに依存することで、その組織に「飼いならされ」、市民社会の担い手としての存在価値を失ってしまう事例が散見されることも問題点として指摘できる［カルドー 2007：152］。

一方で、現実には、国家への対抗（またはアソシエーション同士の対抗）以前に、国家／社会の境界線がそれほど厳格に捉えられないケースも多数想定される。大陸ヨーロッパでは、慈善団体などのいわゆるボランタリー・アソシエーション以外に、共済組合、協同組合など社会的経済を支える団体もまた、サードセクターとして国家の活動を積極的に補佐する役割を担うことが多いという特徴がある［エバース＆ラヴィル 2007］。国家との協調という点では、ヨーロッパでは、企業を含む利益集団や非営利集団を社会に統合する論理として第二次世界大戦以前はコーポラティズムが複数の国で採用され、戦後は、その権威主義的側面を反省したうえでネオ・コーポラティズムが復活してきており、西欧諸国の民主主義は、国家とアソシエーションが自律性のバランスを取りながら発展してきたと言える［Crouch 1993, 桐谷 2002］。

多くの論者に言及されるハーバーマスの公共圏イメージと、それを形成するアソシエーション像は、これらの批判をうまく踏まえた現実的な理想像であることがわかる。ハーバーマスは市民社会の核心をなすものとして、自由意思に基づく非国家的・非経済的な結合関係を想定しており［ハーバーマス 1994：xxxvii；2003：97］、その内部において問題解決のための討議が制度化されることを理想としている［ハーバーマス 2003：97］。このとき公共圏は、政治的な意味では、アソシエーションが社会におけるセンサーとして問題を提示する役割を持つ一方で、その内部には、生活世界に根を持つ、特定の意見についてのコミュニケーションのネットワークが存在することが想定されている［ハーバーマス 2003：89–90］。仮にこのような形で、アソシエーション内部に、討議を経てメンバー相互の了解が得られるような関係を形成することができるならば、先述のアソシエーションは、権力に取り込まれる危険性を排することができ、自発性を保ち続けることが可能であるように思われる。

しかしながら、このような討議に基づくデモクラシーにおいても、支配的なイデオロギーが、影響力を保持し続ける危険性は常に存在する。このことは、ハーバーマスの公共圏の概念の批判に立脚するかたちでフレイザーが指摘している。彼女は、公共圏における言論の不平等さを指摘し、既に階層化している社会において討議を行うことができる公共性に向かう手段として、対抗公共性の可能性を指摘した［フレイザー 2003：124］。また、すでに公共圏内に存在している権力でなく、そのようなヘゲモニーの発生をいかに防ぐかという点で、ムフは民主主義をよりよく機能させるために、対立者同士の正当性を承認しあったうえで対抗する「闘技（agonism）」の概念を提案している［Mouffe 2005：19–21, ムフ 2006：156–162］。これらの論者は、討議によるコミュニケーションを経た合意が前提のハーバーマスによる社会についての認識とは異なり、対抗したり、「闘技」したりすることそのものに市民社会としての価値を見いだしている。このようなムフやフレイザーの思考は、人々の側から政治や公共性を考える立場の研究では、しばしば引用される［日下 2008：2013, 西 2009］。しかしながら、対抗性や闘技という局面は、市民社会というシステム全体を対象とする議論だから意味があるのであり、フィールドワークを行った現場というひとつの場における対抗を描いただけでは説得力が失われることに注意する必要がある。

(5) 公共性に関する人類学的問い

政治的なアソシエーション(12)について研究を行った佐藤章によると、文化人類学において市民社会の概念に依拠した研究に対しては、すでに次のような批判がある。一つ目は、本節の(3)におけるハンによる指摘と重複するが、市民社会という概念そのものが規範性が強く、分析概念として不適切であること、もう一つは市民社会および市民社会を支えるアソシエーションの特質が抗国家性という限られた側面からしか論じられてこなかったことである［佐藤（章）2006：54］。また、フィールドワークが主たる方法論である文化人類学については、市民社会は数多くの様々な要素が関係し合って成立しているにもかかわらず、市民社会＝ＮＧＯ・ＮＰＯと決めつけて、具体的な組織から抽象的な概念である市民社会が短絡的に論じられがちであるという批判が該当するだろう［神野・澤井 2004：20］。

最初の批判については、ハンと同じく、市民社会という概念の世界的な広がりに伴い、この概念もまた文化的な文脈のうえでの固有性を持つという考え方が広まりつつあるという応答が可能である。しかし、二番目と三番目の批判については、近年の文化人類学は市民社会そのものを論じるのではなく、市民社会の構成要素について言及することで、これらの批判に応えようとしているように見える。具体的には、公共圏、公共性、社会的な（る）もの（the social）といった概念に注目した研究がそれに該当する［cf. 栁木田ほか（編）2012, 木村 2013, 髙橋（絵）2013, 田辺（繁）2008, 西 2009, 森（明）（編）2014］。これらの概念は、それぞれ参照する理論的系譜が市民の開かれた議論の場に公共圏を見いだすハーバーマスだったり、私的領域と公的領域の接続領域に注目したアーレントだったりと異なるものの、基本的にはこれまでに記述してきた市民社会と隣接する概念として理解することが可能である。[13] 例えば、栁木田康之は公共圏を「国家と対置される市民社会を基礎づける自由な意見表明の場」と定義づけ［栁木田 2012：12］、田辺繁治は公共性を、統治テクノロジーに対抗して自らの存在を取り戻す場に見いだし［田辺（繁）2008：164–168］、髙橋絵里香は社会的な（る）ものを社会関係の基盤であり、国家と深いかかわりを持ちながら国家と接続されなくとも成立する領域に存在すると整理している［髙橋（絵）2013：10–11］。いずれも市民社会に類似しているが、社会のモデルを想起させる「市民社会」そのものではなく、市民社会を支えるために必要な自律性の領域を示す概念を採用している。

したがって、その視点は対象内部の共同性ないしは、つながり、連帯などに絞られ、個別具体的な特性を重視した分析は行いやすくなる。コミュニティの内部の共同性というと、伝統的な社会形態を想起させるものであり、市民社会と対抗する概念だとみなされがちであったが、現在はそのような単純な理解はなされていない。小田亮が、共同体に内在する親密な関係は公共性に転化する可能性を持つという視点からこの二元論の脱構築を提案して以来［小田 2004：237–239］、近代性の支配下にあるフィールドにおいては、アソシエーションが社会の共同性を見いだせる場所として解釈されるようになっており［三浦 2006, 中川 2008］、この共同性が、当該社会において、市民社会に限らない形で公共性を生み出すものとして評価されている［田辺（繁）2005, 森（明）2008］。つまり、これらの研究では、アソシエーションなどが生み出す共同性そのものが、公共性につながると認識されているのである。[14] この場合、共同性を生み出す集団は必ずしもアソシエーションという言葉で表現されない。田辺は排除されてきた人々の自助グループを「実践コミュニティ」と位置づけ、そのコミュニティを、国家の統治への対抗とみなす一方、コミュニティ内部の親密性から公共性が生まれると考察している［田辺（繁）2005：6–8］。

ここでアソシエーションを市民社会的であると考える、またはアソシエーションに公共性があるという表現には二つの種類の解釈が存在している。一つは、ラディカル・デモクラシー論的に、アソシエーションそのものが、国家の統治に対抗して何らかの主張をする側面を重視した解釈であり、もう一つは、日常の活動を通してアソシエーション内部の個人に市民社会を支えるに必要なメンタリティが醸成されるという解釈である。人類学における市民社会論は、隣接する公共性の議論と密接にかかわっており、アソシエーションの内部の人間関係から生まれる共同性から構築される公共性に注目する点によって特徴づけられていると言えるだろう。その意味で、アソシエーション内部に注目して研究の蓄積を積み上げる傾向の強い文化人類学において、もはや抗国家性は必ずしも重要な論点ではないと言える。

ただし、この共同性への注目は、必ずしも人類学に特有の視点というわけではない。ハーバーマスもまた自律的な市民社会のために、生活世界に根差したコミュニケーション構造の重要さを指摘している点では視点は類似している［ハーバーマス 2003：97］。彼は、民主主義の基盤としてアソシエーションを通じた討議の必要性を示すと同時に、必然的にアソシエーション内部での討議、すなわちコミュニケーションが存在することも示唆している。とはいえ、フレイザーがハーバーマスを批判したのと同様に、人類学者はハーバーマスのモデルについて、その討議の平等さを疑問視しがちである。フレイザーやムフの議論を援用するならば、階層化が進んだ社会であっても、伝統的な組織に由来するアソシエーションが作り出す公共圏同士の対抗または「闘技」の可能性を見いだすことは可能かもしれない。しかし、他者とのコミュニケーションの手段が言語に依存している点で根本的な解決とは言い難い。これに関して、田辺はハーバーマスの理論について、コミュニティ内部のコミュニケーションがそもそも言説資源に依存しがちであることを批判し、フィールドでの分析にあたってはコミュニティの内部に共有される非言語的なハビトゥスなど、生に対する解釈学的知を重要視している［田辺（繁）2008：146–149］。ハーバーマスらが重視する討議は公共圏を形成する上で重要ではあるが、それは一つの手段にすぎない。田辺の指摘するコミュニティのハビトゥス*への注目のように、人類学において、内部の公共性や共同性を成立させる要素として、討議以外の可能性を探ることに有用性はあると考えられる。

＊ハビトゥス
集団のなかで人々が社会的に習得するさまざまな行為や認知を包括する概念のこと。フランスの社会学者ブルデューはハビトゥスを、社会構造によって条件づけられ、個人の実践を規定するものと考えた。この社会条件と個人のふるまいを結びつけた理解が一般的によく用いられる。

この討議以外のアソシエーション内部の共同性に着目するとき、注意しなければならないことは、近代的な公共性を構成する共同性と、伝統社会の共同性や親密圏の共同性を混同することである［吉岡 2012］。吉岡政徳は、近代的概念である公共圏・親密圏と伝統的村落共同体を厳密に区分し、伝統的村落共同体をふくめ島嶼から成立するオセアニア国家には公共圏は存在しえないことを主張しているが、その趣旨はおそらく、西欧起源の概念をローカルな現場に厳密に適用することの限界を示すことにある。異質さを許容することは公共圏が成立する条件であるが、その母体となる集団は共通の関心により集合性を保つのであって、伝統的村落のようなメンバーの固定性や親密圏のようなメンバーの同質さは公共圏にそぐわないものとなる。

確かに、厳密に理論を精査すれば、伝統的要素が強く残る社会にこの概念を用いることは難しい。ただし、何を基準に伝統的要素が残っていると判断するかも不明瞭である。吉岡が論じたように、バヌアツの人口一万人の都市に公共圏が成立しないと考えるならば、西欧であっても住民の流動性が少ない地域の小規模コミュニティに、この概念を用いるのは困難なはずである。

もう一つ補足すれば、かつてマッキーヴァーは有機的連帯としてのコミュニティと有志からなるアソシエーションをゲゼルシャフト的と区分して概念整理を行った［マッキーヴァー 2009］。しかし、近代化の影響を大きく受けた社会においては、村落といえども有機的な連帯としてコミュニティが維持されているとは限らない。フィールドとしたスロヴァキアの村落は、アソシエーションの存在によって維持されるいわばデュルケーム的擬似コミュニティの側面がある［デュルケーム 1971］。第2章で触れるように、職業集団の時代はとっくに終わっているし、小規模な村落にデュルケームが『社会分業論』で想定した社会を投影するのは乱暴である。しかしながら、アソシエーションによって構成される村落社会を、市民社会やデモクラシー、およびそれを支える公共性といった概念のみで分析しきれるとも限らない。では何と接合することが可能かを本書では考察したい。

(6) 複層的な市民社会を支える価値観を考察するために

これまでの議論では、本書のキーワードとなる民主主義／デモクラシー、市民社会、公共性といった概念を整理しつつ、関連する先行研究を検討してきた。現地の人々の価値観に影響を与えたと考えられるデモクラシーは、現地における多様性が了解されている概念である。それでも、体制転換の初期において、現地に規範となるべきデモクラシーが何もなければ市民社会は存在しえなかっただろう。市民社会は現在、国家から離れて自律して活動する人々がつくりだす社会システムとして理解されているが、体制転換から調査開始時までの二〇年近くの間に、市民社会のありかたもまた変容したと考えられる。熱狂的な「革命」のあと、デモクラシーはどれだけ市民社会を支える理念でいることができたのだろうか。おそらく、このことを考えるために必要なのが、近年の人類学で注目されてきた公共性ないし社会的なるものへの視点であると考えられる。(5)の冒頭で佐藤が批判したように、市民社会を国家と個人の対抗空間とする考え方では、村落の現場を考える際には不十分である。

加えて参考にしたいのが、民主主義に基づく社会が形成途上であるという一九九〇年代のポスト社会主義国の現状を踏まえ、自発的で自由なアソシエーションの理念に基づく市民社会をユートピア的だと批判したのが、コーエン（コーヘン）とアラート（アレイト）の市民社会モデルである。国家に対抗するものすべてが市民社会という分化のないモデルでは、民主主義的過程に負担を負わせ、民主主義への信頼を失わせるというのが、その主張の理由である［Cohen and Arato 1992：451，アレイト&コーヘン 1997：66–67］。彼らは、ハーバーマスのシステムと生活世界のモデルに着想をえて、生活世界と国家システムの間に国家の諸制度を分化させた政治社会と経済社会の存在を想定し、その二つの社会に介入可能な制度的な生活世界が市民社会であると想定している［Cohen and Arato 1992：479–481］。そこにおいて、市民社会は「親密圏、アソシエーションや社会運動および公的コミュニケーションの諸形態の領域からなる、経済と国家の間の社会的相互作用の領域」と定義されている［Cohen and Arato 1992：ix，形野 2000：57］。二元論的に国家に対抗する市民社会が存在するのではなく、国家から機能分化した政治社会と経済社会が存在し、その間のコミュニケーション空間が市民社会となるのである。

このようなコーエンとアラートの市民社会の議論を踏まえて、オウスウェイトとレイはポスト社会主義時代における市民社会について、次の五つの特徴を挙げている。それは、①市民社会は普遍的なものではなく、一定のメンバーの間で共有される排外的なものである。②社会的な複合性を包含しておらず、内部に同質的なコミュニティが想定されている。③活動的な市民という概念を基盤としていない。④市民社会は社会全体の部分であり、統合することも分裂して争い合うこともある。⑤基本的には、それぞれの国家と一致するが、近年はグローバルな市民社会という考え方も存在する［Outhwaite and Ray 2005：155–157］、というものである。これらの特徴は、伝統的なコミュニティの要素も包含するものであり、「国家に対抗する一枚岩的な」市民社会イメージを砕いている。さらに、市民社会内部の可変的な分断状況を示し、そこに参加する人々の流動性の高さを示していると言える。このオウスウェイトとレイが挙げた市民社会の特徴は、まさに先述の体制転換期の混乱状況を理解するのに役立つだろう。

コーエンとアラートの市民社会モデルに沿った説明をするならば、そもそも社会主義時代は、都市も村落も経済社会の領域も政治社会の境域もほぼ国家システムと同義であり、それらに対して生活世界が申し立てできる余地はほとんどなかった。体制転換以降、国家からサブシステムとして経済と政治が自立領域を持ち、ここにアクセス可能な生活世界の制度化された部分、つまりアソシエーションなどによって形成される市民社会が生じたと理論上は考えることができる［cf. Cohen and Arato 1992, 伊藤 2006, 形野 2000］。ただし、社会主義時代は都市も村落も同じ条件であったが、体制転換後の都市と村落については、市民社会的状況にどのように差が生まれたのか疑問は残る。また、村落において、そもそも国家から政治社会と経済社会は機能分化できたのだろうか。

社会主義時代的な国家統制を離れ、相対的に自由な空間のなかで、人々が「新しい時代」を形成するため活動する社会の出現は、国家による民主主義的な制度改革や経済改革の施行と比較すると、相当の時間がかかると予想される。また、現地の生活者にとって、転換期における生活の変化への対応は幾分「ブリコラージュ的なもの」［Bryant 1994：58–70］である。そのような状況は、必ずしも、わかりやすいアソシエーションを通じた政治参加という形で目に見えるとは限らないだろう。その点に、文化人類学的な研究の意義があると考えられる。前項(5)の議論に引き付けて考えるならば、体制転換後、スロヴァキア社会において公共圏は拡大したが、市民社会があらゆる場所に等しく形成されたとは限らない。市民社会は公共圏よりも限定された概念であり［松井 2012：2］、政治社会や経済社会に申し立てるためにある程度のシステマチックさが求められる。

一九八九年は社会主義時代から社会運動を続けてきた「反体制派」にとっては、ゴールとなった年であったのかもしれないが、それ以外の人々にとってはスタート地点であった。体制転換後の社会に否応なく取り込まれた人々が、生活のために何らかのリアクションを迫られるなかで、必要に応じて「市民社会」的な空間にも適応するようになったと予想される。しかし、それは一枚岩的な市民社会ではなく、オウスウェイトとレイが示したような、分断されたものの集合体にすぎない可能性もありうるのである。

3 研究方法

(1) 調査について

本書では、フィールドワーク調査に基づいて体制転換以降の村落地域の政治的価値観の変容を考察することを試みており、調査の対象として、村落におけるアソシエーション活動と体制転換時の記憶の語りの二つに注目している。本書が対象とする政治的価値観は、スロヴァキア社会における時代のキーワードとなったデモクラシーや市民社会と隣接する領域にある。したがって、まず、体制転換というスロヴァキアにおけるデモクラシーや市民社会の起点となった時期をどう把握していたかに注目した分析を試みたい。しかし、政治的価値観は、起点から先の日常的生活のなかでも形成される。また、先行研究においても指摘されたように、一つのグループや個人の意志ある活動のみから、デモクラシーや市民社会を分析するのは無謀である。これらの点を踏まえ、村落という一定の空間内における広義の村落政治にかかわる人々およびアソシエーションの総合的な実践に注目する。市民社会を支えるとされるアソシエーションは、中東欧では社会主義時代以前から存在していた。しかしながら、四〇年にわたる社会主義時代に適応して生き抜いた村落アソシエーションが、そのまま民主主義的に市民社会を支えるアソシエーションにある日突然変化するはずはない。アソシエーションにかかわる人々の日常的な相互関係を基盤に、変化していく村落と人々を描くことを試みたい。

調査地は、スロヴァキアの村落地域のなかでも、体制転換後の生活を変容させる要因が相対的に多いと想定される西部国境沿いの村落を選択した。人々が生活のなかで実感できる体制転換後の変化としては、市場経済の導入による生産および流通・販売システムの変更による失業、転職または起業や、購買活動の変化、社会主義建設期に国有化された財産の返還、教育内容の変更など、様々なものが挙げられるが、冒頭にも挙げた国境の開放は最も大きな変化の一つである。筆者がスロヴァキアで調査を開始した二〇〇〇年代には、体制転換後の混乱は収束しており、インフォーマントに体制転換後の状況は所与のものとなりつつあった。生活について記憶を遡って語ってもらうには、一つでも多くの記憶に残るような変化を経験した地域が望ましいと考え、オーストリアに接する西部国境沿いの村であるリエカ村とパヴォル村の二つを調査地として選択した。筆者はこの二つの村に通い、村落のアソシエーション活動の参与観察を行いつつ、社会主義時代から体制転換時とその後の人々の生活についてインタビュー調査を行った。

村落といえども、ブラチスラヴァに公共交通機関での通学・通勤が可能な範囲内に位置していることは指摘する必要がある。ブラチスラヴァの人口は五〇万人程度であるが、スロヴァキアで最も人口の多い首都である。その意味では、都市の郊外と言える範囲ではないかという批判も想定されるが、それもまたスロヴァキアの村落の一つの特徴として指摘しておきたい。というのも、スロヴァキアでは社会主義時代に、計画的に各郡に一つ以上、一九八〇年代には一六五もの中心的な機能を担う都市が指定されており［Krivý 2004：8］、ある程度以上の規模の都市が国内に均等に点在しているからである。もちろん程度の差はあるが、いずれかの都市の通勤・通学圏内でない村落の方がごく少数である。本書において村落／都市という分類概念を用いてはいるが、村落は、その他の自治体と日常的に遮断され、孤立した存在とは想定しておらず、都市との接触が容易であることを前提としている。その意味で、体制転換前後を通して村落の人々は、都市のエリートの思想にメディアを通じてだけでなく、物理的に接触する可能性を持っていた。先行研究や人々の一般的な認識において、村落は体制転換後の社会変容から取り残された存在として捉えられがちであったが、このように都市やすぐそばの国境の向こう側とのつながりに注目することで、新たな視角を提示することが本研究の持つ特色でもある。

本研究の主たる調査は二〇〇七年二月から二〇〇八年十月までの期間、断続的に合計およそ一二ヵ月（二〇〇七年二－三月、四－九月、二〇〇八年五－七月、九－十月）行い、補足的な調査を二〇一一年九月から二〇一三年三月にかけて合計一ヵ月程度行っている。したがって本書の民族誌的現在は、基本的に二〇〇七年から二〇〇八年の調査期間であり、このときのスロヴァキアの現状に即して考察を展開している。なお調査期間中はブラチスラヴァのスロヴァキア国立科学アカデミー民族学研究所に研究拠点を置き、調査地の村落には、日帰りの通い調査と数日間の短期滞在を繰り返して調査を行った。ただし、現地における文献調査については、二〇〇二年九月から二〇〇五年六月までのスロヴァキア国立コメニウス大学留学中から開始しており、このうち二〇〇四年十一月から二〇〇五年六月にかけては西部国境地域のドリナ村へ断続的に通い予備調査を行っている。なお、さらに詳細な調査地についての概要は第3章で記している。

(2) 社会主義の経験を分析するということ

文化人類学者が公共性をアソシエーションないし、何らかの集団内部に見いだす際に、土地に残る「伝統的な」規範やコミュニティのハビトゥスを通した解釈に着目してきたことは、既に指摘した通りである。ただし、社会主義時代は、伝統社会とパラレルに位置づけられるものではない。伝統社会においてもモラルやコミュニティの規範は不変ではないが、社会主義時代という政治的な介入が人々の生活に及ぶ時代を経たことで、その規範はすでに大きく変容している可能性が指摘できる。社会主義からの転換を主題とする以上、何が社会主義時代的な価値観であるかはある程度明らかにしておく必要がある。とはいえ、その影響は明確に切り分けることができるものとは限らず、すでに内面化されて両者が結びついている場合もある。例えば、現在の社会主義国であるベトナム村落において、「伝統的な」統治の理想である「村の情義」や「譲り合い」の語りと同時に、共産党の「人民のなかに深く入り、人民に寄り添う」といったスローガンもまた、人々に説得力のある論理として使用されていることが指摘されている［加藤 2008］。社会主義からの体制転換を経験した地域の民主主義の解釈についても、その土地の人々の間に、社会主義時代の価値や規範が色濃く残っている可能性は高い。その一方で社会主義時代を否定的に捉える人々も一定数存在する。社会主義時代という、語り手により過去の価値判断が大きく異なる時代をインフォーマントの語りのみから単純に理解するのは困難であるため、社会主義時代を理解することに関する留意点を最後に説明したい。

まず、旧ソ連・東欧の旧社会主義国については、社会主義時代に一つのイデオロギーが広く流布、共有された世界が形成されていたという特徴を挙げることができる。ハンによると、そのイデオロギーは、特殊な言葉遣いと儀礼やシンボルを用いて流布されたものであり、その言葉遣いの特徴として、日常会話とは異なる特殊な言い回しを用い、いくつかのスローガンが決まったパターンで組み込まれていることが挙げられている。儀礼やシンボルについては、モスクワの赤の広場の霊廟やメーデーのパレードなどが例として挙げられているが[15]、これらの社会主義イデオロギーは必ずしも、マルクスやレーニン主義に忠実とは限らなかったと指摘されている［Hann 2002：88–89］。社会主義時代を経験した多くの人々にとって、社会主義はこのようなかたちで人々の毎日の生活に埋め込まれた価値システムであり、毎日の「普通の生活」のリアリティであった［Yurchak 2006：8］。ユルチャックが指摘するように、その深く埋め込まれた価値システムは、社会主義時代以降の社会に順応して合理的に生きていく方向にも作用した［Yurchak 2006：296］。その意味では、当時内部にいた人々が自身を客観視することは困難な作業であったと考えられる。

ただし、このように社会主義時代の経験を分析することの困難さを強調すると、社会主義体制が持つ影響力について全体主義的なイメージを植え付けてしまう恐れがある。しかし、社会主義時代は必ずしも全体主義とは一致せず、全体主義という言葉には外部の判断が入っていることに注意する必要がある。冷戦時代に作り上げられた社会主義＝全体主義論は、戦後初期に広く受け入れられ、一九六〇－七〇年代にいったん批判にさらされ、スターリン批判（一九六〇年代）に合わせてソ連イメージの修正が図られた。しかし、一九八〇年代以降に全体主義論は復興したという経緯をたどっている［塩川 1999：152］。現在流布している社会主義＝全体主義論については、塩川伸明が具体的に以下のように注意点を指摘している。

最近まで社会主義体制下に生きていた人々が、その特徴づけとしてこの言葉を選ぶのは、感情的反応としては十分理解できる。「全体」という言葉を使うことによって、旧体制下ではあらゆる人があらゆる局面で完全に統制され、一かけらの自由もなかったという風に描き出し、過去のつらさを強調することができるからである。また旧体制下で自分自身がそれなりに体制を受容し、同調していた事実を曖昧にし、ただひたすら外的に強制されていたかに描き出すという自己正当化の面もある。そういうわけで一応理解できるものではあるが、しかし、現実の体制の認識としては、このようなとらえ方は種々の問題を含んでいる［塩川 1999：152］。

この指摘は、現在から過去を振り返るインフォーマントの語りを分析する人類学者にとって、当たり前のことではある一方で、人々による社会主義批判の語りを研究者がどこまで否定的に解釈することが許されるかという問題に直面させるものである。チェコスロヴァキアでは一九六八年の「プラハの春」がソ連を中心としたワルシャワ条約機構軍の介入によって中断され、その後当時の関係者を反動的に弾圧する「正常化」が行われたため、実際に社会主義下の不自由さを経験した人も一定数はいる。(16) 当時の社会主義政権のありかたに疑問を持って生活する人々にとっては、監視されていたという感覚は強いものであったと考えられ、それが語りに反映されるのも当然である。本研究の調査地である西部国境地域の人々が直接「正常化」に関わりがあったとは限らないが、国境警備隊という権力を体現する組織が身近にいたことで一定の圧迫感が漂う地域であったことは考慮に入れる必要がある。体制転換後の社会における、社会主義時代についての評価は二項対立的には語りえない。良いと言っても悪いと言っても、その評価で語りつくせない何かが不十分だとみなされる[17]。

調査を行った村においても、その真偽はともかく、国境を突破しようとした亡命者が射殺されたという社会主義時代の噂話は耳にした。当時の実際の生活においては、様々な抜け道が多かったことも予想されるが、本研究はかつて権力の存在を身近に感じていた地域を調査地としており、そのような権力が存在しない現在を知るからこそ、再帰的に語られる情報が持つ可能性を含めて考察したい。本書では、ややステレオタイプ的な社会主義の表象が多用されることもあるが、まさにそれが筆者に調査地の人々が語りかけてくれた社会主義像なのである。

第2章　現地の人々にとっての市民社会とアソシエーション

1　スロヴァキアにおける市民社会論の所在

(1)　体制転換時に出現した「市民社会」についての理解

第1章で触れたとおり、東欧の体制転換は、その推進力としての市民社会の力が多くの研究者に注目された。この市民社会の力は、意志ある市民の自発的な行動や、その過程で結成されたアソシエーションから生まれたと考えられている。このイメージは、ポーランドの自主管理労働組合「連帯」の活動が与えたインパクトによって形成されている部分もあるが、チェコスロヴァキアの体制転換においても、抗議活動の中心に、チェコの「市民フォーラム」やスロヴァキアの「暴力に反対する公衆（Verejnosť proti násiliu、以下VPN）」といった市民団体[1]がいたことに注目できる。ただし、このアソシエーションへの注目は、体制転換期の活動によって生まれたものではなく、現地における歴史的な背景も存在する。チェコスロヴァキアにおいて、このようなアソシエーション活動は、民主主義的伝統の「復活」と語りうるに足る歴史的位置づけが可能なものだったのである。

現地における、体制転換直後に共有された曖昧なデモクラシーをあえて言語化するならば、スロヴァキアの社会学者ハルマーディヨヴァーが指摘したような、「一九八九年以降の時代のキーワードである市民社会、人権、ヨーロッパ、法治国家、民主主義などの概念が一緒になって連想される新たな社会のイメージ」に近かったと言えるだろう［Harmádyová 1991：20］。社会主義からの体制転換後の新たな政治制度として、欧米の民主主義国の制度を受容すべきことは了解されており、一般の人々の間で理解されるデモクラシーや市民社会には、理想としてのこれらの国の社会のイメージが存在していたと言ってよい。

その一方で、一部のスロヴァキアの社会学者らの間では「安易に西欧の民主化や市民社会の理論を参照すべきでない」とスロヴァキア独自の文脈における「市民」の形成の重要性も論じられていた［Roško 1999］。この場合、市民社会は白紙の状態から作り上げられるのではなく、チェコスロヴァキアにおける市民社会の伝統を「復活」するという文脈で理解されている［Šutaj 1991：98］。その根拠として、チェコスロヴァキアは戦間期に民主的な国家が成立していたことと、社会主義時代にも「プラハの春」のような民主化への試みが生じたことが、同時期に体制転換を行った周辺諸国よりも「市民社会の伝統が深いことを示す」差異として自覚されていた［Roško 1999：438］。さらに、スロヴァキア独自の文脈として、第二次世界大戦後、共産党を支持したのは主としてチェコであり、スロヴァキアでは非共産党系の政党が支持を集めていたことが、一九八九年以降の時代の市民社会と連続性を持つ事項して表現された［Šutaj 1991］。社会主義時代において、これらの社会主義時代以前の非共産党系の政党が勢力を保っていた時代は「ブルジョワ主義的」とみなされており、表向きはその時代について肯定的に評価することはできなかったが、体制転換後はこれらの時代を「市民社会の伝統」の根拠としてみなす傾向が強くなった。

もっとも強調される「市民社会の伝統」の起源は、チェコスロヴァキア第一共和国時代（一九一八－一九三八年）である。この当時の人々が自由に集い、政治的、文化的な活動を行っていたアソシエーションは、スロヴァキアの市民社会史を支える重要な要素として論じられてきた［Buerkle 2004, Bútora 1995, Dudeková 1998, Mannová 1991］。当然のことながら、戦間期のチェコスロヴァキアが民主主義体制を維持できた理由は、この他にも複数想定されており、福祉国家的分配が進んでいたことや、都市市民層や中小農など民主主義を支える基盤が存在していたこと、民族的マイノリティを優遇する政策が成功していたこと、当時の政治家の意思決定能力の高さなどが挙げられている［篠原（一）1986：295–296］。しかしながら、アソシエーションがかつての民主主義を支えたという歴史的認識は、現実の体制転換時の社会運動の結果との相乗効果により注目され、アソシエーション活動は市民社会を考察するうえで切り離せない要素とみなされるようになった。

本章では、東欧の体制転換におけるアソシエーション活動を通じた「市民の力」に注目した欧米の研究者らによる市民社会論と、現地における「市民社会の復活」の議論の連続性に注目し、スロヴァキアにおける市民社会の理解に、アソシエーション活動が与えてきた意味について考察を深めたい。スロヴァキアにおけるアソシエーション史を踏まえた暫定的結論を先取りすれば、スロヴァキアにおける「市民社会の復活」という視点は、結果として、欧米のアソシエーション活動のありかたを前提とした市民社会に重複するものになってしまい、第一共和国時代の伝統を共有しているはずの村落のアソシエーションを除外した「復活」となっていることを指摘できる。これに対する村落の現状の分析を踏まえたうえでの考察は後の章に譲りたい。

現在のスロヴァキアの制度[2]では、余暇を過ごすクラブも、労働組合も、同じく「市民団体（*občianske združenie*）」にカテゴライズされるアソシエーションである。一九八九年以降、新たなアソシエーションが次々と結成されたが[3]、調査当時、スロヴァキアのアソシエーション、およびそれに類すると考えられるものについては、制度上、市民団体以外に、非営利団体（*nezisková organizácia*）、財団（*nadácia*）、公益法人（*neinvestičný fond*）、利益団体（*záujmové združenie*）、政党、宗教組織などに細分化されていた［Majduchová et al. (eds.) 2004：32］。営利活動を目的としないアソシエーションに限っても、その活動の幅は大きい。

とはいえ、統計的な資料が限られていることから、政治活動に関連するアソシエーションとその他の多数のアソシエーションを区分することは困難である。したがって、まずは現在のアソシエーションのこのような幅を考慮に入れたうえで、体制転換後の市民社会とアソシエーションの関係がどのように論じられているかに注目したい。現

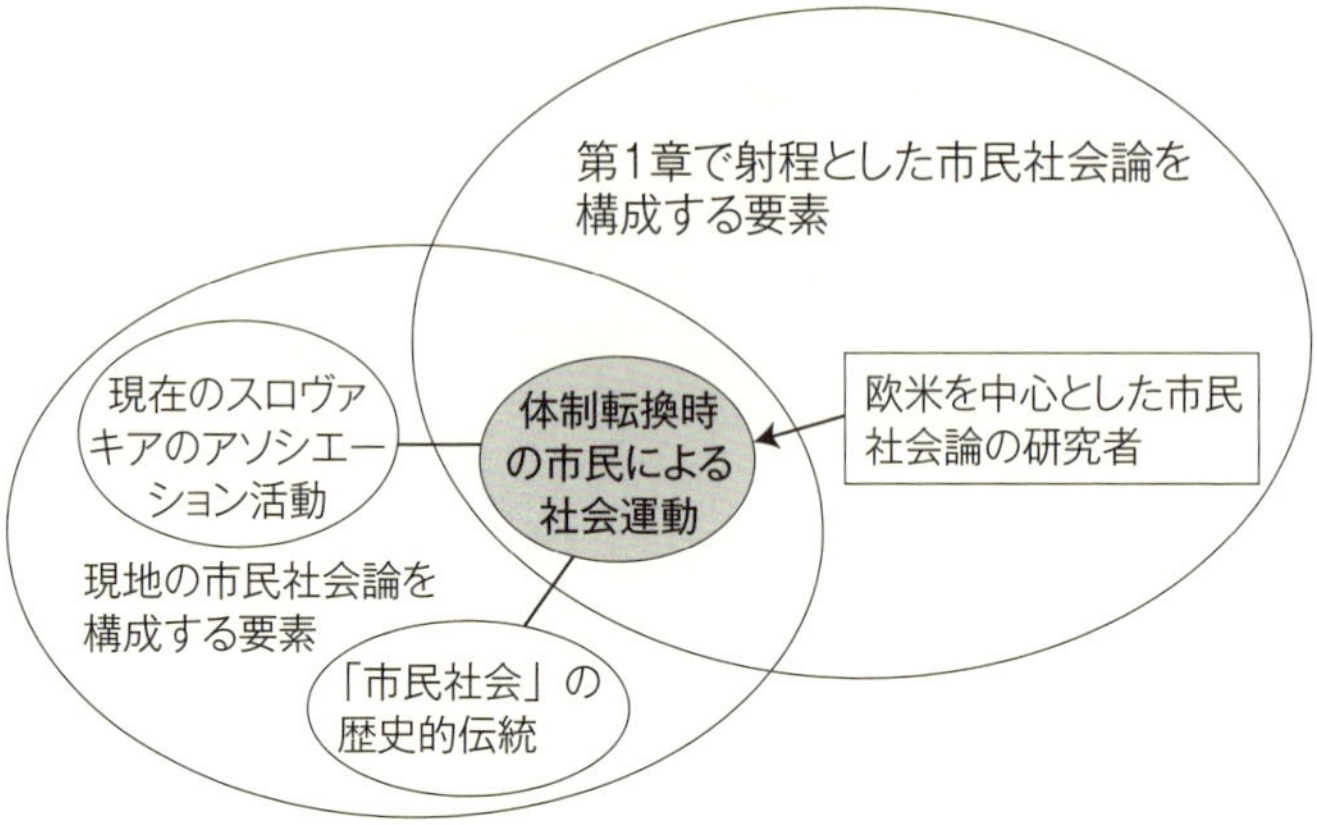

図2　市民社会論の視点

図中において矢印（→）は視角を示し，それぞれの枠をつなぐ線（—）は研究史において，互いに影響を与えあうそれぞれの事象の関係を示す。

在のスロヴァキアで想定されている市民社会を考察するにあたっては、すでに序章で検討した欧米の研究者を中心とした市民社会論の展開との相違に留意する必要がある（図2参照）。現地の市民社会論は、一九九〇年代の欧米の研究者が論じてきた東欧の体制転換の影響を受けた市民社会論を踏まえつつ、スロヴァキアの歴史的背景や現在のアソシエーション活動の状況、およびそれをめぐる言説を視野に入れて形成されてきた。現地の研究者たちは、外国の市民社会に関する議論とどのように距離を取りつつ、または追随しつつ、自国の「市民社会の復活」の根拠となるアソシエーションを捉えたのであろうか。

本書の調査地は、ヨーロッパの周縁に位置するチェコスロヴァキアの、その一部であったスロヴァキアの村落、という複数の周縁性が重なる場所ではある。しかし、スロヴァキア国民＝市民の一員としての自覚は共有されている。このような村落の人々とエリートの切り分けが困難なフィールドにおいては、スロヴァキアの知識人が自国の文脈に沿って村落に想定する市民社会、現地の村落の人々がときにエリートの言説を参照しながら自省する村落社会、文化人類学者が村落に入って見いだす村落社会のありかたの相違に注意して考察を進める必要がある。筆者が本書で提示するのは、最後に挙げた人類学者が現場で見いだした村落社会であるが、それはその他の視点を相対化する作業を通して明らかになるものだと考えられる。

(2) 「輝かしい過去の市民社会」を支えたアソシエーション活動について

現在のスロヴァキア語で、アソシエーションにあたる単語として最も適当なのは、「ドゥルジェニエ（*združenie*）」であり、ニュアンスとしては日本語の「団体」に近い。その前に「市民」にあたる語をつけて、市民団体（*občianske združenie*）という言葉として用いられることが多い。法律で使用されるのもこの単語である。社会主義時代は、英語の organization にあたる *organizácia* を用いて任意団体（*dobrovoľná organizácia*）という語が多用されてきた。近年では英語の association にあたる *asociácia* や、ＮＧＯを直訳したＭＶＯ（*minovládna organizácia*）も併用されている。一方で、社会主義時代以前の時期においては、アソシエーションについて「スポロック（*spolok*）」という別の単語が頻繁に用いられる。これは日本語のニュアンスでは「結社」に近い。本書では、任意団体一般をアソシエーションとして記述してきたが、この社会主義時代以前の歴史的なアソシエーションについては、必要に応じて結社と使い分けて記述する。

結社の起源は、ヨーロッパの場合、中世のギルドに言及されることが多い。スロヴァキアにおける、個人の任意に基づく結社活動の始まりは、ハンガリーの支配下にあった十八世紀頃に遡ることができ、エリートを中心とした社交団体や文化団体が活動をはじめた。十九世紀に入っても、活動を行う層は限られていたようであるが、都市部で学生団体やスロヴァキア文学の読書クラブなどが活動を行っていた記録が残っている［Mannová 1991：72］。

結社活動が最初の頂点を迎えたのは、チェコの場合は、一八四八年革命の時であった。この時に集会・結社の自由が認められ、様々な組織が誕生したものの、その大半は革命の失敗とともに消滅してしまった。しかし、オーストリア・ハンガリー二重帝国が成立した一八六〇年代以降、結社活動は再び盛んとなった。ハンガリーよりも早く、チェコでは一八六七年に自由主義的な結社法が制定され、結社の数も一八六九年には一、七一七、一八七一年では三、三六七と急増した［福田 2006：46–47］。ハンガリーも同じような経緯をたどり、一九世紀の前半では、結社数は全国で一〇〇に満たなかったものの、一八六〇年代後半には新たに五五四の結社の存在が確認されており、七〇年代は毎年二〇〇から五〇〇程度の数の結社が結成されていた［Mannová 1990：19］。その後、一八七五年に結社に関する法律が整備され、結社の権利が正式に認められた［Mannová 1991：71］。この直後の一八七八年には、スロヴァキアを含むハンガリー全体で三、九九五の結社が活動を行っており、その加入者総数は六七三、〇〇〇人に上っていた［Mannová 1990：16,19］。ただし、これらの結社活動は基本的に都市が中心であり、七三・五パーセントの結社が人口二、〇〇〇人以上の町（や村）を活動拠点とするものであった［Mannová 1990：21］。

一九世紀のオーストリア・ハンガリー帝国領域内における結社活動は、女性やその他のマイノリティの活動は制限されていたものの、民衆的なナショナリズムと結びついて発展したという特徴を持つ［ホフマン 2009］。当時のチェコとスロヴァキアにおいて、チェコ語にしろ、スロヴァキア語にしろ、ハンガリー語にしろ、文化的な支配言語であるドイツ語ではなく民族の言語で結社活動を行うことは、国民意識の形成にかかわるという点で政治的な意味を持ち、一九世紀後半のチェコ（とくに西部のボヘミア地域）では村落も網羅した文化や農業改善に関する結社活動が盛んであった［桐生 2012］。普通選挙が行われていなかった時代において、階層を超えた交流をもたらした結社活動は民主主義の学校としての役割を果たしていたと言える［ホフマン 2009：140］。

ただし、スロヴァキアにおいては、このような結社活動が村落に広まるのはもう少し後のことであった。また、結社活動の内容自体も都市と村落では相違があり、村落では、より生活に密着した活動が定着した。村落の多いスロヴァキアにおいて、結社活動がすべての社会階層に広まり、隆盛を極めたとみなされているのは、チェコスロヴァキア第一共和国時代（一九一八－一九三八年）に入ってからである［Majdúchová et al. (eds.) 2004：17］。この時代の結社は、宗教、民族、職業、政治などの関心に基づいて結成されていたという特徴がある。スロヴァキアの都市部には、ハンガリー時代からの名残で、ハンガリー人、ドイツ人、ユダヤ人が居住しており、民族文化団体を基盤にした文化的、社交的結社活動が発達した［Dudeková 1998：3, Salner 1990：67–90］。一方で村落では、消防団や職業集団、カトリック関連の結社が中心となって活動を行っていた。チェコスロヴァキア第一共和国時代には、スロヴァキア全体でおよそ一六、〇〇〇の結社が存在していた［Mannová 1990：15］。

村落において、もっとも早くに出現したアソシエーションは消防団であり、十九世紀末には西スロヴァキアの村落部における結成が確認されている。生活必需品を融通する生活協同組合は一九一八年の時点でスロヴァキア国内に一、一四六存在し、村落の人々に比較的身近な存在であったと考えられる［Dudeková 1998：32］。このほか葬儀のための相互扶助組織(4)も村落には多く存在していた。ブラチスラヴァでは、労働者団体、社交団体、文芸サークル、スポーツクラブが活発に活動していたのに対し、村落居住者が大部分を占めていた当時のスロヴァキア全体で、人々が主として加入していた結社は、葬儀のための相互扶助組織、消防団、スポーツクラブであった［Dudeková 1998：32］。なお、調査地の村における第一共和国時代の実際のアソシエーション活動については、第3章93－94ページ（表9・10）に一覧表を掲載している。

スロヴァキアの結社史に詳しいマノヴァーは、この当時結社が持っていた機能として以下の四点を挙げている［Mannová 1990：23–26］。①社会における自己確立の機能：家庭から切り離された「個人」を、結社活動を通して形成する。②社会統合機能：資本主義の導入という経済状況の大きな変化のなかで、相互の情報交換によって社会状況に共に適応する。③文化教育機能：読書クラブ、合唱団などは共通の趣味を持つ人々を結びつける一方で、一般の人々に対する社会教育を担う。④政治機能：結社活動が、資本家層の政治、政党活動への入り口となる。これらの機能は、ハーバーマスが『公共性の構造転換』で指摘した、初期資本主義時代の西欧社会で形成された公共圏の特徴に重なるものである［ハーバーマス 1994］。ハーバーマスの議論に沿うならば、西欧社会の公共圏は大衆社会化によって構造転換を迎えるが、スロヴァキアの場合は自ら構造転換を迎える前に、第一共和国の終焉とともに結社の時代が終わってしまっており、歴史のなかで「市民社会」の時代は外圧によって失なわれた理想となった。体制転換以降の市民社会と、この時期のアソシエーション活動が喚起する理想的な「市民社会」を区別する必要があることは、以上に挙げた現地の研究論文においても意識されているが、第一共和国時代の「市民社会」が文脈を越えて必要以上に理念化される背景はここにあると考えられる。

(3) アソシエーションの再編を経て

以上のような自由な結社活動の時代（現実にはさまざまな制約を内包していたとはいえ）は長く続かなかった。建国からわずか二〇年後、ヨーロッパではナチス・ドイツが台頭し、ミュンヘン会談の結果の領土割譲を引き金に、チェコはドイツに併合され、スロヴァキアはナチス・ドイツの保護国となった。スロヴァキア新政府は、一九三九年に結社の解散、再編を命じ、大工組合、共産主義結社、体操クラブ[5]、キリスト教農民協会、ハンガリー文化団体、ユダヤ人団体などをその対象とした［Mannová 1992：21］[6]。このとき解散させられた団体のうち、主としてスロヴァキア人が活動していた団体のいくつかは、第二次世界大戦後、再び復活した［Mannová 1992：25］。一九四五年は、保護国時代の結社が解散し、一方で復活した結社も含めて新たな結社活動が出発する区切りの年であり、このとき結社に関する法律も再び制定された[7]。この時期、スロヴァキアにはおよそ一万の結社が存在し、五〇万人に上る人々が結社活動を行っていた［Vranová 1980：63］。

しかし、一九四八年に社会主義政権が発足すると、再び結社に対する統制が厳しくなった。それだけにとどまらず、従来の結社の役割そのものが大きく変容することになった。その一環として、それまで地域に存在していた職業集団や、頼母子講、葬儀講のような相互扶助のための結社を、労働組合や国家による保険制度に代替させ、結社は任意団体と呼び変えられた。最終的に、一九五一年に、国内に残った諸団体に関する法律が定められ[8]、社会主義時代におけるアソシエーションの立場が確定した。すべてのアソシエーションはチェコスロヴァキア国民戦線

(Národný Front) の一員となることが義務付けられ、それに沿うかたちでアソシエーションが大きく編成され直したのである [Vranová 1980 : 67–69]。

国民戦線は、政権を担う前の共産党が、チェコスロヴァキアを再建する際に既存政党の連合として一九四五年に構想した組織である [Pešek 1982 : 5]。同年に発表された「コシツェ政府計画 (Košický vladný program)」の文中にも「新政府は、広くチェコスロヴァキア国民戦線からなる政府でなくてはならず、ドイツやハンガリーからチェコスロヴァキアの国土および国境の向こうの民族を解放する政治的方向を備え、すべての社会組織の代表者となるものでなくてはならない[9]」とその存在が示されている。共産党が政権を担うようになった一九四八年以降、国民戦線はアソシエーションを統括する機能を持つ組織として制度化されるようになった [Hajko 1980 : 54–55, Matoušek 1975 : 101][10]。アソシエーションの中央本部は国民戦線の構成員となり、それぞれの地域におけるアソシエーションはその支部として管理体制に組み込まれることになった。このことによって、国民戦線はすべてのレベルを覆うことのできる幅広い政治的な基盤として機能することができ、国家の権力に普通の人々が介在することができるという意味において、社会主義における新たな「民主主義」の表れとされた [Čič (ed.) 1987 : 172]。このような国民統合の原理は一九二〇年から一九三〇年にかけて、イタリアやポルトガルで進められた権威主義型コーポラティズムの思想に共通するものがあると考えると、理解しやすい。それが民主主義的であるか、市民社会を担うものであるかはともかく、十九世紀以降のヨーロッパにおいて、アソシエーションは統治の手段としても有効であるくらい、社会に根付いたものであったと理解できる。

時期によって多少の変化はあるが[11]、国民戦線を構成するアソシエーションは、そのまま社会主義時代のスロヴァキアに存在していたアソシエーションに一致する。したがって、当時のアソシエーションは、スロヴァキア国民戦線を構成していたアソシエーション一覧から、その具体的な存在を参照することができる (表1)。一覧からは、政党、労働組合、職業集団などの社会生活に重要な役割を果たすアソシエーションから、切手協会や猟友会などの

表1　スロヴァキア国民戦線（Národný Front SSR）を構成するアソシエーション一覧（1968年の連邦制導入以後*）

1	スロヴァキア共産党	Komunistická strana Slovenska
2	自由党	Strana slobody
3	スロヴァキア復興党	Strana slovenskej obrody
4	スロヴァキア労働会議	Slovenská odborová rada
5	スロヴァキア農業者連合	Zväz družstevných roľníkov SSR**
6	スロヴァキア女性協会	Slovenský zväz žien
7	社会主義若者連合	Socialistický zväz mládeže
8	チェコスロヴァキア－ソ連友好協会	Zväz československo-sovietskeho priateľstva
9	チェコスロヴァキア体育協会	Československý zväz telesnej výchovy
10	スロヴァキア軍隊協力者連合	Zväz pre spoluprácu s armádou SSR
11	スロヴァキア対ファシスト兵士協会	Slovenský zväz protifašistických bojovníkov
12	スロヴァキア消防団連合	Zväz požiarnej ochrany SSR
13	チェコスロヴァキア赤十字	Československý červený kríž
14	スロヴァキア新聞記者協会	Slovenský zväz novinárov
15	スロヴァキア生産組合連合	Slovenský zväz výrobných družstiev
16	スロヴァキア生活協同組合連合	Slovenský zväz spotrebných družstiev
17	スロヴァキア住宅組合連合	Slovenský zväz bytových družstiev
18	スロヴァキア科学技術協会	Slovenská vedeckotechnická spoločnosť
19	スロヴァキア社会主義アカデミー	Socialistická akadémia SSR
20	スロヴァキア平和会議	Slovenská mierová rada
21	スロヴァキア障害者協会	Zväz invalidov SSR
22	スロヴァキア猟友会	Slovenský poľovnícký zväz
23	スロヴァキア小家畜飼育者協会	Slovenský zväz drobnochovateľov
24	スロヴァキア養蜂家協会	Slovenský zväz včelárov
25	スロヴァキア漁業者協会	Slovenský rybársky zväz
26	スロヴァキア園芸家協会	Slovenský zväz ovocinársky a záhradkárov
27	スロヴァキア切手収集者協会	Slovenský zväz filatelistov

［Matoušek 1975：220］より作成。

＊連邦制が導入される以前はチェコスロヴァキア国民戦線のみが存在していたが，連邦制導入後は，チェコ国民戦線とスロヴァキア国民戦線が設置された。チェコスロヴァキア国民戦線は，チェコのみに存在し，スロヴァキアではほとんど存在しなかったアソシエーションを包含していたので，ここでは1968年以降のスロヴァキア国民戦線の一覧を引用した。

＊＊スロヴァキア語の *zväz* は，統一的な組織や団体などを指す場合に使用されるが，ここでは日本語に訳した際の語感を考慮に入れて，連合と協会に訳し分けている。

余暇活動に関するアソシエーションまで国民戦線に網羅され、地域のアソシエーションはすべてその下部組織として位置づけられていたことがうかがえる。例を挙げれば、消防団はスロヴァキア消防団連合の下部組織であり、サッカークラブなどのスポーツクラブもスロヴァキア体育協会の下部組織であった。調査地のリエカ村もパヴォル村も社会主義時代から民族舞踊団が活動していたが、リエカ村の舞踊団は協同農場の労働組合に属する活動であり、パヴォル村の舞踊団は学校に属する活動として位置づけられており、多少の差異はあっても、すべての組織は、間接的に国民戦線の組織下に組み込まれていた。

2 社会主義時代における市民社会の存在可能性

市民社会とアソシエーション活動の関連を考察するにあたって、まず注意したいのは、アソシエーション活動だけが市民社会の条件であるならば、社会主義時代の都市も村落もその条件を満たしていたという事実である。「市民フォーラム」の存在抜きにチェコスロヴァキアの民主化は難しかったであろうし、隣国ポーランドの民主化の基盤を作ったのも労働組合「連帯」であったことから、アソシエーションによって形成された市民社会が民主化を導いたと理解されてきたが、アソシエーションの歴史の長い土地で、アソシエーションの存在のみを過剰に評価することは適切ではないだろう。

確かに社会主義時代の終わりには、チェコスロヴァキアにおいても「憲章77*」にかかわった知識人のグループや学生団体、環境保護団体が政治活動に参加したが、政治的な意思を持ちうるアソシエーションはアソシエーション全体の一部にすぎなかった。さらに、共産党の支配の強度も国によって異なり、一九七〇−八〇年代のチェコスロヴァキアにおける共産党支配は他国と比較しても厳しいものであった。基本的にアソシエーションは共産党の管理下にあり、アソシエーションの代表者は党員であることが多かったため、チェコスロヴァキアの場合、自律性あるアソシエーションが存在していたとは考えにくい。加えて、社会主義時代の村落のアソシエーションは、労働組合を除けば、消防団やスポーツクラブなどのような、余暇活動に結びつくものが主流[12]であり、政治活動とは乖離していた。これらのアソシエーション活動は、時には行政をサポートする役割を担ってはいたが、基本的には村における生活を自ら豊かにすることを目的としていた。

*「憲章77」
一九七七年から始まったチェコスロヴァキアの人権擁護運動。ハヴェルほか多くの知識人がかかわっていた。

アソシエーションは存在していても、その活動は国家の統制の範囲内でしかなかったというのが社会主義時代の実情であり、ポーランドの文化人類学者ブホウスキーはそのような社会をシビック・ソサエティー（**civic** society）と名づけて分析を行っている［Buchowski 2001］。彼によれば、シビック・ソサエティーは市民社会（**civil** society）の特質の一側面を併せ持っているが、それを構成するアソシエーションは国家の統治や権力への政治的関心を伴わないことが大きな相違であるという。社会主義期のポーランドのエリート自身も、シビック・ソサエティーの下で党の指導者の考え方を内面化しており、それを「自然な」こととして受け入れていた［Buchowski 2001：128-129］。ポーランドの体制転換を牽引した「連帯」も当初はシビック・ソサエティーの担い手に過ぎなかったが、既存の政治システムの変革を目指したことで、市民社会の担い手へと転換したと考えられる。

では、社会主義時代の村落についてはどうだろうか。先述のブホウスキーは、社会主義時代の村落のスポーツクラブや女性団体などのアソシエーションに参加する人々に国家権力への問題意識が涵養されることはなく、むしろ完全に国家から切り離された私的領域である家族や隣人とのつながりのなかにしか、市民社会を支えうるメンタリティは存在しなかったと指摘している［Buchowski 2001：120］。このようなブホウスキーの基本的な考え方は、同じくポスト社会主義期の市民社会について言及しているゲルナーの、市民社会を国家への対抗という特徴に特化する捉え方と同じである。ゲルナーは、それが完全な市民社会ではないと認めたうえで、中欧に社会主義時代以前に存在していた市民社会の精神は、社会主義時代のパトロン―クライアント関係的なネットワークのなかで国家への抵抗として残存し続けたと論じている［Gellner 1991：497–498］[13]。

一方でハンは、社会主義時代のハンガリー村落でのフィールドワークより、ゼロサムゲーム的に社会主義時代における市民社会の有無を判断することを否定し、とりわけ一九八〇年代後半の経済活動の自由化の下で、経済的な自律性のなかから公的領域としての市民社会が広がり始めていたことを指摘した。逆に体制転換以降に、社会主義体制のなかで守られていた人々の市民社会が失われたと論じている［Hann 1990：1995］。これについては、ブホウスキーも「連帯」の活動が盛んであったポーランドにおいてさえ、体制転換以降の村落の人々は「待つだけ」の忘れられた存在であることも認めざるを得ず［Buchowski 2001：15］、体制転換後の村落の人々を射程に含めた市民社会は、その概念の存在自体があやうさを孕んでいる。

第1章で触れたことと重複するが、ブホウスキーとゲルナーの市民社会の理解の核が国家への対抗意識である一方、ハンは、ハンガリーの社会主義末期において、資本を持つ個人が存在することで、市民社会へ向かって進歩が見られたと述べている［Hann 1995：179］。これは、限定的ではあるが経済的、政治的に自由な個人によって形成される公的領域が、ブルジョワ的市民社会のモデルとして想定されている。ハンがこの議論の基盤として依拠しているハンキスは、国家から自由な「第二の」経済活動が、国家から自由な「第二の」公共性や社会意識をもたらし、民主主義に至るような社会主義の代替としての社会へと導くと論じており［Hankiss 1988］、ブホウスキーやゲルナーの「国家への対抗」よりも、自律性の領域が明確であることが特徴である。ただし、これは同じ社会主義国であってもそれぞれの国の制度の違いに由来するものであり、この相違点に注目するだけでは、これ以上の議論の展開は望めない。

仮に、経済的な意味か政治的な意味かの差はあるものの、ハンもブホウスキーも重視した、個人と国家の間の自律性のある空間の存在に依拠して市民社会像を定義すると、様々な反論を無視して、村落における市民社会の存在を問題なく認めざるを得なくなる。しかしながら、社会主義時代は、中央集権国家体制や計画経済の下で多少の自由になる部分があったからこそ、それが「自律性ある空間」としてみなされたのである。したがって、体制転換後、自由な経済と民意に基づく政治が前提となったとき、社会主義時代のままの行動を取ることは、自律性に欠け、社会の変化に取り残される受動的な存在でしかなく、それは意志ある市民を擁する市民社会とは言えないだろう。

ポスト社会主義期に入っても、スロヴァキア村落は市民社会からは遠いものだと認識されがちであった。市民社会が存在する前提と考えられている民主主義的な思考の浸透についての定量調査では、都市の住民と村落地域の住民で差が出ている。一九九四年、一九九六年、一九九八年にスロヴァキアで行われた、民主化の度数を測る調査の結果によると、都市部の教育を受けた人々が最も民主主義な思考に順応しているのに対し、村落地域で初等教育しか受けていない人々が最も民主主義な思考に順応していないことが示されている［Macháček 2000］。そのような村落の様子を人類学的に指摘したのが、スカルニークである。彼は一九九〇年代初めの北スロヴァキア山村において、体制転換以降も人々が、親族や友人とのつながりに基づく団結を重視し、競争の世界に馴染もうとしなかった様子を描いている。これは経済に関する側面に限らず、政治においても該当し、この村の人々は一種の「ビッグマン・シンドローム」*にとらわれ、開かれた民主主義に適応できなかったことを指摘した［Skalník 1993］。村の多くの人々は社会主義時代の生活が保障されていた毎日から抜けようとする意志はなく、その時代の社会のルールにも慣れており、公的空間における市民としての義務や権利を理解できないでいた［Skalník 1993：225］。

*ビッグマン

オセアニア社会の一部に見られる非世襲の政治的リーダーを指す。ビッグマンは、政治的手腕と経済的手腕の両方を持ち、地域の人々に得た富を分配することが期待される。この文脈においてスカルニークは、面倒見がよく力強いリーダーを人々が待ち望む傾向のことを「ビッグマン・シンドローム」と呼んだ。

スカルニークの調査地では、村の大部分の人口が協同農場や国営農場で働いており［Skalník 1993：225］、まさに人々の生活は社会主義政権によって保障されていた。ただし、当時の政権が人々の生活に関与していたのは、経済活動だけではない。このような村落の人々が加入していたアソシエーションもまた国家の管理下にあった。さらに、社会主義時代の村落の政治は、選挙によって選ばれた村議会議員から構成される議会で政治的な決定がなされていたが、そもそも立候補者はほぼ共産党員であることが前提であった。市町村レベルの共産党の支部自体もまた国の中央委員会に管理されており、実質的には、村落の政治は共産党の統治下にあった。これは形式的には民主主義に則っていたのかもしれないが、このように社会主義時代は、アソシエーションと村議会を通じて二重に村落を管理するしくみが成立しており、生活の保障が与えられていた一方で、自律性の生じる余地は最小限に抑えられていた。

したがって、体制転換後、そのような村が「保障された」状態から自律を模索することは容易ではなかった。しかし、それでもハンやゲルナーやブホウスキーが論じていたように、社会主義時代であっても、完全に国家の統治が個人に及ぶということはありえなかった。その意味で、統治の残像と自律性がせめぎ合う場としての体制転換後のアソシエーション活動は、スロヴァキア村落における市民社会のありかたを考察するうえで、注目に値する事象であるのである。

3　アソシエーション活動に託す希望

(1)　体制転換後のスロヴァキアのアソシエーションを取り巻く状況

チェコスロヴァキアの社会主義時代のアソシエーションは、国民戦線を通じて国家の管理下に置かれていたが、「正常化」の時代を経て一九八〇年代の半ば以降になると統制が再び緩くなり始め、後の体制転換に関与することになる環境保護団体やカトリック教会が党の方針に逆らうような行動を取り始めていた［長與 1989］。だが、本格的に自由なアソシエーション活動が可能となったのは体制転換後である。スロヴァキアの都市部を中心にさまざまなアソシエーションが結成されるようになったが、そのなかには、「西」側の外国からの支援を受けているものも含まれた。一九九〇年代から二〇〇〇年代はじめにかけて、スロヴァキアのアメリカ大使館、カナダ大使館、イギリス大使館のほか、欧米の財団やNGOなどが、スロヴァキアのNGOのための助成金制度を整備し始めた［Marček 2004 : 96–97］。体制転換後の東欧諸国に民主主義が根付くかどうかは「西」側の外国にとっても関心事項であったのである。

体制転換以降のスロヴァキアのアソシエーションに関する研究は、非営利団体、サードセクターを対象とした研究に包含され、報告書もいくつか出版されている［Filadelfiová et al. 2004, Majchrák et al. (eds.) 2004, Paulíniková and Ondrušek 2000, Woleková et al. 1999］。これらの報告書が国際比較を前提として英語で記述されている場合（またはそのスロヴァキア語版）、アソシエーションを示す単語としては、NGOが用いられている。その代表的な例は、スロヴァキアの社会分析センター（Social Policy Analysis Center/Centrum pre analýu sociálnej politiky : SPACE）がジョン・ホプキンス大学の市民社会研究所の援助を受けて作成した報告書［Woleková et al. 1999］であ

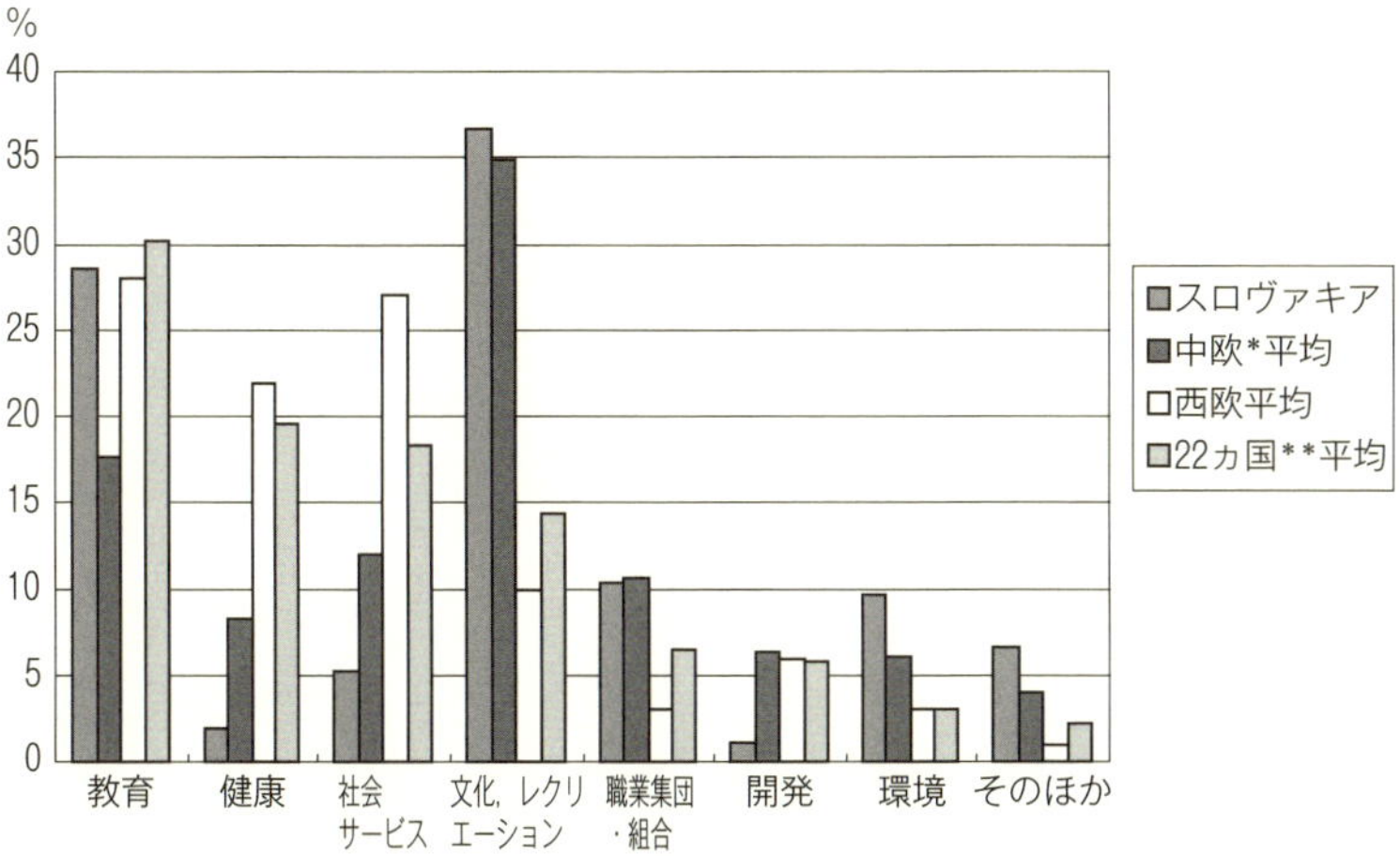

［Woleková et al. 1999：361］，［Toepler and Slamon 2003：370］より作成。

＊この図中の中欧はワレコヴァーらの報告では，Central Europe であり，トープラーとサラモンの論文では East and Central Europe と記載されているが，どちらも数値は同じである。該当する調査対象国はチェコ，スロヴァキア，ハンガリー，ルーマニアであるため，ここでは中欧と表記した。

＊＊調査を行った 22ヵ国は以下のとおりである。アイルランド，アメリカ合衆国，アルゼンチン，イギリス，イスラエル，オーストリア，オーストラリア，オランダ，コロンビア，スペイン，スロヴァキア，チェコ，日本，ハンガリー，フィンランド，フランス，ブラジル，ベルギー，ペルー，ドイツ，メキシコ，ルーマニア。

図 3　NGO 活動内容の比較

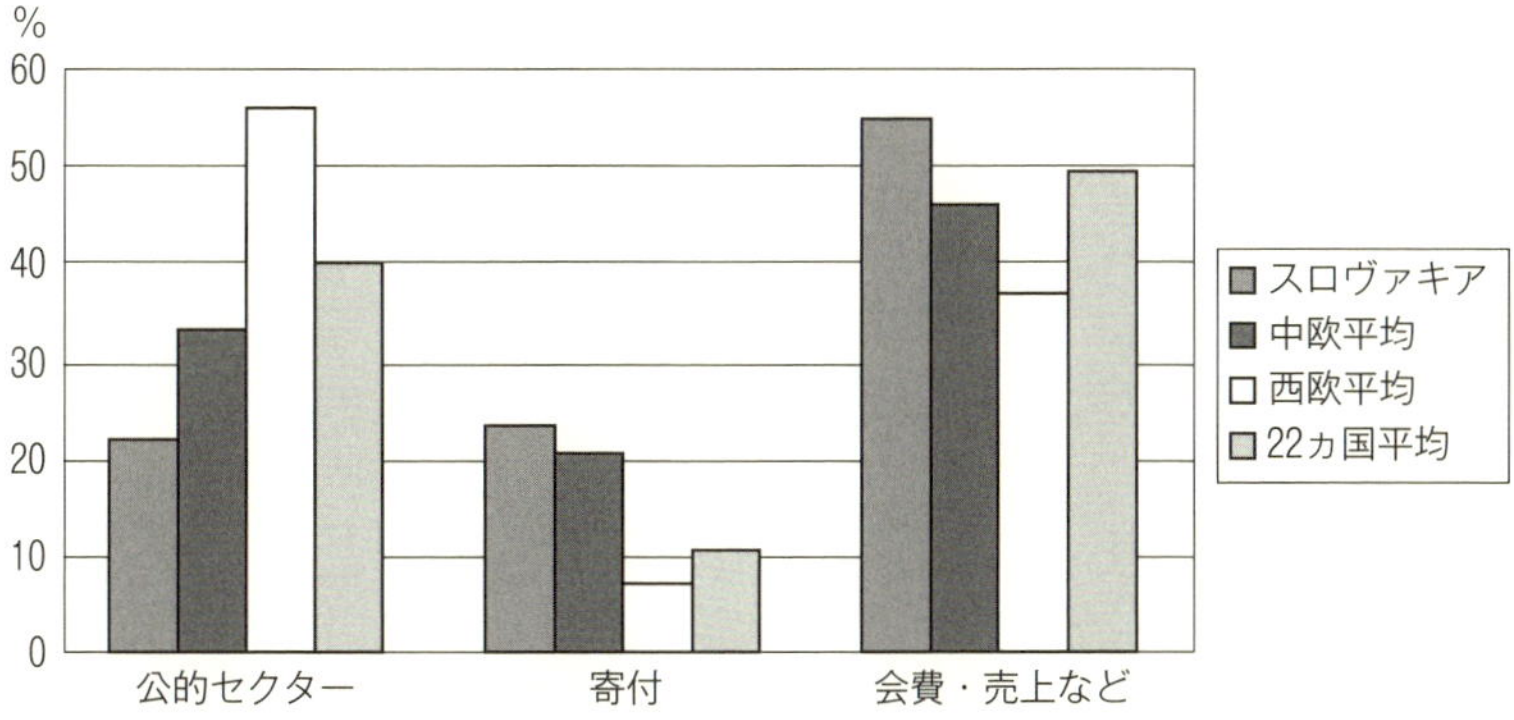

［Woleková et al. 1999：366］，［Toepler and Salamon 2003：373］より作成。

図 4　NGO 財源の比較

り、このプロジェクトでは、二二ヵ国のNGO活動の比較が試みられた。

この報告書によると、一九九〇年代のスロヴァキアのアソシエーション活動はまだまだ発展途上であり、その根拠の一つとして、アソシエーションの専属職員の数の少なさが挙げられている［Woleková et al. 1999：359］。ただし、アソシエーションの総数や活動する会員の数については、別であり、一九九三年の時点で、六、〇〇〇であった登録されたアソシエーションは、一九九九年には一三、六〇〇に増加しており［Paulíniková and Ondrušek 2000：4］、アソシエーションの数は体制転換以降、増加し続けている。

この専属職員の少なさには、いくつかその理由が考えられる。図3および図4は一九九五年の調査の結果であるが、確かに、調査国平均にしても西欧の平均にしても、スロヴァキアのNGOの傾向は、異なった特徴を持っている。まず、スロヴァキアのアソシエーションの活動を他国と比較すると、文化・レクリエーション活動を行う団体が多く、福祉・健康に関するアソシエーションが少ないことが、顕著な特徴として示されている。ただし、この時期のポスト社会主義の中欧諸国は、福祉関係の事業の多くをまだ国家が直接管轄していたため、NGOが必要とされる領域が異なっていたことに注意する必要がある。文化・レクリエーションといった余暇活動に属するアソシエーション活動は、専属職員をそれほど必要とするとは限らない。また、図4の活動の財源の調査からわかるように、スロヴァキアは公的セクターからの支援が少なく、専属職員を抱えると、アソシエーションの負担が大きくなることが予想される。またこの内訳は同時に、スロヴァキアのアソシエーション活動の多くが、自らの活動費の範囲内で身の丈にあった活動を行うにとどまる規模のアソシエーションであることを示している。

市民社会研究所のプロジェクトを統括したトープラーとサラモンは、中欧諸国のNGOに共通する特徴として、文化、教育、社会的サービス、職業者集団に関するものが多いことを挙げており、その多くが社会主義時代の組織や団体にその活動の起源をたどることができることを指摘している。［Toepler and Salamon 2003：369-371］。これらの調査が行われたのが、一九九五年であることを鑑みれば、体制転換からのアソシエーション活動の変容が、数字に表れるような変化となるには、時間が必要で、この調査時では依然として、大部分の社会が社会主義時代からの遺産のなかに留まっていたと考えられる。

活動内容ではなく、アソシエーションが持つ設立経緯、目的などの属性に沿って分析を行ったパウリーニコヴァーとオンドルシェックの研究は、体制転換以降のスロヴァキアのアソシエーション活動について次のような分類を提示している［Paulíniková and Ondrušek 2000：10–13］。二人は一九九〇年代後半のスロヴァキアのアソシエーションの種類について、①学校附属型、②臨時イベント型、③小規模任意団体型、④サードセクター構成団体型、⑤既存組織連携型、⑥国家協力型と分類した。①の多くはPTAにあたるものである。スロヴァキアの場合、正規に登録したアソシエーションは、税金からの補助を得ることが可能なほか、各種財団への助成金申請が可能となることから、このような団体もアソシエーションとして登録することの動機づけが高くなりやすい。スロヴァキアの公立私立問わず多くの学校は資金難に苦しんでおり、アソシエーションとして児童生徒の社会見学旅行の資金や、紙やチョークなどの物品購入費の募金活動を行っていることも多い。②は、フェスティバルや展覧会など何かのイベント開催に合わせて、設立された実行委員会のようなもので、数の上では五、〇〇〇から六、〇〇〇に上ると予想されている。実現するかどうかは別として、その後の継続開催のためにイベント終了後もアソシエーションとして残ることが多いという。③は、有志による活動で、団体として固有の資産（活動場所、電話など）を持っていない小規模な団体を指す。活動内容は、文化活動から環境問題、人権問題まで多岐にわたる。④は、活動目的が明確であり、数人の職員をかかえ、外国からの支援や何らかの活動資金を得て活動を行うことのできる段階のアソシエーションを指す。パウリーニコヴァーとオンドルシェックはこのような団体のみをスロヴァキアのサードセクターを担う「健全な種子」とみなしている。⑤と⑥は非政府・非営利団体ではあるが、⑤は特定の既存の組織、たとえば宗教団体や政党や営利団体と密接に連携し、何らかの目的のために設立された団体であり、⑥は国の機関と連携の下に活動を行う団体で、その活動資金も国家から予算が充てられることが多いのが特徴である。[14] ⑥については文化事業や、社会福祉に関連する事業に携わっていることが多い。なお、本書に登場する村落のアソシエーションのほとんどは③に該当する草の根的な存在である。なお、調査時に活動していたパヴォル村のアソシエーション一覧は第4章152（表12）ページ、リエカ村のアソシエーション一覧は第5章189（表17）ページに掲載しているので、必要に応じて参照していただきたい）。

このような視点でスロヴァキアのアソシエーションを見直すと、人々の生活に身近に関わる①や③のアソシエーションと、④⑤⑥のようなアソシエーションでは活動目的も規模も大きく異なり、アソシエーションという言葉でひとくくりにするのは限界がある。

表2　サードセクターを支える
アソシエーションの活動内容

活動内容	割合（%）
教育	39.9
社会福祉	32.3
余暇活動	29.6
文化・芸術	18.9
権利保護	17.2
環境	13.3
慈善活動	11.7
保健・衛生	9.5
地域振興	9.0
基金	9.0
スポーツ	7.4
調査・分析	7.3
交流	6.4
レクリエーション	5.6
そのほか	6.9

注：複数回答可（3つまで）
［Filadelfiová et al. 2004：8］より作成。

このようなスロヴァキアの状況に対応して、二〇〇三年に社会分析センターは、登録アソシエーションのうち、スポーツクラブなど体育活動のアソシエーションや活動目的が明確でない団体（例として家畜所有者団体、猟友会が挙げられている）を除外し、代わりにその他の公益団体や非営利団体、各種財団にも調査対象を広げて、スロヴァキアのサードセクターに関する調査を行った［Filadelfiová et al. 2004：9］。一四、九七八に上る市民団体としてカテゴライズされた登録アソシエーションのうち、この調査の条件を満たしたのは一、一〇〇にすぎず[15]、社会分析センターがスロヴァキアの「サードセクターを支えうる」とみなしたアソシエーションは、国内で限られた存在であった。調査に該当するアソシエーションは、前述のパウリーニコヴァーとオンドルシェックの分類に従えば④以外の番号に属すアソシエーションはごく一部しか該当しないことになる。社会分析センターが調査対象としたアソシエーションを、活動内容別に分類すると表2のような結果となり、図2のアソシエーション構成とは異なるスロヴァキアのサードセクターを支えるアソシエーション像が浮かび上がる。

(2) オルタナティブな市民社会の理解をめざして

体制転換および、それ以降の中東欧の市民社会を支えたと一般的に考えられているアソシエーションとは、自発的な意思を持って社会に関わるアソシエーションであり、おそらく前項の最後で挙げたフィラデルフィオヴァーらの調査の対象となったサードセクターを支えるアソシエーションが該当するだろう。そのなかでも、パウリーニコヴァーらの分類で言えば④にあたるサードセクター構成団体型のアソシエーションは、まさに国家の権力に対抗する存在として、個人と国家をつなぐオーソドックスな意味での市民社会の形成を担っていると言える。この点に注目すると、現在のスロヴァキアでは、まだ多数ではないものの、このようなアソシエーションによって形成されるものが「市民社会」として認識されていることがわかる。

しかし、この認識からは、「アソシエーション」という同じ言葉でカテゴライズされ、その歴史も同じところから始まっているにもかかわらず、村落に残る消防団や猟友会など従来型のアソシエーションや、都市にも村落にも存在するスポーツクラブや民族舞踊団は、ここから抜け落ちてしまっている。「市民社会の復活」の根拠であったはずのアソシエーション活動は、社会主義時代以前から続いていたアソシエーションの一部を、社会主義時代の遺産として切り離し、実際のところ、新たに生まれた欧米基準で活動するアソシエーションが「復活」とみなされているのである。ここでの「復活」の論理には、まさに体制転換以降のアソシエーションを中心とした市民社会論が影響を与えており、実際には復活ではなく、むしろ体制転換後の時代の産物であるアソシエーションが「復活」として論じられている。ただし、ここでの目的はそのような「復活」という表現の矛盾を指摘することではない。このことはむしろ、社会運動から始まった体制転換が、サードセクター構成団体型とカテゴライズされるアソシエーションの導入と定着を経て、新たな時代に向かう変化を示すものである。問題は、このようなアソシエーションと、従来型とのアソシエーションの間に存在する溝である。このような欧米の基準に適合するアソシエーションを基礎とする市民社会のありかたは、村落に多い従来型のアソシエーションを切り捨てないと成立しないことなる。

現在のアソシエーションが二極化している状況は、スロヴァキアのアソシエーション史の一つの過程にすぎず、やがてスロヴァキア国内のすべてのアソシエーションは、サードセクター構成団体型へと変容を遂げるのだろうか。だが、村落のアソシエーションのありかたが変容する可能性は低いと考えるのが妥当である。というのも、村落において、何らかの問題に特化したサードセクター構成団体型ボランタリー・アソシエーションが必要とされる局面は少ないからである。その村落だけに限らない問題であれば、アソシエーションの拠点は都市部に置かれ、メンバーもまた都市に通う。首都ブラチスラヴァに拠点を置くドナウ川の環境保護団体の中心メンバーが、ドナウ川沿いの村落居住者であることは、なんら違和感がない。村落地域にも存在しているはずの、体制転換以降の世界への適応能力を持った個人は、経済活動についてもそうであるが、アソシエーション活動についても外に活動の場を見いだすことができる。

村落と都市の境界が曖昧であることは言うまでもないが、主流の市民社会論におけるアソシエーションの位置づけが、自由な意思を持つ匿名の個人が集まる都市化した空間を前提としている以上、ポスト社会主義の村落に、既存の市民社会と同じ像を見いだすには限界がある。ポスト社会主義の中欧は、西欧と共通しつつも異なるアソシエーションの歴史を持つ。後発の民主主義国のように、地方の村落の伝統的な互助を行うコミュニティに、市民社会を支えるアソシエーションを導入するわけではなく、閉じてはいないが対面的な人間関係が成立する社会環境にシビック・ソサエティーの歴史が加わっている地域において、思想の転換はどのように可能となるのだろうか。

かつて、デモクラシーを求めたアソシエーションを基盤とした社会運動は、中欧の旧社会主義国における市民社会の存在を証明したはずであるが、体制転換後もデモクラシーの持続を証明するために、市民社会の条件とも言えるアソシエーションの持続的な活動が前提とされている。そのような欧米的な市民社会のありかたが、いわばデモクラシーの時代の作法として、現地のアソシエーション活動と市民社会のありかたを方向づける状況が生まれているのである。

第 2 部

国境地域の村落の人々の生活変化とデモクラシーの自覚

パヴォル村のマリア像
(2008 年 9 月著者撮影)

パヴォル村の「ヤルモク（定期市）」の
特設ステージに集まる人々
(2007 年 6 月著者撮影)

第3章　スロヴァキア西部国境地域における人々の生活の変容

1　スロヴァキア西部国境地域の概観

これまでの章では村落における市民社会の構築の可能性について、理論的な考察を行ってきたが、本章以降は、スロヴァキアの村落という具体的なフィールドに基づいた考察を進めていく。まず、最初に本書の舞台となるスロヴァキアのオーストリア国境地域について、地理的背景および歴史的背景を含めて紹介したい。ただし、前後の議論にあわせて説明の焦点を絞る必要があるため、次の二点を主たる記述の対象とする。ひとつは、この地域における国境を越える人の移動であり、もうひとつは、コミュニティにおける人のつながりの結節点となるアソシエーションである。

本研究の調査地では、国境管理のありかたの変化が生活に大きな影響を与えてきた。体制転換後、この地域の人々は、スロヴァキア全体の政治経済制度の転換による生活の変化に加え、国境の開放により、国境の向こう側と物理的に接触が可能になり、二重の意味で変化を経験してきた。この点で、西部国境地域は、体制転換以降の変容を最も劇的に経験した地域として注目できる。国境から離れていても、都市であれば諸外国の企業やNGOなどの参入を通じて変容を直接経験する機会は多いが、村落でそのような機会は限られていた。スロヴァキアのなかで唯一、「西」側の国と接しているオーストリア国境地域の村落は、その例外と言える。

本書において、スロヴァキア―オーストリア国境地域とは、ブラチスラヴァから北に五〇キロメートル程度伸びたオーストリア国境の周辺地域を指している（巻末別図2参照）。この地域のスロヴァキア側はブラチスラヴァに近いこともあり、経済的には恵まれている。二〇〇四年のEU加盟前の時期に、スロヴァキア南部から東部の村落の失業率は二〇パーセントから三〇パーセントに上っていた一方で、ブラチスラヴァの失業率は五パーセント以下であり、ブラチスラヴァを除いたオーストリア国境地域でも失業率は一〇パーセント程度であったことからも[Mach 2004：25]、その差は明らかである。体制転換後の外国からの直接投資の半分以上がブラチスラヴァとその周辺に偏っていたので[Mach 2004：77]、この地域は首都の周辺部として経済的発展の恩恵に与ることのできる条件を備えていた。(1) 現在、ブラチスラヴァの北側の郊外であるデヴィンスカー・ノヴァー・ベス地区（Devinská nová ves）にはフォルクスワーゲン社の自動車工場が建っており、関連部品の工場を含めてこの地域の一大就業先となっている。

スロヴァキアとオーストリアの国境にはモラヴァ川が流れており、この川はこの地域の人々の生活と密接に結びついていた。社会主義時代以前の国境の管理が緩やかであった時代は、この川を越えた人々の往来は日常的なものであった。都市からそれほど離れていないこの地域は古くから農作物の販売先にも恵まれており、国境を越えて野菜などを売りに行く人々も珍しくなかった。またかつてはモラヴァ川の両側で、ワイン用の葡萄や製糖のためのサトウダイコンの栽培が盛んであったので、農作業の労働者たちも往来していた。スロヴァキア―オーストリア国境地域は、モラヴァ川によってオーストリア側とスロヴァキア側が隔てられているが、この川はそれほど大きな川ではなく、渡し船や橋などで国境を越える経路がいくつも存在していた。

しかしながら、社会主義時代に入った後、このような国境地域における往来は途絶えてしまった。スロヴァキア側のモラヴァ川一帯は軍が管理する国境地域として、有刺鉄線が張られ、村の人々も自由に近づくことすらできなくなった。また、一部の村を除いて、国境沿いの多くの村は川から少し離れたところにもともと集落が形成されていたため、川と集落までの区域も帯状に軍が管理することになった。当時チェコスロヴァキアは徴兵制であったが、地元の人がこの地域を管理する警備兵となることはなく、主としてチェコから来た兵士が警備を担当していたという。

一九八九年以降、再び国境を越えた往来は可能になったが、単純に社会主義以前と同じ状況が復活したわけではなかった。一部では橋は再建されたが、生活のための往来の頻度は、社会主義時代以前の状況には及ばない。一方で、かつて軍が管理していた区域は、結果的に川沿いの自然が残された地域となったため、サイクリングロードやハイキングロードとしての整備が進み、両岸からレクリエーションの場として注目されつつある。現在の国境地域の状況については、断絶されていた期間の時代の変化や、一九八九年以降の政治経済の変動が与えた影響を含めた国境地域の社会の変化を考慮に入れて、把握する必要がある。本章では、時系列的に調査地を中心としてこの地域の人々の生活の変化を説明したい。

2　調査地について

(1)　現在の状況

ザーホリエ地域

本書では、スロヴァキアのオーストリア国境地域と表現しているが、調査の時点において、この地域は一つの行政区としてまとまりを持って成立してはいなかった。国境地域の一番南側にブラチスラヴァが位置し、チェコ国境に近い北側がセニツァ郡（okres Senica）、その間の地域がマラツキー郡（okres Malacký）と行政単位は分断されていた。セニツァ郡はトゥルナヴァ県（Trnavský kraj）、マラツキー郡はブラチスラヴァ県に（Brastislavský kraj）に属し、その上位の行政単位も異なっていた。しかしながら、オーストリア・ハンガリー帝国時代は、ブラチスラヴァからオーストリア国境一帯までが一つの行政単位だったこともあり、一九九〇年代には西スロヴァキア一帯が一つの県であったこともある。その後、県の制度そのものが廃止されたことからもうかがえるように、スロヴァキアにおいて行政区分は地域的なまとまりとしてそれほど意味を持っているわけではない。民族誌的には、ブラチスラヴァを除いたオーストリア国境地域とチェコ国境地域の南部を指す、ザーホリエ（Záhorie）という呼び名がこの地域を示す名称として一般的である。この地域の人々は、チェコ語に近いザーホリエ方言を話し、民族衣装や舞踊のスタイルなどの民俗文化的特徴も共有しているため、何度も変更されてきた行政区分よりも、ザーホリエという民族誌的な地名の方を、日常的な実感を伴う「地域」として認識している。

ザーホリエという言葉は、「山の裏側」を意味する。ブラチスラヴァから北東には小カルパチア（Malé Karpaty）山脈が連なっており、ザーホリエ地域はこの山々の裏側にあたる（巻末別図2参照）。この地域の北側の境界はチェコ国境とも重なる白カルパチア（Biele Karpaty）山脈であり、オーストリア国境と、チェコ国境と山に囲まれた地域にあたる。この地域にはブラチスラヴァからチェコに向かう高速道路と鉄道が通過しているが、スロヴァキア国内の主要都市をつなぐ高速道路や鉄道は山の東側を通っており、開発の優先順位は東側に劣る。そのためか、ザーホリエ地域は、首都周辺であるわりには、失業率が高く、高等教育を受けた人の割合も低い傾向にある。

この地域は、もともと北側のチェコ国境沿いのスカリツァ（Skalica）町を文化的な中心として発展してきた。現在は人口一万五千人程度の小さな町であるが、この町は一九世紀後半から二〇世紀初頭にかけては、中部スロヴァキアの都市マルティンとともにスロヴァキアの民族復興運動の拠点となった町であり［Drahošová and Jiroušek 2008：11］、ザーホリエ地域の民俗文化を展示した博物館を抱えている。ザーホリエ地域の人々のための地方新聞や雑誌も発行されているが、その場合の発行地はセニツァ郡の郡庁所在地であるセニツァ町か、このスカリツァ町であることが多い。

表3　ザーホリエ地域の職業別人口割合（%）

	工場労働者	サービス業従事者	農業労働者
1970年	59.9	23.6	16.6
1980年	53.7	35.1	11.3
1991年	52.0	38.7	9.3

［Michálek 1995a：2］より作成。

社会主義体制が崩壊してまもない一九九一年の記録では、このザーホリエ地域の四二・〇パーセントの自治体では、半数以上の住民が居住地以外に働きに出ており、四五・四パーセントの自治体では、居住地で働く者と、居住地以外に働きに出る者がおよそ半々であった［Michálek 1995c：3］。外に働きに出る住民が三分の一以下であるのは、比較的規模の大きい町だけであった。農地に囲まれた村落部であっても、住民が農業に携わっているとは限らず、工業やサービス業に従事する人々がかなりの割合を占めていたのである。こうした傾向は、社会主義時代の半ばには顕著になりつつあり、農業従事者は年々減少していた（表3参照(2)）。それでも農業労働者の割合はスロヴァキア全体と比較すれば多少高めであり（スロヴァキア全体では、一九七〇年で一一・一パーセント、一九九一年で八・六パーセント）、工業と農業の従事者が多いという特徴を持つ地域であると言える［Michálek 1995a：2］。

また一九七〇年代は、首都やザーホリエ地域の大規模な町に働き口が集中していたが、一九九一年の調査では小規模な町に通う人も増加していた［Michálek 1995b：4］。このあたりの動向の変化は体制転換後の仕事の多様化を反映していると考えられる。体制転換以降、ザーホリエ地域の北部（チェコ国境地域南部）の国営企業の経営は厳しくなったが、ザーホリエ地域の南部にフォルクスワーゲン社のほか複数の外資系企業の工場が誘致されたおかげで、比較的この地域の雇用は安定している。

筆者がフィールドワークを行ったのは、オーストリア国境地域のうち、かつて国境のモラヴァ川を越える橋を持っていたセニツァ郡のパヴォル村とマラツキー郡のリエカ村である。それぞれの村の詳細については、後に述べるが、パヴォル村には現在再び橋が架かっているのに対し、リエカ村には橋はないということが両者の大きな違いのひとつである。

パヴォル村

パヴォル村は、首都ブラチスラヴァから五〇キロメートル北上したあたりのオーストリア国境沿いに位置する村である（巻末別図2参照）。この場所はチェコ国境にも近く、三つの国の国境もすぐそばにある。村のそばを、ブラチスラヴァ－プラハを結ぶ国際列車が走る幹線鉄道と高速道路が通っているが、村の駅にはブラチスラヴァとチェコ国境駅との間を結ぶ各駅停車の列車が、およそ一時間に一本程度の割合で止まるのみである。バスは、郡の中心地セニツァ町への路線が二、三時間に一本程度の間隔で走っている。

村からおよそ四キロメートル程度はなれた場所にオートリア国境となるモラヴァ川が流れており、国境検問所を越えて橋を渡るとオーストリアのホーフ村がある。この検問所は一九九四年に設置され、当初はスロヴァキア人とオーストリア人のみが通行することができた。後にチェコ人も通行可能になり、二〇〇四年以降はＥＵ市民の通行が可能になったが、二〇〇七年十二月にスロヴァキアがシェンゲン協定に加入した後は、国境検問所自体が廃止された。

パヴォル村の存在の記録は一四四九年まで遡ることができる。一八世紀頃はこの周辺地域を治める領主の居住地があったこともあり、当時は国境の町（*mestička*）[3]として栄えていた［Konečný 1999］。一九七六年に、隣のマリアン村と合併し、一時的には規模の大きな村となったが、体制転換後の一九九〇年に分離し、調査時は人口二、〇六〇人（二〇〇七年四月）の村であった。パヴォル村の失業率については、およそ五パーセント前後という回答を村役場から得ている。二〇〇一年の国勢調査では住民の九七パーセントがスロヴァキア系と答え、それ以外は、チェコ系、ハンガリー系と回答がなされている。[4]村内の雇用先は初等学校[5]、村役場、老人ホーム、医療センターのような住民サービスに関わるものの他には、運送会社、缶詰工場、村のなかの小売店や飲食店がある。ただし、い

表4　パヴォル村の人口と年齢構成（人）

	0-14 歳	15-59 歳	60 歳以上	合計
1991 年	375	896	402	1,958
2001 年	371	977	359	2,001

［Štatisticky úrad slovenskej republicky 2002, 1994］より作成。

ずれも規模は大きくなく、多くの人は仕事のために村外の職場に通う。

リエカ村

リエカ村もまた西部国境沿いに位置しており、国境のモラヴァ川までの距離は三キロメートル程度である（巻末別図2参照）。ただし、パヴォル村と異なり、かつて存在したオーストリアへの橋は、現在も再建されていないままである。リエカ村はブラチスラヴァからは北に四〇キロメートル弱の場所に位置し、パヴォル村より約一〇キロメートル南側に位置する。この間に郡境があるので、行政区分上はリエカ村とパヴォル村は異なる郡に属するが、距離も比較的近いため、生活圏は重なることが多い。また、ザーホリエ地域の鉄道沿線住民のうち、勉強のできる学生は郡庁所在地であるマラツキー町の普通科進学高校（ギムナジウム）に進学するため、村である程度以上の教育を受けた人々は互いに顔見知りであることも多い。

ブラチスラヴァからリエカ村までは、バスの乗り継ぎか、鉄道とバスの乗り継ぎで一時間強かかる。村から七、八キロメートル離れた場所に、ブラチスラヴァとチェコ国境を結ぶ鉄道の駅と、この近隣の村落への発着地となるバスターミナルのあるマラツキー町があり、リエカ村とマラツキー町の間は、ほぼ一時間に一本の割合でバスが運行している。マラツキー町とブラチスラヴァはバスと鉄道を合わせて一時間に二－四本程度の接続がある。

リエカ村の歴史上の記録は一三七三年まで遡ることができ、かつては、この村もマラツキー町からオーストリアへ抜けるための国境の村として栄えていた。調査時の人口は二、八五五人であり、失業率はおよそ九パーセントであった（二〇〇六年十一月）。二〇〇一年の国

表5　リエカ村の人口と年齢構成（人）

	0–14歳	15–59歳	60歳以上	合計
1991年	569	1,216	548	2,513
2001年	485	1,470	479	2,690

［Štatisticky úrad slovenskej republicky 2002, 1994］より作成。

勢調査より、こちらも住民の九七パーセントがスロヴァキア系であると答え、それ以外の回答としては、チェコ系、ロマ系が挙げられている[(6)]。村内での働き口については、初等学校と村役場以外に、農業企業、かつての国営繊維工場跡地に入った小規模の部品製造工場や縫製工場などがあり、リエカ村には規模の小さな油田があるので製油会社も主要な働き口である（表6参照）。とはいえ、こちらも村の住民の大部分は村の外に働きに行っている（表7、8参照）。

(2)　歴史的背景

越境していた人々[(7)]

オーストリアとスロヴァキアの国境のモラヴァ川は一〇世紀頃に現在のスロヴァキア地域がハンガリーの支配下に入った時代から現在に至るまで、ドイツ系の人々の居住領域との境界線としての役目を果たしてきた。この地理的な境界は、スロヴァキア人とオーストリア人の民族的な居住区域の境界でもあり、この川を境にスロヴァキア人とオーストリア人の民族構成が入れ替わる［Kiliánová 1998 : 11］。それにもかかわらず、この国境の川を越えた人の往来は活発であった。社会主義時代以前の時期において、相対的に経済状況が良好であったオーストリアへは、仕事を求めて多くのスロヴァキア人が通っており、その大部分はオーストリア国境からチェコ国境沿いの地域を含むザーホリエ地域出身者であった。彼／彼女らのほとんどは基本的に生活の拠点をスロヴァキアに残したまま、毎晩または週末ごとに帰宅することができた。一七世紀後半から二〇世紀初頭まで、現在のスロヴァキア領域内から移民したり、季節労働者として遠くに働きに行く者が一定数存在したので、当然のことながら、

表 6　リエカ村の主な産業と各会社の従業員数（2006 年 11 月）

会　　社	従業員数（人）
自転車部品製造会社（フランス資本）	30
製油会社	20
農業会社（キノコ園）	20
縫製工場（旗など）	20
織物工場	17
農業機械製作会社（オーストリア資本）	15
農業会社	15
縫製工場	12

リエカ村役場資料より作成。なお，この他に小売業，飲食店，自動車修理店などが存在する。

表 7　リエカ村の労働者の構成（2006 年 11 月）
人口 2,855 人

分　　類	人数（人）
学生（小中学生含む）	514
村内での労働者	330
村外での労働者	1,253
失業者	270
年金受給者	524

リエカ村役場資料より作成。

表 8　リエカ村以外で働く人々の行先（2006 年 11 月）

行　　　先	人数（人）
マラツキー町	580
ブラチスラヴァ	210
ロゾルノ工業団地（リエカ村から 15km）	120
デヴィンスカー・ノヴァー・ベス工業団地（リエカ村から 30km，大規模自動車工場あり）	90
そのほか	253

リエカ村役場資料より作成。

この地域出身であっても、オーストリア以外の地域に働きに行く者もいたし、アメリカに移住してしまった者も多数いたが、この地域は他のスロヴァキアの地域と比べると、格段に狭い範囲で労働移動が完結していた。

この地域において歴史的に確認できるスロヴァキアとオーストリアを結ぶ主な移動ルートは一二通りあった（地図1参照）［Kovačevičová 1992］。そのうち、パヴォル村とホーフ村の間、リエカ村とノイドルフ村の間、ニジナー村とクライン村の間、およびブラチスラヴァ近郊には橋が架かっていたことがあった。橋のない箇所は、小舟で川を越えていた（写真3参照）。調査時点では、ブラチスラヴァ近郊およびパヴォル村とホーフ村の間、ニジナー村とクライン村の間は、橋や可動の浮橋（写真7参照）でモラヴァ川を渡ることができた。ただし、小舟での移動は復活せず、基本的には自家用車で都合のよい橋を通って国境を越えることが一般的である。

人々の日常的な移動は、言語の壁を越えた人のつながりを生み出した。国境を越えた雇用関係の多くはオーストリア－ハンガリー帝国時代からチェコスロヴァキア時代になっても変わりなく引き継がれ［Kiliánová 1992：61–62］、パスポートとは別に、国境地域の住民には国境地域のみを行き来できる特別の許可書を発行されるなど［Hallon 1995：31］（写真8参照）、便宜も図られていた。オーストリアへは農業の季節労働者以外に、スロヴァキア国内で栽培した野菜を売る野菜売り(8)や雑貨商、職人も通っていたという。実際、スロヴァキア側の国境地域の村落の高齢者からは、オーストリアでワイン用の葡萄や小麦のための農作業をしたり、裕福な家で下働きをしたりしていた親世代や祖父母世代の話をよく耳にした。人だけでなく、物品も国境を越えて移動しており、スロヴァキアからオーストリアへは豆、ジャガイモ、肉などが、オーストリアからは布、小麦粉、砂糖などが運ばれていた(9)。これらの物品は国境で輸出入の管理がされ、国境を通過する際に関税が掛けられていたが、商人だけでなく、季節労働者がスロヴァキアとオーストリアを行き来する際に品物を運ぶこともあった［Kiliánová 1992：61–62］。

母方の祖父は、スロヴァキア人だけど、野菜をウィーンで売る仕事をしていた。その後ここに土地を買った。母親は一

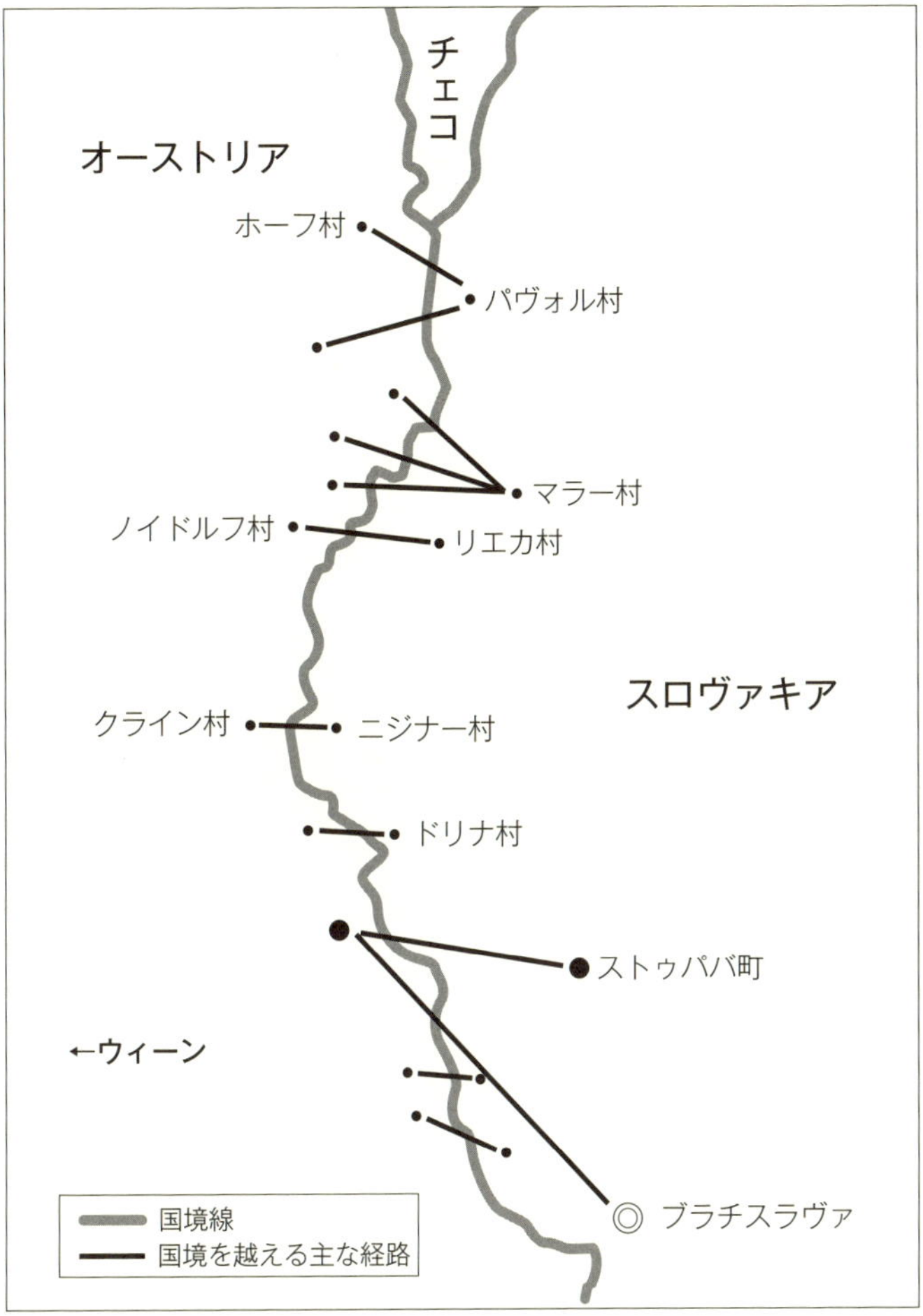

〔Kovačevičová 1992〕の情報をもとに作成。

地図 1　戦前のスロヴァキア－オーストリア国境を越える主な経路

写真 3（右）　かつてのモラヴァ川の渡し船（ザーホリエ博物館所蔵）
写真 4（左）　かつてのリエカ村の橋と国境検問［Hallon 1995：20］

写真 5（右）　1994 年から 2008 年まで使用された国境検問所（スロヴァキア側から著者撮影，2007 年 4 月）
写真 6（左）　現在のパヴォル村の国境の橋（オーストリア側から著者撮影，2007 年 4 月）

写真 7　現在のニジナー村の国境の可動の浮橋（スロヴァキア側から著者撮影，2008 年 10 月）

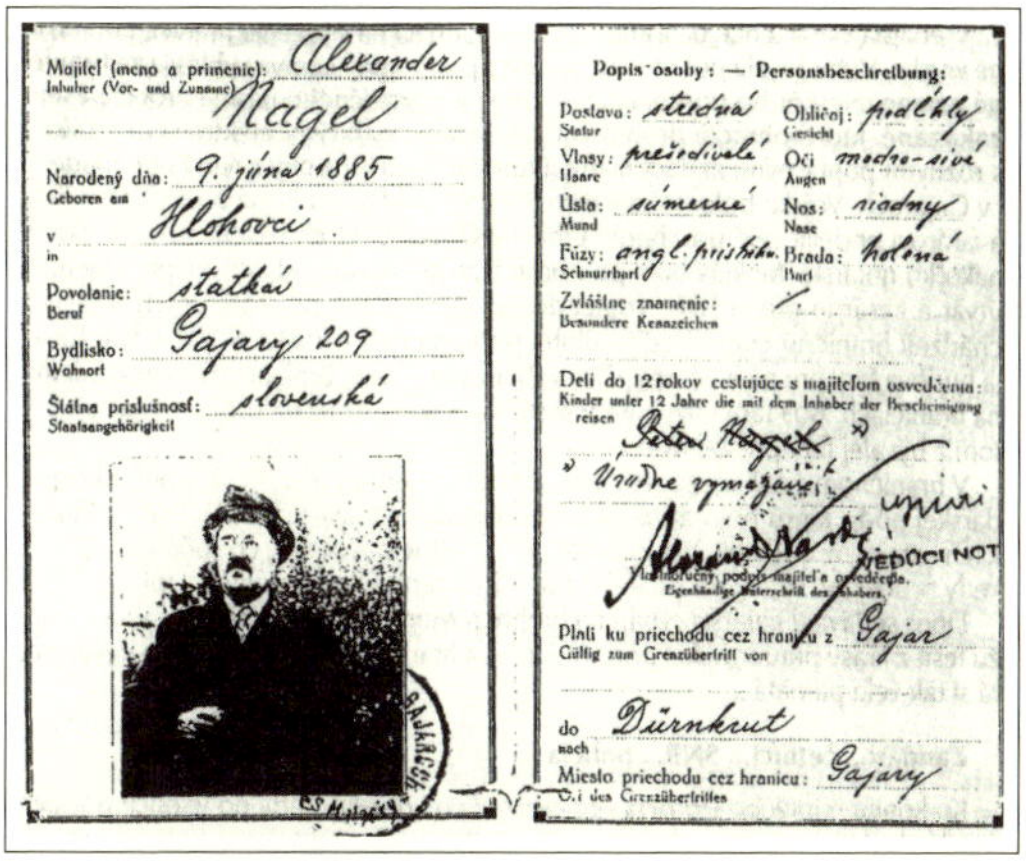

Majiteľ (meno a priezvisko): Alexander Nagel
Inhaber (Vor- und Zuname):
Narodený dňa: 9. júna 1885
Geboren am
v Hlohovci
in
Povolanie: statkár
Beruf
Bydlisko: Gajary 209
Wohnort
Štátna príslušnosť: slovenská
Staatsangehörigkeit

Popis osoby: — Personsbeschreibung:
Postava: stredná — Obličaj: podlhlý
Statur — Gesicht
Vlasy: prešedivelé — Oči: modro-sivé
Haare — Augen
Ústa: súmerné — Nos: riadny
Mund — Nase
Fúzy: angl. pristrih. — Brada: holená
Schnurrbart — Bart
Zvláštne znamenie: /
Besondere Kennzeichen
Deti do 12 rokov cestujúce s majiteľom osvedčenia:
Kinder unter 12 Jahre die mit dem Inhaber der Bescheinigung reisen
Vlastnoručný podpis majiteľa osvedčenia.
Eigenhändige Unterschrift des Inhabers.
Platí ku priechodu cez hranicu z Gajar
Gültig zum Grenzübertritt von
do Dürnkrut
nach
Miesto priechodu cez hranicu: Gajary
Ort des Grenzübertrittes

写真 8　オーストリア国境通過のための許可証［Hallon 1995：31］

三歳までオーストリアで育ったから、ドイツ語を話せた。戦前はこのように外国で働いていた人も多かったらしいね。私の両親もこのあたりの出身だけど、父親はどこか葡萄の仕事に出ていたらしいし、母親は若いころミュンヘンの工場で働いていたらしい。
（ハナコヴァー氏、パヴォル村女性・一九三八年生まれ、年金受給者・「年代記」[10]執筆者、2007/5/15）

川の近くに舟渡しの人が住んでいて、だいたい三〇分くらいで（オーストリア側の）目的地についた[11]。私の親も、妻の親もオーストリアに農作業に通っていた。他に仕事もなかったからね。当時はスロヴァキア人とオーストリア人の結婚も多かったと聞く。そういう人々は、一九四八年以降、手紙でしか実家とやり取りできなくなった。ただ、その世代の多くはもう他界している。
（A氏、ドリナ村男性・一九二四年生まれ、年金受給者、2005/6/17）

通うことができたためか、スロヴァキアからオーストリアへの移民の数は、他の国への移民の数に比べると少ない[12]。しかし、その少ない移民の大部分はこの地域からの出身であり、農業、野菜売りを仕事とするか、工場で労働者として働いていた［Bielik

1980：267］。オーストリア側の国境地域の典型的な名字には、スラヴ系の名字が多く含まれており、それらは移住者が多く存在したことの名残でもある。[13] このなかには民族間結婚も含まれており、この地域からオーストリアに嫁いだ女性の話もしばしば耳にした。[14]

少なくともスロヴァキアの人々にとって、この地域の労働移動は、単なる労働力の需要と供給の関係以上の結びつきを持っていた。川を挟んだ生活水準の差を利用して相互に依存し合っていただけでなく、人の移動によって川の両岸に住む人々の生活が結びつき、一つの地域として機能していたと考えられる。ただし、この民族の境界地域においてオーストリア側の多くの人々が、チェコ人やスロヴァキア人は最下層の社会集団で、労働者や日雇いの農業労働者というイメージを抱いており、実際、彼らが安価な労働力であった［Kiliánová 1994：51］ことには留意する必要がある。社会主義時代の断絶を経て、この国境地域の間の鉄のカーテンがなくなったとき、かつての「格差」を前提としたつながりを、体制転換後のスロヴァキアの人々が同じように受容するとは限らなかった。

〈インタビュー1　オーストリアでの仕事[15]〉

B氏：ここの人たちはオーストリアに農作業に通っていた。麦やサトウダイコン、他にワイン用の葡萄などをオーストリア人は栽培していた。葡萄の収穫は私も通ったことがある。なかなか割のいい仕事だった。とはいえ、私は、農作業はあまりしたことはなくて、主に車輪職人（*kolár*）の仕事をしていた。モラヴァ川沿いの（オーストリアの）クライン村でね。

筆者：給料はよかったですか？

B氏：それほど高いというわけではないが、よかった。ただ、オーストリア人は私たちを見下す。自分たちの方が偉いと思っていた。

表9　パヴォル村における第一共和国以前のアソシエーション

結成年	アソシエーション名	当時の正式名称
1879	消防団	Dobrovoľný hasičský zbor
1922	体操クラブ「オロル」	Československý Orla
1922	相互扶助組織（頼母子講）	Úverné družstvo s neobmedzeným ručením
1923	在郷軍人会	Jednota československej obce legionárskej
1923	農民連合	Slovenská roľnická jednota
1924	商品作物農業組合	Roľnícke družstvo pre speňaženie hospodárských plodín
1925	商工連合	Slovenská remeselnícka a odchodná jednota
1925	キリスト教農民協会	Kresťanské roľnícke združenie
1925	漁業者会	Rybárskej spolok
1925	体操クラブ「ソコル」	Telovýchovná jednota Sokol
1926	共有地組合	Pasienkové a lesné družstvo
（不明）	スロヴァキア・リーガ（民族文化団体）	Slovenská liga

［Zajíčková and Drahošová 1999］およびスロヴァキア国立文書館所蔵資料より作成（パヴォル村における現在活動中の主なアソシエーションについては、第4章の表12を参照のこと）。
注：スロヴァキア語の団体を示す単語は *združenie*，およびより強い統一性を強調した *jednota*，と複数あり，基本的に前者を協会，後者を連合と訳し分けているが，日本語の語感を考慮に入れて適宜，違う言葉で翻訳している。表10についても同様である。

この地域におけるアソシエーション活動の歴史

村落から働き盛りの人々が労働移動に出て行った歴史的事実を強調すると、当時の村落が空洞化していた印象を与えかねない。しかしながら、第2章でも指摘したように、二十世紀初頭の西スロヴァキアの村落では、さまざまな結社活動の記録が残っており、コミュニティ活動もまた活発であった。二十世紀初頭から社会主義時代以前までの期間のアソシエーションに関する調査地の具体的な状況については、この時代のことを記憶しているインフォーマントはほとんどいないため、インタビューによる調査は困難であった。したがって、村で編纂された郷土史やスロヴァキア国立文書館（Slovenský národoný archív）所蔵

表 10　リエカ村における第一共和国以前のアソシエーション

結成年	アソシエーション名	当時の正式名称
1884	消防団	Dobrovoľný požiarny zbor
(不明)	生活必需品組合 (1922 解散，1939 再開)	Potravné družstvo
1923	体操クラブ「ソコル」	Telovýchovná jednota Sokol
1924	合唱団「リーラ」	Spevokol Lýra
1924	在郷軍人会	Jedonota Československej obce legionárskej
1925	キリスト教農民協会	Kresťanské roľnicke združenie
1925	猟友会	(不明)
1928	カトリック連合	Katolícka jednota
1928	カトリック女性連合	Katolícka jednota žien
(不明)	カトリック青年会	Sdruženie katolíckej mládeže
1928	家畜所有者会	Spolok pestovateľov a chovateľov čistokrvných domácich zvierat
1928	体操クラブ「オロル」	Telovýchovná jednota Orol
1929	(教会合唱団)「慈愛」	Ústredná charita
1931	軍人互助会	Spolok vzájomne sa podporujúcich vojensých vyslúžilcov general M. R. Štefánika
1932	スポーツクラブ	Športový klub
1934	青年農民連合	Miestna jednota Slovenského roľníckeho dorastu
1934	石工労働者連合	Sväz robotníkov stavebného kameňa a keramického priemyslu
1935	労働者自転車クラブ「忠誠」	Robotnícky cyklistický klub Vernosť
1936	マティツァ・スロヴェンスカー（民族文化団体）	Matica Slovenská
1936	チェコスロヴァキア人権と社会扶助の会「連帯」	Solidarita-spolok pre ochranu práv a sociálnu pomoc v Československu
1937	キリスト教社会労働者協会	Kresťansko-sociálne odborové združenie

［Hallon 1995］およびスロヴァキア国立文書館所蔵資料より作成（リエカ村における現在活動中の主なアソシエーションについては，第 5 章の表 17 を参照のこと）。

資料より、パヴォル村とリエカ村でこの時期に活動していたアソシエーションの状況を把握することを試みた（表9、10）。

十九世紀末から二十世紀のはじめにかけては、まず村の人々の生活の必要に密接にかかわる消防団や生活協同組合が結成され、その後、全国的な組織の支部として結成されたアソシエーションが増加した。たとえば、リエカ村の「マティツァ・スロヴェンスカー」はスロヴァキア民族文化団体の支部という位置づけであり、村の教員などの知識人が活動の中心となっていた。このマティツァ・スロヴェンスカーは、スロヴァキア各地における文化啓蒙の拠点となり、地域図書館の設置活動や、演劇や合唱などの活動にも取り組んでいた［Dudeková 1998：31］。

体操クラブの「ソコル（隼）」と「オロル（鷲）」はどちらの村にも同じ名前のクラブが存在することから想像がつくが、いずれもチェコスロヴァキアで広範に組織的な活動を行っていた体操クラブの支部である。体操クラブ自体は一九世紀後半から二〇世紀初頭にかけて中欧各地で結成されていたが、チェコスロヴァキアにおいて、「ソコル」はチェコの国民運動の一環として発展し、「オロル」はカトリック勢力を基盤として成長してきた団体であり、両者は対立関係にあった［福田 2006：73–100］。村の外の政治的な対立が村のアソシエーションに持ち込まれた例は他にもある。リエカ村の青年農民連合は農民党系、キリスト教労働者協会は社会民主党系の団体であり［Hallon 1995：134］、この二つの政党はチェコスロヴァキアにおいてチェコ人とスロヴァキア人両方を支持基盤にしていた有力な政党であった［林 1999：298］。これらは、国家レベルの政治勢力や宗教勢力が、それぞれ村落の支持基盤をアソシエーション化したものだと考えることができる。その意味で、社会主義以前のこの地域の村落もまた牧歌的な農村ではなく、そこに居住する住民が意識していたかどうかは別として、国家レベルの政治に取り込まれていたことが示されるのである。

その一方で、演劇活動のように、明確に団体としての形式を採らず、それぞれのアソシエーションの内部で有志が取り組む活動も存在した。パヴォル村では初等学校や消防団、体操クラブのソコル、オロルの団体内部に

[Drahošová 1999]、リエカ村ではオロル、ソコル、合唱団、消防団、スポーツクラブ、キリスト教若者団の団体内部で有志による演劇活動が行われていた[Hallon 1995 : 123]。第2章で触れた葬儀のための相互扶助組織は、どちらの村の記録にも残っていなかったが、おそらく何らかのかたちで近いものが存在したと考えられる。というのも、現在のパヴォル村には、ロザリオ会という村人の葬儀で祈りを捧げる役割を担っているカトリック信者の会が体制転換後に復活しており、おそらく以前から似たような組織が存在していたと考えられるからである。しかしながら、人々が自由にアソシエーション活動に取り組むことができた時代は長くは続かず、一九三〇年代後半に全体主義体制へとスロヴァキア社会が変容するなかで、アソシエーション活動は制限されるようになった。

3 「断絶」の時代の記憶

(1) 越境の制限と監視の経験

これまで述べてきたように、スロヴァキア–オーストリア国境地域においては、モラヴァ川を越えての往来が、この地域の人々の生活の一部となっていた。しかし、第二次世界大戦末期にドイツ軍が退却した際に、川に架かっていた三つの橋がすべて破壊された後、橋は修復されることはなく、そのままスロヴァキアは社会主義国となり、オーストリアとの国境をかつてのように自由に行き来することは不可能になった。モラヴァ川周辺は国境管理区域として有刺鉄線が張りめぐらされ、チェコスロヴァキア軍によって厳重に警備された。集落そのものが川に接しているドリナ村では、社会主義国家建設期の五〇年代は、村の居住者も村の入り口で軍に身分証明書を提示しなくてはならず、村外に嫁いだ人が実家に帰る際も許可が必要だったという[16]。

オーストリアへの国境が閉ざされたことにより、人々はそれまでのようにオーストリアに仕事に行くことは不可

表11　社会主義時代のパヴォル村の主な就業機会

名　　称	設立	規模（記録のある年）	備　　　考
協同農場	1953	275人（1952）	
酒蒸留所・缶詰工場	1953	12人（1953）→約200人（1980年代後半）	ドイツ系の企業を国有化
老人ホーム	1958	58人（1970）	かつての領主の屋敷を国有化し，施設に改築
知的障害者施設	1965		

［Konečný 1999：31–32］より作成。

能になった。しかしながら、社会主義国となったスロヴァキアでは、オーストリアに行くことができなくなっても仕事がないという状態にはなりえなかった。社会主義時代の初期に村内の農地は協同農場や国営農場の所有となり、村の人々はそこで農業労働者として働くことが可能であったほか、国策として、積極的に地方に工場が建設されたため、スロヴァキア国内での就業機会が人々に提供されたのである。こうして、村の産業構造は変化が始まった。

パヴォル村では、協同農場が一九五三年に設立されたほか、国営の酒蒸留所や缶詰工場、福祉施設の設立によって、村内に雇用が創出された（表11参照）。また、鉄道の駅があることから就業先も村内に限らず、人々は首都ブラチスラヴァや近隣の町に通勤した。同様にリエカ村でも、一九五二年から始まった農地の集団化によって、協同農場という雇用先が生み出された。加えて、もともとリエカ村にあった民間の繊維工場が一九四八年に国有化され、規模を拡大して操業を開始したことで、この地域の女性に就業先を提供した。

パヴォル村もリエカ村も、村と国境の間の軍による管理区域のなかに広大な農地を有していたが、この域内で農作業をするにも許可が必要だった。国境のモラヴァ川に近づくことはできなかったが、魚釣りをする人や猟友会のメンバーもまた許可を持っていれば、域内の湖や森に立ち入ることが可能であった。この人たちの多くは、国境警備補助員としても扱われており、この補助員になれるのは共産党員が多かったと語られる(17)。

一九八九年までは我々猟友会も、有刺鉄線の手前二〇〇から三〇〇メートルあたりまでのところでしか活動できなかった。内側で狩猟をするには許可が必要だった。または、国境警備の補助員になれば、入ることができた。ただ、申請すれば誰でも、というわけではなく、拒否されることもあった。

昔は、ここの有刺鉄線を越えて逃げようとする人もいたね。五〇年代だったか、どこかの神父が捕まったこともあったし、自作の飛行機でこの地域を越えようとして失敗した人もいた。（リエカ村猟友会会員、男性・四〇代、2007/6/1）

このように比較的短期間でオーストリアとスロヴァキアの間の国境は厳しく管理されることとなり、国境地域の人々は、新しい体制に順応するしかなかった。パヴォル村においてもリエカ村においても、社会主義時代の話題として、「監視されていた」経験がしばしば語られる。四〇年間の社会主義時代のいつの時期について語るかによって差はあるが、国境に接しているこの地域からの亡命を防ぐために監視があったことは時代背景として想像できる。ただし、村の人々のなかには、この地域の出身で亡命した人のほとんどは、何らかの手段でビザを用意して外国へ行き、そのまま帰ってこないというパターンが多く、国境を不法に越えようとするのは東ドイツなどの外国人をはじめとした国境地域以外の人が多かったので、自分たちは監視の対象でなかったことを自覚的に語る人も多い。

監視の経験は、基本的に社会主義時代以前からオーストリアを含む「西」側との関わりがある人々に限られていた。スロヴァキアから社会主義圏以外に出て行くための手続きは非常に煩雑であったが、オーストリアに親戚がいる場合は不可能ではなかった。また、オーストリアからの訪問はそれほど難しくはなかったため、戦前に移住した人々がスロヴァキアに居住する血縁者に会いに来ることは可能であった。そのため、スロヴァキアの他の地域と比較すると、この地域では、オーストリアを含めた「西」側の外国との往来はそれほど珍しいものではなかったのである。社会主義政権下であっても、国境を越えた人の往来が多少は可能であり、それに伴う情報の流入があった。このことが、この地域が監視される理由のひとつとなった。つまり、社会主義時代以前からオーストリアとつながりを持っていた人々や、亡命者がいる家族など、外国と何らかのつながりを持つ人々にとっては監視はより身近な経験だったのである。

……祖母の妹がオーストリアに嫁いでいた。一九六八年に一回だけ、その祖母の妹を訪問したことがある。八〇年代にも私の家族はオーストリアに行ったが、そのときは家族の誰かがスロヴァキアに残っていなければならないということで、私は行けなかった。家族揃って外国に出ると、亡命する危険性があると思われたのだろうね。

（D氏、パヴォル村男性・五〇代、2007/7/29）

七〇年代に私の妹が、新婚旅行でユーゴスラヴィアに行ったままアメリカ合衆国に亡命してしまった。それが理由で、社会主義時代に、私がパスポートを申請しても、発給されなかった。仕事をまじめにやっていたから社会主義圏内の旅行許可はもらうことができた。それで、東ドイツやソ連には旅行に行ったけれど、そのときもパスポートではなく、その国だけに行ける許可証しかもらえなかった。

（コヴァーチョヴァー氏、パヴォル村女性・一九四三年生まれ、元初等学校教諭、元村議会議員、2007/5/8）

社会主義時代でも、このあたりは西側のテレビを観たり、ラジオを聴いたりすることはできた。流れるコマーシャルを観て西側に憧れた人は多かっただろう。けれど、一度亡命してしまうと、戻って来ることはできないし、残された家族も大変な思いをする。

（パヴォル村村長ザハラドニーク氏、男性・一九五三年生まれ、2007/4/23）

〈インタビュー2　社会主義時代の往来①[18]〉

筆者：社会主義時代もオーストリアの親戚が訪ねて来ることができたそうですね？

マリコヴァー氏：年に一度くらいならね。でも国境検問は厳しく、卵すら取り上げられた。チョコレートとか、小さなお菓子は大丈夫だった。電気製品はもちろんだめ。…（中略）…秘密警察は誰にどのような家族がいるか調べていて、オーストリアから叔母が来ると村を私服でうろついていたりした。八〇年代くらいまでは厳しかった。

〈インタビュー3　社会主義時代の往来②[19]〉

筆者：社会主義時代にオーストリア側にいる人とは連絡を取ることは可能だったのですか？

E氏：手紙を書くことはできた。検閲は受けるけれど。

筆者：向こうからこちらに来ることは？

ゼマノヴァー氏：オーストリア人はこちらを訪問することはできた。今ほど多くはないけれど、こちらから出ていくよりは簡単だった。リエカ村から嫁いだ女性が家族に会いに来たりとかね。六八年頃一度管理が緩くなったけれど、そのあと再び厳しくなり、国境の有刺鉄線はさらに村に近い位置に取り付けられた。つまり、一般の人々が自由に歩ける場所も少なくなってしまった。

…（中略）…

ゼマノヴァー氏：社会主義時代、亡命者が出た家族は、監視された。一九七〇年、私が一七歳のときに私の兄は亡命した。兄がウィーンを経由してアメリカ合衆国に渡り、そのまま向こうに残って二七年経つ。社会主義時代、母は兄のところに行きたがったが、許可は下りなかった。父親は、村役場から息子が亡命したことについての警告書のようなものを受けとった。当時は亡命者のいない村は評価されていたのだけど、この村は私の兄が逃げて、さらにその直後に、他にも一家全員が逃げたこともあって、それ以降村が何かで表彰されることはなかった。[20]

「監視されていた」と自らの経験を最も強く語るのは、社会主義時代に亡命した家族がいる人々であった。外国とやり取りする手紙は検閲されるものだと多くの人には信じられており、亡命者の家族は、余計な疑いがかかるのを恐れて社会主義時代はほとんど連絡を取らなかったという。二〇〇六年にリエカ村のパルコヴァー氏を訪問した際、ちょうどアメリカ合衆国から彼女を訪ねてきていた弟夫婦[21]を紹介された。この弟は社会主義時代にアメリカに亡命し、その後社会主義時代の間は一切連絡を取らず、一九八九年以降ふたたび連絡を取るようになったという[22]。亡命者についての語りには、当然のことながら個人差があるが、残された家族の苦労が強調されることが多かった、また、連絡を取る相手が亡命者ではなくても、戦前にアメリカにわたった親戚からの贈り物が壊れて（壊されて）届いたり、汚れて（汚されて）届いたりしたなど、嫌な思い出を持つ者もいる[23]。外国とつながりを持つ人々は、国境地域においても決して多数派ではないのだが、再びこの地域が、国境の向こう側とつながりを持ち始めた際に、真っ先に関係を復活させることを試みたのはこれらの人々だったといっても過言ではない。

自由な移動が突然制限されるということは、国境の向こう側とのつながりもそこで絶たれることを意味する。これまでに挙げた語りなどからうかがえるように、外国との細いつながりを維持することは、その当時者に精神的な負担を強いるものであった。このような社会主義時代を経験していたからこそ、この地域に住む人々は、体制転換については賛否両論あったとしても、国境が開いたことに関しては、その多くが素直に喜ぶことができたのだと推測できる。

(2) アソシエーションの再編

スロヴァキアのアソシエーション活動の歴史は第2章で概観した通りであるが、第一共和国時代の自由なアソシエーション活動が制限され始めたのは、国境の断絶よりも早く、一九三九年以降のドイツの保護国時代に遡ることができる。ただし、村落のアソシエーションにとって、より大きな影響を与えたのは、社会主義時代に入ってからの国家主導による大きな再編である。この項では、この再編について、調査地における具体的な状況を記すことを目的とする。(24)

アソシエーション再編の基本的な方針は以下の通りである。まず、農民、職人、商人、工業労働者のための結社は、基本的には協同農場や国営企業の労働組合に統合された。一九四〇年代後半から一九五〇年代前半にかけて、チェコスロヴァキアでは、集団化が進められ、個人が所有していた農地は村落の協同農場に統合され、個人商店や工場など私企業も国営企業に統合された。したがって、自営業者も農家もどこかの組織に所属する労働者となったため、職業集団的なアソシエーションを労働組合に統合することが可能だったのである。パヴォル村では、養蜂家会と家畜飼育者会が協同農場の労働組合とは別に存続可能であったが、それはこれらの活動が協同農場とは切り離され、自家消費のための生産活動であったからである。

民族文化団体および宗教関係のアソシエーションは、国家の方針と相入れないものとみなされ、ほぼ解散となった。正確に言えば、一九三九年に一度解散させられた民族文化団体などの多くは、戦後一時的に復活しており、それが再度解散になったのである。リエカ村に関しては、カトリック女性連合がアソシエーションの存続を求めて請願書を提出したりしたが、結果として、宗教色を抜いた女性協会（婦人会）として再編された。体操クラブのソコルとオロルも、民族文化的色彩が感じられないサッカークラブなどと同様のスポーツクラブとして編成された。

社会主義時代は基本的に新しく自由にアソシエーションを結成することは認められていなかった。パヴォル村では家庭菜園愛好者会が一九六九年に結成されているが、これはスロヴァキア全体の園芸家協会のパヴォル村支部の結成であったから、可能であったのであり、国民戦線に所属していないアソシエーションを新たに設立することは不可能であった。リエカ村でも、年金受給者会が一九八〇年に結成されたが、こちらも国民戦線を構成する障害者協会のリエカ村の支部の設立に連動するかたちで結成された。ただし、リエカ村の年金受給者会は、老齢年金と障害者年金者のための会であるという名目の下、障害者協会の支部として結成されており、社会主義時代であっても、実際のアソシエーションの結成については多少融通を利かせることも可能であったと考えられる。

基本的にアソシエーションの代表者は、共産党員、または共産党に従順な人であることが暗黙の了解とされていた。アソシエーション活動がこのように組織化され、後ろ盾も安定していたことから、現在と比較すれば活動のための資金は潤沢であったとしばしば言及される。かつて民族舞踊団や消防団附属の楽団など、活動資金が必要なアソシエーションが資金繰りに困っているときは、パーティーを主催し、主として同じ村落の住民がその参加券を買うことでアソシエーションを援助することもあったという。このようなアソシエーションが日常生活に楽しみを提供する側面においては、アソシエーションが統制されているかどうかが問題として表面化することはほとんどなかった考えられる。たとえ国家に管理されたアソシエーションであっても、村落のなかで仲間と活動することができ、村のコミュニティにおいてそれなりの存在感を持つことは可能であり、そこに関わる人々が社会主義時代のアソシエーションのシステムにそれほど疑問を持たなくても不自然ではなかった。

4　有刺鉄線の撤去後

(1)　体制転換後の国境地域

一九八九年の体制転換の原動力が、市民の変革の意志であったことは疑いの余地がない。しかし、スロヴァキアをはじめとしたポスト社会主義国において、多くの人々は以前よりも厳しい生活に直面せざるをえなくなったことも事実である。このような状況下で生活する人々が、「三ヵ月以内の観光目的」であれば入国可能な西欧諸国の存在を、生活のために活用しようとすることは、不自然なことではなかった。

程度の差はあるが、一九八九年以降旧東欧地域から西欧への労働移動は、不法・合法を含めて始まっていた。

ポーランドからドイツへ移動し、日帰りまたは一週間程度の労働に従事するといった労働移動は、よく挙げられる例の一つである［Wallace and Stola 2001, ケンペル 1998, モロクワシチ 2005］。この労働には、短期契約の農作業や建設作業のほか、物品販売やセックスワークなどが含まれ、かつての「鉄のカーテン」を挟んだ国境地域における越境労働は、一九八九年以降は珍しいものではなくなっていた。実際、スロヴァキアとだけでなく、チェコ、ハンガリー、スロヴェニアとも国境を接するオーストリアでは、体制転換以降、これらの国からやって来て農作業などの単純労働に短期間従事する人々の状況が調査されてきており［Wallace 1997；2002, Williams and Baláž 2002］、近年では介護などのサービス業に従事する人々の増加が報告されている［Österle 2007］。

スロヴァキアのオーストリア国境地域に関しても、現地の社会学者や文化人類学者を中心に国境地域の生活の変容を把握する研究が行われてきた。代表的なものでは、二〇〇〇年にスロヴァキア社会科学研究所の社会学者ファルチャンらが、国境地域の三つの村落（本研究の調査地であるリエカ村とパヴォル村を含む）で行った調査報告がある［Falťan (ed.) 2003］。ファルチャンらの調査によると、これらの村落とオーストリアとの関係は、労働移動によって地域が結びついていた社会主義時代以前と比較して希薄であり、心理的な壁が依然として存在していることを指摘している。さらに、この傾向は一九八九年以降のオーストリアとスロヴァキアの国境の検問所の位置とその数にも関係しており、社会主義時代以前は多数あった国境を通過する経路がそれほど復活していないため、国境の傍に位置していても、遠回りしないと国境線を通過できない村落においては、オーストリアは依然として遠いままであると分析している。一方で人類学者のキリアーノヴァーは、一九九〇年代の国境地域におけるスロヴァキア人とオーストリア人との関係のぎこちなさについて、物理的な環境よりもむしろ社会主義時代以前の関係の不平等さに注目しており、この地域における歴史の連続性を強調している［Kiliánová 1992；1994；1998］。

これらの先行研究においても、国境の開放後、二者間の関係が社会主義時代以前に戻るわけでないことは指摘されている。ただし、このことが体制転換後のこの国境地域において、何を意味するのかについてもう少し掘り下げる必要があるだろう。つまり、国境の開放において、人々が何を望み、何を手に入れて、何を手に入れることができなかったのか、さらに越境者はこの地域においてどのような社会的存在であるのか、これらの疑問を入り口として体制転換後の国境地域の状況について特性を示したい。

(2)　越境移動の再開

個人的関係の復活

体制転換に伴う国境の開放は、この地域の村落を取り巻く状況を大きく変化させた。オーストリアに親戚や知人をもつ人々にとっては、この変化は非常に意味のあるものであった。以下に挙げるマリコヴァー氏のインタビューからうかがえるように、国境によって分断された家族の再会は、この地域の歴史を示す一つの象徴的な事例として理解することができるだろう。

〈インタビュー4　オーストリアの家族[25]〉

マリコヴァー氏：私の夫の父親がオーストリア人だったのよ。母親はスロヴァキア人でね。昔、その母親が若かったころ、仕事しに（オーストリアに）通っていたの。畑仕事や家事を手伝ったりする仕事ね。

筆者：何歳くらいの頃のことか知っていますか？

マリコヴァー氏：私の夫は、母親が一七歳、父親が一九歳のときに生まれたの。一九四〇年にね。そのすぐ後に、父親は戦争に行かなくてはならなくなった。第二次世界大戦ね。ただ、その父親は長いこと戦争にかりだされたままだった。五年間捕虜だったそうね。で、二人はその後もう再び会うことはなかった。生まれた後に、養育費としてまとまったお金をくれていたらしいけれどね。その父親が七年後に戦争から帰ってきたときには、知っての通り、もう会えなかった。というのも、母親は、夫が生まれたときにリエカ村に戻っていたからね。父親はこちらに来ることができなかった。それで終わり。そのあと、父親は別の女性と結婚して、その相手との間に四人の子どもが生まれた。そもそも当時夫の両親は正式には結婚していなかった。

マリコヴァー氏：私自身もまたオーストリア側に叔母がいてね、一九八〇年にビザを取ってオーストリアに行くことができた。叔母がビザのための正式な招待状を準備して呼んでくれた。二週間滞在した。そのとき初めてオーストリアに行くことができた。そのとき、夫の父親にも会いたかったけれど、それはできなかった。叔母を通じて、夫の父親は戦争後オーストリアに戻ってきたらしいということは知っていたけれどね。なぜなら、父親はすでに一九七二年に亡くなっていたのよ。その父親は亡くなる前に末の息子に、リエカ村に兄がいることを伝えていた。結婚しているかどうかも、まだリエカ村に住んでいるかどうかも知らないけれど、名前とか覚えている限りのことを言い残していた。

一九八九年に国境が開いて、オーストリアに行けるようになると、夫は（自分の家族を）捜しに行こうと言い出し、自動車でオーストリアに行った。もちろん、そのときには父親も母親も、父親の再婚相手も亡くなっていた。でも、ちょうど一九九〇年は夫の五〇歳の誕生日のお祝いをすることになっていて、夫はそこにきょうだいたちを招待したいと考え、その前にまず一度きょうだい皆と会いたいと思った。それを伝えるために最初に行った時は、いろいろ思うことがあった。受け入れてくれるだろうか、私たちが遺産をくれと言いに来たのと思われるのではないか。私たちはもちろん、何も欲しくなかった。

顔合わせのときは四人のきょうだいが来てくれて、互いに紹介しあった。そのうちの一人の妹はじっと夫を見て、父親そっくりだと言った。他のきょうだいの誰よりも父親に似ていたらしい。そのあと父親の墓参りに行った。

筆者：住所などの情報はどうやって知ったのですか？

マリコヴァー氏：私たちはすべて知っていた。番地も昔のままだった。戦前の母親の記憶のままだった。

筆者：手紙は書かなかったのですか？

マリコヴァー氏：全く。手紙も電話もできなかった。検閲されるのがわかっていたからね。ここはオーストリアに近いから、ここの人々は監視されていた。誰かスパイがいないかとか常に見張られていた。

マリコヴァー氏の家族は、以後定期的に親戚として集まる機会を持つようになり、現在も親戚との付き合いは続いている。マリコヴァー氏も夫もあまりドイツ語が話せず、夫のきょうだいもあまりスロヴァキア語を話せないが、マリコヴァー氏の息子がドイツ語を話せるため、息子を通じて意思疎通をしている。マリコヴァー氏の夫のようにオーストリアの家族と全く連絡がつかなくなったケースはそれほど多くはないが、社会主義時代に連絡を取ることができた相手は限られていたため、一九八九年以降、それまでの「監視」の反動のように、年配の人々を中心にオーストリアの親戚やかつての友人との関係が復活し始めた。その後も関係が長く続くかどうかはともかく、インタビュー1のB氏も体制転換直後の時期に、昔のオーストリアの雇用主を訪問した経験があるなど、知人がいる者は、一度は知人を訪ねることを試みていた。また、社会主義時代の亡命者も一九八九年以降は、家族と連絡を気兼ねなく取れるようになったので、オーストリアとだけでなく、「西」側世界全体との交流が復活し始めた。

このような関係の復活は個人的な関係のみにとどまらず、地域レベルでも試みられた。その詳細は第4章で再度触れるが、パヴォル村では一九八九年の十二月に、体制転換に賛同する人々が中心となり、国境のモラヴァ川の両岸にスロヴァキアの人々とオーストリアの人々が集まり、パヴォル村の村長と対岸のホーフ村の村長が挨拶をするという象徴的なイベントが行われた。このイベントはパヴォル村やホーフ村の人口をはるかに超えて、近隣から一五、〇〇〇人近くの人々が集まった。リエカ村においても、パヴォル村ほどの規模ではないが、同様のイベントが行われた。体制転換以降、「国境が開いたこと」に対する熱狂は、このようにして国境によって分断された親戚・友人関係を持たない人々にも広く共有された。そして、続く一九九〇年代には、国境地域の多数の自治体や学校が表敬団を送りあい、友好協定が結ばれたほか、アソシエーション同士の交流行事も多数企画された。

いちばん最初は川の両岸で互いに叫びあった。私たちより上の世代はオーストリアに知り合いがいて、覚えていたみたいね。

（ゼマノヴァー氏、リエカ村女性・一九四九年生まれ、元村議会議員、2007/3/16）

人々は川を挟んで、「あなたはXさんでしょ？　それから、あなたにも覚えがある、Yさんでしょう？」と呼び合った。向こう側にはたくさんのリエカ村出身者がいたんだよ。(26)

労働移動の状況

体制転換後、仕事を求めて外国に移動する人々も徐々に増加し始めた。ＥＵ加盟までＥＵ諸国の労働市場は自由化されていなかったとはいえ、労働許可を得れば働きに行けるようになったことは重要な変化であった。スロヴァキアは、ポーランドなどの周辺の国と比較すると、体制転換後のＥＵ諸国への移民の数は当初の予想ほど多くなく、移民するための社会的なネットワークの欠如していたことがその理由として挙げられてきた［Fidrmuc and Fidrmuc 2000：201］(27)。実際に、二〇〇二年までのデータが使用された労働移動の報告書によると、圧倒的に多い行先はチェコであり、次にオーストリアが続く［Divinský 2004：47-50］。チェコとスロヴァキアは、もともとは同じ国だったので、一九九三年の分離の時点から相互に労働市場が自由化されていたという制度上の優遇があったうえ、チェコ語とスロヴァキア語の類似性から言語障壁も少なく、スロヴァキアよりも経済的状況が良かったので、労働移動先として圧倒的に多いのは当然のことである。

その意味で、オーストリアは、体制転換以後の新しい移動先として注目できる。オーストリアへは短期の就業を繰り返すスロヴァキア人が多いうえ、「グレーゾーン」の就労も多く、正確な数字は把握しづらいが、二〇〇〇年代半ばくらいまでは、年を追うごとに労働者数は増加する傾向にあった［Divinský 2004：47-50］。別の研究によると、一九九二年頃、西スロヴァキアの国境沿いから正式には一〇、〇〇〇人くらいのスロヴァキア人がウィーンの工場などに働きに行っていたが、実際にはその二倍の数のスロヴァキア人が働いていたと推測されている［Šťastný 2003a：29–30］。

スロヴァキアに限らず、中欧の旧社会主義国出身者は、短期間で戻って来る出稼ぎや、通勤という形態で仕事に従事することが多いと指摘されている［Morawska 2002：163–170］。越境労働者自身が、数週間あるいは数ヵ月といった短い期間のみ外国で働くことを希望することも多いうえ［Wallace 2002：605］、受け入れ側のドイツやオーストリアでもトルコ、ユーゴスラヴィアや南欧からの移民労働者よりも好んで、農作業の季節労働者を東の隣国から毎年一定人数受け入れていた。なぜなら、彼らは平均的に農業労働者として熟練しているうえに、毎週末あるいは毎日母国に帰るため、健康保険や社会保障を要求しないからである［Wallace 1997：25］。ドイツに関して言えば、農作業の季節労働者の受け入れの制度も整っており、正規の労働者として働くことも可能であるのだが［ケンペル 1998：193–194］、個人的に農作業手伝いや家事手伝いとして雇用され、なおかつ短期間の労働の場合、就労許可を取らずにパスポートのみで働きに行くことも事実上可能であった。

調査を行った国境の村落においても、このような短期の労働移動は頻繁に行われていた。職種は、主として農作業とケア労働の二つに分類することが可能である。前者は葡萄をはじめとしたリンゴ、洋ナシ、アスパラガスなどの手間のかかる果物や野菜の収穫が中心であり、後者は老人介護やベビーシッターの仕事が該当する。同種の仕事として、家事手伝いも後者に含まれる。農作業の場合は、知り合いを通じて仕事を見つけることが多いが、基本的に短期間のみの季節労働であり、この仕事に従事するのは年金受給者や夏休み中の学生であることが多い。後者については、様々なパターンがあるが、週何日かのみ働きに行く、または一週間ずつ他の人と交代で働くなど、基本的には生活の拠点をスロヴァキアに残しているケースが多い(28)。したがって、スロヴァキアでフルタイムの仕事についている人々が、このような短期の越境労働に携わることはほとんどない。例外は、何らかの技能（大工など）や資格（看護師など）を持った人々である。ただし、彼/彼女らはオーストリアでの正式な就労も容易だと言われている。村落部から国境を越える人々の仕事の多くが、看護師などの資格職を除き、基本的に語学力もそれほど問われない単純労働である事実は、オーストリアで知的労働に従事するスロヴァキア人の七二パーセントはブラチスラヴァから通う人々であるという事実と［Kollár 2000：45］、対照的である。同じ国境地域であっても、都市と村落では移動者の職種に相違がある。

そもそもこの地域において、ドイツ語に長けているのは、社会主義時代以前を経験している高齢者か、高学歴者、体制転換後に教育を受けた若い世代に限られていることも、この傾向に少なからぬ影響を与えている。国境が断絶状況にあった社会主義時代は、学校教育における第一外国語がロシア語であったため、ドイツ語を学ぶ機会がなかった人も多く、社会主義時代の四〇年間に言語の壁も形成された。もちろんこの言語の壁は、体制転換後、人の移動の活発化により少しずつ薄くなっていくと予想される。しかし、体制転換後、「西」側との国境が開いたということはオーストリアとだけでなく、その背後のグローバルな世界との国境が開いたことを意味する。したがって、調査地においても、若い世代が必ずしも皆ドイツ語に熱心とは限らず、より汎用性の高い英語をより重視する者も相当数いた。

とはいえ、この地域においてドイツ語ができるということは確実に職業の選択肢の幅を広げることにつながるので、調査地周辺の初等学校では第一外国語、または第二外国語としてドイツ語を学ぶ機会を設けている。また将来を考え、子どもをオーストリアの初等学校に通わせる親もいた。社会主義時代に教育を受けた者であっても、高等教育まで受けた人々や、社会主義末期に教育を受けた人々はドイツ語の知識を持っていたし、体制転換後に学び直して、仕事に生かす者もいた。国境地域のスロヴァキア人にドイツ語が重要だと認識されていることは明らかである。一方で、この地域において、国境の向こう側で話されている言語が「全く理解できない」スロヴァキア人は二〇・五パーセントであるのに対し、オーストリア人は七四・五パーセントにも上ることにも注目したい［Kollár 2003：18］。オーストリア側にも選択科目としてスロヴァキア語が学べる初等学校が存在するが、実際のところ、スロヴァキア語を理解できるオーストリア人は社会主義時代以前を覚えている世代か、スロヴァキア人の親戚がいる者に限られている。言語の壁を取り払う努力は、国境の両側からでなく、片側からしか行われていないのである。その意味では、本節の(1)で、ファルチャンらが指摘したように、スロヴァキアの人々が心理的な壁を感じるのは当然であると言えよう。

消費のための移動

スロヴァキアからオーストリアへの労働移動は、体制転換以降に顕著になった社会現象の一つとして確認できるが、逆の方向の労働移動は現在のところ非常に少ない。ブラチスラヴァへならば、多少の労働移動が見られるが、その多くは、外国企業の管理職か外国に資本を持つ自営業者であり［Šťastný 2003a : 30］、スロヴァキアからの越境労働者とは対照的である。むしろ、スロヴァキアにおいて、可視的なオーストリアからの人の移動の主流は、消費のための移動である。スロヴァキアのかつての国境管理区域は自然がそのまま残されたため、現在はサイクリングロードとして整備されている。そのためオーストリアからの自転車旅行者はよく目にする。また、オーストリアよりもスロヴァキアは物価が安いため、日用品の買出しに来る者も多い。ただし、このような買い物は国境地域であっても村落ではなく都市郊外の大型スーパーマーケットが目的地となることが多く、村落に経済効果があるとは言い難い。

〈インタビュー5　オーストリアからの越境者(29)〉

村長：オーストリアからこちらへは自転車旅行者がよく来るね。ただ、年配の人々が多い。五〇歳から六〇歳くらいが中心だ。あとは女性が、国境に近いマラツキー町、チェコのブジェツラウ町とかの美容室やネイルサロンにオーストリアから通っているようだ。

筆者：この村にも、経済的な効果はありましたか？
村長：レストランには多少はあったけれど、期待していたほどではないね。若い世代、戦前を全く知らない人々はこちらにも来ない。こちらに来るのは年配の世代ばかり。少なくともこの村はそうだ。

このように橋があるからといって、単純に村がその恩恵に与ることができるとは言い難い。国境地域であっても人が集まるのは、ある程度の規模の都市であり、国境地域の村落部は通過点になっているのが現状である。

なお、消費のための移動については、スロヴァキアからオーストリアへの方向も存在する。特定のブランド（スポーツブランドなど）の衣類などは、オーストリアの方が選択の幅が広いうえに、消費税率の関係で、安く購入できることが若者の間には知られている[30]。また日用品も場合によってはオーストリアの方が安いと認識されている。スロヴァキアにおいて日用品がいちばん安く手に入るのは、都市郊外の大型スーパーマーケットであり、村落部の小商店で販売されている日用品の価格は高めである。そのため、スロヴァキアの都市郊外の大型スーパーマーケットに頻繁に行く機会のない人々にとっては、オーストリアの国境近くのチェーン系スーパーのセール価格の方が安いのである。とくにオーストリアに通う人々は買い物もオーストリアで済ませることが多い。このようなセールの情報は、オーストリアで働く人を通じてスロヴァキアの村の人々にも伝達される[31]。

ただし、スロヴァキアの都市に仕事を持つ人は、買い物もその帰り道に済ませるので、日常的にオーストリアに通うことは少ない。また、現在のオーストリアへの主たる交通手段は、自家用車（レジャーであれば自転車）であるので、村にいることが多い人でも自動車を持たない者が単身で買い物に通うこともまずない。高速道路が整備されているので、一概に不便だとは言えないが、国境を越える経路が限られているため、国境に接していても橋のない地域では、国境の向こう側は遠く感じられがちだと考えられる。

(3) 移動しない人々の存在

体制転換以降、労働移動についても消費のための移動についても、国境を越えた往来は限定的にしか復活しなかった。もちろん、断絶を経た親戚・友人関係の復活と、一九八九年および一九九〇年代初頭におけるイベントなどによる国境開放の経験の共有は、この国境地域を一つの地域として想像することを可能にしたが、現実の国境を越える関係は限定的であると判断せざるをえない。その大きな理由のひとつに、社会主義時代以前とは異なり、国境を挟んだ地域としての相互依存性に欠けていることが挙げられる。つまり、社会主義時代にオーストリアとの関係を持たずに生活するシステムが出来上がり、国境の向こう側は、もはや生活の選択肢の一つにすぎないものになってしまったのである。スロヴァキアでよい仕事が見つかればそれで問題なく、外国で仕事をするにしても、オーストリアの国境地域に限定する必要はあまりない。国境の向こう側のオーストリアは、村に生活の拠点を置き、かつ村の周辺で仕事を探している人々には、新たな就業の機会や買い物の機会を提供したが、社会主義時代以前と比較すると、それが地域全体に与える影響は限られている。スロヴァキア－オーストリアの国境地域は、日常的な生活を営むために往来する生活圏として復活したが、それは一部の人々にとってのものだと考えるのが妥当である。

二〇〇四年の予備調査、および二〇〇七年から二〇〇八年にかけての本調査の早い段階で、この地域からオーストリアへ働きに行く者が多数いることは把握していたが、その一方で圧倒的多数の人々の生活はスロヴァキア国内で完結していることも明らかであった。一九九八年に行われた国境地域における調査においても、二四・三パーセントのスロヴァキア人は全くオーストリアに行かず、三七・三パーセントのオーストリア人は全くスロヴァキアに行かないという結果が出ており［Kollár 2003 : 18］、この地域の人の移動には二極性が存在している。もちろん、国境地域における越境者の存在は、体制転換後の世界へ村落を直接結びつけるひとつの重要な要素であることは間違いない。なぜなら、国レベルの体制転換は急激なものであったとはいえ、それはスロヴァキア全体で政策として進められるものであり、個人が「西」側の世界に飛び込む経験とは質的に異なるものであるため、越境者が多いことはこの地域の重要な特徴と言えるからである。では、越境者たちがオーストリアを通じて理解する体制転換後の世界は、移動しない人々にどのように共有されるのだろうか。本章で紙幅を費やして示した物理的な越境者は、体制転換後の社会では個人的な経済目的のために越境するのであり、その数が限られている越境者の存在だけで、国境地域の変容を論ずるのは困難である。(32) そこで本書の第4章以降で注目したのが、村落のアソシエーション活動と彼／彼女らが関わる国境地域交流である。

スロヴァキアから見たオーストリアとの関係について、労働移動や消費のための移動などの経済活動にのみ注目するのは、社会主義時代以前の状況との比較を念頭においた視点であると指摘せざるを得ない。一九八九年以降の「西欧」と「東欧」の関係については、政治的に遂行される国境地域協力や地域交流の影響などに注目した研究も増加しており [cf. 井上 2005, 高橋（和）2007a]、人々の自発的な移動と同様に、政治的に促進される「交流」もこの地域の重要な変化と考えられるからである。

調査を始めた当初、筆者は調査地においてバイリンガルの存在が限られているにもかかわらず、様々なレベルの国境地域交流が、体制転換から二〇年近く経っても行われているのは「儀礼的」だと捉えていた。しかし、この地域はEUによる国境地域協力プロジェクトの支援対象となる地域であり、自治体をはじめ様々な団体がプロジェクトの資金獲得に奔走してきた土地である。採択されるプロジェクトそのものは、インフラ整備から交流行事の支援まで多岐にわたるため、必ずしもすべてがオーストリアとスロヴァキアとの結びつきに直接関わるものであるとは限らないが、地域交流の資金を得る機会には恵まれてきた。この地域において、政治的な後押しの下に進められている国境地域協力は無視できない影響力を持ってきた。ポスト社会主義の中欧諸国の人々であれば、住む地域にかかわらず、ある程度はメディアを通して、「西」側の情報、思想、制度などに接触しており、その意味では体制転換後の生活は国境の向こう側から何らかの影響を受けてはいる。しかし、国境地域であれば移動しない人々であっても、国境地域協力イベントに参加する機会を得るなど、生活のなかで直接的接触による影響を受ける部分も多いはずである。このような「移動しない人々」を取り込む可能性のある国境地域協力については、本書の第4章と第5章でさらに触れる予定である。このテーマに移る前に、本章の最後となる次節では、EU地域統合期の調査地の状況を概観したい。

5　ヨーロッパ地域統合時代の国境地域

(1)　EU時代における労働移動

EU加盟が個人にもたらした選択肢

一九八九年はスロヴァキアにとって一つの転機となる年であったが、EU加盟もまたスロヴァキアからの労働移動を取り巻く環境も大きく変化させたもう一つの転機であった。二〇〇四年五月に中欧の旧社会主義国の多くは、念願であったEUへの加盟を果たし[33]、新加盟国の人々はEU域内の労働市場に参入することが可能となった。ただし、すべての国が一斉に新加盟国に対して労働市場を開放したわけではなく、まずイギリスとアイルランドが労働市場を開放し[34]、その他の国は最大七年の猶予つきで順次開放することが義務付けられた。EU拡大の「受け入れ側」の主たる意図は、新加盟国の低賃金を利用した現地生産や委託生産にあり［小山 2004：21］、労働力の流入はどちらかと言えば懸念事項であった。一九八九年の段階で新旧加盟国間の経済力には大きな差があったが、その格差は二〇〇四年のEU加盟の時点においても解消したとは言えず、新加盟国から域内の西側の外国へ、仕事を求めて多くの人々が流入すると予想されていた。「受け入れ側」では一〇ヵ国およそ七、五〇〇万人の新加盟国の人口のうち、どの程度の規模で移民がやって来るのか想像がつかないことから、新加盟国から移民が来るという現象に対する社会的不安が広がっていた［Pijpers 2006］。新加盟国に隣接するドイツ・オーストリアは、労働者の流入を特に警戒しており、猶予の期限内で労働市場の開放を先送りしてきた。

本章ですでに触れたとおり、ヨーロッパ域内の労働移動は、第二次世界大戦以前は珍しいことではなく、多くの東欧および南欧からの労働者がドイツやフランスで働いていた。大戦後、東欧からの労働者は減少したが、一九六〇年代までは、南欧からの移民が西ドイツやフランスにおける外国人労働者の大多数を占めていた［宮島 1991：61，森（広）2000：82，山本 1995：30］。しかし、その後、この両国では非ヨーロッパ系の外国人労働者の割合が増加し、定住化する移民たちとの共生の方が大きな問題となったこともあり、近年のヨーロッパの移民受け入れ国における、外国からの労働者に関する研究は、ヨーロッパ域外からの労働者（フランスならばマグレブ系、ドイツならばトルコ系の移民労働者など）に関するものが中心である。

その意味では、二〇〇四年以降の拡大ＥＵ域内における労働移動については、それほど研究は蓄積されてない。ＥＵ拡大後、イギリスやアイルランドにポーランドからの労働者が押し寄せたことがメディアに取り上げられ話題となったが[35]、メディアが伝える「移民の波」のイメージの一方で、言葉や文化の異なる国へ移動することの困難さや中東欧諸国の経済状況の改善などの理由から、新加盟国からの労働移動の規模は予想されたほど大きくはないと考える論者もいるなど［Murphy 2006：637］、現状についての認識にも幅がある。しかしながら、二〇〇五年においてＥＵ域外からの労働許可を所持していたイギリスへの入国者数が一三七、〇三五人であるのに対して［Home Office 2006a：44］、新加盟国出身者による労働者登録の新規申請数はおよそ二〇万に上っている［Home Office 2006b：6］[36]。つまり、ＥＵ域外からの労働者をはるかに上回る数の労働者が流入しており、その数は決して少ないものではないことは明らかである。

スロヴァキアについて言えば、ＥＵ加盟の二〇〇四年の失業率は一七・八パーセント［European Communities

2005：40］であり、この数字はポーランドと並んで、新加盟国のなかでも際立って高かった（第1章図1）。加盟からおよそ一年を経た二〇〇五年七月において、約一五〇、〇〇〇人のスロヴァキア人がEU域内の外国で働いており、最も多い行先はチェコで六一、〇〇〇人、次がハンガリーで二〇、〇〇〇人であった。ただし、チェコとハンガリーについてはEU加盟以前から国家間の協定により、国境を越えた就業が可能であったうえに、言語の違いもあまり問題とならないので[37]、EU加盟以降の大きな変化とも言える、三番目に多い行先であるイギリスに一八、五〇〇人、同じ英語圏であるアイルランドに五、五〇〇人のスロヴァキア人が就業していたことは注目に値する[38]。なお、この調査ではオーストリアでの就業者数はおよそ七、〇〇〇人であった。

二〇〇六年二月の時点におけるスロヴァキア経済委員会の推計でも、一六〇、〇〇〇人のスロヴァキア人がEU域内の外国で働いているとされており、その内訳は、チェコに七八、〇〇〇人、イギリスに二九、〇〇〇人、ハンガリーに二〇、〇〇〇人、アイルランドに一〇、〇〇〇人であり、隣接国を除くとやはりイギリスへの移動が際立っている[39]。したがって、これらの数字からも、EU加盟以降の労働移動の一つの顕著な傾向として、イギリス・アイルランドへの移動を示すことが可能である。さらに、イギリスとアイルランドに働きに行くには英語が必要だと認識されており、これらの国への労働者は少なくとも英語教育を受けている若い世代に限られる。逆に考えると、ある程度の教育を受けた若者という集団における、EU域内の英語圏への越境労働者の率は非常に高くなると考えられる。

このような状況の変化により、スロヴァキアにおけるドイツ語圏への労働移動の規模は縮小し始め、ヨーロッパの英語圏への労働移動の規模が拡大し始めた。それは、国境地域の村落においても例外ではなく、調査地においても、イギリスやアイルランドに働きに行く若い世代の存在を確認できた。近くのオーストリアでなく、イギリスやアイルランドに行く理由としては、就労のための手続きが簡単であることと、ドイツ語よりも英語の方が得意であることが挙げられた。英語の方がより汎用性が高いことは、国境地域の若者であっても認識されている。

この村からもブラチスラヴァまたはパヴォル村を経由して、毎日オーストリアに通う人がいる。向こうに住むところがある人は、週末に村に帰って来る。昔と違って、（外国で働くことに）それほど大きな問題はない。若い人は言葉もできるしね。オーストリアはまだ労働市場を開放していないので、手続きは煩雑だけど、イギリスはもういつでも行ける。ちょうど先週、イギリスで既に三年くらい働いている友達が戻ってきたよ。なかには、半年外国で働いて、半年はスロヴァキアに戻って来る者もいる。それは、どのような働き方をしたいかによるね。ふつうに会社に就職して働いている者もいるし、運転手をしている者もいる。あとは、お屋敷のメンテナンス要員として働いていたり、オーストリアとドイツに一週間ずつ働きに行っていたりと様々だね。だいたい私の世代は自営業として働きに行っている人が多いかな。

（リエカ村文化センター職員、男性・三〇代、2007/3/6］。）

もちろん、国境地域において、オーストリアへの移動が急にイギリスへの移動に切り替わるとは考えにくい。ただし、前節で示したオーストリアと関係を持つ人々の二極化の背景に、オーストリア以外への労働移動の選択肢が存在するようになったという状況の変化があることを考慮に入れると、現在の国境地域もまたスロヴァキア全体の労働移動をめぐる状況変化の影響下に置かれていることが明らかになるだろう。ＥＵ加盟以降、オーストリアに限らず、個人の資質と希望に合わせてＥＵ域内に様々な選択肢が見いだせるようなったと考えるのが妥当である。ＥＵ域内で仕事を探す方法についても（二〇〇四年以前も、職を斡旋する代理店に依頼すれば外国の職探しは可能であったが）、二〇〇四年以降は、EURESと呼ばれるＥＵ域内のインターネットによる求職システムを用いて、スロヴァキア国内で域内の諸外国での仕事を正式に探すことが可能となり、域内の外資系企業もスロヴァキアでの就職説明会や相談会を開催するなど、環境の整備が進められてきた。

労働移動のありかたの再転換

誤解のないように補足すれば、現在のスロヴァキアのオーストリア国境地域において、オーストリアとの関係はすでに重要ではなくなったということを指摘したいのではない。国境地域における人の移動のありかたが、一九九〇年代と二〇〇〇年代半ばとで変容しているということを指摘したいのである。調査においても、現在オーストリアに仕事へ通っている人の話よりも、かつてオーストリアで仕事をしていた人の話を耳にする機会が多かった。少なくとも体制転換後、しばらくの間オーストリアへの労働移動はこの地域でより多くの人々に共有された経験だったと考えられる。

息子（三〇代）は、高校卒業後、大学に入れなかったので、オーストリアで四年間働いていた。スポーツの学校に行っていたけれど、就いた仕事は精密機械に関するものだった。現在はスロヴァキアに戻ってきて、精密機械のメンテナンスの仕事をしていて、よくドイツやポーランドやクロアチアに出張に行っている。

（ザイチコヴァー氏、リエカ村女性・五〇代、年金受給者・村議会議員、2008/10/10）

息子が兵役から戻ってきた年は一九八九年か九〇年だった。ちょうど友人がオーストリアで仕事をしていたこともあり、誘われてオーストリアでトラック運転手をしていた。今では別の仕事に就いて、（近くの）シャシティーン町に家を建てて住んでいる。

（ハナコヴァー氏、パヴォル村女性・一九三八年生まれ、年金受給者・「年代記」執筆者、2007/6/18）

労働移動の多様化の文脈から、再度国境地域を見直すと、第4節で記述したような村の人々のネットワークを介在した短期の労働移動は、徐々に周辺的なものになりつつあると考えられる。それは、オーストリアがスロヴァキアに対する労働市場の開放を先延ばしにしていたことだけが理由ではないだろう（最終的に二〇一一年に開放した）。しばしば、労働移動の結果として得られる収入の差は、ポスト社会主義国における「勝者」＝外国でお金を稼ぐことができる者／「敗者」＝外国に出ることができない貧しい者という格差拡大の問題に関連付けられたり、あるいは外国での労働で金を稼ぐ人＝貧しい出身国に大金を持ち帰る人、というステレオタイプのイメージに囚われたりしがちである。しかし、現在は外国で働くチャンスがないことが、必ずしも貧困に結びつくとは限らなくなっている。スロヴァキアの経済水準の上昇に伴って物価も上昇しており、外国で単純労働に従事しただけで、簡単に貯金できるとも限らなくなってきているため、国内のある程度の規模の企業で正社員として働く方が生活が安定している場合もある。

労働移動もまた、かつてのように知人のネットワークに依存して、何でもいいから外国の仕事を見つけるのではなく、外国でどのような仕事をするのか選ぶ時代になりつつある。EU時代の労働移動はより多くの人々に提示された数ある選択の一つであると捉えられている。この選択肢を選ぶ条件として、ある程度の語学力は必要であるが、夏季休暇のアルバイトとして、あるいは失業中の職探しの選択肢の一つとしても、EU域内の外国への労働移動は、不法就労のリスクなく参入しやすいものとなりつつある。

その一方で、近い将来直面するであろう問題も指摘できる。エリートから未熟練労働者に至るまで幅広い階層が「そばにある職業選択の一つとして」外国で働くことが可能であるということは、短期的には失業の問題を解決するとはいえ、長期的には多様かつ大規模な人口の流出が懸念される。もともと人口が少なく、少子化が進むスロヴァキアにおいて、ある程度の教育を受けた若者が多数出て行くことによって社会が被る影響は少なくないと考えられる。その一方で、既にスロヴァキア調査地周辺においても、さらに賃金の安い外国からの労働者の受け入れが始まっており、送り出す側としてだけでなく、受け入れる側としても人々の生活に変化が生じ始めている。例えば、二〇〇七年の調査の際、ホワイトアスパラガスを育てているパヴォル村の隣のヘラニツァ村や、リエカ村の隣れていた。

先述の二つのインタビューの話者の息子は、現在はいずれも近くの町に住んで仕事をしているが、スロヴァキアの村落部を取り巻く現状は必ずしも楽観的ではない。外国での就労後、一度はスロヴァキアに戻っては来ても、再び外国での就労を繰り返す若者も多数存在する。ＥＵ域内にフレキシブルな労働市場が形成される一方で、スロヴァキアに限った話ではないにしろ、村落は若い世代を中心に慢性的な人材不足となる。それでもなお土地に残る人々が、現状に合わせて社会を作り上げる必要に迫られている。

(2) 国境地域協力の可能性

ＥＵ加盟がこの地域に与えた影響として、最後に国境地域協力にも言及しておく必要があるだろう。なぜなら、スロヴァキアのＥＵ加盟が近付き始めた一九九〇年代後半から二〇〇〇年代にかけて、ＥＵからの支援が、この地域において存在感を増し始めたからである。国境地域協力という言葉は、草の根レベルから国家やＥＵ主導のプロジェクトまで含んだ地域の協力事業や交流の総称であり、その対象は幅広い。スロヴァキアの西部国境地域は、スロヴァキアにおいて「西」側と接する唯一の国境であったうえ、ブラチスラヴァもこの国境の南端に位置していることから、大規模なプロジェクトの対象となってきた。後の章でこの地域のアソシエーション活動を扱うのに先立ち、本項ではこの地域で行われてきた国境地域協力を概観したい。

体制転換後の国境地域の交流は、オーストリアとの国境であるモラヴァ川（とその下流で合流するドナウ川）の沿岸で国境を開放するイベントに遡ることができる。冒頭で指摘した一九八九年十二月九日と十日のブラチスラヴァ郊外で行われた国境開放のイベントのほか、一九八九年の年末にはパヴォル村と対岸のホーフ村の人々が川岸に集まって対面するイベントが企画され、翌一九九〇年にはリエカ村においても同様のイベントが行われた。

この時期の地方新聞に目を通すと、このような国境の川におけるイベントが一段落した後に、スロヴァキアとオーストリアの国境地域の学校の姉妹校提携やドイツ語教育に携わる教員の交流などの教育関係の協力[40]や、実業家同士の経済的な発展を目的とした交流[41]といった、より具体的で対象が絞られた国境地域協力も同時に始まったことがわかる。村落の消防団や、スポーツクラブなどのアソシエーション同士が交流を始めたのもこの時期であった。

スロヴァキアには、現在チェコ、ポーランド、ウクライナ、ハンガリー、オーストリアとのそれぞれの国境線に沿って一二の越境地域協力体であるユーロリージョン*が存在し、それぞれのユーロリージョンで、伝統文化の保存、環境保護、自治体や企業同士の連携・協力、若者の交流などを目的として様々な活動が行われている[Beňušková 2007：70]。調査地であるリエカ村とパヴォル村は、一九九九年に成立したポモラヴィエ（Pomoravie）と名付けられたスロヴァキア、チェコ、オーストリアの三ヵ国にまたがるユーロリージョンのなかに位置しており[42]、九〇年代初めの自発的な国境交流の基盤はこの枠組みのなかに引き継がれていると考えられる。ユーロリージョン・ポモラヴィエは、自治体レベルの連携も早くから進んでおり、その理由は、チェコとスロヴァキアを流れる、モラヴァ川、オドラ川、ラベ川の共同管理の組織や、ザーホリエ地域の自治体の地域連合が存在していたため、これらの組織が国境地域活動の組織化において重要な役割を担っていたからだと考えられている［Slavík 2004：95］。

＊ユーロリージョン
域内の国境線の存在が地域の発展の阻害要因となることを懸念してきたEUにとって、国境地域が各国の政策において後回しになってしまうことは問題であり、この問題を解決するために、国境を挟んだ地域の自治体によって越境地域協力体であるユーロリージョンが結成されるようになった。この原型となる組織は一九六〇年代にドイツ－オランダ国境、ドイツ－フランス－スイス国境で結成されている。現在ではヨーロッパに一六六以上、ユーロリージョンが結成されている。近年はEU域外との国境の間でも結成されている。［高橋（和）2007a：179-183；2007b：35-42］

ユーロリージョンへのＥＵからの支援は多様であるが、スロヴァキア―オーストリア国境地域を支援した代表的なものとしてPHARE CBC（Poland and Hungary Assistance for Reconstructing their Economy Cross Border Corporation）とINTERREGのプログラムを挙げることができる。PHARE CBCは、PHAREと呼ばれるＥＵ加盟候補国が加盟条件を整えるための支援プログラムのうちの一つで、国境地域協力に特化した支援プログラムである。さらに既存の加盟国と国境を接する地域であれば、域内の国境地域協力プロジェクトであるINTERREGと呼ばれる国境地域協力プログラム[43]の対象にもなる。第６章で詳述するが、調査地のリエカ村もパヴォル村もＥＵ由来の補助金を複数受けており、このうちのいくつかは国境地域協力が名目となるものであった。

ヨーロッパの国境地域協力については、中欧のポスト社会主義国に限っても多くの研究が蓄積されており[Faľťan (ed.) 2004, Scott (ed.) 2006, 百済 2000, 高橋（和）1996 ; 2007a ; 2007b, 広瀬 1996, ファルチャン 1998]、国境地域協力の主体となる地方自治体の基盤の弱さが問題点としてしばしば指摘されてきた。ＥＵの国境地域協力は、国境に隣接する複数の地方自治体からなる地域が支援対象として設定されているが、中央集権制度であった社会主義時代を長く経験した地方自治体には自発的な計画力、行動力が欠けていた。そのうえ、それぞれの国家の制度改革が追いつくのにも時間がかかった。もちろん、このような加盟以前の段階からＥＵのプロジェクトの対象となったことで、制度に慣れるということを含めてＥＵ加盟の準備が進んだと捉えることも可能である［高橋（和）2007a : 184］。しかし、これらの諸国がＥＵ加盟を経てINTERREGの対象となる二〇〇〇年には、こうした「行政能力の弱い」地域における非効率な運営が懸念され、INTERREGの制度そのものがＥＵから地域への関与が強いものへと変更された［高橋 2007b : 43］。ただし、これは必ずしも新ＥＵ加盟国のみの問題ではなく、地域が主体となって行う国境地域協力は、「西」側のＥＵ加盟国においても、その運営の透明性が問題視されるなど［Hall 2008］、地域が主体となる活動には多くの課題が残っている。なお、この地域の主体性に関する問題は、スロヴァキアの地方分権化とあわせて、第３部で再び扱う。

国境地域協力のうち企業活動に関する側面は、村落のコミュニティに主眼をおく本研究の主旨から外れるので詳しくは触れない。ただし、中小企業の国境地域協力に関しては、ひとつ興味深い事例を紹介したい。オーストリアの地域振興コンサルタントが、調査地にほど近いストゥパバ町で開催した国境地域振興の会議では、ブラチスラヴァの周辺としてのスロヴァキアのオーストリア国境地域と、ウィーンの周辺としてのオーストリアのスロヴァキア国境地域で、西部スロヴァキアの自動車の工場に関連する企業が連携を進め、地域として発展することが提案されていた[44]。体制転換後、スロヴァキア国境地域ではスロヴァキアの事情に精通し、商機を見極めることができた多数のオーストリア人が、経済活動に取り組んできていたが［Šťastný 2003b : 62］[45]、この会議では、スロヴァキアの経営者と連携することが提案されたことに注目したい。労働者としてのスロヴァキア人だけでなく、経営者としてのスロヴァキア人も必要とされ始めているのである。しかし、この会議では、スロヴァキア人をパートナーとして仕事をしてきたオーストリア人から「いまだスロヴァキアとオーストリアでは仕事をするための思想が共有されておらず、お互いの間の信頼が欠けている[46]」と問題点が指摘されていた。少なくとも、発言者にとっては国境地域の大部分の地域において、連携という言葉にふさわしいほどスロヴァキア側の経営体制が成熟しているとは言い難く、経済協力についても今後の課題は残っていると考えられる。

ＥＵや国家の視点では、これまで述べてきた国境地域協力は、公的機関か市民団体かの差はあるとはいえ、「地域」の主導で行われてきたと理解されるものである。ただし、この場合の「地域」にどこまで普通の人々が関わっているのかは不明瞭である。自治体の代表者やユーロリージョンを運営する側の地域のエリートにもまた「地域」を構成する人々であるには違いないが、それが本来ＥＵが想定していた主体となるべき「地域」かどうかは疑問である。次章以降では、この顔の見えにくい国境地域協力に、国境地域に居住する人々がどのように関与し、国境の向こう側の地域と交流・協力してきたかについて、分析を試みることを目指す。

(3) 越境のありかたの変容

本章では、オーストリア国境地域における人々の移動とつながり、およびその変容を描いてきた。社会主義時代以前、国境を越えて人々が往来することで成立していた生活圏は、「鉄のカーテン」によって遮られた後、体制転換後に同じかたちで復活することはなかった。さらに、EUへの地域統合によって、オーストリア以外の外国という選択肢も住民に与えられたため、「国境の向こう側」は経済活動の場として絶対的に有利なものとは言えなくなってしまった。

このような国境地域における人の移動のありかたの変容は、もう一つ別のレベルでの人々の変容を示唆している。それは経済活動において、個人の選択の自由が大きく広がったことである。もちろん、社会主義時代においても個人に職業選択の自由がなかったわけではなく、すでに農村の人々が何代も農業を続けていた時代は終わっていた。社会主義時代に入り、職業教育が組み込まれた公的な教育制度によって、学んだ技能が職業に直結するシステムが作られていたため、ある程度のレベルで職業を選択することができていた。体制転換後、企業が民営化され失業者が存在する時代になったことで、人々は生活の保障を失ったが、逆にそれまでは不可能であった、個人が企業を起こすことや、外国に働きに行くことが可能になった。もちろん、起業家のすべてが野心的であったわけではなく、国営の企業に所属していた大工が仕方なく独立したり、国営の日用品の流通企業に勤めていた人が仕方なく商店を始めるケースも多々あった。こうして自営業者となった人々のなかには、社会主義時代のシステムを懐かしむ者も多い。しかし、その一方で、パヴォル村の運送会社の創業メンバーの一人は、体制転換直後にオーストリアで二年ほど働いた後、「オーストリアでの経験を生かして故郷で仕事がしたい」と考え、パヴォル村で運送会社を立ち上げた[47]。この運送会社は二〇〇五年には従業員六〇人を抱えるほどに成長し、この地域では名の知れた企業に成長した。このような形で、市場経済への対応を試みる者が生まれたのが体制転換後の社会の特徴である。

その意味では、現在外国で働く人々と、社会主義時代以前にオーストリアで働いていた人々は同じ存在ではない。外国とスロヴァキアとの賃金の格差を利用して、単純労働に従事するという点では同じあるが、スロヴァキアの若い世代で、比較的高学歴の者のなかには、もっと戦略的に外国での単純労働に従事しようとする者が存在することも事実である。スロヴァキアの大学生が休暇中に英語圏で働くことの目的は、お金を稼ぐことと、語学を習得することの両方であり、彼/彼女らの多くは、卒業後スロヴァキアで地位ある仕事に就くことを望んでいた［神原2008a：78］。社会階層が固定的であった社会主義時代以前では、外国での仕事に対して、このような意思は持ちにくかっただろう。

体制転換以降の社会では、個人は市場経済に対応する必要に迫られるようになった。すべての人が一度に考え方や生き方を変えることができたわけではないが、スロヴァキアの幅広い層が「そばにある職業選択の一つとして」、外国で仕事をするようになったことは、この流れをさらに加速すると考えられる。調査地の村落も含めて、大多数の人々はスロヴァキア国内で働いている現状についても、国境地域の村落をとりまく状況もまた変化している。一見、のどかで競争とは無縁の村落の風景であっても、体制転換以降、国境の向こう側のオーストリアとの接触は日常的なものとなり、ＥＵからの支援を受ける枠組みは地域において意識されてきた。めまぐるしく変化する状況下で、人々は何を考え、何を求めて地域社会のなかで活動してきたのか、それが次章以降の大きな課題となる。

〈コラム2　中欧を移動する人々〉

第3章では、オーストリアとスロヴァキアの国境を往来してきたザーホリエ地域の人々の歴史について触れたが、スロヴァキアにおいて労働のために移動する人々は、歴史的にそれほど珍しいものではない。もともとスロヴァキア系の人々が多く住んでいた地域は、現在のスロヴァキアの北側三分の二にあたる丘陵地と山岳地域である。オーストリア国境地域を含む南西部は気候もよく、比較的農業に適した土地であるが、山地は、牧羊を営む人々もいたものの、その冷涼な気候と地形が農業に不利であることから、より豊かな生活のために土地を離れることを選ぶ人々も多かった。

スロヴァキアからの労働移動は、移動先に永住またはある程度の長い期間住み続ける移民と、一年のうちの一定期間のみ働いたり、週末は自宅に戻ることのできる距離の地域に働きに行ったりする「出稼ぎ型」ないし「循環型」の労働移動の二つに分類することができる。まず前者の移民については、[*1]十七世紀後半から十九世紀の初めくらいまで、スロヴァキアから、当時は同じ領域内の南部（現在のハンガリー、セルビア、ルーマニアにあたる）へ農業移民が存在していたことを指摘できる。統治者の宗教にあわせて、移住者が呼びかけられたり、オスマン・トルコが撤退した後の土地への入植がすすめられたりと、時代に応じて移民を募集することが行われていたのである。これらの呼びかけに応じた人々のなかに、スロヴァキアの山地に住む人々も多く含まれていた。この後、十九世紀後半から二十世紀初頭にかけては、スロヴァキアからアメリカや西ヨーロッパに移民する人々が増加した［Bielik 1980：27、山本 2013］。これは、南欧および中東欧全体に共通する傾向であったが、スロヴァキアにおいては十九世紀半ばに農奴制が廃止され、自由に移動できる人口が増えたこと、産業革命の進行により労働力を必要とする工業先進地域がスロヴァキアの外にあったことが、移民増加の理由となった。この人々の移動の波はスロヴァキアに社会主義国家が建設されるまで続いた。

後者の「出稼ぎ型」ないし「循環型」の労働移動についても、十七世紀末くらいまでその歴史を遡ることができる［Sirácky 1980：20］。生産力に乏しいスロヴァキアの北部から多くの人々がスロヴァキアの南部や、チェコ、ハンガリーへ農作業などの仕事を求めて移動していた。本書の舞台であるオーストリアに隣接するスロヴァキアの南西部は、そのような季節労働者の受け入れ先である一方で、同じ国内であったオーストリアやモラヴィア（現チェコ共和国の東部・巻末別図1参照）へ、多くの季節労働者を送り出していた地域であった［Fal'tanová 1990：10］。彼らは移民とは異なり、生活の基盤を故郷に残したまま、収入を求めて生産力の高い広い耕地を持つ農家に通った。その多くは広い耕地を持たない貧しい農民であり、彼らは季節労働者として、春から秋にかけての農繁期の労働力として様々な仕事に携わった。

一九一八年のチェコスロヴァキア共和国の成立によって、ハンガリーとの間に国境線が引かれ、季節労働者の移動も若干変化した。ハンガリーへの季節労働者は減り、チェコおよびオーストリアへ通う者が増加した。さらにこの時代は、スロヴァキア、チェコ、モラヴィア、オーストリア、ユーゴスラヴィア、ドイツ、シレジア（現チェコ共和国北東からポーランド南西にかけての地域・巻末別図1参照）の間に、季節労働者の移動のための協定が結ばれており［Bielik 1980：52–53］、一九一八年から一九三八年の間に、国の斡旋によりスロヴァキアからユーゴスラヴィア、オーストリア、フランス、ドイツ、リトアニアへおよそ二二万人の農作業の季節労働者が通ったという記録も存在する［Fal'tanová 1990：10］。このような遠方への季節労働者は春から秋にかけて、集団で仕事に出かけていたと考えられる。

現在のEU域内は、細かい条件はあるものの国境検問なしに再び自由に行き来することが可能となった。しかし、もともと中欧では、仕事を求めて人々が移動することが、当たり前のように行われていた。もちろん、個人によるライフスタイルの差はあるものの、このような歴史を持つヨーロッパ大陸の人々にとって、国境を越えることは生活の一部であったと言えるだろう。

＊1　単純に越境移動であれば、スロヴァキアからウィーンなどへ大学教育を受けるために赴いた人々も含む必要がある。スロヴァキアからの移動者のすべてが労働者だったわけではないことを指摘しておきたい［Kružliak 2001］。

第4章　自覚されるデモクラシーとつながりの再生――パヴォル村を事例として――

1　「革命」の時代が生んだ価値観

(1)　村落の「革命」

スロヴァキアにおいて、アソシエーションは市民社会形成の重要なファクターであるとみなされ、それは歴史的に根拠があると考えられてきた。しかしながら、東欧の市民社会論において注目されることの多い、体制転換の原動力となったポーランドの労働組合「連帯」や、チェコスロヴァキアの市民団体と、パヴォル村やリエカ村の村落機能を支える消防団などのアソシエーションを同列に語ろうとするのは乱暴である。なぜなら、前者は、社会主義時代の政治の中心であった共産党を批判し、その意見に賛同する多くの人々を巻き込んで政治を変えるための活動を展開したからこそ、市民社会を支えるアソシエーションとして認められたのであり、その特性は区別されるべきである。

とはいえ、実際のところ体制転換前夜の一九八〇年代後半から九〇年代にかけて、何の政治的主張もしないアソシエーションはスロヴァキアに多数存在していた。チェコスロヴァキアで体制転換を牽引したのは学生や芸術家を含めた知識人であったが、村落部において、このような層はそもそも薄く、体制転換後もかつての共産党員がひきつづき政治の中心に残った地域が少なからず存在した。だからといって、村落部においての体制転換に賛同する活動は、皆無であったわけではない。パヴォル村はそのような活動が活発だった村の一つであった。

本章では、一九八九年の十一月から一九九〇年代はじめにかけて、村落のなかで体制転換に賛同し、それ以降の村落政治に積極的に関わった人々の活動に注目する。国境地域におけるこの活動は、隣国オーストリアとの交流の再開とも結びついていた。そのため、パヴォル村の体制転換期のアソシエーション活動とそれに関わる人々の価値観を捉えるにあたっては、次の二つの局面に注目する必要がある。ひとつは、既存の体制に抵抗するための活動を通して新たな価値観を創造する局面であり、もう一つは体制転換後に実際にオーストリアと関わることによって価値観が変容する局面である。まず、前者については、体制転換時の記憶に基づく語りから、村落において市民社会的な価値観を受け入れる契機となった彼／彼女らの「革命」の経験について考察することを試みたい。そして、後者については、オーストリアとの往来の再開の状況に注目することで、それに伴うコミュニティの変容を分析することを試みたい。なお本章では、チェコスロヴァキアの一九八九年十一月に始まった体制転換の契機となった人々による社会運動を、文脈に応じて現地の語彙に一致させ、便宜的に「革命」と呼ぶこととする。

(2) 村落における実践者の立場

村落における体制転換の賛同者の語りを分析するにあたっては、まず村落における体制転換期の記憶に関する問題を整理しておく必要がある。というのも、当時の賛同者の記憶と彼／彼女らを取り巻く周囲の人々の記憶には差があるからである。これまでの章で述べてきたことの繰り返しになるが、多くの場合、村落において社会主義時代は肯定的に語られている。典型的な例を挙げれば、二〇〇六－二〇〇七年のスロヴァキアにおけるフィールドワークの間に「社会主義時代には、皆に仕事があり、失業者もホームレスもいなかった」、「仕事しないというのは罪だったから、仕事もしないで、生活保護で食っていこうとする者などいなかった」、「社会主義時代が悪かったとは思わない。国境警備兵は近くにいたけれど、特に悪い印象もなかった。…（中略）…当時は若いうちに家を建てることが可能だったけれど、今はすべての物価が高くて無理だろう」といった、社会主義時代を懐かしむ声を五〇歳代以上の人々から多く聞いた。

このような社会主義を懐かしむ語りは、現在のスロヴァキア、特に村落部における経済状況の悪化などの現状に対する不満と表裏一体である。たとえ、それが事実かどうかは別として、このような語りが村落における「豊かな」社会主義時代についての集合的記憶を作り上げてきた。記憶に関する研究の基礎を築いたアルヴァックスによると、個人的な記憶は、完全に孤立した閉鎖的なものではなく、外部の集合的記憶の内容を合併することもある［アルヴァックス 1989：46］。したがって、その社会主義時代を終焉に追い込んだ体制転換についての記憶は、その経験が個人的なものであったとしても、その後繰り返し語られてきた社会主義時代についての村落の集合的記憶の影響を常に受けてきた。過去に関する語りが価値判断を含んでいる以上、「革命」の賛同者として関わった人以外は（時に賛同者であっても）、当時の詳細を語りたがらないか、本人の現状批判意識に沿う語りに再構成されがちである。例えば、体制転換時に「革命」にどちらかと言えば賛成していて、自分の子どもがオーストリアで働くことで、十分な収入を得ているなど、家族が体制転換以後の社会で何らかの恩恵に与かっている人であっても、現在の自分の年金生活が苦しければ、「今の生活が苦しいのは、体制転換のせいだ。あんなものはブラチスラヴァの人間が勝手にやったことだ」と、もっともらしく語ることは可能である。

本章では、このことを踏まえたうえで、体制転換時から自分の立場を「革命」賛同者側だと表明し続けてきた人を分析対象としている。しかし、それでもインタビュー対象者から予想を超える反応を得ることがあった。

〈事例1　ポラーク氏との出会い(1)〉

筆者：「革命」後の社会の変化について研究している学生なのですが、当時のことを教えていただき……。

ポラーク氏：社会主義時代は皆に仕事があったけれど、今は失業者とマフィアばかりだ。普通の人は少しの金を稼げるだけだ。
筆者：あの、一九八九年のモラヴァ川の対面のこととか、当時のことを教えてもらえますか？
ポラーク氏：……それなら、まあ、そこの椅子にとりあえず座って……。

ポラーク氏はパヴォル村の「革命」活動の中心人物の一人と多くの人が指摘する人物で、体制転換後から現在まで、村の村議会議員も務めてきた人物である。ポラーク氏に初めてインタビューの申し込みのために会いに行った時、まず彼はこのように答えたのである。確かに、「『革命』後の社会の変化」という言葉にする反応としてはありふれたものであったが、それを革命活動の中心人物が話したことに当惑した。その後も彼は自分自身の革命への参加経験については、多くは語らなかった。しかし、村でのフィールドワークを継続していくうちに、周囲の人々の語りやその後の彼の村における活動に触れることができ、ポラーク氏は体制転換に関わったことを、本心から否定的に捉えているわけではないと考えるようになった。詳細は本章で述べていくが、社会主義時代の経済的な側面を肯定する語りは、必ずしも体制転換を否定する態度につながるとは限らない。「革命」を当事者として語ることができる人々もそもそも限られているが、その語りは、当時の再現ではなく、体制転換以降のスロヴァキアの村落の状況を反映したかたちで再構成されたものになることが多い。しかし、体制転換に賛同する意思を公にしていた人々は、村落の「革命」についての事実を知っていると同時に、村落においてもっとも早く新たな価値観を取り入れようとした人々であると考えられるため、その数が多くはなくとも、注目する意義は大きいと考えられる。

体制転換からおよそ二〇年が経過していた調査時において、「革命」は折に触れてメディアで取り上げられるなど、記念日的に思い起こされる対象となっていた。ただし、通常思い起こされる「革命」は基本的に都市の現象であり、パヴォル村のような村落における「革命」は、スロヴァキアの国民にとっての体制転換の集合的記憶の一部にはなりにくい現実がある。参考までに、スロヴァキアの現地の人々にある程度前提として共有されている、一連の「革命」の動向は以下に示すとおりである（巻末の別表2参照）。

〈チェコスロヴァキアの「革命」〉

一九八九年のチェコスロヴァキアの体制転換の直接のきっかけは、十一月十七日の国際学生記念日のプラハでの学生デモにあった。このとき警察とデモ隊が衝突し、五〇〇人近くの学生が負傷したが、当時のメディアは、この出来事に関して、負傷者の数を過分に少なく報じた［Wheaton and Kavan 1992 : 51］。当時のスロヴァキアの新聞を確認したところ、事件そのものがほとんど取り上げられてはいなかった。これに対するプラハ市民の反応は素早く、作家のハヴェルはすぐに、学生だけでなく彼／彼女らに賛同する芸術家や一般の人々を集めて「市民フォーラム（Občanské fórum）」という団体を結成し、大規模な抗議活動を展開した。この「市民フォーラム」は体制転換を求める中心的な勢力となり、チェコ国内のプラハ以外の都市にも次々と支部が結成され、体制転換を求める活動は瞬く間に全国に広がった。

スロヴァキアでも、数日後にはブラチスラヴァの芸術家団体が母体となって、プラハの学生に賛同する団体「暴力に反対する公衆（VPN）」が結成され、「市民フォーラム」と連携を取りながら、学生や一般市民を巻き込んで抗議活動が続けられた。十一月二十七日に「市民フォーラム」とVPNが協力して行ったゼネストを機に、チェコスロヴァキア政府の対応は変化し始めた。チェコとスロヴァキアの内閣は退陣し、体制転換を見据えた組閣がなされ、十二月末には「市民フォーラム」の指導者のハヴェルがチェコスロヴァキア大統領に選出された。翌年六月のチェコスロヴァキア総選挙では、「市民フォーラム」や、VPNなど体制転換に積極的な政党が勝利し、共産党は与党から退いた。一連の「革命」に関する活動は、このような成果を得て一つの区切りを迎えた。

公的な記憶には権力の介在が避けられず、より権力の中心に近い都市部の人々にとって、村落は「革命」とは無縁の存在とみなされがちであった。アメリカ合衆国における記念碑の研究をしたボドナーは、記念行事をめぐるマイノリティの記憶と国家の記憶表象のせめぎあいについて論じているが［Bodnar 1992］、本章であつかう村落の記憶は、申し立てる主体にすらなりえない。というのも、本章ですでに触れたように、ポスト社会主義時代の村落において、社会主義時代についての集合的記憶は、おおむね社会主義時代に肯定的であり、その終焉を導いた体制転換時の活動家を中心とした記憶は、村落のなかで主流ではないからである。さらに、「革命」を思い起こすための公的な装置である記念碑などの「記憶の場」［ノラ（編）2002］すら存在しない村落における「革命」の経験は、そう遠くないうちに忘却の危機を迎えることも予想される。その意味で村落の活動家は周縁的であった。

ただし、実際の活動において、パヴォル村の活動家たちは孤立していたわけではない。後述のように、彼らの活動は、一時は三〇〇名以上の人々を巻き込んだ実績を持つ。また、村の活動家たちはスロヴァキアで体制転換運動を進めた「暴力に反対する公衆（VPN）」の下部組織として、ブラチスラヴァや周辺の町と連絡をとりつつ活動を続けてきた。村にはオーストリアのテレビの電波も届いていたので、情報も入りやすかった。ル・ゴフが「現代の歴史は、マスメディアによって即時につくりだされる〈現代史〉の影響のもとに、大量の集合的記憶が生産されている」と指摘するように［ル・ゴフ 1999：154］、体制転換時のパヴォル村の活動家は、自分たちの活動を外部の大きな運動の一部として理解することが可能だった。したがって彼／彼女らは村のなかでは少数者だったかもしれないが、外部に仲間の存在を想定することは可能だったと考えられる。

(3)　村における「革命」の記憶

実践者たちの行動(2)

パヴォル村の一九八九年十一月の「革命」の時期の反応は、スロヴァキア国内で一般的に語られる村落像とは多少異なっていた。パヴォル村では、村落としては比較的早い時期に体制転換を支持する人々が組織的に活動を開始し、すぐにスロヴァキアのＶＰＮのパヴォル村支部となった。このことは、当事者自身にも、自分たちのグループの存在が村落では珍しいと自覚されていた。もちろん、人口二、〇〇〇人程度の村の人々の立場は様々であり、中心に活動する者、それに賛同する者以外に、傍観する者も敵対する者もいた。現在のパヴォル村において、当時のことを尋ねると、たいてい「一部の若者が盛り上がっただけだ」という返答が返ってくる。そして例えば、以下の語りのように社会主義時代の懐古がそこに含まれる。

「革命」は一部の若者が騒いでいただけだ。そのあと経済状況が悪くなるにつれて、だんだん静かになった。…（中略）…今は人々の生活に余裕がなさ過ぎる。社会主義時代は、少なくとも若い世代や学校などへの援助が充実していたのに。
（Ｈ氏、パヴォル村男性・五〇代、自営業、2007/6/23）[3]

とはいえ、実際に「革命」活動に関わった人々の話や、当時の記録を辿ると、これらの発言とは異なる村の姿が浮かび上がる。そこでまず、当時のパヴォル村の「革命」活動の流れを実際に活動に関わった人の側から捉えなおし、「一部の若者が盛り上がっただけだ」という言葉に含まれる意味を考察したい。なお、パヴォル村の「革命」活動を把握するにあたっては、パヴォル村のＶＰＮの活動日誌とその書き手であり、当時の中心人物の一人であるスロボダ氏へのインタビュー、およびその他の活動に携わった人々のインタビューやパヴォル村所蔵の資料（写真、映像資料、村の「年代記」[4]）を使用した。

パヴォル村で「革命」活動に中心的に取り組んだのはおよそ二〇名で、ほぼ男性であった。いちばんの中心人物だと誰もが名を挙げる医師のフェレンツ氏はすでに故人であるが、スロボダ氏も積極的な活動家と認識されている一人である。スロボダ氏は五〇代で、現在の職業は風景画家である。しかし、当時の職業はパヴォル村の地域医療センターの救急車の運転手であり、絵画は芸術学校の講座に通うなどして独学で学び、村の芸術家クラブに所属してアマチュアとして活動していた。

〈インタビュー6　「革命」のはじまりについて⑤〉

スロボダ氏：十七日以降、プラハではデモがあったけれど、ここでは何も起こらないから、二十三日に村役場前に、共産党を批判するプラカードを貼ったら（写真9参照）、すぐに警察が来て取調べを受けた。厳重注意で済んだけれど、それは（共産党員の）村長が口利きをしてくれたかららしいと後で知った。けれど、活動はやめず、ろうそくを持って役場前で静かに集会を開き続けた。賛同者はだんだん増えていった。何もしないから、警察もただ私たちを遠巻きに眺めているだけだった。

筆者：当時、そういった「革命」の情報は手に入ったのですか？

スロボダ氏：ここは国境のそばだから、オーストリアのテレビも見ることができた。東や中部スロヴァキアと違って情報を入手しやすかった。……（ドイツ語がわかるのかという問いに対して）ドイツ語はあまりわからなくても、映像を見れば内容はわかるよ。ハンガリー経由で東ドイツから亡命する人が後を絶たないことも知っていたし、私だけでなく、他の人もそろそろ革命があるのではないかと感じていたのではないかな。

活動日誌には、一九八九年の十一月二十四日以降、「革命」初期にパヴォル村で集会に参加した人々の数が記載されているが、その数は日に日に増え続けた（巻末別表2を参照）。集会に初期から参加していた人々のうちの何名かが、そのままパヴォル村の「革命」活動の中心人物となり、当初はスロボダ氏の家のガレージで今後の活動の相談をしていたという。集会では、後にパヴォル村VPNの代表となるフェレンツ医師が演説をしたり、皆で国歌を歌いながら村を行進したりした。フェレンツ医師については「話が上手で、集会で演説をすると、集まった人々は

写真 9　スロボダ氏が村役場そばに貼ったプラカード（スロボダ氏より写真提供）
「市民フォーラムを応援しよう。有刺鉄線を撤去しよう！自由選挙を」と書かれている。なお，この有刺鉄線とは，オーストリアとの国境に張り巡らされた有刺鉄線のことである。

ひきつけられた」[6]と複数の人物が評価しており、人望ある人物だったことがうかがえる。またメンバーの誰かがブラチスラヴァやプラハに行き、パヴォル村には都市の「革命」の様子が定期的に報告された。その情報は近隣の村の活動家にも伝えられ、パヴォル村は地域全体の「革命」活動の拠点としての役割を果たしていた。[7]この活動家のグループは、当初はチェコの「市民フォーラム」に賛同するという趣旨で「フォーラム」と名乗っていた。しかし、十一月末に郡の中心地であるセニツァ町にVPNの支部ができ、その支部と話し合った結果、パヴォル村も「フォーラム」からVPNに改称した。賛同者の人数が増えると、スロボダ氏が所属する芸術クラブのアトリエを夕方以降使用するようになり、事実上、そのアトリエがVPNの事務所となった。十二月初めには、VPNはパヴォル村の共産党員とも話し合いを始め、村の中での政治的存在感は高まりつつあった。

ただし、パヴォル村以外の村では様子が異なっており、若干の活動家は存在したとはいえ、表だった活動はあまり行われていなかった。そこでパヴォル村のVPNは、他の村の活動家の支援に行ったり、プラカードを貼りに行ったりしていた。このような周囲の人々について、スロボダ氏は「人々は『革命』が成功するかどうかわからないから、活動に参加することを恐れていたのだろう」と捉えていた。非協力的な人々の存在については、「プラハの春」の挫折とその後の「正常化」時代の恐怖の記憶を理由とした説明がなされることが多かった。

村の人々が静かであっても、チェコスロヴァキアの民主化は徐々に進行し、それに伴い、「鉄のカーテン」で分断されていたオーストリア国境もパスポートだけで通行できるようになった[8]。そこでパヴォル村のVPNは次の段階として、スロヴァキアとオーストリアの国境の川であるモラヴァ川で、両岸の住民が対面するというイベントを企画した。これは序章の冒頭で示したブラチスラヴァの人々が十二月上旬にオーストリア国境に集まったイベントに類似しているが、パヴォル村の場合は、オーストリア側の人々を対岸に呼びたいという強い意思を持っていたという違いがある。

このイベントのために、まず、フェレンツ医師やスロボダ氏を中心としたVPNの革命の主要なメンバーは対岸のオーストリアのホーフ村の村役場に行き、計画を持ちかけた。次に、国境警備隊との交渉には、VPNの活動に理解を示した警備兵のI氏が交渉にあたった。パヴォル村はオーストリア国境沿いの村であるが、村から川までの四キロメートル程度の地域はすべて、国境警備隊が管理する区域であり、十二月の時点では、この区域を取り囲む有刺鉄線はそのままで、国境警備隊も駐屯していた。勤務する兵士の多くは当初、このまま「革命」が成功することなど、あまり信じていなかったそうであったが、交渉の結果、イベントの当日のみ監視区域の有刺鉄線の扉を開けて出入り可能にすることに成功した[9]。有刺鉄線が取り外され、実際に人々が自由にモラヴァ川に行けるようになったのは、翌年の春以降だという。

イベントは、十二月三十日に実行された。当日の様子については、パヴォル村の人からのインタビューだけではなく、オーストリア側のホーフ村の郷土博物館に個人撮影の映像記録が所蔵されているほか、パヴォル村役場にも当時のニュース番組を録画したものが保管されており、それらからも当時の様子を知ることができた。新聞にも写真入りの記事が掲載され[10]、注目を集めた。当日はパヴォル村だけでなく、その周辺の村々やブラチスラヴァからも人が集まり、その数は一五、〇〇〇人とも言われた。雪こそ積もってはいなかったが、真冬の林のなかの小道を四キロメートル近く列になって歩き、国境の川に集合した。機材を運ぶためのトラックも列に混じっていたが、ほとんどの人は徒歩で川まで移動した（写真10参照）。

当時、ミクロウ（チェコとオーストリアの国境の村の名前、当時パヴォル村からホーフ村への最短経路はチェコ経由であった）を経由してホーフ村の村長のところに行った。そのときに初めてホーフ村とのコンタクトができた。それで、歴史的な川での対面を大みそかの日にしようと話した。実際には大みそかの一日前に実行した。彼らは向こうから、我々はここから川に行った。吹奏楽団もいて、演奏してくれた。我々は一二、〇〇〇人くらいいたかな。……それで川岸に集まって、そのあと小舟でホーフ村の村長が村議会議員と神父とともにやってきて、スロヴァキア側に来たんだよ。スリゴヴィツァ（スロヴァキアでよく飲まれるプラムの蒸留酒）とパンで歓迎したよ。テレビ局も来たし、壮観だったね[11]［Falťan 2003：54］。

当日は、スロヴァキア側だけでなくオーストリア側の川岸にも多くの人々が集まっていた。消防団の用意したボートに乗って、オーストリア側の村長がスロヴァキア側に渡り、川岸の群衆のなかで式典が始まった。パヴォル村の民族衣装を着た女性が、持ってきたパンをその表面で軽くナイフで十字に切った後に切り分け、村長らが一切れずつ食した[12]。その後、それぞれの村長がこれからの交流を願って挨拶をし、スリゴヴィツァで乾杯した[13]。スロボダ氏によるとパヴォル村の当時の村長は共産党員ではあったが、「革命」活動に一定の理解を示した人物であったので、このイベントでも村の代表として参加したという。通訳は、戦前に移住したスロヴァキア人の父親を持ち、スロヴァキア語でコミュニケーションをとることができたオーストリア側のホーフ村のK氏であった[14]。

写真 10　モラヴァ川に向かって国境警備地域を歩く人々の列（スロボダ氏より写真提供）

その日のチェコスロヴァキアTVニュースでは、フェレンツ医師は次のようにコメントしている。「革命は都市だけのものではない。村にも広がっている。チェコの方では、国境で人々が強引に兵士を追い払ったり、有刺鉄線の柵を壊したりしたそうだが、ここでは至って平和的[15]に人々が国境に集まった。」この言葉からも、都市ではなく、村落での「革命」活動が特殊なものであることが自覚されていると言える。年が明けて一月半ばにはVPNの組織化が図られ、投票によって幹部が選ばれた。フェレンツ医師は正式にVPNのパヴォル村支部の代表に選出され、スロボダ氏は広報担当に選出された。

亀裂の可視化

以上のようにパヴォル村のVPNの活動を時系列に並べると、その活動は順調に進んできたように見えるが、スロボダ氏だけでなく他の活動家たちも経験したと予想される当時の彼／彼女らを取り巻いた厳しい状況も、以下に引用した語りなどからうかがうことができた。

誰だか名乗らず、「活動をやめろ」とかいう電話はよくかかってきた。当時は自分自身も革命がどうなるかわからなかったから、精神的にもつらかった。（スロボダ氏、パヴォル村男性・一九四八年生まれ、画家、2007/7/10）

ズザナ（スロボダ氏の妻）が村のなかを自転車で移動しているとき、車が突然彼女に向かってきたことがあった（ハンドルを急に切る身振りをしながら）。ズザナに怪我はなかったけど、驚いて自転車ごと倒れた。車の運転手は、当時対立していた共産党員Lの兄弟（兄か弟かは不明）だった。その話を聞いて私は怒って、すぐそのLの兄弟の家に「今度そんなまねをしたら、殺してやる」と怒鳴り込みに行ったよ。

（スロボダ氏、2007/9/15）

このように活動の中心にいる人々は、自分自身不安を抱えつつも、村内の対立する勢力と政治の場以外でも向かい合わなければいけない状況に追い込まれていた。また、次のハナコヴァー氏の語りからわかるように活動家以外の人々であっても、当時活動家と共産党支持者が対立関係にあり、活動家の関係者が精神的な負担を強いられていたことは、ある程度知られていた。

フェレンツ先生が亡くなった後、残った奥さんはブラチスラヴァで働いている息子のところへ、家を引き払って引っ越してしまった。フェレンツ先生は革命のリーダーだったから、きっと革命のときに共産党員から嫌がらせを受けて嫌な思いをしたからだろうね。

（ハナコヴァー氏、パヴォル村女性・一九三八年生まれ、年金受給者、「年代記」執筆者、2007/6/21）

パヴォル村には、社会主義時代から村外に働きに行く人々もある程度おり、多少の人口流動もあったが、人口二、〇〇〇人程度ということもあり、互いに親戚関係にある者も含めて、多くの人々が互いに顔見知りである。加えて、パヴォル村の初等学校は一校しかないので、同世代同士は学校を通じて互いによく知っており、一人がすべての村民を知らなくても、その周囲の人々に尋ねれば、何らかのかたちで互いに接点を見いだせる関係が作られていた。そのなかで、パヴォル村のＶＰＮのように「革命」を公然と支持する人々の存在は、村内に一つの深い亀裂を生じさせるものであった。もちろん、社会主義時代も、村内の派閥対立が存在したであろうし、さらに社会主義時代に特有の状況として、村内の密告者の存在を気にしなければならなかったり、当時不遇な状況に置かれていた、かつての大土地所有者や西側への亡命者がいる家族は、村内での人間関係にも気を使わなければならなかったりしたことも容易に想像がつく。

……社会主義時代に村の居酒屋で共産党の悪口をつい言ってしまったら、次の日には警察が来て「お前は昨日、党を批判していたそうだな、五〇〇コルナ[16]の罰金を払え」と言われたことがある。結局、そのときは「俺じゃない。人違いだ」と主張し続けて、払わなかったけれどね。そういうのは、密告者が通報するんだ。…（中略）…もちろん、党についての考えとかは、本当に仲のいい友達との間でしか話さず、外では話さないようにしていた。小さい村だから、誰が党員で、誰が党に批判的かくらいは、だいたいわかっていたしね。革命のときも誰が参加するだろうとか予想はついていた。

（スロボダ氏、2007/9/5）

この語りにも見るように、社会主義時代も村のなかに人間関係の亀裂は存在していたのは明らかである。しかし、表向きには共産党中心の政治を批判することはリスクを伴うものであったため、政治的には、村落においても共産党員を中心とした一つの世界が成立していたと考えられる。

体制転換後の村に現れたVPNは、このような社会主義時代から存在していた潜在的な亀裂を可視化させた。パヴォル村では、このようにある程度の人数の活動家が揃ったが、それは都市における学生団体や芸術家団体のように、革命活動の母体となる、特定の集団がすでにあったわけではなかった。フェレンツ医師もスロボダ氏も当時地域医療センターに勤務していたが、この職場が、革命活動の母体となったわけでもなかった。

〈インタビュー7　「革命」活動と周囲の人々[17]〉

筆者：当時の職場で、革命活動をしていることについて、何か言われたりしなかったですか？
スロボダ氏：一九九六年まで医療センターで働いていたけれど、その間もいろいろストレスはあったね。ただ、フェレンツ先生も同じ職場だったので、ある程度の理解はあったと思う。けれど、同じ職場には、党員の医師もいたから、別に皆が好意的ではなかったね。

さらに、革命に対する立場が亀裂として表面化するだけはない。顔の見える関係が作られていた村のなかだけに、社会主義時代の言動は共有されており、どちらの側に属するのかは主体的な選択のみにはよらないこともある。

私たちの仲間に、当時の初等学校の校長先生が入りたいと言ってきたことがあったな。「私は考えを変えた。だから、入れてくれ」ってね。「でも、先生は党員だったですよね。」「だから、もう考えを変えたんだ」と押し問答になったけれど、私たちは認めなかった。民主主義ならば、入れるべきなのかもしれないけれど、純粋さを保ちたかった。もちろん、共産党員にもいろいろいるのはわかるが、その校長は認めることができなかった。ブラチスラヴァのＶＰＮは元共産党員を入れたから、後にあんなに分裂したりしたのではないだろうか。
（スロボダ氏、2007/9/5）

上記のような場合は、亀裂の位置が比較的わかりやすいが、逆にある程度誰がどのような人物かわかるからこそ、この亀裂の存在によって新たな不信感が生まれることもある。

〈事例2　コヴァーチョヴァー氏についての噂①〉

一九八九年当時、初等学校教諭として働いていたコヴァーチョヴァー氏は、「革命」に賛同的な立場を取っており、一九九〇年にVPNの活動家たちとともに村議会議員に立候補し、一九九〇年から二〇〇六年まで議員を務めた人物である。彼女は、当時のことについてのインタビューのなかで以下のように触れた。「『革命』の後、政治的な立場が対立していた人（共産党側）に、私はもと秘密警察の協力者だったとかいう噂を流されたこともあったわね。私の家族は社会主義時代、ずっと共産主義者と対立していたというのに[18]」。

〈インタビュー8　コヴァーチョヴァー氏についての噂②[19]〉

ハナコヴァー氏：「革命」の前後で変わり身の早い人もいる。「革命」後に村議会議員をしていたコバーチョヴァーは、共産主義者で学校の先生をしていた。

筆者：でもコヴァーチョヴァーさんは党員ではなかったと聞きましたが？

ハナコヴァー氏：党員でなくったってね、当時の学校の先生は社会主義のイデオロギーに賛同していたようなものなの。

事例2で言及された秘密警察の協力者というのは、共産党を批判する者を密告する役割を担う者のことである。体制転換後すばやく転身したという噂の原因は、彼女が初等学校の職員をしていたことに関係がある。後述のようにコヴァーチョヴァー氏は偶然が重なって教員となることができたが、社会主義時代、教員は社会主義のイデオロギーを教え込む立場になったという表向きのイメージは根強く、そこに携わっていたというだけで、共産党寄りだという解釈が可能であったという状況は否定できない。それが、別の村の人とのインタビュー8に表れている。教員だけでなく、国営企業の幹部や議員であった人々も、同様に共産党寄りだとみなされがちであった。

社会主義時代の間は、一つの価値観のもとに、村のコミュニティ内部の対立が潜在化していただけに、「革命」活動はその秩序を崩し、対立関係を明るみに出すものとなった。ただし、単純に個人の信条でどちらに属するかを選べるわけでなく、それまでの本人のキャリア、村内の家族、親戚、友人などの関係もそこに関わってくる。事例2の場合、本人の信条がしっかりしていて、近い立場の人々がそれを認めていても、第三者による共有されている情報の解釈によって、他の人々に不信感を与えてしまう危険性を示している。顔の見える関係だからこそ、決意なしに自分の旗色を明らかにすることは、リスクを伴う行為であると理解されていたと考えられる。本項の冒頭の「一部の若者だけが騒いでいた」という語り口には、その後の経済状況の悪化による村落部の窮乏という文脈がある一方で、村のなかの人間関係の秩序を崩したくなかった人々の当時の不安もうかがえる。

パヴォル村の活動家たちが企画した国境での対面イベントは、村落の規模を考えれば多くの人々を集めることに成功した。パヴォル村の人々で、当時体制転換にたいした興味を表明していなくてもモラヴァ川の河岸には集まった人々も多数いると考えられるのだが、その熱狂の背後には日常的な村落の人間関係の亀裂が存在していたのである。逆に言えば、この国境地域において、政治的な信条を超えて国境の開放という事象が持つインパクトはそれほど大きかったと考えることもできる。

2 新しい隣人との交流とその共有

(1) 橋がつなぐ対話と交流

パヴォル村は、社会主義時代以前はオーストリアへの橋を持っていたが、長く橋のない国境が閉ざされた社会主義時代を過ごすことを余儀なくされた。体制転換後、国境は開放されたが、国境は国境のままであり、橋が復活する見通しがすぐに立ったわけではなかった。しかし、パヴォル村の場合、運よく国境のモラヴァ川に架かる橋を得ることができたことが、オーストリアと接点を持ち続ける一つの鍵となった。

体制転換後まもなく、パヴォル村には仮設の浮橋が建設された。それは、チェコに拠点を置く会社が対岸のオーストリアのホーフ村の製糖工場へ資材を運ぶためのものであった。チェコスロヴァキアだった当時、この会社からホーフ村の工場までの最適な輸送経路がパヴォル村から川を渡るルートだったのである。そこでこの会社と村との取り決めにより、年に一度、この橋はパヴォル村とホーフ村の人のために開放され、その日に合わせてパヴォル村とホーフ村で共同のイベントが企画されたり、村のアソシエーション同士の交流が図られたりするなど、定期的に接点を持つようになったのである。

しかし、一九九三年にチェススロヴァキアは分離し、チェコとスロヴァキアの間に新たに税関ができた。チェコの会社は輸送のためだけに、わざわざスロヴァキアにあるこの橋を使用する理由がなくなったため、橋は不要のものとなった。そこで、会社からこの橋をオーストリア側が買い上げ、パヴォル村の民間会社が橋を管理するという取り決めが成立し、スロヴァキアとオーストリアの人々のための橋ができたのである。翌一九九四年には、この橋の傍に国境検問所が設置され、オーストリアとスロヴァキア国籍保有者のみが通行可能なものであったとはいえ、国境として機能し始めた。この仮設の浮橋は、川が増水した時は使用できないという点で不便ではあったが、それでも一日およそ一、五〇〇人が通行していた。一九九五年には、オーストリア側の住民投票で正式な橋の建設についての賛成を得ることができ、橋建設の計画が進められ始めた。この橋はEUのPHARE CBCプロジェクトとしての資金援助も受け、計画から一〇年後の二〇〇五年に完成した。パヴォル村とホーフ村は、これら一連の橋を通した話し合いや、着工式や完成式などの行事を通して、公的なレベルで協力する関係にあった。[20]

草の根レベルの国境地域交流も、体制転換直後の熱狂的な雰囲気のなかで、早い時期から始まっていた。体制転換後の国境地域におけるコミュニティレベルの関係構築において、このような地域交流が与える影響は小さくはない。労働移動によって生まれた人間関係や、社会主義時代以前からの親族の結びつきの復活は、特定の家族や友人関係で完結してしまいがちであるのに対し、地域交流の経験は、広く地域社会全体に影響力を持つのが特徴である。パヴォル村では消防団やスポーツクラブ同士の交流や、アマチュア芸術家団体の共同展覧会がその始まりとなった。

両村の消防団同士は、アソシエーション同士の交流でも比較的早い一九九〇年の一月に交流を開始し、友好協定を結んだ。消防団は一九八九年の国境の川での対面イベントの際に、代表者をボートに乗せて運んで役割を果たすなど、交流の初めからその存在は目立っていた。村の初期消火の役割を担うことが本来の役割ではあるが、消火活動の技能を競う大会が、年代、性別ごとにスロヴァキア各地で行われているため、パヴォル村では、成年男性だけでなく、女性、子どもも所属しており、その加入者数は八六名（二〇〇七年）に上っていた。共同で定期的に訓練を行ったり、五月の消防の守護聖人のお祝いを行ったり、新しく設備を入れ替えた時などの機会があるときに訪問し合ったりするなど、多い時期には年六回程度の行き来があったという[21]。

アマチュア芸術家団体「スメル（Smer）」は、一九九四年に近くのマラツキー町の芸術家グループに統合されてパヴォル村からはなくなってしまった[22]。しかし、スロボダ氏のような体制転換直後のオーストリアとの対面のイベントの中心メンバーがこの団体に所属していたこともあり、ホーフ村のアマチュア芸術家団体との交流は、明確にアソシエーション同士の交流という形式を取らずに、一九九〇年代初めから定期的に続いてきた。パヴォル村の文化関係担当者によると、パヴォル村の村役場ホールにて、ホーフ村の芸術家団体の作品の展覧会は三、四回開催されたという。展覧会初日のオープニング・パーティーには出展者や村の関係者が集まるため、展覧会は単に発表の機会を得るだけにとどまらない交流の場でもある。筆者は二〇〇七年に、パヴォル村出身のアマチュア画家の展覧会の初日の開催記念パーティーに出席したが、村長や村議会議員のほか、オーストリアやチェコのアマチュア芸術家など多くの人々が集まっていた。

また、このようなアソシエーションや有志の人々の間で自主的に始まった交流とは別に、行政区レベルで主導される交流も存在する。パヴォル村とホーフ村の初等学校は一九九〇年代半ばから、郡の教育庁を通して交流を持ち始めた。最初は教員同士が学校訪問を行い、やがて小学生のために共同のスポーツ大会や遠足、展覧会の共同展示、学校訪問などのイベントが企画されるようになった。打ち合わせのための意思疎通はドイツ語が話せる教員が中心となって行った。高学年の子どもはドイツ語の授業を受けているが、低学年の子どもの場合、ホーフ村の初等学校に通うパヴォル村の子どもが間に立って通訳することもあったという(23)。

(2)　活動の継続性と意味の転換

このようにパヴォル村では、橋に関する公的なレベルの対話から自発的な住民同士の交流まで、国境を越える交流に複数の経路が存在しており、このような交流が個人的な交流につながる場合もあった。例えば、体制転換以降二〇〇六年まで村長を続けたパヴォル村の元村長は、体制転換当時のホーフ村の村長と個人的にも交流していた(24)[Šťastný 2003b : 61]。この元村長の夫人もドイツ語に堪能であったこともあり、家族ぐるみで付き合いが続いていたようである。また村議会議員のポラーク氏も、アソシエーションや公的な交流行事から、オーストリア側と個人的な交流を持つようになった一人である。

〈インタビュー9　オーストリアの友人(25)〉

ポラーク氏：オーストリアには猟友会の関係と、あと吹奏楽コンサートを企画したときに知り合いになった友人がいる。

筆者：ドイツ語は話しますか？

ポラーク氏：ドイツ語は商業高校の時に習って、社会主義時代に東ドイツに三ヵ月ほど仕事の関係で滞在したこともあるから話せる。社会主義時代でもブラチスラヴァで働いていたときは使うこともあったね。

前章でも言語の問題に触れたが、スロヴァキア－オーストリア国境地域において、言語の問題は避けて通ることができない。元村長とポラーク氏に共通するのは言語に問題がないことであり、ドイツ語を話せる人の方が交流に積極的であるのは明らかである。あるいは、以下はテニスクラブの代表者へのインタビューであるが、言語の違いがそれほど大きな問題にならないかたちの交流は、比較的負担なく続けやすいようである。

〈インタビュー10　テニスクラブの交流[26]〉

M氏：一九八九年以降、オーストリアに行けるようになって、ホーフ村にもテニスコートがあるのを見つけた。オーストリアはそのころテニスがブームだったらしく、テニスをやっている人も多かったようだ。そこで、練習試合をしないかと申し込んでみた。

筆者：そのときは、何語で話したのですか？

M氏：テニスコートにいた年配の人のなかにスロヴァキア語が分かる人がいて、その人に通訳してもらった。あとは毎年夏に交互にトーナメントを開催して、そのあとは打ち上げをしている。…（中略）…他のサッカークラブや、消防団と違ってうちのクラブはずっと交流が続いている。最近、ホーフ村の近くの別の村のテニスクラブとも試合をするようになった。最初のころはよそよそしい感じだったけれど、二年くらいで互いに慣れてきて、毎年楽しみになってきた。

筆者：多くのメンバーが互いに言葉がわからないそうですが、問題はないですか？

M氏：テニスをして、あとは音楽をつけて踊ったりするのに言葉はいらないよ。毎年楽しみにしているよ。

一般的には体制転換から時が経つにつれて、特定の目的のための話し合いは別として、アソシエーション同士の交流行事は、何度か繰り返すとそれ以上は続かなくなる傾向が確認できた。調査中においても、「以前の方がよく交流があったのだけど……」とインフォーマントが言葉を濁すことが度々あった。例えば、村の幼稚園は、オーストリアに限らずチェコからも国境地域交流の申し出を受けることはあったにもかかわらず、それが定期的に続く関係へはつながらなかった。[27] テニス以外のスポーツの交流についても、一九九〇年代初めと比較すると現在はその回数が減っており、その代表的な理由としては、経済状況が悪化したため、スポーツクラブも経済的に厳しくなったことが挙げられている。[28] 消防団もオーストリアとの交流は続いているが、消防団の競技のルールがスロヴァキアとは異なること、オーストリア側は水害対策を熱心に行っていることなど活動方針の違いもあり、[29] 現在は競技のルールが同じチェコの方が交流は多いなど、[30] 国境地域協力も淘汰されつつある。先のテニスクラブにしても、サッカーなどの他のスポーツに比べてスロヴァキア国内に競技人口が少ないため、純粋に対戦相手が欲しいという事情もあるからこそ、続いていると考えることもできる。

一方でオーストリアのホーフ村のアソシエーションもパヴォル村とのみ交流を持っていたわけではなかった。ホーフ村の郷土博物館のボランティアグループはスロヴァキア側の国境地域の文化イベントにも頻繁に顔を出していたが、少し離れたスカリツァ町のザーホリエ博物館と正式な友好関係を結んでいる。加えてスカリツァ町以外にも、国境地域のマラツキー町やそのほかの村の文化センターとも共催のイベントを開いた経験を持ち、パヴォル村にこだわらず、広くスロヴァキア国境地域で交流活動を行っている。[31]

前述のテニスクラブがホーフ村以外にオーストリアとの交流先を増やしたように、交流を行うこと自体に何らかの意義を見いだしている場合、交流は地域全体に広がりやすい。一九九〇年代であれば、「国境が開いた」という熱狂のなかで国境の向こう側の「隣人を知ること」自体が目的であったが、二〇〇〇年代はそれだけで交流を続けることに意味が見いだされなくなりつつあった。パヴォル村が一九九〇年代に確立した国境の窓口としての地位は、二〇〇〇年代も有効であるとは言えなくなりつつあった。

(3) 協力の経験とその共有

しかしながら、国境地域協力は一時的なものにすぎないと切り捨てることができないような影響を、この村落社会に確かに与えていた。それは、この地域の人々が、オーストリア側とともに活動を行うことで、「西」側のアソシエーション活動やイベント運営の方法に直接触れる経験を得たことに由来する。社会主義時代は、基本的には共産党を中心とした行政組織が文化・スポーツに関する活動を管理していたこともあり、公的な統制から離れた自由な組織活動は、一九九〇年代はじめの頃の村落にはあまりなじみのないものであった。以下のインタビューの抜粋は、ホーフ村の初等学校との交流を始めた時期のパヴォル村の初等学校の校長によるものであるが、この交流により、パヴォル村の人々は活動方法に違いがあることを知り、より時代に適した方法があることを知る機会を得た。このような新しい手法に関する情報は国境を越える活動に携わる人々の間だけでなく、小さな村であるがゆえに他の組織にも簡単に伝わりやすい。このような情報の獲得は、体制転換直後という不安定な状況下で、いち早くこの地域の住民に自立的な活動のための力を育てる可能性をもたらした。

交流を始めた時は、私たちに企業がスポンサーをしてくれるという発想はなかった。今ではもう交流などのイベントのやり方を知っているが、最初は知らなかった。それまで違うレジームだったから仕方ない。

(パヴォル村初等学校元校長、男性・六〇代、2007/5/17)

二〇〇七年の調査開始時にパヴォル村で活動していた主なアソシエーションの多くは、社会主義時代から活動を続けていた(表12)。体制転換を経験したからといって、メンバーの意識が急に変わるわけではなく、実際には、行政の保護のもとに活動できた社会主義時代の方が、活動資金も安定しており、アソシエーションに参加する余裕

表12　パヴォル村における活動中の主なアソシエーション（2007–2008年の調査後に設立されたものを含む*）

結成年	アソシエーション名
1879	消防団
1925	サッカークラブ*
1926	漁業者会
1934	養蜂家会
(不明)	猟友会
(不明)	家畜所有者会
1958	赤十字協会
1969	家庭菜園愛好家会
1988	テニスクラブ
1993	年金受給者会
1999	パヴォル村合唱団（2008年解散）
2003	野外活動クラブ
2008	卓球クラブ
2010	文化活動団体802（結成は2005年）**
2011	エコ・パヴォル**

［Zajíčková and Drahošová 1999］，スロヴァキア国立文書館所蔵資料，各団体所有の記録および関係者のインタビューより作成。

＊サッカークラブの設立は1925年に遡ることができるが，1925年に設立したのはクラブの母体となった体操クラブ「ソコル」であり，当時のサッカークラブは体操クラブの一部門であった。

＊＊2010年，2011年設立のアソシエーションについては第7章で言及する。

がある人が多かったことを懐かしむ者も多い。体制転換後のスロヴァキアにおいて、村落における社会主義時代以前からのアソシエーションは弱体化する傾向にあったが、オーストリアの活動方法を参照することができることは、この国境地域の村落の一つの強みであった。

　国境地域協力は、村落の組織を巻き込んで行われるため、労働移動や消費のための移動のような、個人が越境する経済活動とは異なり、国境の向こうに移動する機会を持たない人々を取り込みやすい活動であった。地域協力があったから、オーストリアに興味がなかった人も、村でのイベントでの交流や、アソシエーション活動の一環としてオーストリアに行く機会を得ることができ、オーストリア側から人々が来る場合であれば、本人が国境を越えなくとも、オーストリア人に接する機会を得ることができた。さらに、オーストリアとスロヴァキアの生活格差が明確に表れる経済活動と異なり、対等なパートナーとして接することができるということも大きな違いであることを指摘したい。

オーストリアは、今は確かに裕福だけと、戦争後の五〇年代はスロヴァキアの方が豊かだったんだ。知っているか？（筆者に向かって）

（パヴォル村初等学校元校長、2007/5/17）

〈事例3　プレゼントの思い出〉[32]

（パヴォル村幼稚園の園長へのインタビューを終え、お礼に筆者は日本の絵葉書と和紙のしおりを手渡した。）

筆者：今日はどうもありがとうございました。これ日本から持ってきたのですが、どうぞ。
園長：いや、そんなことしなくていいのに。
筆者：いえいえ。でしたら、日本人がここを訪ねた記念だと思ってください。
園長：九〇年代だったか、幼稚園にもオーストリアから視察団がきて、たくさんいろいろなプレゼントをくれたことがあったわね。何というか……変な気分だったわ。私たちは貧しいわけではなかったし、当時必要なものはあったから。彼らは私たちを貧しいと思っていたのね。
筆者：これは、そんな高価なものではないですよ。普通の絵葉書です。
園長：……まあそうね。ありがとう。園長室に飾っておくわ。

事例3は、パヴォル村の学校関係者としての地域交流の経験を語ったものであるが、彼女が現場におけるオーストリアとの間の上下関係を批判的に捉えていることがわかる。経済的な格差を活用した越境ではない交流の現場において、スロヴァキアとオーストリアの人々は対等であることが大前提であり、だからこそ、純粋な友好関係を強調する国境地域交流は、より多くの人々が抵抗なく参加できるものであることがわかる。もちろん、結果として事例3のようにプレゼントをもらってしまうこともあったし、次に述べるような教会の改修工事への寄付につながることはあった。

パヴォル村は、国境地域の村のなかでも早い時期から橋がそばにあったため、体制転換初期のうちから、オーストリアのホーフ村と関わることが多く、より多くの地域の人々が何らかの地域協力に取り込まれていた。一九九〇年代前半にパヴォル村の教会が改修工事を行うにあたって、ホーフ村の人々は自分たちの教会でコンサートを企画し、その売り上げを寄付するなど経済的な援助を行った(33)。この企画にはそれぞれの村の教会だけでなく、工事作業のボランティアとしてそれぞれの村の消防団も協力した。そこには、教会とその信者同士のつながりと、消防団同士のつながりがあり、さらにそれぞれの村内で、教会と消防団の協力というつながりが存在した。このように、国境地域協力は単純にスロヴァキアの村とオーストリアの村をつなぐだけでなく、それを通して村の内部の組織同士のつながりを強化し、村の活動を活性化する側面をも持っていた。その意味では、あるひとつのアソシエーションのオーストリアとの交流が途切れたとしても、そのアソシエーションが村で活動を続ける限り、村の組織としてのつながりを通して、再び地域協力に参加する可能性が継続する。現在は、国境を越えた交流が下火になっているとはいえ、このようなつながり自体が村の住民の活動の潜在的な力であると言える。

これらのアソシエーション活動は、VPNのように社会を動かすものではない。また、このような地域協力を通して、デモクラシーのような体制転換の旗印になるような理念が共有されたかどうかも疑問である。しかし、これらの担い手となったアソシエーションが果たした、体制転換後の変化を共有する装置としての役割は、結果的に亀裂をもたらした意志ある市民の活動より、人々に柔軟に受けとめられた点で無視できない。ただし、ここで紹介した国境地域協力において、現実に注目されたのは新しい運営方法などの実践的な側面である。では、日常的な生活に理念はどのように関わってくるのだろうか。次節では、体制転換後のパヴォル村の政治動向を踏まえ、当事者たちが政治的な理念をどのように捉えていたかを考察したい。

3　時代を担う経験

(1)　自由選挙後

体制転換後のスロヴァキア政治に強力な影響力を持っていたVPNは、その形を長く保つことができなかった。一九九〇年六月の初の総選挙前には、「革命」期の活動家の一部は、後発のキリスト教民主運動（Kresťansko-demokratické hnutie、以下KDH）を支持した。総選挙では、VPNが第一党、KDHが第二党として勝利をおさめ（表13参照）、VPNとKDHの連立与党政権が成立した。パヴォル村では、VPNの中心人物の多くがそのままKDH側についたこともあり、この時点ではスロヴァキア全体のレベルでのVPNの分裂は、それほど問題とは捉えられていなかった。

パヴォル村で体制転換後初めての村議会議員選挙は、総選挙から五ヵ月後の十一月に行われた。立候補者のなかには、共産党員もいたが、当選した一七人の議員はすべてVPN-KDH[34]の承認を受けた者だけであり、スロボダ氏やフェレンツ医師を始めパヴォル村の「革命」運動に携わった人々もその中に含まれていた。ただし、村長だけは旧共産党員の元村長が再選した。この村長は、共産党員ではあったが、それほど思想的に凝り固まった人ではないと「革命」派からも評価されており、まだまだ共産党員系の勢力が社会的な影響力を残すだろうと予想されていた時期に、様々な方面に人脈がある人物として一目置かれていた人物であった。結果的に、この村長は二〇〇六年まで、社会主義時代から通して二六年間、村長を続け、その後も村議会議員として村の政治に関係し続けた。

表13　1990年6月スロヴァキア総選挙政党別得票率

選　挙　区	VPN	KDH	SNS	KSČ	ESWMK	DS	SZ
ブラチスラヴァ	38.28	11.7	17.61	14.89	2.27	4.47	4.28
西スロヴァキア区	24.36	17.55	14.08	12.01	17.3	4.16	3.16
中部スロヴァキア区	26.97	20.22	20.96	13.12	3.97	4.56	3.22
東スロヴァキア区	35.24	22.42	4.78	14.73	5.4	4.47	3.93

［Hlavová and Žatkuliak 2002：318］より作成。

注：政党名とその簡単な説明については，本書巻頭のアルファベット略称一覧を参照のこと。なお，パヴォル村は西スロヴァキア区に属する。

確かに、一九九〇年のスロヴァキア総選挙における政党別得票率（表13）を参照すると、VPNおよび同じく「革命」期の活動家の多いKDHを合わせれば、どの地域においても「革命」を主導した政党が四割以上には支持されていることがわかる。その一方で、共産党（KSČ）もある程度の支持を集めており、村議会議員全員がKDHのパヴォル村においても、村長が旧共産党員であることを受け入れる余地があったと考えられる。もちろん、二、〇〇〇人程度の村の村議会議員選挙なので、所属政党だけでなく、立候補者の個人的な資質も重要視されていたと推測できる。

選挙が終わり、共産党が政治の世界で権力を失ったことで、「革命」は一区切りついたが、その土地で生活する人々にとって重要なのは、その後の社会を作り変えていくことの方であった。本節では、既存の体制を破壊した後の、新たな時代における「革命」派の人々の政治活動に注目し、選挙以降のパヴォル村におけるデモクラシーの展開について考察したい。

スロヴァキアの村議会議員は、専業の職として務めるわけではなく、他の仕事を持ちながら、自分の空いた時間に村議会議員としての活動を行っている。完全なボランティアではなく、年に一度謝金が支払われるが、調査時のパヴォル村における村議会議員への謝金は二、五〇〇コルナ（一二、〇〇〇円程度）で、この金額はスロヴァキアにおいても、給料とみなすことのできない額であった。

議員たちは、それぞれ、財務、社会福祉、商業、建設、文化などの委員会に所属し、委員として適任として議会に任命された議員以外の村人とともに、委員会ごとに問題解決にあたる。村議会議員が関与する村の政治の幅は広く、村民からの請願への対応のほか、水道工事、道路工事などの開発、文化や教育に関するイベント企画運営、村の清掃やごみ処理の管理も対象となる。村議会の回数は、自治体によっても異なるが、パヴォル村は月一回であり、これらの議題に関する話し合いと決定が行われる。

体制転換直後の時期は、新しい時代の村の仕事を作ることから始める必要があった。当時、文化・教育関係の委員会に所属していたコヴァーチョヴァー氏は、その例としてヤルモク（*jarmok*）と呼ばれる定期市の復活など、社会主義時代とは異なる村のイベントの創設を挙げた。パヴォル村は国境の村であり、周辺の村と比較すれば人の往来も盛んであったことから、戦間期までは年二回ヤルモクが立ち、家畜の売買などが行われていた。しかしながら、社会主義経済のシステムに合わないことを理由に、ヤルモクは廃止されていたので、まず、村のイベントとしてそれを復活させたいと考えた[35]。定期市といっても、現在復活したそれは、屋台や民芸品の店が、車の通行を封鎖した道路に並ぶような縁日に近い形態のものである。筆者の調査時では、日用雑貨や服の店もその中に含まれていた。現在では、多くの村で祭りなどのイベントに合わせて露店が並ぶことも多いが、一九九〇年代初めの段階では、露店が並ぶということ自体が村の人に喜ばれるものであったという。さらに、パヴォル村は二〇〇四年にEUからの支援を得て、このヤルモクの日にスロヴァキア国内だけでなくオーストリアやチェコから吹奏楽団を招いて、コンサートを開くことに成功した。コンサートへの支援はこの年限りだったが、その後も国内の楽団を中心に規模を縮小してコンサートは継続している。それ以外にも、村議会議員たちは教会とともにクリスマスコンサートの企画をするなど、村のためのイベントを企画した。

議員経験者が成果として語るのは、視覚的にわかりやすいイベントであったが、インフラの整備など社会主義時代から引き続いて行う必要のある仕事も重要なものであった。パヴォル村の場合、橋の建設という目標もあったので、村に最低限必要な整備以外にも資金を調達するための取り組みを進める必要があった。しかしながら、インフラ整備のための財源の不足は、簡単に解決できる問題ではなく、体制転換後の大きな問題として議員たちを悩ませた。

(2) デモクラシーの不安定なかたち

パヴォル村の一九九〇年選挙で当選した一七名の議員すべてがKDH-VPNの承認を受けていたことは既に述べたとおりであるが、この議員たちは、必ずしも「革命」時にVPNの積極的なメンバーだったわけではない。一九九〇年初めのVPNも幹部選挙で選出された二二名のうち、村議会選挙にも立候補して当選したのは七名である。残りの議員は、「革命」に賛同はしていたが、VPNの活動の中心人物ではなかった。このような体制転換後の村落の政治を形成した賛同者もまた、体制転換後の価値観の変容を考察するうえで興味深い。体制転換直後という、政治的な価値観が問われた時期に村落の政治に携わっていたからこそ、その時代の状況を捉える一つの手がかりとなると考えられる。本項では、体制転換後一五年近く村議会議員を務めたコヴァーチョヴァー氏の村議会議員経験を軸に、賛同者たちがデモクラシーをどう理解していたかを考察したい。

コヴァーチョヴァー氏は一九四三年生まれで、パヴォル村で小学校教師を長く勤め、一九九〇年から二〇〇六年まで通して村議会議員を務めた人物である。パヴォル村の出身ではないが、中部スロヴァキア地方で生まれ、パヴォル村の近くのヘラニツァ村で育ち、パヴォル村出身の夫（故人）と結婚してパヴォル村に移り住んだ。現在はパヴォル村に息子夫婦と住んでいる。

「革命」の頃、初等学校に勤めていたのだけど、ブラチスラヴァやプラハの大学に通っている昔の教え子が、村とは違うブラチスラヴァの様子をいろいろ教えに来てくれていた。私は先生だったから、村の若者をよく知っていたしね。VPNの集まりには参加していなかったけれど、彼らに村議会議員として立候補するように頼まれたので、KDHに入党して立候補した。

（コヴァーチョヴァー氏、パヴォル村女性・一九四三年生まれ、元初等学校教諭・元村議会議員、2007/9/5）

このコヴァーチョヴァー氏は事例2およびインタビュー8のコヴァーチョヴァー氏と同一人物であるが、彼女は社会主義時代に党員ではなかったことを誇らしげに語っていた。コヴァーチョヴァー氏は社会主義時代、進学に制限を受ける家庭環境にあったのである。それでも初等学校の先生になることができたのは、一九六八年のプラハの春の年に一時的に政治的な規制が緩くなり、学童保育担当の先生になるチャンスを得たからだという。その後、仕事の傍ら、教員のための勉強をして、低学年担当の教員となり、一九九〇年からは村議会議員の仕事もしながら、定年までパヴォル村の初等学校に勤め続けた。

私の父は中部スロヴァキアの出身で医師だった。今は医者もたくさんいるけれど、当時はそれほどいなくて、尊敬される立場にあった。さらに父親はブルノ（チェコスロヴァキア第二の都市、現チェコ共和国）で勉強していたときから、一九四六年頃のチェコスロヴァキア政府の大臣だったクベトコ（Kvetko）の友人だった。父のこのような経歴が、社会主義時代の私の進路に影響を与え、ずっとついて回った。でも、父は結局戦後まもなく亡くなって、母とともに母方の実家に身を寄せた。その村はここから二つ先の駅があるヘラニツァ村なのだけど、母の実家は地主だったから、五〇年頃に共産党に土地を取り上げられ、わたしも高校卒業後、教育系の大学に進学したかったけれど、農業大学にしか進学を許されなかった。実家が地主だったからね。

（コヴァーチョヴァー氏、2007/5/18）

チェコスロヴァキアは第二次世界大戦後すぐに社会主義化したわけでなく、一九四五年の終戦から、社会主義政権が発足するまでは民主主義の政府が存在していた。社会主義政権発足以降、前の政府関係者は政治的な立場を追われ、ここで言及されたクベトコもアメリカに亡命した。コヴァーチョヴァー氏の父親はそのような立場の人との仲間としてみなされていたのであり、それは、社会主義時代を生きていくうえで非常に不利なことであった。

社会主義時代は、家族がどういう人間かということを申告しないといけないから、私は高校から大学へもすぐには行かせてもらえなかった。しばらく働いて、そこの上司からの推薦状をもらって、農業大学に進学できた。仕事に就いてからも、妹が七〇年代に新婚旅行にユーゴスラヴィアに行ったまま亡命したこととか、叔父のひとりが戦間期にアメリカに移民したこととかが評価について回った。戦間期に移民した叔父のことなんて、本来は申告しなくてもいいことなのに。

(コヴァーチョヴァー氏、2007/6/19)

父は一九四六年の政府の大臣の友人だったことで政治的な立場が難しかっただけでなく、戦争中は戦争中で、パルチザンを治療したとかいう理由でナチス・ドイツにも追われていた。父のいとこは、社会主義時代の初期に本当は警察が殺したと思われる男、……何があったかは知らないけれど、溺死だという検死の書類を作れという命令を断って監獄に入れられたし。…(中略)…母方の親戚には神父もいたから、母方も社会主義時代に合わない家で、私はどうやっても民主主義的な血筋に育ったんだ。

(コヴァーチョヴァー氏、2008/6/6)

コヴァーチョヴァー氏の語りからは、その経歴と家庭環境が、本人が政治に関わってきた理由となっていることがわかる。彼女にとっては、社会主義時代の政治に反するという意思が、民主主義への同意と等しいのである。コヴァーチョヴァー氏にその「民主主義的(*demokratické*/democratic)な血筋に育った」の意味を再度尋ねると、以下のような答えが返ってきた。

家の外では決してしゃべらなかったけれど、ポーランドのカチンの森の虐殺のように、本当はロシア軍がスロヴァキア人を殺したのにドイツ軍が殺したと社会主義政権が宣伝したようなことは、スロヴァキアでもあったと家族から聞いていた。こういう社会主義政権に対する批判を私は聞いて育ってきた。

（コヴァーチョヴァー氏、2008/6/6）

「革命」およびその後の時代の社会を作っていく際に、思想的な柱であるはずのデモクラシーは、ここでは曖昧なかたちでしか把握されていない。もちろん、村落の政治は、国政と異なり、限られた権限で限られた範囲の政治を行うものであるため、参考にすべきデモクラシーのモデルを外の世界には求めにくい。コヴァーチョヴァー氏は、家族との会話を通して政治家を批判する精神をデモクラシーの基礎のようなものとして理解していた。家族からの影響という点では、伝えられた内容は異なるものの、スロボダ氏も同じ指摘をしている。

〈インタビュー11　デモクラシーのイメージについて〉[36]

筆者：デモクラシーというものをどういうものだと、想像していましたか？　何かそれについて知る機会はありましたか？

スロボダ氏：私は、社会主義時代の記憶しかないけれど、父親からかつては、共産党だけでなく、いろいろな政党があって、どの政党に所属していても議会に立候補できていた時代があったと聞いていた。親からそういう話を聞くことはできたから、デモクラシーというのがどんなものかを想像はできた。…（中略）…ただ、「革命」の時は自分たちも、どのようなものになるかわからなかった。

スロボダ氏の場合、家族から聞いたかつての社会像にデモクラシーのイメージの核がある。第2章でも触れたとおり、デモクラシーをチェコスロヴァキア第一共和国時代（一九一八－一九三八年）の「復活」として捉える思考は、経路は異なっても、都市部の知識人にも共有されていたことであり、村落に特殊な現象ではない。おそらく、体制転換時に村の政治に携わっていた人々も、家族から聞いたかつての民主主義のイメージや、社会主義時代の政治のありかたのアンチテーゼのイメージを組み合わせたものに、デモクラシーのイメージを依存させていたと考えられる。デモクラシーという言葉自体は社会主義時代から政治方針のなかに存在していたものであるが、体制転換以降、この言葉は社会主義の対義語としての意味を強く背負うことになった。

社会主義時代を懐かしむ人はたくさんいる。社会主義時代から泥棒はたくさんいたのに、それもデモクラシーのせいだと平気で言う人もいる。

（コヴァーチョヴァー氏、2007/5/8）

〈事例4　教育におけるデモクラシーのイメージ㊲〉

（中学生の子どもを持つN氏に誘われ、友人の家族とともに昼食をいただいた）

N氏：私が高校に行っていたのは、もうそれほど共産党が強い時代ではなかった。それでもいろいろ式典に参加しなければならないことは多かったけれど、それが当たり前で、たいして違和感はなかった。

筆者：式典というと？

N氏：ブレジネフの追悼式とか、五月一日（メーデー）の行事に参加しろとか。逆に、教育について言えば、子どもは自由で、デモクラシーは行き過ぎだね。共産党時代くらい厳しくてもいいね。テレビで見たけれど、日本の学校は確か制服があるよね。

筆者：ない学校もありますが、私の中学と高校は制服がありました。

D氏：（そばにいる息子に向かって）どうだ。お前も日本で勉強してこないか。……

表14　パヴォル村の村議会議員選挙結果

選　挙	議員数	所属政党	内訳
1990年選挙	17	VPN-KDH	17
1994年選挙	14	KDH	10
		HZDS	3
		HD	1
1998年選挙	15	(内訳なし)	—
2002年選挙	15	KDH	8
		HZDS	2
		Smer	2
		ANO	2
		無所属	1
2006年選挙	9	SDKU	3
		Smer-HZDS	3
		KDH	2
		無所属	1

1990年から2002年選挙結果についてはパヴォル村「年代記」より，2006年選挙結果はパヴォル村情報サイトより作成。パヴォル村情報サイトは村議会議員の一人が運営していた〈http://www.myjany.sk/www/441260_item.php〉(2008年6月6日確認)。ただし，現在，このサイトはザーホリエ地域全体の情報サイトへ変更された〈http://zahori.sk/〉(2014年5月16日確認)

注：政党名とその簡単な紹介については，巻頭のアルファベット略称一覧を参照のこと。

これらのように、デモクラシーについて個人が自由に行動できることという側面のみが強調されて、半ば意図的に曲解される例は、枚挙にいとまがない。第1章でも触れたように、チェコやスロヴァキアの体制転換を主導したエリートであっても、勝ち取る対象のデモクラシーについてどれほど理解していたかが不明であることを考えれば、村落に限らず、体制転換にそれほど関心を抱いていなかった多くの人々にとっては、デモクラシーはその意味を理解されずに使用されてきた記号のような存在であったとも言えるだろう。しかし、本項で示したように、少なくとも体制転換の担い手であった人々にとっては、デモクラシーは社会主義時代とは違う社会を、自分の知識とつなぎ合わせてイメージするための拠り所であり、たとえ記号にすぎなく

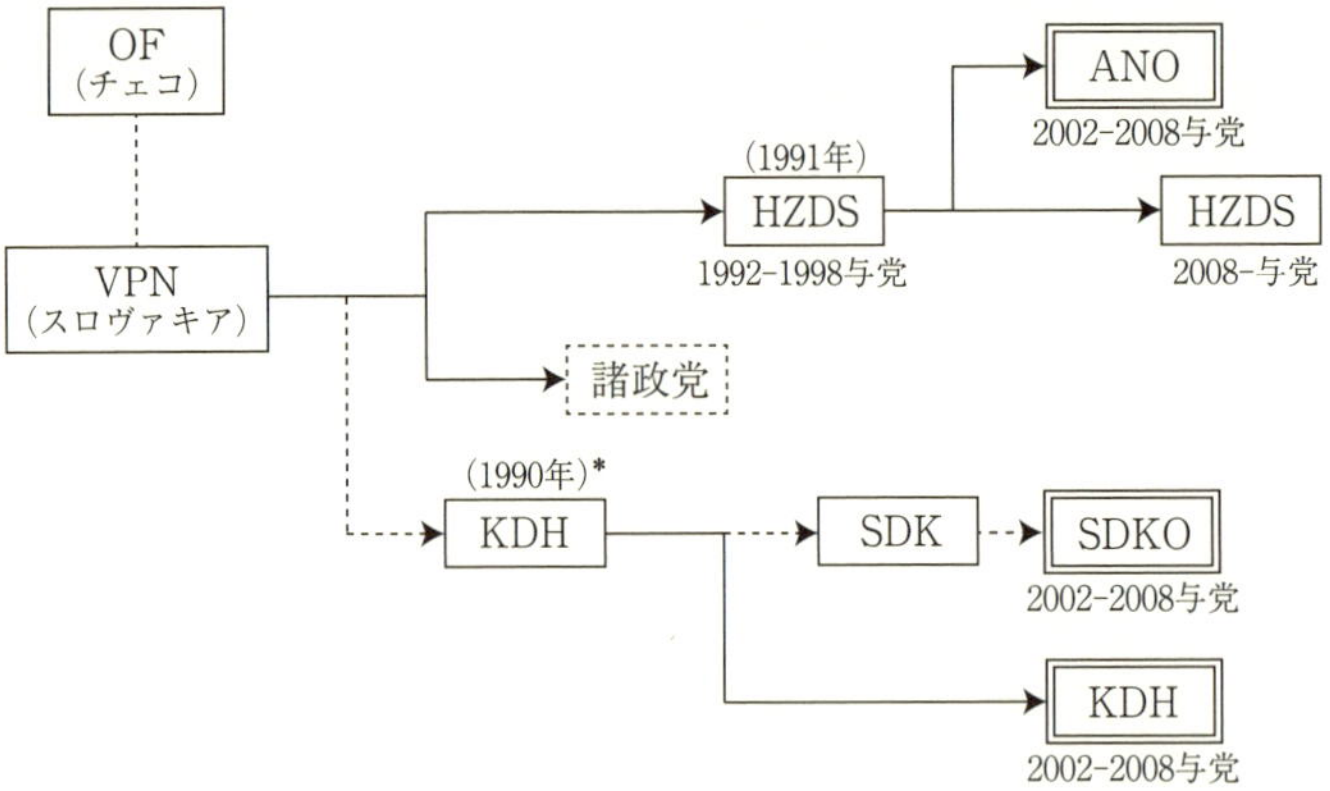

図5　VPNの分裂

［Kopeček 2007］より作成。------は弱い関連性を示す。
＊ KDHは1989年には組織の原形が成立していたが，ここでは政党として活動を始めた時期を記している。

とも一つの希望であったと考えることができる。

(3)「革命」の到達点

一九九〇年の選挙ではVPN-KDHの候補者が勝利したが、「革命」から二〇年近く経とうとしていた二〇〇六年から二〇〇七年の調査までの間に、村議会議員の顔ぶれは大きく変化した。ポラーク氏やコヴァーチョヴァー氏のように体制転換後、長く村議会議員を続けていた例はむしろ稀であり、一九九四年の第二回目の村議会議員選挙以降は、徐々に異なる政党の人々、あるいは旧共産党員だった人々も村議会議員に加わるようになった（表14参照）。表14では政党名しか記していないが、「年代記」で議員名を確認したところ、一九九四年選挙で再選を果たした一九九〇年の議員は六名で、さらに一九九八年で三選を果たしたのは五名、二〇〇二年では三名が残り、二〇〇六年でもさらに再選したのは一名である。

この間、スロヴァキアを取り巻く政治・経済状況も大きく変化した。もともとは「革命」の主導力であったVPNも、政治方針の違いから分裂を繰り返し（図5参照）、かつてのように共産党／反共産党の図式では状況を語ることができなくなってきた。さらに二〇〇〇年代にはスロヴァキア政府が地方自治を強化し始めたことにより、自治体の政治に求められるものも変容してきた。

スロボダ氏は一期のみで村議会議員を退いたが、村議会議員時代を振り返り、「『革命』のあと、自分たちは、経済のことはわからなかった[38]」と語った。さらに、VPNの後継として新たに主流政党となった民主スロヴァキア運動（Hnutie za demokratické Slovensko、以下HZDS）の政治的方針に違和感を覚えたことも原因となり、政治活動から離れた。その後は画家としての活動に専念し、パヴォル村とは、文化・芸術に関するイベントの主催や、補助というかたちで村と関わり続けている。スロボダ氏の場合は、以下のインタビュー12に見るように、彼の目的は「革命」そのものであり、「革命」を後戻りできないところまで進めた後は、活動の場を村議会ではなく、他のかたちで村の活動に関わっていける場に自身の役割を見いだしたと考えられる。

〈インタビュー12　革命以後の世界について[39]〉

ズザナ氏（スロボダ氏の妻）：社会主義時代は、党がすべてを考え、人々はそれに従うだけ。だから多くの人々は『革命』以降の世界に対応できなかったのだと思う。

スロボダ氏：結局、今の国会議員なども、多くは昔の共産党員になってしまっている。でも、どうなっても、もう共産主義に戻ることはないからね。

ズザナ氏：そう、もう戻ることはないわね。

今の若者は「革命」の時代を知らない。当時の私たちの心意気がどれだけ続くか不安に思う。特に今の若い世代は上の世代から「社会主義時代はよかった」と聞いて育つでしょ。自分たちでよくしようという考え方をしない。

（コヴァーチョヴァー氏、2007/6/18）

現在も議員を続けているポラーク氏も、議員としての仕事とは関係なく、自らパヴォル村のハバン小教会の記念日祭[40]（*hodi*）の復活を二〇〇七年に企画し、村の人々が集まる機会を新たに提供した。一九九〇年代は、村と村議会議員が主導していた村のイベントを、自営業者やアソシエーションなどが主催するようになったことは、一つの変容である。パヴォル村において、「革命」活動は、人々が自らの意志で社会に対して何らかの働きかけをする行為の始まりとなったのである。このことを考えると、インタビュー12のズザナ氏および、その次のコヴァーチョヴァー氏の発言には、自ら社会に働きかけようという意識が広がらない現状への批判が込められていると言えるだろう。

一方で、このような主張は現在の不安定な社会を導いた「革命」の賛同者の自己弁護と言えなくもない。しかし、これらの賛同者たちによる現状批判には、「革命」の時期に政治に関わった人々が体制転換後の社会に求めたものの本質が表れている。前項で、コヴァーチョヴァー氏の人生についての語りから彼女にとってのデモクラシーを明らかにしたが、その意味では彼女にとってのデモクラシーの本質は、生い立ちに即した批判精神だけでなく、むしろ、自分たちで社会に関わろうとする姿勢そのものとして理解するほうが適切であるだろう。社会主義時代が終わり、自ら社会に関わる方法が多様になったのであれば、「革命」の賛同者が政治的な立場に固執する必要もなくなるはずである。現在の村議会議員が入れ替わってしまったことは、彼／彼女らが村落の人々に受け入れられなかったことを意味するとは限らない。ズザナ氏やコヴァーチョヴァー氏が批判するような状況が村落にはある一方で、人々は交流活動などを経て、少しずつ自分たちで社会に働きかけていく手段を身に付け始めていた。その意味では、「革命」の賛同者の意思は村落のなかに伝わりつつあるのではないかと考えられる。

社会主義時代を終わらせたいという意思を持って活動した人々は、実際に体制転換が進行するにしたがって、新たな体制の側に組み込まれてしまった。村落という顔の見える社会のなかで、また徐々に悪化していくスロヴァキアの社会状況のなかで、彼／彼女らが村落のなかで置かれた立場は必ずしも居心地のいいものではなかった。事例

1のポラーク氏の語りのように、村のなかで生活していくためには、体制転換後のスロヴァキアの経済状況が悪くなり、生活が苦しくなったことも認めざるを得なかったと考えられる。体制転換後、言説でなく村のなかでの活動を通して「革命」の賛同者たちの意思が村落に伝わるようになるには、賛同者の多くが政治の表舞台から降り、村落の内部に亀裂が走った体制転換期を忘却することも必要だった。

パレスチナ反乱について、多声的な記憶のなかの「真実」を研究したスウェデンバーグによると、過去についての沈黙、反抗、偽り、忌避、囲い込みは、中立的な歴史事実よりも影響力のある「真実」を含んでいるという。そして、その「真実」は、現地における権力関係のなかで生まれるものであると指摘されている［Swedenburg 2003 : 28］。体制転換時のことを尋ねる筆者に、「一部の若者が盛り上がっただけだ」と答え、社会主義時代の懐古を語る大多数のパヴォル村の人々にとっての「真実」は、「革命」時の亀裂を忘却し、コミュニティを修復する意思である。しかし、活動家が求めたデモクラシーの原点は実践としては残ったのである。

デモクラシーの思考や経験は、単に「都市＝外の世界」の「革命」によってもたらされた思考ではない。村を揺さぶるような経験をもたらした現地の人々がおり、その後のオーストリアとの接触のなかで、理念を共有することはなかった人々をも巻き込んだアソシエーション主導の共同作業が成立していたからこそ、人々に実感されるようになったことである。アソシエーション活動において、具体的な「西」側の方法論、およびそれに付随する思考様式を学ぶという行為も、スロヴァキアの側にそれなりの土壌があったからこそ成立するのである。すなわち、たとえ社会主義時代の遺産であろうと、村落の人々を取り込むためのアソシエーションに支えられたコミュニティが存在し、そこに「革命」というデモクラシーの原点を経験し、その後の新しい社会の構築を模索した経験を持つ人々がいたからこそ、思考様式を柔軟に変容させることが可能だったのである。

第5章　国境の開放としたたかな熱狂――リエカ村を事例として――

1　国境の開放と「革命」のずれ

(1)「革命」と社会主義への憧憬

前章のパヴォル村の「革命」は、当事者たちにもザーホリエ地域の民主化を草の根レベルで牽引することができた例外的なものであったと自覚されていた。では、周辺の村はどのような状況であったのだろうか。彼/彼女らが言及したように本当に静かなままだったのだろうか、またその「静かなまま」というのはどのような状況を指すのだろうか。パヴォル村から一五キロメートルほどモラヴァ川沿いに南下したあたりに位置するリエカ村では、村のなかの「革命」に賛同する運動の存在について、そもそも村の人々があまり記憶しておらず、パヴォル村と事情が大きく異なっていた。

〈インタビュー13　リエカ村の「革命」①[1]〉

筆者：一九八九年の十一月以降に村で革命に賛同して活動する人はいましたか？

O氏：いや、村は静かだった。当時マラツキー町で働いていたけれど、そこでは大規模なデモがあって、仕事が終わった後に私も加わった。…（中略）…私の憶えている限り、村は当時静かだったと思うのだけど。共産主義者たちも、それぞれ自分の生活があるから、その後どうなるか不安だったと思う。そのまま社会主義が続くと思っていたのではないかしら。当時はそれぞれ皆が違う意見を持っていたのよ。

〈インタビュー14　リエカ村の「革命」②[2]〉

筆者：一九八九年の秋ごろの村の様子はどうでしたか？

パルコヴァー氏：村で共産党への反対運動をしている人はとくにいなかった。すくなくとも私は知らない。あれは町だけよ。

〈インタビュー15　リエカ村の「革命」③[3]〉

筆者：一九八九年の革命の頃に、運動とか活動を村で行っていた人はいましたか？

P氏：記憶にないな……。協同農場の解散に反対して、協同農場の物品を売却できないように壊したりする人がいたのは覚えているが。

村の人々から得た情報の多くは、これら三つのインタビューの範囲を超えるものではなく、リエカ村は「革命」当時、静かだったと強調された。インタビュー13のO氏は当時、リエカ村の近くのマラツキー町で学校教員をしており、このあとに続くインタビューのなかで、授業中に児童たちを「歴史が変わるかもしれないから、デモを見に行こう」と外に連れ出そうとして、別の教員に「子どもたちに何がわかるのか」と反対された経験もあわせて語った。インタビュー14のパルコヴァー氏も当時マラツキー町の国営企業で販売管理の仕事をしていた。社会主義体制に関しては、「前のレジームが良かったとは言えないけれど、今もいいとは言えない。だだ表向き平等で、ロマの人々も仕事に就き、生活にいろいろと補助があったのはよかった」と語っているが、昇進のために党員になることを勧められたが、党員になりたくなかったので、昇進を断った経験を誇りらしげに付け加えたことから、体制転換を受け入れることが可能な立場だったと推測できる。このような立場なら賛同する動きの情報に敏感であってもおかしくないはずであるが、彼女もまた知らなかったと答えた。次のインタビュー15のP氏は、村の協同農場の解体に反対する人々のことは覚えていた。ただし、彼はマラッキー町の国営企業の福利厚生委員会（ROH：Revoluční odborové hnutie）で働いていた経験を持つ人であり、インタビュー中、社会主義時代の福祉制度の良さを繰り返し強調したことから、そもそも「革命」当時体制転換には好意的ではなかったとも考えられる。そのため、彼が当時体制転換に賛同する人々の情報を耳に入れようとしなかった可能性もある。これらのインフォーマントは皆村外で働いていた人々であったが、社会主義時代の後半にはこのような人々は珍しくなかった[4]。

もちろん、村の中で働いていた人々からも様子を確認するため、リエカ村の協同農場で働いた経験を持つ者が多い年金受給者会の人々に、何度か質問を試みた。調査の早い段階でこの村の年配の人々は、社会主義時代を肯定する傾向の強い人が多いことを把握できていたので、人が集まる場で直接「革命」のことを質問することは避け、社会主義時代とその終わりの村の様子を時系列的に尋ねた。しかしながら、体制転換期に関して人々が語りだすのは、国境での対面イベントに関することか、生産性の高かった協同農場の解体を惜しむことであり、村のなかでの体制転換に関する活動の存在については全く言及されなかった。年金受給者たちの語りが浮き彫りにするのは、リエカ村の協同農場で働いていた人々にとって、農場は生活の手段であっただけでなく、村の誇りでもあったことである。現実には問題があったにせよ、社会主義時代のひとつの集合的記憶として完結してしまっていた。

〈インタビュー16　年金受給者たちにとっての協同農場（年金受給者会での会話）[5]〉

筆者：協同農場は、一九八九年以降どうなったのですか？

年金受給者1：新しい代表を選挙して、そのあと少しずつ分割して売却した。従業員は解雇されたり、自分から辞めたりしていった。詳しくは舞踊団のチェルナーが知っているよ。彼女は最後まで働いていたから。…（中略）…今の村にもいくつか企業はあるけれど、大きくはない。かつてここには三六〇人も働いていた縫製工場もあったけれど、協同農場はそれよりもっと大きかった。この村だけでなく、近隣の村も合わせて、この辺ではいちばん大きくて有名な農場だった。

年金受給者2：ここは協同農場だけでなく、国営農場もあって、男性も女性も畑や畜舎で働いていた。昔はここに働き口がたくさんあった。一、三〇〇頭くらい家畜もいて、リエカ村はこのあたりで、もっと豊かな土地だった。

年金受給者3：私たちの農場では、リンゴもイチゴも栽培していたわ。家庭菜園などで育てるような主な果物はすべて育てていたけれど、すべてなくなってしまった。ワイン用の葡萄も。葡萄はこのあたりは家で栽培する人もいたけれど、農場でも栽培していた。それらも、家畜も全てなくなってしまった。昔はリエカ村の女性の多くが畑に行くか、牛の世話か馬の世話をしていたのよ。というのも、五〇年代に共産党員が人々から家畜や畜舎を取り上げて協同農場を始めたからね。もちろん、土地も取り上げた。働きたかろうとなかろうと、取り上げられた家族の誰かはそこで働かなければならなかったのよ。…（中略）…その後、七〇年代には、随分生産性の高い農場になっていたのよ。

最終的に、体制転換期のリエカ村における体制転換に賛同する動きについては、リエカ村「年代記」の執筆者であるノヴァーコヴァー氏と、年金受給者会のメンバーであり、一九九〇年代に村議会議員であったゼマノヴァー氏から関連する情報を得ることができた。リエカ村の「年代記」には、一九八九年の出来事として「村の協同農場と縫製工場のストライキ委員会は、全国的に展開していたVPN（「暴力に反対する公衆」）に賛同する形で政治活動を強力に展開した。この活動に対して大部分の住民が共感を抱いていた」と記入されており、その後一九九〇年二月に国民委員会（社会主義時代の村議会に該当する）の委員らが辞職したことが触れらている。パヴォル村と比較してかなり簡略化されてはいるが、これは村に何らかの活動があったことを示す記述である。「年代記」執筆者であるノヴァーコヴァー氏によると、彼女は一九九三年に執筆を引き受けたのであるが、前任の執筆者は熱心な共産党員で「革命」後に「年代記」の続きを書くことを放棄してしまい、一九八九年の秋以降、一九九三年まで白紙のまま放置されていたので、ノヴァーコヴァー氏が後から遡って加筆したという。[6] ただし、ノヴァーコヴァー氏は、この件についてストライキ委員会が署名活動を行っていたこと以外の詳細はあまり把握していなかった。

一方のゼマノヴァー氏は、体制転換後、体制転換を推進した活動家が所属するもうひとつの政党であるＫＤＨ（キリスト教民主運動）から村議会議員に立候補し、二期八年間議員を務めた人物である。

〈インタビュー17　リエカ村の革命④[7]〉

筆者：体制転換直後に議員に立候補したのはどうしてですか？

ゼマノヴァー氏：当時、ＫＤＨとして立候補したのだけど、それはやっと信仰の自由を得ることができたからよ。私はクリスチャンとして行動したかったからね。

筆者：社会主義時代でも村ならば、教会に通うことは黙認されていたと聞きますが……。

ゼマノヴァー氏：ここの共産党はとても強力だったのよ。

……（中略）……

筆者：一九八九年に村で反対運動などはありました？　町のように人が集まったりとか。

ゼマノヴァー氏：あった。村のスタジアムに人が集まった。ブラチスラヴァのＶＰＮは地方の活動の活性化に取り組んでいたから、彼らが応援にきた。私はこの時、スタジアムで演説をした。「子供がよりよい生活をできるように、子供に恥ずかしくない行動をしよう」とね。これは紙に書いたものを読み上げたのではなく、そのとき心から沸き起こった言葉だった。

筆者：「子供がよりよい生活をできるように」ということは、その当時の生活はよくなかったという意味ですか？

ゼマノヴァー氏：進学や昇進には随分問題があった。私が党員でなかったから、夫は管理的な立場のポストになかなか就けなかった。共産党が『推薦しない』と評価を送るからだ。

ゼマノヴァー氏は、大学の進学を認められなかったことに失望した兄（または弟）が亡命したことで、残された家族として不遇を囲った経験を持つ。つまり、血縁者が社会主義に批判的であるとか、党員でないという理由により、本人の能力とは関係なく進学や就職、昇進の道が閉ざされる社会に嫌悪感を持っていた。経歴的には、体制転換に賛同する側の人々に近いが、だからといって体制転換に伴う一連の方針にすべて賛同していたわけでもなかった。

彼女は社会主義時代から協同農場の酪農部門で長く働いており、協同農場に勤める人々とVPNの間での、今後の農場のありかたについての話し合いにも関わった。ただし、話し合いは、出席者が納得の行くものではなかったようである。ゼマノヴァー氏だけでなく、他の多くの協同農場の関係者も「社会主義時代は非常に生産性の高い農場だったので、解体しなくてもよかったのではないか」という疑問を口にしており、このことから体制転換後の協同農場の処遇は当時、大きな問題であったことがわかる(8)。

一九九三年当時の村議会議員の一覧を確認したところ、リエカ村の村議会も、パヴォル村と同じく体制転換を主導していたVPNの後継の党であるHZDS（民主スロヴァキア運動）や同じく体制転換派のKDHの所属の議員が多数を占めていた（表15）。しかし、パヴォル村ほど一つの政党が他を圧倒しているわけではなく、共産党の議員が残っていることに注目できる。パヴォル村でもかつて共産党員であった村長が、体制転換後も村長であったが、彼を含め多くの共産党員は、体制転換を機に共産党を離れ、無所属になったり、別の政党に移ることが多かった。体制転換後も共産党に残り続けることは、強い政治的意味を持つ。村の政治は、所属政党よりも個人的な資質

表 15　リエカ村の村議会議員選挙結果（1990–1998 年）

選　　挙	議員数	所属政党	内訳
1990 年選挙 (1993 年の記録)	24	KDH HZDS DS KSS 不明 無所属	7 5 4 2 1 4
1994 年選挙	22	KDH HZDS DS KSS 無所属	7 5 4 2 4

リエカ村「年代記」より筆者作成。

注：政党名とその簡単な説明については巻頭のアルファベット略称一覧を参照のこと。なお 1990 年の所属政党「不明」の議員については，原典には手書きで「Poľ. S」と略称の記載があったが，該当する政党が見つからなかったため，不明と記載した。

が重視されることが多いので、それだけで判断することができないが、この村議会の構成は、パヴォル村とリエカ村では、体制転換に対する考え方になんらかの差異があったことをうかがわせる。

これまでの人々の語りの齟齬から、リエカ村の体制転換期の状況について、二つの仮説を想定することができる。まず一つは、リエカ村の場合、体制転換に賛同する動きは体制転換が確定するようになってから、外部のVPNの活動に一部の村の人々が参加するようになったため、体制転換派の議員が結果的に誕生しているにもかかわらず、人々は「体制転換期の村は静かだった」と語るのではないだろうかと考えられる。または、体制転換後の協同農場の解体などの諸問題の方が、村の多くの人々にとっては「体制転換の記憶」として中心を占めるものであり、それ以前の社会運動はそもそも重要なものとして記憶には残らなかった可能性も指摘できる。

冒頭のO氏などの指摘のように、「村は静かだった」という語り口を繰り返す人にとって「革命」は都市の現象として、自らと切り離されていたものであった。O氏のように町でデモに加わっても、村には「革命」を持ち込まなかった人々がいたことは、パヴォル村同様に、「革命」が村の内部に亀裂をもたらす存在であると、多くの人々が理解していたと考えることができるだろう。まして、リエカ村は体制転換後もパヴォル村のように、すべての議員が体制転換側の党で占めることができた土地でないのである。リエカ村でも「革命」を待ち望む人がいたことは否定できないが、この村で人々が体制転換後の時代を生きるためには、それを内部の人間が積極的に取り入れたのではなく、「外部」から持ち込まれたものと理解することが必要だったと考えられる。

(2) 国境の開放の文脈と「革命」の文脈の切り離し

その一方で、パヴォル村の「革命」活動において、象徴的なイベントであったモラヴァ川におけるスロヴァキアとオーストリアの対面は、リエカ村およびさらにその南に位置するニジナー村でも行われた。リエカ村の「革命」不在の語りとは裏腹に、多くの人々は国境の対面イベントを、楽しい思い出として語った。ただし、パヴォル村で「革命」活動の一環として位置づけられていたモラヴァ川のイベントが、他の村でも同じ文脈に位置づけられるとは限らないことに注意が必要である。

リエカ村でも体制転換直後にまず一度、川を挟んだ対面が企画され、翌年三月には臨時の仮設橋を架けて、国境の開放を祝う二度目のイベントが行われた。以下の語りは、パヴォル村のVPNの副代表を務めていたポラーク氏が、リエカ村のモラヴァ川でのオーストリアとの対面イベントに参加した経験を語ったときのものである。

私たちはパヴォル村でのモラヴァ川の対面のイベントのあと、他のイベントにも積極的に出かけた。パヴォル村がこの流域でいちばん早く、オーストリア側との対面を果たしたんだ。年が明けて、リエカ村のイベントにも行ったけど、リエカ村は列のなかにピオニエルの制服を着ている一団がいて驚いた。社会主義が終わったのに、ピオニエルの制服だなんて。

（ポラーク氏、パヴォル村男性・一九五四年生まれ、商店経営、村議会議員 2007/6/18）

ピオニエルとは、社会主義時代のチェコスロヴァキアの小中学生が所属しなくてはならない組織であり、共産党関係の式典などのための制服が用意されていた。ポラーク氏は、社会主義時代が終わった象徴的なイベントに社会主義時代の象徴のような制服を着ることに、大きな違和感を覚えていたようだった。その後、リエカ村での調査中に筆者はモラヴァ川のイベントのことは何度も耳にしたが、当時のピオニエルの制服について言及した人には出会わなかった。しかし、リエカ村の人々が、パヴォル村の人々ほど体制転換に関心を抱いていなかったのであれば、「革命」によって社会主義時代が終わったことと、立ち入り禁止だった国境に行けるようになったという因果関係が、あまり実感されていなかったのではないかと考えられる。または、社会主義体制に疑問をさほどいだいていなかった人々の感覚では、ピオニエルの制服は単にイベントなどの際に着るための服であり、社会主義時代の象徴とすら認識されていなかったと考えられる。

一見、国境の開放を祝う人々は、体制転換に賛同するものと捉えられがちであるが、そのように単純に人々の立場を切り分けることはできない。体制転換の結果としての協同農場の解体を嘆く人が、国境開放のイベントに参加した経験も語ることができるのである。ここにおける人々の行動には、私たちが考えるような一貫性とは異なる、彼／彼女らにとっての一貫性ないし論理が存在していると考えられる。

〈インタビュー18　リエカ村における対面イベント[9]〉

マリコヴァー氏：冬だったかな。国境警備地域を越えてモラヴァ川に、スロヴァキア側からもリエカ村だけでなくマラツキー町からも隣のコストル村（隣の村）からも人が集まって、オーストリア側からも人が集まった。私はそのとき初めて、モラヴァ川に行ったのだけど、大勢の人々が自発的に集まったのよ。

筆者：自発的に？　とは言っても、誰かオーガナイズした人はいたのですよね。
マリコヴァー氏：いや、誰に強制されたのでもなく、大勢の人が自発的[10]に集まったのよ。
筆者：では、どうやって何日の何時ぐらいに川に人が集まるという情報を知ったのですか？
マリコヴァー氏：事前に村の放送で流れていたのを聞いて知ったのよ。それから、私は読んだ記憶がないけれど、新聞にも出ていたみたいね。

「革命」の後の、あまり天気の良くなかった日に、そのイベントはあったと思う。人づてやラジオで情報を聞いて、情報を知り、当日はほとんどすべての村人が川岸へ出かけていたと思う。有刺鉄線はもうなくて、人々は国旗を振り回したり、歌ったりと開放的な雰囲気だった。オーストリア側も人が集まっていた。オーストリアで働いた経験のある年配の人々は、挨拶したり、知人かどうか尋ね合ったりしていた。私の両親も昔はオーストリアの農家で働いていたくらい、それはありふれたことだった。当時は現在とは違う熱狂があった。少なくとも、社会主義のあとは向こうに簡単に行けるようになったのがよかった。

（ノヴァーコヴァー氏、リエカ村女性・一九五三年生まれ、教員、「年代記」執筆者、2007/4/30）

当時のリエカ村で川に集まった人々の語りからは、モラヴァ川のイベントは「革命」がある程度確定した後で、その結果を普通の人々が共に体験する場として、機能していたと考えられる。そこには政治的な意思は必要なく、参加が「革命」に賛同する意思を示すものとしては人々に認識されなかったと考えられる。国境のそばに住む人々にとって、かつて自由な行き来が可能だったにもかかわらず、閉ざされてしまった国境が開放されることが、生活に何か不利益をもたらすとは想定されなかったからである。つまり、体制転換の賛否をめぐる議論と切り離して扱うことが可能だったと考えられる。もちろん、意思を持って国境の開放を祝うイベントに参加しなかった人々も存在したはずであるが、「革命」の政治的な文脈をさほど自身に関係あるものと受け止めず、国境に行けるようになった側面だけを理解してイベントに参加した人々は多数いたと思われる。

結果的に、国境の開放は、体制転換に関する一連の変化のなかで、多くの人々に肯定的に語られる数少ない事象となった。その背景には、本書の序で提示した新聞記事が象徴するような、体制転換後の社会を覆っていたヨーロッパへの憧れも存在する。村落の現場において、川の向こうはオーストリアの一隣村に過ぎないのであるが、その隣村が想像される「ヨーロッパ」の一部であることは否定できない。だからこそ国境の開放は、現実の村落のなかに存在した社会主義体制への賛否の亀裂とは別の文脈として、概ね好意的に受け止められることができたのであり、体制転換後の国境地域の村落は、ローカルな変容の前線に立つことになったのである。

2　アソシエーションの連携の契機としての地域交流

(1)　橋の存在と交流

リエカ村はパヴォル村同様、社会主義時代以前はオーストリアへの橋を持っていた。しかし、その後国境の橋は復活しなかった。本節では、この橋の有無を含めリエカ村における体制転換後の村落における国境地域交流におけるアソシエーション活動を扱いたい。リエカ村から最も近いオーストリアの村は対岸のノイドルフ村である。しかし、この間に橋などの川を渡るための設備はなく、ノイドルフ村に行くには、北に一〇キロメートル離れたパヴォル村か南に二〇キロメートル離れたニジナー村を経由し、さらに二〇〇八年以前であれば国境検問所を越えて川を渡る必要がある。ただし、交流イベントの一環として過去に三回、リエカ村からノイドルフ村へ直接渡ることができる仮設の橋が架けられたことがある。

（九〇年に橋が架かったときの様子について）当時はまだ母も生きていたから、母がお菓子を焼き、あとはスリゴビッツァやベヘロウカ[11]などのお酒を用意して、民族衣装を身に着けた舞踊団の人々とともに川の両岸でオーストリアの人々に勧めて回った。「リエカ村の人々はお菓子とお酒で（オーストリア人を）歓迎し、オーストリアでは彼女らをカメラマンが歓迎した」と当時の新聞には書かれたのよ。

（ゼマノヴァー氏、リエカ村女性・一九四九年生まれ、年金受給者、元村議会議員、2007/3/16）

リエカ村における国境地域交流もまた、パヴォル村同様、体制転換直後に、スロヴァキア側とオーストリア側の人々が川岸に集まって対面したイベントに始まる。最初のイベントでは仮設橋は設置されなかったが、その後の一九九〇年、一九九四年、二〇〇一年の国境地域交流イベントでは、リエカ村とノイドルフ村の間に一時的に橋が架けられた。両村の代表団が相互に訪問し、リエカ村の教会では、スロヴァキア語とドイツ語で合同ミサが行われるなどの交流行事が企画され、周辺の村からも多くの人々が参加したという。ただし、リエカ村の「年代記」執筆者のノヴァーコヴァー氏によると、九四年の時にはすでに「九〇年の時とは違って、もう熱狂的な雰囲気は失われてしまっていた[12]」という。村長や村議会議員の交流は続いており、経済協力や橋についての対話も進められたが、村のなかの狭い路地の交通量が増えることを望まないノイドルフ村住民の請願によって、計画は止まってしまった[13]。迂回路を併せて建設する案や、ノイドルフ村から離れたところに橋を架ける案など代替案も浮上してはいるが、具体的な計画は立っていないままである。

リエカ村にも、橋ができることによって大型車両の交通量が増加することを懸念する声はある[14]。しかしながら、オーストリア側に話を止められたことにより、リエカ村の一部の住民の間に「ノイドルフ村の人々は橋には興味がない。橋によって（スロヴァキアからやってきた人々による）犯罪が増えるのを恐れている[15]」といったオーストリアへの不信感を表明する意見がもっともらしく語られるようになった。確かに、チェコ、スロヴァキア、ハンガリー、スロヴェニアの四ヵ国の旧社会主義国に囲まれたオーストリアでは、これらの地域からの人々の流入が治安の悪化を招くことが懸念されており、そのように思われていることを旧社会主義国の人々がある程度自覚していたのであれば、このような不信感が生まれるのも当然ではある。

　現在の国境は、もはや国境ではない。川に行って魚を釣ることもできるし。オーストリア人も釣りをしていて、川を越えて話をすることもある。だけれど、対岸の村とのつながり、人々のつながりはない。それは、橋がないからだ。だから、ここには国境がある［Šťastný 2003b：61］[16]。

　リエカ村のように橋のない村の場合、村議会や交流に熱心な特定のアソシエーションに属していない人が、このように橋の有無をそのまま人のつながりの有無に直結して語ってもおかしくはない。上記で引用したインタビューが行われたのは二〇〇〇年であるが、この時期、特に対岸との交流が途切れていたわけではなく、村長や村議会議員レベルの交流は一九九〇年代から継続して定期的に行われていた。ただし、一九九〇年代初めは、サッカークラブや消防団同士の交流も盛んであったが、それが継続していたとは限らないという事実は存在する。リエカ村の消防団は、一九九〇年代を中心にノイドルフ村の消防団と共同で練習を行っていたが、現在はパヴォル村の消防団同様、スロヴァキア国内やチェコの消防団との結びつきの方が強くなり、ノイドルフ村との交流は以前ほど盛んではなくなってしまった[17]。これを橋の有無と因果関係があるものと考えるかは判断しづらいところである。

　オーストリアとの交流については特に問題はない。今と同じように一九八九年以降も交流があった。ただ、現在の方が交流は減っているかもしれない。お互いに時間がなくなっている。

　そのほかの文化交流は、頻繁に行っているように思う。オーストリアも興味を持っているようだしね。確かに、お金はないし、人々は余暇に活動しているから、時間もそれほどない。オーストリア以外の外国との付き合いもあるし……。スポーツ（サッカークラブ：筆者注）については、スロヴァキア側の人数は多かったが、オーストリア側の参加者が少なく、人数のつり合いがとれず、オーストリア側の負担が増えてやめてしまった。[18]

その一方で、二〇〇一年九月には、仮設橋の臨時設置を伴うノイドルフ村との国境地域交流のイベント「モラヴァ川の国際民族舞踊祭」が開催されている。これは、リエカ村の民族舞踊団が中心となって企画したものであり、リエカ村およびノイドルフ村の住民の多くが何らかのかたちで参加することになった大がかりなイベントであった。九月一日にはノイドルフ村の初等学校の新校舎落成式も併せて行われ、リエカ村の村長や議員や民族舞踊団が招待された。主会場であるリエカ村へオーストリア側からも簡単に来ることができるように仮設橋も設置され、物理的に両者の関係を近づける努力がなされていた。舞踊祭の開会式典には、リエカ村の猟友会、漁業者会、年金受給者会有志が参加者のために料理をふるまい、準備にもリエカ村の多くの人々が携わった。二日目の舞踊祭にはリエカ村の舞踊団だけでなく、ノイドルフ村の合唱団やスロヴァキア、チェコ、オーストリアの近隣の村の舞踊団や合唱団、およびセルビアからも舞踊団が参加し、単に二つの村の交流であるだけでなく、チェコを含めた国境地域としてのイベントとしての性格を併せ持っていた。[19] このような企画について、リエカ村の村長は「長く続く協力関係や新たに『伝統』となる行事を作るために、現在の文化行事や交流を積極的に発展させたいと考えている」[20]とコメントしており、草の根から関係を立ち上げたことを評価している。このとき、物理的に両岸をつなぐ橋は、イベントの間だけでも一時的に設置されることが望まれるものであったことから、地域の人々にとって強い象徴的意味を持っていると言える。したがって、橋の有無は、両者の関係のイメージに影響を与えるものと考えることができる。

このほか学校同士の交流についても一九九〇年代に、対岸のノイドルフ村の初等学校の教員や児童が行き来する交流行事が三回程度行われた。ただし、ノイドルフ村の初等学校は低学年と高学年で別の学校であり、高学年の方の学校が先にチェコの初等学校と姉妹校協定を結んでしまったため、低学年同士の交流が自然に途絶えてしまったという[21]。川を挟んで隣村であるからといって、必ずしも独占的に友好関係を結べるとは限らなかった。これらのことを橋がないから交流が途絶えたと推測することは可能であるが、橋のあるパヴォル村においても言語の壁が問題とならない一部の分野を除いて、草の根交流が活発な状態を維持することが難しかったことを考えると、橋の有無よりも地域交流を推進する人々の存在のほうが重要であると言える。リエカ村の場合は、民族舞踊団の存在がそれに該当するだろう。

(2) リエカ村民族舞踊団

リエカ村の民族舞踊団が二〇〇一年に舞踊祭を企画し、ノイドルフ村を含めた国境地域交流において重要な役割を果たすことができたのは偶然ではない。調査当時、舞踊団は国境地域交流に限らず、リエカ村の文化行事において中心的な立場にあり、村の人々の草の根レベルの活動を論じるうえで無視できない存在となっていた。

リエカ村の民族舞踊団は一九五六年に結成された[22]。その当時の舞踊団名は「友情」であり、村の若者と国境警備隊の若者がメンバーの中心であった。リエカ村には、もともと協同農場で働く人々やその家族を中心に民族音楽や舞踊を楽しむ団体が存在していたが、そこに国境警備隊の若者が加わって「友情」が結成された。国境警備隊の隊員は、徴兵制度によってチェコスロヴァキア各地からリエカ村に派遣された若者であり、彼らのうち音楽などに興味がある者が参加し、およそ三〇名程度が「友情」で活動を行っていた。この舞踊団「友情」は、やがてチェコスロヴァキア各地の民族音楽祭や舞踊祭で好成績を収めるまでに成長した。

ただし、「友情」の警備隊のメンバーは兵役が終わるとリエカ村を離れるため、入れ替わりも激しかった。そのような事情もあり、一九八〇年にはリエカ村出身のメンバーを中心に舞踊団「モラヴァ」の活動が並行して始まった。「モラヴァ」は現在のリエカ村の舞踊団名である。舞踊団の団長であるチェルナー氏は「友情」の設立当時からのメンバーであり、彼女が中心的となって運営を担っている。現在は年金受給者であるが、かつては近くのマラツキー町の文化センターやリエカ村の協同農場に勤務しており、その仕事の傍ら舞踊団の活動に携わってきた。

体制転換およびチェコスロヴァキアの分離は、舞踊団にも少なからず影響を与えた。舞踊団はチェコスロヴァキア時代、どちらかと言えばチェコ側の大会に参加することが多く、分離後は、スロヴァキア国内で舞踊団同士の関係を新たに作り直す必要があった。また一定数のメンバーを舞踊団に送り込んでいた国境警備隊もなくなり、スポンサーであった協同農場も解体し始めた。そこで舞踊団はリエカ村に根付いた「本物の（*autentický*）」民族舞踊団[23]へと活動方針を転換し始めた。リエカ村に伝わる踊りや年中行事の再現を取り入れたプログラムを中心にし、その情報収集のために村の人々の協力も仰いだ。

さらに、一九九六年の結成四〇周年の節目には、五歳以上の子どもを対象にした子ども舞踊団を結成し、担い手の育成にも力を入れ始めた。子どもの民族舞踊団は、社会主義時代から数多く存在していたが、従来のリエカ村の舞踊団のように、職場や大学を基盤とする舞踊団は、必ずしも子どもの舞踊団を併設してはいなかった。現在の舞踊団の後援は村役場であり、ブラチスラヴァ近郊では数少ない地域密着型＝「本物の」民族舞踊団として認識されている。二〇〇六年の時点で舞踊団には一三二名が所属していた。

とはいえ、もともと社会主義時代からチェコスロヴァキア国内の大会や舞踊祭だけでなく、ポーランド、ハンガリー、東ドイツ、ユーゴスラビアなど、社会主義圏内の外国での舞踊祭にも参加していた民族舞踊団なので、地域密着型に方針転換しても国内外の大会や舞踊祭などに参加し続ける方針は変わらなかった。むしろ、体制転換以降は社会主義国以外の国に自由に行けるようになったことにより、活動の範囲は広がった。隣国のオーストリアでは、一九九〇年に初めてオーストリアのノイドルフ村で公演して以来、ノイドルフ村だけに限らず、ウィーンやオーストリアのアルプス地方など、オーストリアのあちこちの地域で公演してきた。オーストリア以外にも、ギリシア、イタリア、スペイン、フランスと各地の舞踊祭に参加してきた。

その一方で、リエカ村の行事にも積極的に協力している。表16は民族舞踊団の四年分の年間スケジュールである。筆者の調査滞在期間以外は、舞踊団や村が提供してくれた文字資料に依存しているが、舞踊団の幅広い活動を把握することができる。これ以外に、村が主催する母の日や敬老の日のイベントで、舞台公演を行うほか、現在は人々が自発的に行わなくなった伝統的な儀礼の担い手としても村に深くかかわっている。例えば、四月末には民族衣装を着た子供と若者がメイポールを飾り、消防団とともにポールを村の広場に立て、夏の晩には無病息災を祈って「ヤンの焚火」を行う。ただし、メイポールも焚火も単に儀礼の再現というだけでなく、その現場に椅子やテーブルを並べて、飲み物や軽食を販売することで村のお祭り的なイベントの要素も兼ね備えている。なお、これらの儀礼的な舞踊は、公演のプログラムとも共通している。

二〇〇一年の国際舞踊祭のような、舞踊団が中心となったノイドルフ村との地域交流は、その後も継続している。二〇〇五年には舞踊団はPHARE CBCの支援を受け、ノイドルフ村のオーストリア人と共同で「昔のスロヴァキアーオーストリアの結婚式」というプログラムを公演している。折しも舞踊団は二〇〇二年にリエカ村の伝統的な結婚儀礼の再現プログラム「リエカ村の結婚式」を完成させ、リエカ村を含めたスロヴァキア国内での公演を行っていた。この「リエカ村の結婚式」をオーストリアに嫁ぐリエカ村の女性という設定に変更して、花婿とその家族役としてノイドルフ村のオーストリア人が参加するプログラムを制作し、リエカ村およびノイドルフ村で公演したのである。

この「昔のスロヴァキアーオーストリアの結婚式」のリエカ村での公演は、単に結婚儀礼の再現劇として披露されたわけではなく、「伝統文化と中部モラヴァ川流域の国境地域協力セミナー」の一部として位置づけられた。このセミナーには、両村長の講演、スロヴァキアの民族学研究所の研究員によるこの地域の国際結婚についての講演、およびこの地域の開発計画について国境地域交流推進の活動家の講演が組み込まれていた[24]。セミナーのプログ

表 16 リエカ村民族舞踊団の年間スケジュール（2005-2008 年）

2005 年 2 月	民族舞踊愛好者パーティー（リエカ村）
3 月	オーストリアでの公演
4 月	民族舞踊祭参加（ブラチスラヴァ）
	メイポール（リエカ村）
5 月	民族舞踊と方言語り地区大会（リエカ村）
	デヴィンスカー・ノヴァー・ベス地区での公演
7 月	ギリシア公演旅行
8 月	ザーホリエ夏祭りでの公演（プラベツキー村）
10 月	「昔のスロヴァキアーオーストリアの結婚式」公演（ノイドルフ村）
2006 年 1 月	「昔のスロヴァキアーオーストリアの結婚式」公演（リエカ村）
2 月	ザーホリエ民族舞踊愛好者パーティー（ブラチスラヴァ）
2 月	50 周年記念パーティー（リエカ村）
4 月	国際民族舞踊フェスティバル主催（リエカ村）
6 月	コストル村 800 周年記念祭での公演
6 月	グベリ町での公演
7 月	チュニジア公演旅行
9 月	マラツキー町 800 周年記念祭での公演
11 月	小学校での公演と舞踊団の歴史の展示（リエカ村）
2007 年 2 月	謝肉祭の終わり（リエカ村）
3 月	民族舞踊の夕べ（ブラチスラヴァ）
4 月	民族舞踊と方言語り地区大会（リエカ村）
	メイポール（リエカ村）
5 月	母の日式典記念行事での公演（リエカ村）
	民族舞踊全国大会出場
6 月	ヤンの焚火（リエカ村）
	イタリア公演旅行
10 月	スロヴァキアの日での公演（ポーランド・クラクフ市）
	敬老の日記念行事での公演（リエカ村）
2008 年 2 月	民族舞踊愛好者パーティー（リエカ村）
	謝肉祭の終わり（リエカ村）
	民族舞踊の夕べ（ブラチスラヴァ）
3 月	50 周年記念記録集出版式典
4 月	民族舞踊と方言語り地区大会（リエカ村）

	「昔の結婚式」公演（リンバッハ村）
	民族舞踊地区大会出場
	メイポール（リエカ村）
5月	母の日記念式典行事での公演（リエカ村）
6月	ヤンの焚火（リエカ村）
7月	ブルガリア公演旅行
9月	モラヴァ流域地域行事での公演（オーストリア・クライン村）
	政党の定期集会における公演（フロリアン村）
10月	キャベツ収穫祭での公演（ストゥパバ町）
	「昔の結婚式」公演（リエカ村）
12月	「ルシアの魔法」公演（リエカ村）
	民族舞踊のクリスマス（ブラチスラヴァ）

舞踊団への聞き取り，およびリエカ村新聞2005-2008年，2008年当時の舞踊団ホームページより筆者作成。

注：［　　］部分は筆者の滞在期間を示す。

ラムそのものは知識人向けのイベントであるという印象を与えるが、出演者や公演目当ての村の観客にとっては草の根レベルの交流でもあるという二つの側面を持っていた。翌二〇〇六年には、舞踊団結成五〇周年記念を兼ねて、再びリエカ村で国際舞踊祭を開催した。このときは仮設橋の設置はなかったが、リエカ村とノイドルフ村および再びPHARE CBCから経済的な支援を得ることができ、ノイドルフ村の合唱団や近隣のスロヴァキアやチェコの舞踊団を招くことができた。

私たちは（当時の結婚儀礼の様子を再現するために）「調査」もした。年配の人々に話を聞いて回ったり、写真を集めたり、歌の歌詞、メロディ、踊り方などを彼らから習った。それを皆で練習した。花婿がスロヴァキア人と、オーストリア人の二つのパターンを作った。オーストリア人の花婿のパターンは花婿もその家族もオーストリア人だけど、それ以外の出演者はスロヴァキア人だね。…（中略）…意思疎通ができなかったことはたびたびあったが、まあいい経験だった。（こちらが）ドイツ語で話しかけ、スロヴァキア語が分かる人とはスロヴァキア語で話した。ただ、若い人は（スロヴァキア語を）あまり話せなかった。

写真 11　ノイドルフ村との合同イベント「昔のスロヴァキア―オーストリアの結婚式」のポスター

（リエカ村民族舞踊団団長チェルナー氏、女性・一九三六年生まれ、2007/3/9）

このように、リエカ村の民族舞踊団は、舞踊団のためのイベントと村の行事、さらには国境地域交流イベントを接続しながら活動を行っている。舞踊団の人々にとっては、外国での舞踊祭に参加したり、国内の公演を企画したりすることと、国境地域協力に参加することは、舞踊団の活動という意味では同じである。しかし、それはリエカ村にとっては、国境地域交流の契機を得ることにつながる。こうして企画された地域交流は、舞踊団という特定の人々の交流に留まらず、前章のパヴォル村同様に村全体に共有されると予想される。次の項では、そのプロセスについて詳細に検討したい。

(3)　連携を支える現場

調査時点でのリエカ村の主なアソシエーションは、表17のとおりである。アソシエーションの種類はパヴォル村と重なる部分が多く、基本的には趣味を共有することが目的のアソシエーションが多い。ただし、その活動の活発さは同種のアソシエーションであっても村によって異なる。例えば、リエカ村の消防団はパヴォル村の消防団ほど活発に活動を行っていないが、リエカ村は、パヴォル村と比較すると、年金受給者会が障害者協会とともに、比較的活発に活動を行っている。

表17　リエカ村における活動中の主なアソシエーション

結成年	アソシエーション名
1884	消防団
1923	体操クラブ
1925	猟友会
1932	サッカークラブ*
(不明)	漁業者会
(不明)	赤十字協会
1956	民族舞踊団
1980	老齢年金受給者会（年金受給者会）
(不明)	障害者協会（年金受給者会）
体制転換後	ロザリオ会（カトリック信者の会）
体制転換後	教会合唱団

[Hallon 1995]，スロヴァキア国立文書館所蔵資料，各団体所有の記録，および関係者のインタビューより作成。
＊設立時はその他のスポーツも行うスポーツクラブであった。

これらのアソシエーションは普段はそれぞれ個別に活動を行うが、村全体に関係する行事においては協力し合うことも多い。前項で挙げた国際民族舞踊祭や「昔のスロヴァキアーオーストリアの結婚式」を中心としたセミナーでは、舞踊団が中心的な役割を果たしていたとはいえ、村役場およびその他のアソシエーションが協力し、イベントを盛り上げた。

村役場ではセミナーに併せて、かつてリエカ村からオーストリアに嫁いだ女性(25)についての小展示を準備したわ。
一九六八年頃、一時的にオーストリアとの交流が可能になり、ノイドルフ村とサッカーの交流試合が行われたの。この交流試合がきっかけで、その年にセナとソーニャという二人の女性がノイドルフ村に嫁いだ。またすぐに国境が閉じたので、本当に一時的だった。どちらも私の直接の知り合いではなかったけれど、この時展示を準備したので彼女たちと親しくなった。いまではイベントの通訳もしてくれるわ。（リエカ村役場戸籍係、女性・五〇代、2007/4/18）

〈文化センター〉は、村のアソシエーション活動とどのような関係にあるのかという質問に対して）普段は舞踊団には関わっていないが、国際民族舞踊祭などは手伝った。この舞踏祭のときはクロアチア、ハンガリー、スロヴェニア、モラヴィア（チェコ）、オーストリアから合わせて四〇〇人くらい参加があって、宿泊や食事の手配をした。当日は漁業者団体や猟友会の人々もグラーシュ（ハンガリー風のシチュー）などの食べ物をふるまってくれたりした。

（リエカ村文化センター職員、男性・三〇代、2007/3/6）

このインタビューで言及されているのは、漁業者会や猟友会であるが、民族舞踊団のように、伝統行事に関係するイベントを開催するにあたっては、伝統料理が欠かせないため、調理を手伝う年金受給者会（*klub dôchodcov*）の協力も不可欠である。調査中、村で行われた民族舞踊団に関係するイベントの裏方では、しばしば年金受給者会の人々に出会った。メイポールのイベントにおいて手頃な値段で販売される軽食は、年金受給者会の人々が調理したものであり、リエカ村で開催された民族舞踊と方言語りの地区大会で聴衆にふるまわれたリエカ村の郷土菓子もまた年金受給者会の人々がつくったものであった。

リエカ村の年金受給者は人口のおよそ二割（一八パーセント）で、リエカ村の人口二、八五五人のうち五二四人であるが（二〇〇六年十一月）(26)、そのうち年金受給者会の会員は一四六名（二〇〇六年）であった(27)。概ね週に一度、村の集会所で会合を持ち、この会合には毎回二〇名弱が顔を出す。年に一度の総会や、クリスマスパーティには一〇〇名近く、親睦旅行にも四〇名近いメンバーが参加する。その企画運営は、年金受給者会の幹部（会長、副会長、会計など）を中心とした会合に頻繁に顔を出すメンバーである。この中心メンバーはこれ以外にも、初等学校と連携して子ども向けのイベントを手伝ったり、四月にスロヴァキアで一斉に行われるがん患者支援募金活動のリエカ村での担い手となったり(28)と、村においてボランティア活動を積極的に展開してきた。

年金受給者会の活動記録は一九九〇年代半ばが一部抜け落ちているが、二〇〇〇年代以降と九〇年代前半の活動記録およびメンバーの話を総合すると、もともと年金受給者会は会合に集まり、親睦旅行に一緒に出かけ、村の文化センターが呼んだ演劇などを共に楽しむといったレクリエーションを目的とした団体であった。しかしながら、二〇〇〇年頃には、母の日や子どもの日、メイポール、子どものためのクリスマス会など、他者のためのイベントに関わるようになっていた。子どものための凧揚げ会、ディスコイベント、雪だるま大会など自らが主体となって柔軟にイベントを開催していたようである。このようなボランティア的な活動の中心人物のひとりに、本章で言及したゼマノヴァー氏がいる。彼女は一九九八年までは議員であったが、これらの活動は議員であるなしにかかわらず行ってきたようである。

（ボランティアをするようになったきっかけは何かという質問に対して）いちばん最初は、一九九〇年頃だったか、初等学校の校長が子どもの日のイベントについて文化センターに相談を持ちかけてきた。そこで年金受給者会でケーキを焼いて、部屋を飾りつけて、子どもたちのためにディスコやゲームを用意した。子どもたちはとてもよろこび、校長先生は私たちの手際のよさに驚いた。

（ゼマノヴァー氏、リエカ村女性・一九四九年生まれ、年金受給者、元村議会議員、2007/3/6）

歴史的に遡ると、年金受給者会が定期的に会合を持つようになり、活動を始めたのは一九八〇年である。現在の主要なメンバーの中に、当時を覚えている者はいなかったが、年金生活者が集まることのできる場所が欲しいと、年金生活者自身が願い出たことがきっかけだと伝えられている。第2章で示した国民戦線には老齢年金受給者のための団体は存在しないので、障害者年金受給者と老齢年金受給者で一つの団体を結成し、障害者協会の下部組織としてこの会は発足できたのである。活動場所として村の建物を使用する権利も長年村から保障されている。老齢年金受給者と障害者年金受給者が別々に会合をしていた時期もあったが、調査時点では障害者年金受給者会として活動しており、スロヴァキア障害者協会の会合にも代表者は出席していた。基本的な活動費用は村に依存しており、村所属のアソシエーションとして位置づけられている。とはいえ、このような詳細な背景については、リエカ村では会員の間ですらあまり意識されず、日常的には単に年金受給者会と呼ばれている。年金受給者といっても、主要メンバーは、身体の障害が軽度で、比較的年齢の若い年金受給者が多く、五〇代から六〇代の女性が中心となっている。

リエカ村の年金受給者会については、二〇〇五年の結成二五周年記念パーティーにオーストリアのノイドルフ村（および周辺）から年金受給者会の人々を招いたことも注目に値する。基本的に、年金受給者会は、村のなかで完結するイベントを開催するか、民族舞踊団の補助を行うことが多かったが、年金受給者会の会長が一九九〇年代に八年間ノイドルフ村で仕事をしていたときの個人的なつながりから、この招待が企画されたのである。これは第3章で描いたような経済的なつながりが、国境地域交流に発展した例でもある。

民族舞踊団や年金受給者会の村における活動は広く認知されており、その貢献は村から表彰されてきた。これらの団体に限らず、消防団もまた消防活動以外の分野でも村の活動を支援し、漁業者会も青少年向けのイベントを行い、猟友会もイベントの支援のほか周辺の森林の手入れを行い、それぞれ村に貢献しており、感謝状を得ている[29]。このように村の各アソシエーションが、それぞれの活動目的に沿うかたちで村に貢献する土台があったからこそ、大きなイベント時にも協力する体制ができていたと考えられる。これらのつながりは、親戚関係、アソシエーション活動によって形成された関係、職場の関係など、村における人と人のつながりの集積の上に成立する。もちろん、交流イベントを行っても、その経験がより多くの人々に共有されるか、一部の熱心な人々だけのものとなるかの差は常に生じうるものであるが、より多くの人々を取り込んだ活動の積み重ねにより、「移動しない人々」も国境の向こう側と接触する機会を得ることができたのである。オーストリアに縁がなかった年金受給者会のメンバーもいるが、これまでの地域交流イベントへの参加の経験があるからこそ、オーストリア側から客人を招くという行為に対しての抵抗が少なくなっていたと考えられる。それは、国境地域交流が、村落のアソシエーション活動を主とした人間関係のつながりを取り込んで行われてきた結果である。

一見、リエカ村は一つの突出したアソシエーションが国境地域協力を引っ張っており、それ以外のアソシエーションは追随しているだけのように見える。しかし、体制転換以降、様々な地域協力の機会に触発されたつながりや、労働移動などで得られたつながりが蓄積し、それがまた新たな交流の機会を育んできた。その意味では、橋がないということが、必ずしも国境を越えない人々の生活が変わらないことを意味するのではない。既存の村のなかの制度を通じて、「移動しない人々」が取り込まれることで、国境地域の生活と人々の意識は変容してきたのである。

3 ボランタリーな活動のポテンシャル

本章では、リエカ村の体制転換から国境地域交流の現場を描いてきたが、体制転換を求める人々がいて、橋の再建も順調に進んで熱狂が維持されやすい環境にあったパヴォル村と対比すると、リエカ村の国境地域交流に人々が参加する動機は不透明に見える。もちろん、「鉄のカーテン」で遮られていた国境の向こう側をお互いに知るための交流活動には、ある程度の意味も目的もあった。しかし、それは二〇〇〇年代以降も活動を続ける動機にはならない。また、言語の壁が存在するため、アソシエーション同士の交流は限定的であり、この交流が深まることによって、例えば経済的なネットワークが国境を越えて形成されるといった、実利的な関係が新たに生まれたわけではなかった。パヴォル村でも、リエカ村でも一九九〇年代の熱狂のなかで始まったアソシエーション同士の交流行事が、のちに途絶えてしまったことは珍しくはなく、続いていても惰性的になりつつあるケースも観察できた。

しかし、結果として、この国境地域交流が「移動しない人々」を含む村落の人々に与えた影響は小さくない。少なくとも第4章と第5章から、交流がもたらした影響として、次の二点を挙げることができる。まず一つは、これはパヴォル村に顕著であったが、地域協力の現場で活動に携わったアソシエーションが、時代に適した活動方法を模索し、自らを変容させる機会を得たことが挙げられる。資金の調達の方法や、組織方法などを「西」側との接触を通して知ることができたというのが、わかりやすい例である。リエカ村では、対岸のノイドルフ村から交流を通して何かを学んだということは耳にしなかったが、社会主義時代のように党の委員会や文化担当者主導ではなく、アソシエーションが自らイニシアティブを握って活動する時代に早くから適応する機会を得ていたことは否定できない。もう一つは、アソシエーションを基盤に国境地域交流を行うことで、外国語が話せない、オーストリアに知り合いがいない、あるいは対岸に興味がない人を含めた「移動しない人々」を取り込むかたちで、この地域全体が「西」側との接触を可能にしたことが指摘できる。村を挙げての地域交流や協力が存在したことで、村内のアソシエーション同士も連携をとることが必要となり、そこにおいて新しい時代の活動実践が共有されるようになったのである。もちろん、交流活動を通して川を挟んだ友人・知人関係も育まれたと考えられるが、それによって受ける影響は限定的であると言わざるを得ず、友人関係だけが地域交流を続ける動機となっていたとは考えにくい。むしろ、スロヴァキアの調査地のアソシエーションを取り巻く事情の方に動機が潜むと予想することができる。

リエカ村にしろ、パヴォル村にしろ、国境地域協力に携わったアソシエーション活動の本来の目的は国境地域交流ではない。舞踊団は週一、二回の練習をし、技能を上達させることが目的であるし、年金受給者は週一回の会合に参加し、日常的な親睦を深めることが目的である。消防団も日常的な防火活動や訓練のほかは、競技大会への参加と年一回の消防の守護聖人の日の会合が主たる活動であり、スポーツクラブもそれぞれの活動がある。これらの団体は、その多くが社会主義時代またはそれ以前から続く団体であり、体制転換以降、それまで行政から得ていた比較的潤沢な活動資金を確保することができなくなり、活動の環境が悪化したという共通した特徴を持つ。さらに、マクロ的な経済状況の変化は、村の人々にとって近場での働き口が減ったという形で影響を与え、村落のアソシエーション活動にも影響を与えた。つまり、社会主義時代までは、まだ人々が同じような職場で働く傾向が強く、余暇に行うアソシエーション活動も職場が同じ人が多い時代だったが、それぞれ別の場所に仕事に行くようになってしまった現在、余暇に行うアソシエーション活動を取り巻く状況は厳しくなっている。その意味ではリエカ村民族舞踊団のように、村の協同農場が母体であった職場中心型のアソシエーションが、地域密着型アソシエーションへ転換したことは興味深い。その主たる原因は、体制転換後は協同農場の解体や国境警備隊が縮小されたことにあるが、子ども舞踊団を結成したことで、必然的に幼稚園や学校との連携が生まれることになる。活動の場を求めて村の国境地域協力行事に積極的に関わっていく過程で、より地域に密着した組織へと変容せざるをえなかったのである。

体制転換後、舞踊団が活動を展開するには、そのために環境を整える努力もしなくてはならなかった。村役場から活動資金の援助を得るだけでは、さらに広がりを持った活動はできなかっただろう。舞踊団は二〇〇三年に市民団体として登録し、文化省から援助を得る道を模索する一方、「リエカ村の結婚式」のプログラムをアレンジして、個人の結婚式の演出のアルバイトを行うこともある。年一回の外国への公演旅行の資金を尋ねたところ、招待先が多少支援してくれたり、村役場が多少支援してくれたりすることもあるが、自分たちで資金をまかなっていると回答を得た。[30] その自己資金のなかには、このようなアルバイトも含まれる。アソシエーションが村でパーティーを開いて活動資金を得ることは社会主義時代から行われてきたが、近年はそれだけでは、効率的に資金を集めることができなくなっている。自分たちが活動を披露する機会をつくる資金を外部から得ることができるのならば、それは願ってもないチャンスである。このような状況において、EUから支援を受けることができる国境地域交流は、舞踊団にとっては村役場と協力して活用すべき機会となる。

結果的に舞踏団の自律的なアソシエーション活動は、EUがめざす国境地域協力のありかたに重なるものとなった。[31] EUは、とくに国境地域協力においては、物的支援ではなく、人が介在する協力を重視していたため、公的なアクターだけでなく、NGOなどのアソシエーションをはじめとした複数のアクターが協力に参加することを、

「民主的な」ありかただとみなしていた［Hall 2008：432–433］。関わっている当人たちが、自らの活動を民主的と考えていたかはともかく、EUが求める国境地域協力の形式と舞踏団の自律性がある程度は合致していからこそのプロジェクトは成功したのである。

　リエカ村の民族舞踊団のように、自ら積極的に活動を行う村落のアソシエーションは、貧困にあえぎ、社会主義時代の思考から抜けきれない人々が生活する村落像から外れるものである。ただし、この舞踊団活動が、中心人物の資質に依存していることは否定できない。舞踊団のチェルナー氏は、社会主義時代、協同農場勤務の前に文化行政に関わった経歴を持つ人物であるため、余暇としての活動であってもその手腕をアマチュアとみなすことはできない。彼女は、村の多くの人がかつては熱心な共産党員だったと指摘する人物であるが、社会主義的な思考から抜け切れないどころが、むしろ体制転換以後の世界でアソシエーション活動を牽引する人物となっている。ここにおいても、体制転換後の社会を支える自発的なアソシエーション活動が必ずしも、デモクラシーと親和性が高いとは限らないことが示される。彼女自身が「昔は協同農場がスポンサーだったけれど、今は村役場がスポンサーになった[32]」と語ったように、彼女にとって体制転換は、活動資金を確保する方法が転換しただけに過ぎないのかもしれない。社会主義時代のイデオロギーが持つ自己統治の力に注目したユルチャックによると、体制転換後、社会主義的なイデオロギーに浸っていたはずのロシアの若者が次々と起業できたのは、社会主義のイデオロギーに従うように新しい時代のイデオロギーに従う自己統治のシステムの効果だという［Yurchak 2006：296–297］。現実の生活においては、体制転換への賛否の態度と、新しい時代を支配する秩序への適応／不適応が一致するとはかぎらないのである。

> お金がないから、いろいろと戦わなければならない。登録された市民団体として、税金の二パーセントの援助はあるが[33]、多くは、イベントを開いたり、CDを作って売ったり、援助してくれるスポンサーを探したりして運営のための

お金を集めている。……ここは小さな村だから、何かしないといけない。

（リエカ村民族舞踊団団長チェルナー氏、2007/3/9）

民族舞踊団のようにすべてのアソシエーションが活動資金を自力で集めることができるわけではないが、行政の援助と管理の下にあった時代からの脱却は、スポンサーを得にくい村落のアソシエーションであっても行われ始めている。[34] その一方で、年金受給者会の姿勢は対照的である。年金受給者会の活動は、外に活動を展開するよりも、むしろ村全体のために生活を充実させることに重点が置かれている。単なる福祉の受け手としてレクリエーションを行う団体ではなく、村役場や文化センターと協力して、村のためのボランティアを行う団体として活動を行ってきた。年金受給者会の人々がボランティアに携わるのは、会のメンバーであるという理由だけではなく、民族舞踊団や役場に友人・親戚がいるからという理由も当然含まれる。しかしながら、年金受給者会は、頼まれた仕事を遂行するだけでなく、自ら企画・運営も行っている。年金受給者会の活動は、一見、社会主義時代の活動をそのまま引き継ぎ、村の人間関係を通じて依頼された仕事を手伝っているだけのようにも見えるが、自らの意志で社会に関わるという自体、個人やアソシエーションが社会のなかでより自由な活動を行うことが可能になった時代の恩恵を受けた行為であり、年金受給者会もまた一つの自律性を実践しているのである。

本章で触れてきた民族舞踊団や、年金受給者会などの村落のアソシエーションは、ＥＵが地域協力の担い手として期待するような、社会を積極的に支える役割を持つボランタリー・アソシエーションとは性格が異なるものであるとされてきた。確かに、村落のアソシエーションは、その活動自体が社会主義時代の延長線上に存在することもあり、社会に関わろうとする自発的な意志が見えにくい。また、自発的な加入ではあるとはいえ、加入者の母体となる村落の大きさが限られていることもあり、結果的に村落のコミュニティに同化したアソシエーションにならざるをえない。ただし、これらの条件があるからこそ、村落のアソシエーションを通して、国境地域の人々全体を取り込む装置は作動できたのである。

中欧、特にチェコスロヴァキアの体制転換において、都市部を中心とした市民の自発的な活動および、それが組織化されたアソシエーションはこれまでの先行研究においても注目されてきた。一方、小規模なコミュニティにおいて体制転換は、コミュニティ内のバランスを崩す脅威と受け止められがちであったため、村落において体制転換後の市民の自発的な活動は見えにくかった。しかし、西部国境地域という変化の最前線において、村落全体を取り込めるようなアソシエーション活動は、コミュニティ全体の価値観を変えていく役割を果たしてきた。そもそも、スロヴァキアでは、村議会議員や村の各種委員が、ほぼボランティアで務めるものとみなされていることから、住民の自発的な活動というものは、体制転換後の地域社会を動かす一つの原理となってきたはずなのである。ただし、自発的な意志さえあれば、体制転換後の社会に対応できるという発想は安直である。このことをもう少し掘り下げて考えるにあたっては、体制転換以降のスロヴァキアの地方自治の仕組みを踏まえた議論が必要であるため、第3部に詳細な議論を譲りたい。

〈コラム3　チェコスロヴァキアの分離とその後〉

スロヴァキアを研究していると言うと、「チェコスロヴァキアはどうして分離したのか？」という質問を受けることがある。筆者自身も、研究の対象としてスロヴァキアに最初に興味を持ったきっかけは、チェコとスロヴァキアの分離という出来事であった。しばしば、チェコ人とスロヴァキア人の民族対立の結果、分離したと理解されるが、実際のところ、チェコスロヴァキアの分離は、民族の対立に起因するものとは断言し難い。一九九〇年代の旧ユーゴスラヴィアや旧ソ連内の民族紛争が世界に与えたインパクトが強力であったため、外国人はチェコとスロヴァキアの分離に過剰に民族的な要因を読み込む傾向が強いことに注意する必要がある。チェコスロヴァキアの分離と民族の差異に注目した研究はいくつかあるが［Batt 1993, Leff 1998, Mego 1999, Musil (ed.) 1995, Stein 1997］、いずれも民族の差異を分離の本質的な原因として断定してはいない。確かに、チェコスロヴァキアの分離において、チェコとスロヴァキアの経済格差や経済改革の方針のずれに民族的差異が読み込まれて、一部の人々がそれに煽られていたことは否定できない。しかし、分離は当時の民意を反映した結果とは言えず、研究者による分析では、分離に至った原因として経済政策の方針の不一致とスロヴァキアの政治的混乱が強調されることが多い。

チェコとスロヴァキアは、同じ国ではあったものの社会的状況が大きく異なっており、体制転換後の不安定な時代に足並みを揃えることは困難な状況にあった。そもそも一九一八年のチェコスロヴァキア共和国成立以前からヨーロッパの文化的な中心の一つであったプラハを抱え、工業の近代化も早く進んでいたチェコに比べ、スロヴァキアの産業は農業中心で近代化も遅れており、人口もチェコの半分以下であった。そのため、スロヴァキアは、社会主義時代に計画経済の下で、重点的に工業の近代化と都市化が進められた。一九九〇年代の社会主義経済から市場経済への移行は、チェコにもスロヴァキアにも打撃を与えたが、社会主義時代に工業化が進んだスロヴァキアの産業は、社会主義ブロックのなかで競争力は低くても大きなシェアを持つことができていた軍需生産と、中間製造品の生産に依存していたため、旧コメコン市場の崩壊、軍需産業からの転換を目指す新政府の指針、ショック療法的な経済改革によって、より大きな痛手を被った［Karasz 2001：88, セドラーク 2001：10］。一九九二年五月の時点で、チェコの失業率は二・七パーセントであるのに対し、スロヴァキアの失業率は一〇・六パーセントとチェコの三倍であり[*1]、スロヴァキア側は、チェコスロヴァキア政府の経済改革に不満がたまりやすい状況にあった。

このような状況下で行われた一九九二年の総選挙では、独立することを視野に入れていた政党である民主スロヴァキア運動（Hnutie za Demokratické Slovensko、以下ＨＺＤＳ）が第一党となり、ＨＺＤＳが連邦政府組閣のために民族主義的で独立を志向していたスロヴァキア民族党（Slovenská národná strana、以下ＳＮＳ）と提携することとなった。このことが、その後の分離に至る一つの決定的な契機となったのである。このときのＨＺＤＳの第一の目標は、経済改革における主権の獲得を目指すことであり、スロヴァキアの独立については、あくまで条件付きで支持するに過ぎなかったとも分析されている［Stein 1997：178］[*2]。とはいえ、彼／彼女らは選挙でスロヴァキアの民族意識に訴えかけるスローガンを多用していたことから［Mego 1999：251］[*3]、チェコの人々からは民族主義的な政党だとみなされがちであった。

実際のところ、スロヴァキアの人々の多くは、経済発展のために連邦制を維持すべきだと考えていたと言われている。当時のスロヴァキアの世論調査においても、スロヴァキアの分離独立を希望する者が過半数を超えることはまずなかった［Wolchik 1991：125, Mego 1999：340］。チェコスロヴァキアの連邦制維持は、ＨＺＤＳやＳＮＳなど民族主義的なスローガンを用いて、段階的政治経済改革をめざす政党への不信感の表れとして、スロヴァキアの市場経済化・民主化改革を進めたいエリートからとくに支持されていた。スロヴァキアの経済学者であるシパニャールは自身の論説のなかで、一九九二年総選挙後の政権がポピュリズム的かつ権威主義的であることを指摘し、「かりにスロヴァキアが独立するような事態に至ったら、そのスロヴァキアは本質的に非民主主義国家になるだろう［シパニャール 1992：100］」と、分離独立を強く否定した。しかしながら、結果として、選挙でＨＺＤＳとＳＮＳが合わせて四五パーセントに上る票を獲得したことで[*4]、分離の手続きは加速してしまい［Krejčí and Machonin 1996：49–50］、スロヴァキアは一九九三年一月一日に独立することが決定した。

分離後、スロヴァキアの経済は混乱期を経て、少しずつ持ち直し始めたが［本間 1996：130］、政局は非常に不安定な状態が続いた。HZDSのメチアル首相は強引な政治スタイルが批判されて、一九九四年三月に罷免されるが、同年の選挙で再びHZDSが勝利したため、再び首相となり、当時のコヴァーチ大統領と対立する。首相と大統領の対立は単なる政治闘争を越えて、メチアルが時には非民主主義的な強硬姿勢をとっていたため、その政治手法はEU諸国からも警戒された［林 2003：153–155］。メチアルを中心とした内閣は反西欧主義的な傾向が強く、ロシアとの関係を重視していたため［矢田部 1997：32，林 2003：151］、メチアルが失脚する一九九八年まで、NATOとEUへの加盟交渉は遅れていた。この一九九三年から一九九八年までの政治的混乱は、スロヴァキアで「西」側を志向する知識人にとっては、単なる政治家個人の政治闘争ではなく、民主主義的な政治への脅威として認識されていた［Gál et al. 2003：31–32］。本書に出てくる地方都市のNGO幹部も、この時期のことをしばしば批判的に語っていた。

その後、一九九八年の総選挙でHZDSとSNSは政権を離れることになり、EU加盟に前向きな外交方針を持つ新政権が発足した。この間、NATO、EU加盟に向けての交渉は順調に進んだので、スロヴァキアは周辺諸国とともに二〇〇四年のEU加盟が見込まれるようになったのである。EU加盟前の二〇〇二年の九月の総選挙は、スロヴァキアのNATO加盟、EU加盟に影響を与えるものとして、ヨーロッパ諸国から注目された。もし、HZDSが再び政権を獲得し、メチアル前首相が復帰した場合、EU加盟は困難になると予想されていたからである［林 2003：156–158］。結果的に最も多く票を集めたのはHZDS（一九・五パーセント）であったが、政権はスロヴァキア民主キリスト教連合（Slovenská demokratická a kresťanská únia、以下SDKÚ）（一五・一パーセント）、ハンガリー連立党Strana maďarskej koalície、以下SMK）（一一・一パーセント）、キリスト教民主運動（Kresťanskodemokratické hnutie、以下KDH）（八・三パーセント）、新市民同盟（Aliancia nového občana、以下ANO）（六・三パーセント）の連立政権となり、EU加盟に前向きな政権が続行することとなった。[*5]

筆者がスロヴァキアに滞在し始めたのは、ちょうどこの総選挙が行われた二〇〇二年からである。第一章の冒頭でスロヴァキアの地域格差に触れたが、この総選挙の結果は、当時のスロヴァキアの都市部と村落部の考え方の差を示す指標としても興味深い。おおまかな傾向として、まず都市ではNATO、EUへの加盟に前向きなSDKÚが支持され［Gyárfášová 2003：123］、村落部ではHZDSが支持されていた。特に人口一〇万人以上の都市におけるSDKÚの得票率二八・六パーセントに対して、村落でのそれは八・四パーセントに過ぎず、[*6]その差は顕著であった。さらに、この選挙では体制転換以来、初めて共産党が議席を獲得したことも特筆に値する。共産党の支持率が高かった選挙区は、国内で失業率が最も高い地域のひとつである東スロヴァキアの東端、ポーランド、ウクライナとの国境付近の地域であった。この時期には、高い失業率と経済不安の一方で、市場経済に適応し成功する人々との貧富の格差が徐々に表れ始めていた。共産党の復活は、必ずしも共産主義を要求しているとは限らず、現政権への批判という意味合いも込められている。「辺境」の地域が共産党に票を投じたということは、「西」側への回帰へ向かうスロヴァキアの政治に対する不満を感じている人々がその地域に多くいるということを示す。

この二〇〇二年の選挙の結果を受けて、スロヴァキアでは順調にEU加盟に向けた準備が進められ、二〇〇三年五月にはEU加盟を問う国民投票が行われた。この国民投票では、投票率五二・一五パーセントのうち、賛成が九二・四六パーセントの圧倒的多数でEUへの加盟が決定したが、この投票率と賛成票の率も地域格差が大きかった。投票に行った者および賛成に票を投じた者の割合は都市で高く、スロヴァキアの北部と東部の村落部[*7]では投票率が五〇パーセントを割っている選挙区も多々あった。[*8]スロヴァキアでは、投票率が五〇パーセントを割った国民投票は無効になるため、国民投票の棄権は、無関心だけでなく反対意見の表明を示すと理解することも可能である。この国民投票でもっとも反対票が高かった選挙区は、二〇〇二年選挙で共産党への支持が強かった選挙区と同じである。この選挙区の場合、投票率四九・四二パーセント、そのうち反対票の率は一三・四二パーセントであった。スロヴァキア国内の地域格差への不満は、このような場面にも表面化していた。

筆者がパヴォル村とリエカ村で本格的にフィールドワークを始めたのは二〇〇七年であるが、その前年の二〇〇六年にも総選挙が行われている。この選挙では一九九八年以降、EU加盟を進めてきた政党が敗北し、左派政党である「方向」党（Smer）が第一党となって、経済成長よりも社会福祉を重視する政権が成立した。この連立政権には、一九九〇年代前半に政権を担当していたHZDSとSNSも加わっている。筆者がフィールドワークを行った時期は、政治的にはEU加盟後の「揺り戻し」の時期でもあった。

＊1　"Míra nezaměstnanosti v ČSFR" *Lidové noviny*（チェコ日刊紙）1992/6/19, p. 16. より。なお、この記事に掲載されていたのは地区ごとの平均値のみであったので、チェコ全体、スロヴァキア全体の平均値は筆者の計算による。

＊2　HZDSはSNSほど独立が主張の中心にあったわけではない。当時、HZDSは独立は国民投票の結果次第と考えていた［Stein 1997：180］。しかしながら実際には国民投票は行われずにチェコスロヴァキアは分離した。

＊3　もっとも、一九九五年にメゴが行ったインタビューにおいて、HDZSの議員であるスロボドニークは、HZDSは一九九二年の選挙の際、スロヴァキアのナショナルアイデンティティに訴えたものではなく、スロヴァキアの経済状況の改善を訴えたと述べている［Mego 1999：256］。

＊4　クレイチーによる各政党の主張のラベリングを採用すれば、その他の政党の得票率については、独立は延期することを主張していた政党（KDH）が九パーセント、旧共産党が主体となった政党（SDĽ）が一五パーセント、ハンガリー系政党が七パーセントであった［Krejčí and Machonin 1996：49, Kopeček 2007：118］。また、スロヴァキアでは得票率が五パーセント以下の政党は議席を獲得することができないが、この選挙では死票が二四パーセントに上っていた。

＊5　得票率については、*Pravda*（スロヴァキア日刊紙）, 2002/9/22 minoriadne vydani（号外）, p. 1. "Pravica mieri k moci" を参照した。

＊6　"Víťazi volieb v jednotlivých okresoch" *Pravda*, 2002/9/22 minoriadne vydani（号外）, p. 3. より。

＊7　ただし、村落部であってもハンガリー人の多い南部スロヴァキアは除く。ハンガリー系の人々はEU加盟を望む傾向が強く、この地域は比較的投票率も賛成票も多かった。

＊8　"Účasť voličov na referende o vstupe Slovenska do EÚ", *Pravda*, 2003/05/19, p. 3. および "Výsledky referenda podľa okresov", *SME*（スロヴァキア日刊紙）, 2003/5/19, p. 3. より。

第 3 部

「自治」の時代の人々にとってのデモクラシー

リエカ村の年金受給者会の会合（2008 年 10 月著者撮影）

テレビ収録中のリエカ村民族舞踊団
（2007 年 6 月著者撮影）

第6章　ネオリベラリズムの時代の自治／「自治」

1　地方分権化と「自治」

(1)　地方分権の時代へ

体制転換以降、多くの人々が経済的に厳しい状況に陥ったことは既述の通りであるが、それは自治体（市・村）などの行政の側も同様であった。その理由は、単に税収が減少したからというものだけではなく、政治制度の改革とも関係する。体制転換以降、国営企業の民営化、協同農場の民営化・解体など、社会主義時代の中央計画経済からの転換として、経済分野の脱集権化が進められた一方で、政治分野においても社会主義時代の中央集権型のシステムから地方分権化が進められた。分権化にも様々なレベルがあるが、スロヴァキアの場合、二〇〇二年の改革によって「自治（*samospráva*）」が拡大され、それまで国や郡が担っていたサービスの多くが財源とともに自治体の管理下に入ることになった。それによって、小規模の自治体も、それぞれ与えられた裁量の範囲内で経済政策に取り組むことが可能になったのであるが、体制転換後「敗者」となった村落が、苦しい状況に直面することは容易に想像できた。第2部では、村のなかにおけるアソシエーションの連携に注目することで、彼／彼女らなりの自発性がもたらしたゆるやか変容を描いてきたが、第3部では、地方分権化によって与えられた「自治」への人々の対応を通して、政治的、経済的な文脈を踏まえたコミュニティの変容とそこに内在する価値観について考察したい。

本章では、まず「自治」という言葉が二通りの側面を持つことに注意したい。詳細は次項で述べるが、本来であれば、自治とは人々が自らの居住する社会を主体的に治める政治のありかたであり、それは人々が体制転換時に思い描いたデモクラシーの具体的なひとつの像に適合するはずのものである。しかしながら、スロヴァキアにおける自治の拡大は、自治体にある程度の権限を移譲すると同時に、国家の財政負担を軽くする意図が込められており、体制転換以降、ポスト社会主義国にも広がり始めたネオリベラリズムを背景としている。ネオリベラリズムとは、ハーヴェイの定義によるならば、「強力な私的所有権、自由市場、自由貿易を特徴とする制度的枠組みの範囲内で、個人の企業活動の自由とその能力を十分に発揮させることで人類の福利が増大するとする政治経済実践の理論である［Harvey 2005：2］」。この定義だけを見れば、企業活動に関する側面のみが想定されるが、ネオリベラリズムは、かつては公的な領域とみなされ市場化されていなかった公共インフラの民営化など、国家が管轄する領域の縮小を伴うものである。スロヴァキアでは一九九〇年代後半からＥＵ加盟に向けた交渉が積極的に進められたが、同時にネオリベラリズム的な政策も本格的に導入された［Stenning et al. 2010：51］。ポスト社会主義国においてこれらの政策がもたらしうる最大の懸念として、現地における社会ないし社会的なるものの構想力が失われてしまうことが挙げられる［渡邊 2010：23–25］。スロヴァキアの村落も例外ではなく、本章で描く自治の現場においても同様の現象が確認される。ネオリベラリズムの意図を含んだ自治と、住民自身が政治により深く参画することを目指す自治は、政策の策定側にとっては合理的に同義だと理解できるが、住民にとっては内実を伴わない「自治」である。本章では、この二つの「自治」の意味の違いを分かりやすくするために、ネオリベラリズムの意図を含む前者を「　」付きでの「自治」と記し、後者を「　」なしで自治と記すこととする。

(2)　二つの自治／「自治」

西欧諸国では中世以降、都市における自治制度が発達していたが、村落共同体もまたある程度の自治を保持していた［小滝 2009］。スロヴァキアの場合も同様で一四－一五世紀にはスロヴァキア村落における「ドイツ人の権利（*nemecké právo*）」が認められ、普通選挙ではなかったが、村民から選挙によって選出された村長（*richtár*）と村議会による自治が行われていた［Filová 1975：953］。チェコスロヴァキア第一共和国時代も自治制度は維持され、制限つきとはいえ、村落においても自由選挙に基づく民主的自治の制度が定着していた。社会主義時代も形式上、自由選挙は存在し続けたが、立候補者数と議席数が同じであることが多く、結果的に社会主義時代の村議会議員はほぼ共産党員であったことから、実際には、村落自治の場は共産党の意向が反映されるものだったと多くのインフォーマントは語る。もちろん、日常的に住民の民意を反映させるインフォーマルなシステムが存在したと予想されるとはいえ、このような社会主義時代の中央集権に対する批判として、第2章で触れた戦間期のアソシエーション活動への評価と同様に、戦間期のチェコスロヴァキア時代における村落政治もまた、各村落が自治意識を持ち、村の人々も自分の村の政治に関心を持っていたものとして肯定的に評価されている［Pašiak 1991］。現代のスロヴァキア人で、チェコスロヴァキア第一共和国の自由選挙の記憶を持つ者は多くはないが、第5章で触れたように、祖父母や親世代から語り聞いた経験のある者は少なくない。そのような「民主主義の伝統」はヨーロッパとの連続性を示すものとして、体制転換以降の「ヨーロッパへの回帰」志向を支える歴史認識を構築していた。

現在の西欧型民主国家においては、選挙だけでなく、より市民に近い政治の場である地方自治のありかたも重要視される。そこにおいて自治とは、①市民の間に共同の問題についての共同の関心と義務の意識を生み出し、②他人とともに効率的に働くよう人々を養成し、常識・道理性・判断力・社交性を発達させる効果を持つものとされる［小滝 2008：35–36］。欧州では地方自治について共通した標準を見いだすために一九八五年に欧州地方自治憲章が採択されており［室田 2002：89］、スロヴァキアの人々が規範的な意味で「ヨーロッパ人」であろうとするならば、民主的な政治制度としての自治の導入とその拡大に表立って反論することは不可能である。実際に、EUはスロヴァキアに加盟候補国の段階から地方自治体への権限移譲を要求していた。それは、国境地域協力などの支援の現場において、地域が主体となることを前提として考えていたからである。

しかし、世界のあらゆる場所で行われている民主政治のありかたが西欧型と同じではないように[3]、西欧型の分権化による自治を普及させることに対する反論も当然ながら存在する［Bierschenk and De Sardan 2003］。拡大前のEU加盟国内でも、市民参加に重点を置いた民主主義のシステムが共通して理解されていたとは限らなかった［Magnette et al. 2003：839］。であるならば、なおさら、スロヴァキアの人々が、「ヨーロッパ」の一員であることを強く自覚していたとしても、その社会に適応できるかどうかは別の問題だと考えられる。

文化人類学における自治の研究は、マイノリティの自治獲得がテーマとなることが多く［Khasnabish 2004, Nash 2001］、キーワードは共有していても先行研究は手薄であると言わざるを得ない。政治学の領域ではあるが、滝田豪による中国で政治改革の一環として導入された「村民自治」の研究は興味深い。中国において、国家から与えられた「村民自治」の現場で注目すべきなのは、共産党からの介入の存在や政治腐敗の問題であり、自治をいかに民主的なものにするかが課題となる［滝田 2006］[4]。同じように与えられた自治ではあるが、スロヴァキアの場合は、人々が求める自治と与えられた「自治」にずれがあることが課題である。体制転換後のスロヴァキアにおいては、デモクラシーはもはや所与のものであり、地方分権化とそれがもたらした「自治」に対応する人々の模索は、むしろネオリベラリズムに対する模索と置きかえて考えることができる。

ネオリベラリズムが社会に与える影響に関してであれば、近年の文化人類学における研究蓄積は豊富である。自由な市場の原理が優勢となることで、生活に困窮する個人が増加することを含め、コミュニティにおける影響は数多く言及されてきた［Comaroff and Comaroff 2001, Ferguson 2006, Gledfill 2004, Hilgers 2012, Keough 2006, Ong

2006］。その一方で、具体的にネオリベラリズムに対抗する手段としては、連帯経済［小田 2009］やＮＧＯの活動［Gledhill 2004］が注目を集めている。欧米でネオリベラリズム的な政策が普及していった一九八〇年代以降、同時にＮＧＯなどのボランタリーな活動が社会のなかで存在感を持つようになったのは偶然ではない［Harvey 2005：177］。

ネオリベラリズムという政治経済制度が自己統治や自己責任という概念と親和性が強いことも、すでに明らかにされつつある［Ferguson and Gupta 2002, Greenhouse 2010, Kipnis 2008］。まさに、第1章の先行研究でも言及したパレイによる民主主義建設期のチリの民族誌のように、ＮＧＯで活動すること自体が国家の統治の枠組みに取り込まれてしまう現象と同じことが生じているのである［Paley 2001］。もちろん、たとえ企業内であっても、被雇用者たちが完全に自己統治を行うことはあり得ず、人々の自律性は残存する［Dunn 2005］。しかし、ネオリベラリズムの統治性は、目に見える剝奪や経費削減に向かうだけでなく、人々の同意を得やすい合理的な管理運営としても現れるので［Collier 2005：375］、現場に関わる人々もその自覚を持ちにくい点に、注意すべきである。ある集団が外部に対して一定の自律性を持って運営を行うことが自治であるはずだが、とくに小規模自治体において、村長や村議会議員は村落内部の人間でありながら、ネオリベラリズムの現場で進行する「自治」を行うアクターであることを求められる。

本章で扱いたいのは、これまでの先行研究において対抗すべき外部の存在として認識されがちなネオリベラリズムが、コミュニティの内側にすでに入り込んでいる場合の分析である。コミュニティやアソシエーションはこのときも有効な対抗手段になりうるのだろうか。確かに、自治体が地域を運営する権限が高まったことで地域の公共性を育む契機となりうる側面は否定できないが、同時に、限られた資源を前にした人々に対し、「自治」はネオリベラルな統治の方法を徹底する役割を果たしている。この「自治」の下でのコミュニティのありかたについて、体制転換以降の社会における経済システムと人々との関係を重ね合わせながら考察を行いたい。

2 「自治」の模索

(1) スロヴァキアの地方分権化プロセスと新たな「自治」のはじまり

体制転換後、一九九〇年から九一年にかけて、チェコスロヴァキアでは政治システムの改革として、まず社会主義時代の中央集権システムの解体が検討され始めた。中央に集中していた権限を地方に移譲することが試みられ、それまでの行政区分が、自治を行う単位として設定された。これによって、各自治体を代表する地方政府と政府が両立するシステムの確立、国から自治体への財産といくつかの権限の移譲が目指されることとなった［Beblavý 2003：88］。体制転換以降、市町村レベルの自治体の上位に設定された地方政府である県（*kraj*）の領域は何度か変更されたが、二〇〇七年の調査時では県の数は八、郡（*okres/odvod*）の数は七九であった。県のなかにはおよそ一〇の郡が存在し、それぞれの郡のなかに各市町村が存在する。郡の規模によっても異なるが、一つの郡が管轄する自治体の数は多くて一一〇程度、少なければ四〇程度であった。日本と比較するとスロヴァキアの自治体は規模が小さいものが多いため、その数も多い（表18参照）。

表18は、ほぼ体制転換直後の一九九一年の自治体の規模と人口割合を示したものであるが、スロヴァキアでは社会主義時代に都市化が進み、人口の五六・一パーセントは五、〇〇〇人以上の規模の自治体に居住するようになっていたが、残りの四三・九パーセントは五、〇〇〇人以下の自治体に居住していた［Čapková 1995：201, Krivý 2004：9］。単純に自治体の数で計算すると、スロヴァキアの全自治体のうち人口五、〇〇〇人未満のものの割合は九六パーセントにも上り、小規模の自治体の数の多さが目立つ。都市部の人口増加は、一九九〇年代前半までは続くが、二〇〇〇年代には止まり、近年はむしろ五、〇〇〇人以下の自治体の方が、人口が増加に転じている(5)（一九

表18 スロヴァキアの自治体の規模と人口割合（1991年）

人口規模（人）	自治体数	全人口に占める割合（%）
0-199	345	0.8
200-499	820	5.4
500-999	779	10.5
1,000-1,999	523	14.0
2,000-4,999	237	13.2
5,000以上	122	56.1

［Čapková 1995：201］より作成。

表19 権限移譲の計画

2002年から：	上下水道，地域鉄道，公共交通，地域開発の整備・計画，文化活動，社会福祉，教育，スポーツ，健康に関する事業
2003年から：	都市計画
2004年から：	道路整備計画

［Beblavý 2003：91］より作成。

九人以下の自治体は除く）［Mládek et al. 2006：142］。この背景の一つには都市部の住宅費の高騰により、都市部への流入が困難になっていることが挙げられる。同時に都市で生まれ育った者であっても、都市周辺の小規模自治体に住宅を購入し、居住する者も増加している。なお、パヴォル村やリエカ村のような五、〇〇〇人以下ではあるが、ある程度の人口を持つ小規模自治体は、経済的には厳しいものの、スロヴァキアにおいては過疎に悩まされる地域とはみなされていない。

地方分権化の過程において、市町村レベルの自治体には様々な権限の移譲が検討された。結果として、スロヴァキアでは二〇〇二年から二〇〇四年にかけて表19の項目について国から、県や村・市などの自治体に権限と財源が移譲され、具体的には、表20のように公共サービスの管轄が定められた。

スロヴァキアの政治学者チャプコヴァーは、分権化が自治体にもたらす利点として、政治的、経済的な自立性を持つことができること、自治体の発展のために自由に使える自治体独自の財産、財源を持つことができること、地域の問題について自治体のレベルで意思

表 20　公共サービスの管轄（2004 年）

自治体（市町村）	地方政府（県）	国
初等学校・幼稚園	高校	就学支援
社会福祉サービスの環境整備	社会保障の一部	社会福祉行政
自治体内の道路	広域道路	社会秩序の維持（警察など）
地域医療（救急医の設置など）	広域医療（中規模病院の設置）	広域都市計画*
自治体内の都市計画	公共交通機関の管理	国立劇場，博物館，図書館

［Beblavý 2003：91］

＊スロヴァキアの健康保険は民営化しているため，医療に関しては，地域ごとの病院の配置など，さらに広域の都市計画がこの項目に入る。

決定できることなどを挙げている［Čapková 1995：203］。しかし、一方で予想される問題点として、そもそもスロヴァキアの財政のシステムが安定しておらず、財源も不足していること、自治体を運営する能力を持つ人材が不足していること、財源の保証なしに責任が自治体に移譲される傾向にあること、小規模の自治体の場合、その財政基盤の小ささゆえに経済発展に与える影響が限られてしまうことを挙げている［Čapková 1995：203］(6)。実際に調査で聞きとった村落の問題は、これらの予想された問題点とほぼ同様の内容であった。

分権化が進んだことで、各自治体の仕事も増加したが、パヴォル村でもリエカ村でも「分権化が進んで村役場の仕事は増えたけれど、今のところ役場の職員を増員する余裕はない」という返答を得た。リエカ村の場合、フルタイムで仕事をするのは、村長一名、役場内の事務職員五名(7)、文化センター職員一名であり(8)、リエカ村より規模の小さいパヴォル村では、村長一名、事務職員三名、村営図書館兼文化行事担当職員一名であった。一〇名程度の村議会議員は、若干の報酬はあるとはいえ、議員は専業ではなく、普段は別の仕事に従事しているので、村役場のルーティンワークを担うことができない。分権化によって相対的に意思決定の場としての村議会の力も大きくなっていると考えられるが、行政の実務に携わることのできる人数が限られていることもあり、選挙で選出され、かつフルタイムで仕事に従事できる村長は負担と期待を一身に背負うこととなった。

(2) 求められる「自治」とは

パヴォル村やリエカ村のように小規模な村落において、地方分権化は村役場職員や村議会議員のみが関心を持つ事項とは限らない。直接的に意思決定に参加することはできなくても、村落において指導的立場にあるエリートの動向に人々は注目していた。ただし、そこでいう動向とは、限られた予算を何に使うのか、村のインフラ整備のためにどれだけ経済的支援を集めることが可能か、より具体的には、いつ自分の家の前の道路が舗装されるか、いつ自分の家の水道工事ができるかという即物的な側面に偏りがあった。

二〇〇〇年代のスロヴァキアでは、EUに関連する経済的支援に人々の期待が集まっていた。パヴォル村もリエカ村も、域内の経済格差を是正する構造基金やEUによる新規加盟国のための経済的支援であるPHARE CBC、国境地域支援のINTERREGなどからインフラ整備やイベント開催のための経済的支援を受けた経験を持つ（表21参照）。実際には、必ずしも自治体からの働きかけや努力によって支援が得られるものとは限らず、国レベルの開発計画の一環として支援を申請するしかない場合もあり［室田 2002：136］、しかも、必要経費の全額が援助されるわけではなく、EU、国、当該自治体で何割かは負担しなければならないが、それでもインフラ整備を早急に進めたい自治体にとっては魅力的な選択肢であった。

主たる調査を始めた二〇〇七年は、リエカ村が経済支援を複数獲得した直後であったこともあり、「今の村長は活動的だから、この村は周りの村よりもEUから多く援助を受けることができた」という言葉を何度か耳にした。リエカ村の村長は二〇〇二年に村長に初当選し、二〇〇七年の調査時において、年齢は四〇代半ばで、二期目を迎えたところであった。オーストリアの隣村とも定期的に連絡を取り、スロヴァキア国内の様々な会合などにも積極

表21　調査地への主な経済的支援（EU関連）

①パヴォル村

支援開始年	内　　　容
2002	オーストリア国境の橋の工事
2004	文化行事後援（国境地域交流イベント）
2005	パヴォル村を含めた地域一帯（マリアン村，ヘラニツァ村など）の上水道工事
2009	教会前の広場の整備
2010	サイクリングロード整備

②リエカ村

支援開始年	内　　　容
1998	リエカ村を含めた地域一帯（マラツキー町，マラー村など）の上水道工事
2003	下水処理システムの工事（2003年）
2005	文化行事の後援（国境地域交流イベント）
2006	文化行事の後援（民族舞踊祭）
2006	中心地域の整備（村役場，文化センターの改築）
2006	サイクリングロード整備

スロヴァキア経済省ウェブページ〈http://www.economy.gov.sk〉（2009年12月13日確認）内のデータベース資料（サイトリニューアルにより現在は一部が削除された），村役場での聞き取り，村内の支援を示す表示板（写真12，13，16）より作成。

的に出席していることが、活動的だと理解されている。しかし、リエカ村もパヴォル村もまだ必要なインフラ整備は完了しておらず、また住民のためのイベント予算も決して潤沢とは言えないため、引き続き様々な支援の方法を模索しているところであった。

当然のことながら、申請はしたが希望通りに採用されない場合も多い。パヴォル村は、オーストリア側の隣村であるホーフ村とチェコ側の隣村との三つの国の国境周辺で、二〇〇四年五月一日のEU加盟記念イベントを企画していたが、これについては予算が縮減され、規模を縮小しての開催となった。また協同農場跡地を活かし、観光客向けのアグリツーリズム施設の建設を計画したが、こちらは不採用であった。しかしながら、パヴォル村の観光開発であれば、INTERREGから支援を受けた近隣のスカリ

写真 12（右） EU からの支援を得て建設されたパヴォル村の橋。この川がオーストリア国境にあたる。（2007 年 4 月筆者撮影）

写真 13（左） EU からの支援を受けたことを示す石板（2007 年 4 月筆者撮影）

写真 14 パヴォル村の上水道工事が EU の支援を受けたことを示す石板（2007 年 9 月筆者撮影）

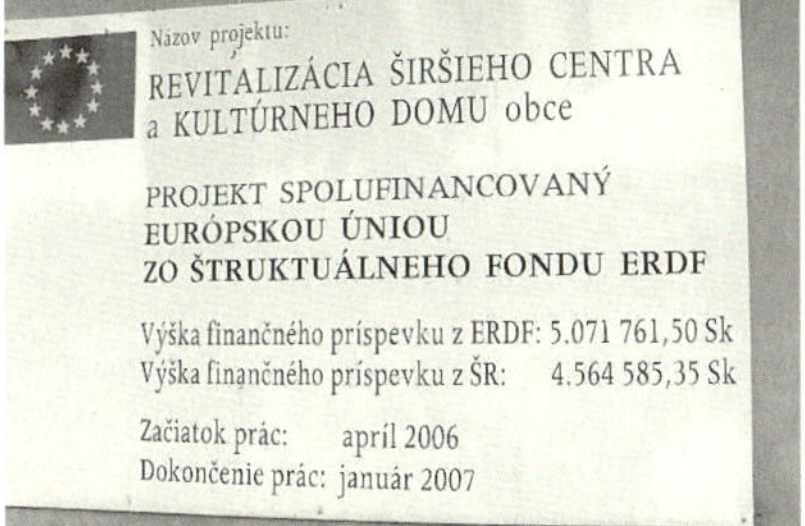

写真 15（右） EU からの支援を受けて改装されたリエカ村の文化センター「文化の家」（2007 年 5 月筆者撮影）

写真 16（左） EU からの支援を示す表示（2007 年 5 月筆者撮影）

ツァ町の観光開発団体「ザーホリエワインの道」に協力することで、村を含めた国境地域のPRを行うなど、他の地域や団体と連携を取って、資金が獲得できなかった分野についても、何からの方法で地域振興に結び付ける方法が模索されている。

〈インタビュー19　地域振興のための資金獲得について(9)〉

筆者：(現在村が抱えている問題についての質問のなかで)……では経済面についてはどうですか？　何か村で抱えている問題はありますか？

ザハラドニーク氏：経済的問題を抱えていない村なんてスロヴァキアにあると思いますか？　当然、問題を抱えています。水道工事を継続しなければならないし、ごみ処理の問題もある。村の中心部の改修工事もしたい。幸い、最近中心部の道路は補修できたけれど、何かの可能性を常に探さなくてはならない。…(中略)…水道工事については近隣のマリアン村やユール村と一緒にプロジェクトを立てているところです。

筆者：一緒にプロジェクトを立てることに何かメリットがあるのですか？

ザハラドニーク氏：パヴォル村だけのプロジェクトはなかなか認められない。複数の自治体によって構成される小規模地域（*mikroregión*）のプロジェクトの方が、最近は支援を受けやすいですね。

二〇〇六年末の選挙で初めて村長に当選したパヴォル村のザハラドニーク氏は、どの政党にも所属しておらず、村長になる前は、村議会議員を務めつつ、現在の国境の橋が建設される前に使用されていた仮設の浮橋を管理する会社で働いていた。一九八九年の体制転換のときは、ちょうどブラチスラヴァで大学生として経済学を学んでいた。当時は村にはあまり戻らず、パヴォル村の「革命」活動との関わりはほとんどなかったという。ブラチスラヴァ郊外の国境解放のイベントには参加したが、体制転換のときは別の村で村長をしていた親戚が、村の人に嫌がらせを受けたりしないかと不安に思った記憶があると語った[10]。とはいえ、共産党側であったわけではないので、パヴォル村のかつての「革命」支持者との関係も悪くはなかったようである。年齢も四〇代半ばで、体制転換前後の混乱期は村を離れていたうえ、社会主義時代に就業経験がないためしがらみも少なく、村のなかでの派閥からは比較的自由な存在であった。

パヴォル村のザハラドニーク氏の前の村長は、社会主義時代以前、一九八〇年から二六年間村長を続けてきた人物であったが、二〇〇六年は村長選には出馬せず、以後は村議会議員として村の政治に関与している。当時共産党員でありながら、柔軟な姿勢を示すことができ、それほど共産党の思考に偏っていなかったことと、幅広い人脈を持つことが支持されて、体制転換以降も村長であり続けた。ザハラドニーク氏は、この前任者としばしば比較された。

スロヴァキアでは、社会主義が終わっても何かするのにコネクションが必要だった。前の村長はいろんな人を知っていた。だから社会主義時代から二〇年以上も村長をしていた。今の村長はこれからいろいろなことを学ばなくてはならない。お金の取り方も含めて。

（パヴォル村幼稚園園長、女性・五〇代、2007/5/16）

これはパヴォル村の幼稚園園長がザハラドニーク氏について述べた言葉であるが、ここでも村長に期待される役割として、端的には村にお金を持ってくることが前提とされている。しかし、この園長や、前述のリエカ村の村長を活動的だと評した村の人々が考えているような、村長に期待されるコネクションのありかたは、必ずしも社会主義時代と同じであるとは言えない。

現在、情報の入手に関しては、専門のコンサルタント業者が存在しており、どのような地域振興のための支援事業があるかは自治体にメールで連絡が入るようになっている。もし、それに応募するならば、コンサルタントが書類作成などを補助するビジネスも存在する。[11] 社会主義時代のように情報自体が一部の有力者に独占されていた時代ではなく、情報もまたビジネスを介在してすぐに広まる時代となっている。さらに、国境地域協力など、ＥＵからの援助に関係するものであれば、地域行政の透明性も重要視されている。むしろ、そこで重要となってくるのは、近隣の自治体と連携して資金獲得を目指すために必要な計画力や、村議会議員との調整力であり、コネクションにしても権力のある知人の有無といった垂直的な関係だけでなく、連携を取るための水平的な関係が必要になっている。現在はザーホリエ自治体連合（*Združenie miest a obcí Záhorie*）というザーホリエ地域の自治体代表者の団体や、スロヴァキア全体の自治体連合も成立しており、村長をはじめとした地域のエリートが新たな時代に必要なコネクションを形成するための土台も、ある程度は整備されている。「自治」の時代の村長としての実務に必要な能力は変化している一方、人々からは社会主義時代的なパトロンとしての村長の役割も求められ続けているので、村長に求められる能力は非常に幅広くなった。このことは、人材に限りがある小規模な自治体にとって、決して有利なことではない。

(3)　自助努力と「自治」の相違

体制転換以降、新たに外部の資金獲得の機会が得られたことは、自治体にとっては歓迎すべきことである。しかしながら、自治体やアソシエーションが資金の獲得に高い関心を持つのは、体制転換以降、急激な物価の上昇にもかかわらず公的予算が限られていることに、人々が失望していることの表れである。基本的な社会基盤である上下水道や、村の中心部の整備工事にもＥＵからの支援を期待しているのである。公的機関の現場における、もっとささやかなレベルの収入獲得や支出の削減による財源確保は、分権化以前からも行われていた。体制転換以降の村落において、文化関係の予算は真っ先に削減される対象となったため、リエカ村では村のイベントを充実させるために文化センター担当者が様々な努力をしていた。

イベントのための村の予算に限りがあるため、お金を集める方法をずっと考えていた。…（中略）…一九九〇年代初めは人々にまだお金があり、余裕のある時代だったのでディスコパーティー[12]を企画すれば人が集まり、お金を集めることもできた。しかしだんだん景気が悪くなり、失業も増えて、そんな雰囲気ではなくなったからやらなくなった。…（中略）…子どもの日のイベントやクリスマスパーティのための資金は、ホールを外部の物販業者に貸した施設利用料や、スポーツ関係のくじやロトなどの販売を併設のレストランで扱うことで集めた。最近は、（予算が厳しくて）劇団を呼んだりするのは難しい。

（リエカ村文化センター職員、男性・三〇代、2007/4/20）

この文化センター職員のコメントからは、体制転換後の厳しい経済状況に対応する苦労がうかがえる。分権化が進行する前から、どこの組織もこのような活動資金獲得のための微々たる実践に取り組んでいたのであるが、分権化は、資金の問題について担当者をより深刻に悩ませることとなった。

二〇〇二年に地方分権化が本格化したことは、学校関係者にも大きな影響を与えた。学校関係の予算は、二〇〇二年までは国の教育省から郡を通して各学校に交付されていたのだが、それ以降は各自治体から予算が交付されることになり、学校関係の予算が村の経済状況の影響を受けるようになった。二〇〇二年からは数年を経た調査時において、関係者たちは長所と短所を認識したうえで対応策を考え始めていた。

二〇〇二年以降、いろいろと書類は煩雑になった。村にお金の余裕があるとも思えないから、古紙を児童と協力して集めたりしている。これからは（学童保育利用児童や職員のための）学校の食堂を村の人にも使ってもらえるようにしたりして、少しでも学校でお金を集めたいと考えている。

（リエカ村初等学校校長、男性・四〇代、2007/4/30）

以前は郡庁所在地で教員の勉強会とか、説明会とかいろいろあったけど、今はなくなった。お金がないからなのか、学校が郡でなく、村の管轄になったからなのかわからないけれど。でも今はインターネットで、いろいろ自分で知ることができるから、なくてもいいのかもしれない。…（中略）…昔は何か学校関係で相談が必要な時は、郡庁所在地まで行かなくてはならなかったけれど、今は村役場ですむのはいいわね。でも、不便なこともある。昔は例えば、急に修理が必要になったときでも郡に頼めば、来年以降しばらくお金を回してもらえないということを条件にとりあえず修理費をもらうことができた。でも今は村だから、そのようなお金があるのかどうかわからない。仮に修理費を出してもらえたとしても、村で他の大事なことにお金が使えなくなっているかもしれないと不安に思う。

（パヴォル村幼稚園園長、女性・五〇代、2007/5/16）

学校に関しては、郡レベルでなく村のなかで様々な相談が可能になったことを、他の関係者も利点として挙げていた。しかし、学校の運営資金が減少するかもしれないという不安は非常に大きいものであった。リエカ村の初等学校校長は、学校の自助努力を語ったが、それにも限界がある。リエカ村はちょうどこの時期、立て続けに村で食事ができるレストランの閉鎖が決まったばかりであり、この食堂の開放というアイディアは学校という場所が村の人々の生活と結び付く新たな可能性を持っていると言えるが、そこに利益を期待できるかは疑問である。また、地方分権化によって、限られた予算が各自治体レベルに任されたことは、帰属意識に関する別の問題を生むこととなった。

隣のマラツキー町の幼稚園はすぐに満員になって、ここの幼稚園に空きがないか問い合わせも来る。でも、今は村が運営のためのお金を払っているから、そういう人をあまり積極的に受け入れると問題になる。

（リエカ村幼稚園園長、女性・五〇代、2007/5/2）

幼稚園に子どもを預けるには、親が一定の費用を負担する必要があるが、運営費の大部分は公的な資金から賄われている。以前であれば、マラッツキー町の幼稚園もこのインタビューに答えたリエカ村の幼稚園も、予算を管理する郡レベルでは同じであるため、そのことを誰も問題にしなかったが、現在は村から運営費が払われているため、この園長は問題になると認識しているのである。実際の制度は、教育費はすべて村民税から賄われるのではなく、国から児童数に応じて一定の予算も配分されるため、それをどこまで問題と捉えるかは現場の判断によるはずである。とはいえ、規模の小さい自治体にとっては負担分は相対的に大きいと捉えられるであろうし、村の裁量である程度の予算の増減も可能であるので、「村の」幼稚園として認識されるようになったことは自然ではある。また制度の詳細を知らない人々にとっては、学校が直接自治体の管轄に入ったことで、心情的に村と学校の結び付きは強固に感じられるようになったとも考えられる。

これと同様の問題は、パヴォル村でも起こっている。パヴォル村には現在、厳密には初等学校が村にない[13]。初等学校がないこと自体は、五〇〇人以下の自治体では珍しいことではないが、パヴォル村のように二、〇〇〇人規模の村で初等学校を持っていないことは珍しい。というのも、パヴォル村は分権化を想定していない時代に、隣のマリアン村と初等学校を合併したからである。もともとは、パヴォル村にも初等学校は存在していたが、一九七六年にパヴォル村は隣接するマリアン村と合併したため、それにともない初等学校も合併することになった。とりあえず、低学年（一－五年）はそれぞれの村の校舎に通い、高学年（六－九年）はパヴォル村の校舎で学ぶことになったが、生徒数に対して校舎が手狭だったため、一九八四年に二つの村の境界近くの土地に現在の校舎が建設され、一年生から九年生まで続けて通える初等学校ができた。正確には校舎の敷地はマリアン村で、グラウンドはパヴォル村の土地だが、マリアン村の初等学校として管理されている[14]。

一九九〇年にマリアン村はパヴォル村から分離したが、学校は郡の管轄だったので、特に問題はなかったのである。しかし、二〇〇二年の分権化以降、初等学校がマリアン村とだけ関係を深めていくことに対してパヴォル村から不満の声が上がっている。なぜなら、初等学校と村が共同で行う行事は基本的にマリアン村がパートナーとなるからである。しかもマリアン村の人口は一、六六一人（二〇〇七年十二月三十一日現在）[15]であり、パヴォル村の人口よりも少ないため、その反発はパヴォル村の人々に共有されやすかった。

昔は初等学校の名前はマリアン・パヴォル初等学校だったけれど、今はマリアン初等学校に校名変更している。確かに初等学校はマリアン村の運営だけど、児童はそうではない。パヴォル村の児童も通っている。

（パヴォル村村長ザハラドニーク氏、男性・一九五三年生まれ、2007/4/23）

（マリアン村の人々だけでなく）パヴォル村の人々も初等学校の支援をしていた。（学校の運営資金を集めるためのパーティーに参加したり、くじを買ったり。）[16]初等学校の名前をマリアン村のみにしたことで、そのような人々を失うことになる。また、パヴォル村にとっても初等学校は村の文化行政にとって重要なパートナーだから痛手だ。

（コヴァーチョヴァー氏、パヴォル村女性・一九四三年生まれ、元初等学校教諭・元村議会議員、2007/6/19）

パヴォル村とマリアン村の初等学校をめぐる問題からは、二つ以上の自治体から児童が集まる学校についての現行の法制度の不備を指摘できるが、同時に時代によって異なるスロヴァキアの地方自治制度の変遷を垣間見ることができる。

社会主義時代、本当に小さな村は、新しく家を建てるための許可が下りないとか、規制があった。パヴォル村もマリアン村も、その規制の対象になるほど小さい村ではなかったけれども一つの村の方が何かと便利だと合併した。このパヴォル村に医療センターがあるのもそのおかげかもしれない。でも、体制転換後そのようなメリットもなくなったから、マリアン村も分離した。もともと別の村だったし、独立したかったのだろう。でも、今はまた分権化が進んで大きい自治体の方が有利だから、また合併するかもしれない。

（ハナコヴァー氏、パヴォル村女性・一九三八年生まれ、年金受給者、「年代記」執筆者、2007/6/18）

分権化は、自助努力の範囲としての自治体を明確に意識させる効果を持っている。このこと自体は、地域における連帯感や帰属意識を深めるきっかけにはなり、「自治」に関する肯定的な側面の一つでもある中央政府への依存からの脱却を手助けするかもしれない。しかし、人口二、〇〇〇人程度の自治体の自助努力には限界があることは、多くの関係者も理解しており、不安に感じている。制度への疑問は、基本的に資本主義の時代だから仕方ない、お金はどこもないから仕方ないという諦めに回収されてしまう。この論調を、社会主義時代を経験した人々の思考のパターンだとみなすことも可能ではあるが、諦めつつも、自助努力を行っているのは、「自治」という制度が、中央の論理を村落が内面化する形で機能していると考えることができる。政策としてのネオリベラリズムは自己統治や自己責任の概念と親和性が高いことは、先行研究を紹介する際に述べたが、単に経費を節約するだけでなく、自ら抜本的に合理的な統治を行う段階に村は直面している。次節では、このことに関連して、人々の「自治」理解の背景にある「資本主義」についての人々の認識を分析に入れることで、さらに考察を深めたい。

3　リエカ村の「自治」と自治の間の可能性

(1)「自治」への反発の局面

地方分権化とそれに伴う自治の強化には、村落の事情に合わせた政治を行うことが可能になるという利点がある。さらに、スロヴァキア全体で言えば、競争力をつけるために、都市部を重点的に活性化する効果も見込める。しかし、調査地の村落では、そのような利点よりも、地方分権化が進行したことによる経済的な不安の方が大きかった。それでも、この地方分権化によって与えられたものが「自治」／自治の拡大である以上、村落の人々のイニシアティブを発揮する機会は整えられるはずである。だが、実際には、この与えられた「自治」は、政治ではなく経済の問題として表面化することが多く、村のなかで経済政策の意思決定に参加するためには、ある程度の知識が必要とされるので、そもそも関わることのできる人材が限定されていた。生産年齢にある多くの人々は、村外の仕事に出かけており、村落が生活の大部分を占める生活をしているのは、自営業者と高齢者と子どもと村に職場のある一部の人々であった。ただし、「自治」の担い手は村落のなかの自治空間の担い手と等号で結ばれる関係にあったわけではない。本節では、与えられた「自治」の下で年金受給者会と一部の村議会議員の間で生じた対立から、リエカ村において「自治」と自治のありかたを考察したい。

二〇〇六年十二月に行われたリエカ村の村議会議員選挙では、「村の自営業者を中心とした人々」と村の人々が認識する議員が選出された。議員九名の内訳は、四名が村に基盤を置く自営業者（一名は農業企業主、二名が商店主、一名が建設企業主）で、一名がマラツキー町に少人数で起こした建設関係の企業で働いていた。残り三名も仕事を持ち、年金受給者（元教員）が一名であった。大学卒業以上の学歴（修士相当）を持つ者は三名で、このうち一名は、議員になった抱負として、EUなどからの支援の獲得を視野に入れた地域振興の意思を語っていた[17]。調査期間中、この村議会のメンバーについての意見は、様々な場所で耳にすることがあったが、概して村の人々は二〇〇〇年代の「自治」に対応することが見込める人材に期待したと捉えることができた。しかし、その一方で村議会の打ち出す一部の方針は、リエカ村の高齢者を中心とした年金受給者会のメンバーの間に強い反発を呼んだ。後に示す事例5と6はその経緯をまとめたものである。

年金受給者会については、すでに第5章で触れているので、再度の説明は避けるが、村役場からこれまでのボランティア的な活動について何度か感謝状を得ており、「村に貢献している」ことをメンバーは自認していた。また、年金受給者会のメンバーから、村の文化委員会の委員や村議会議員が何度か出ているので、年金受給者会は、村の行政においてもある程度の影響力を持っていたことに留意したい。

〈事例5　物販会の受け入れ禁止をめぐって〉

リエカ村の文化センターでは月に何日か、外部の業者に文化センターのホールを貸し、物品の販売を行う「物販会」が行われていた。年々文化イベントのため予算が不足していた文化センターにとって、業者が払う施設利用料は貴重な収入源であった。また、村の外にあまり買い物に出かけない年金受給者にとっても、比較的安価なものが買える機会が増えるので、「物販会」の存在はありがたいものであった。

リエカ村には食料品店は四軒、生活雑貨を扱う店は二軒あるが、これらの店に売っているもの以外を買うときはマラツキー町まで行く必要がある。物販会で売られる商品は、業者によっても異なるが、衣類、雑貨、食料品などであり、買い物の選択肢が増えるのは喜ばしいこととして、特に年金受給者に受け入れられていた。

しかし、村議会は二〇〇六年末の選挙後の第一回目の議会で、この文化センターにおける「物販会」の受け入れを中止する方針を示した。その理由は「文化センターは村の人々の活動に使われるべきで、物販会は利用法として正しくないから[18]」であった。筆者のインタビューに対して、文化センターの職員は「物販会は平日昼間なので村の若者の活動と重なることはまずない。今の議員は商店や会社の経営者が多く、平日昼間は仕事をしているから、そのような物販会には顔を出したこともない。年寄りがよく通っているのを知らないのだろう」と自身の見解を示した。

村議会選挙で選出された議員九名のうち、本人あるいは家族が村やその周辺で商店や会社を経営している者はおよそ半数いる。そのこともあり、「物販会」によく通っていた層の集まる年金受給者会では、物販会の禁止の目的は村の小売業の保護だと理解されていた。「今の議員は自分の利益しか考えていない」「資本主義で競争の時代なのに、なぜ安くて良い品を買う機会を奪うのか」などの不満が機会あるごとに話題として上った。

筆者がリエカ村の年金受給者会に顔を出し始めたのは二〇〇七年二月であり、年金受給者会の人々は、リエカ村の国境地域交流とアソシエーションに興味があるとやって来た筆者に多少遠慮しつつも、頻繁にこの問題に言及していた。年金受給者会の主導ではないようであるが、二〇〇七年一月には文化センターのホールではなく、文化センター前で物品を販売する業者が村役場に払う手数料を安くするための請願文書が、村民一四六人の署名とともに議会に提出されたことが村報にも記載されている。請願文書には、「……どこの施設を使うわけでもないのに、販売業者が現在支払わなければならない料金は高すぎる。リエカ村では買うことのできないものを業者販売で買うことができるように、文化センター前の業者の支払い料金を再考してほしい。……」[19]と記載されており、日常的な買い物の選択肢が村にしかない人々にとって、不満は恒常的に蓄積していたと考えられる。

この「物販会」受け入れ中止の決定は、何よりもリエカ村の文化センターに打撃を与えた。もともと活動資金の確保に苦心していたセンターにとって、「物販会」の業者が支払う施設利用用料は数少ない大事な資金源であり、それを奪われたのである。

〈事例6　文化センター廃止〉

一九八九年以降の村のアソシエーション活動において、文化センターの職員は村の文化委員会をサポートし、各団体、学校、教会の連携を取ってイベントを執り行う役割を担っていた。また、この職員はイベントの予算を村の予算のみに頼らないようにするため、物販会を行う業者を受け入れ賃貸料を稼ぐ以外に、スポーツくじやロトの販売を文化センターに併設のレストランで扱うなど、活動資金を集める方法を模索しており、ある程度の成果を上げていた。

しかしながら、二〇〇七年三月末の村議会の予算策定の場において、村の財政のコスト削減を目的として、二〇〇七年四月末で文化センターの専属職員ポストの廃止と、付属のレストランの閉鎖が決定され、文化センターは貸しホールとしてのみ、その機能が維持されることとなった。専属職員をなくす理由として議事録に記された発言を要約すると、次のようになる。「文化センターから提出された予算案を財務委員会で検討したところ、センター職員の給与分が有効活用されていないと判断した。自ら予算を獲得してイベントを執り行う有志団体がいるにもかかわらず、センター職員は自らの職務を全うできていない。上水道工事も終わっておらず、他に市民が必要とするものがあるのに、文化センターは予算を要求する。それでは、文化センターを廃止するほかない。[20]」

もともと年金受給者会の人々と自営業者中心の村議会議員は価値観が異なっていたと考えられるが、この一件は、学校や舞踊団のイベントをボランティアで手伝い、文化センターと関わる機会の多かった年金受給者会の人々に、村議会議員に対する「お金のことしか考えていない人々」という印象を決定的に強めることとなった。さらに、文化センターが廃止され建物が村の直轄となった後、年金受給者会の人々の言葉を借りれば「村役場が村に競合する商店のない家具などの業者」に商品販売のためにホールを貸したことがわかり、「物販会」が禁止された正式な理由との矛盾が見つかったことで、年金受給者会の人々の間にはさらに反感が広まった。

「村に貢献してきた」と自らを考えていた年金受給者会の人々にとって、一連の出来事は村議会から裏切られたと認識させるに十分であった。年金受給者会の人々はその抗議の意思を、村議会の傍聴や村長への直談判を通じて表明していたが、やがて、村のイベントにおけるボランティアに非協力的になるという態度に出た。翌二〇〇八年に、村と連携したボランティア活動の継続について尋ねたところ、「これまでのようには協力はしていない」と返答を得た。[21] この間、年金受給者会のメンバーは、年金受給者会は村でない場所に活動の場を広げ、スロヴァキアの障害者協会や近隣村落との地域連合などを通じて、他の村の年金受給者会との交流などを企画していた。

以上の概要は年金受給者会の側の視点から描いたものであるが、村議会の側からすれば、文化センターに関する事業を村の財政の側面から検討して、廃止するのはやむを得ないことであっただろうし、村の文化センターを商業目的で利用することの禁止も、公的施設の適正利用という点では一理ある。実際、リエカ村村報に記載された議事録をたどれば、文化センターの商業利用の禁止は議員発案ではなく、市民による発案に議員が賛同したことが明らかであり、受給者会の人々の間にも事実誤認がある。その後リエカ村の物販会は、文化センターから村の自営業者の敷地に移動して再び開催されるようになり、年金受給者会の人々が当初考えたように、「議員が自分の利益のために物販会の業者を村から追いだす」という理由は結果的に的外れとなった。ただし、この事例は、客観的な経緯よりも、彼／彼女らにとって何が反発の対象となるかを考えるうえで興味深い。ここには、村落の「自治」に関して、体制転換後の村落で認識される「資本主義」の時代が引き起こした問題への対処の方法、および村落政治への参加の問題という二つの問題が関わっている。

(2)「自治」と資本主義的な思考

資本主義への不信感

年金受給者会のメンバーの多くは、生産年齢のほとんどを社会主義時代で過ごしてしてきた人々であり、いわば社会主義時代の価値観から抜け切れていないと予想される人々である。また、年金受給者会の会合に頻繁に顔を出す主要メンバーの多くは、かつてのリエカ村の協同農場や近隣の工場の労働者であり、社会主義時代のエリートは主要メンバーにおらず、いわゆる普通の人々である。しかしながら、彼／彼女らなりの解釈を通して時代に適応した判断をし、対応しようとしてきた。

物販会の事例において、年金受給者会の人々は、資本主義という概念を村における生活に即した用法で理解してきた。それは主として商品を買う側の視点に立つものである。つまり、競争の結果、安くものが買え、社会主義のようにどこでも同じ値段ということはないという側面が強く受け入れられている。ただし、安くものを買う機会を阻害されたから、抗議に至ったというほど、動機は単純ではない。

リエカ村では、体制転換以降の社会を否定的に捉えた言説を日常的に耳にすることができる。「革命」時に盛り上がりもなく、むしろ体制転換を、唐突にやって来た社会主義時代の終わりと新たな厳しい時代の始まりと認識する傾向の強かったリエカ村において、そのこと自体は不思議ではない。体制転換後、リエカ村に転入してきた神父が、この村は共産党の勢力が非常に強く、当時のイデオロギーが残っている人が多いと筆者に批判的に打ち明けたこともあったくらい[22]、この村は社会主義時代に適応していたようであるが、社会主義時代を評価することと、共産党に好意的であることが一致するとは限らなかった。社会主義時代を評価していても、「現在の金持ちは、むかしの共産党員かマフィアか何か悪いことをしている人で、普通の人は金持ちにはなれない[23]」と、かつての共産党員を既得権益層のように語ることは珍しくない。

〈事例7　資本主義の時代への不信[24]〉

年金受給者4：この間R（商店経営者・議員）に「物販会をなくして、商店を保護しようとするのはおかしい」と言ってやったら、「資本主義なのだから誰でも商売はできるのよ」と言い返してきたのよ。

年金受給者5：誰でも商売ができるというのは嘘だ。後ろ盾があって、資本がないとできない。私たち普通の人にチャンスなんてない。……（後述の協同農場事務所棟の売却に関する噂話が続く。）

……（中略）……

年金受給者5：資本主義でも成功したのは、共産党員。かれらはエリートだったから、そのネットワークで資本主義の時代も乗り越えるだけの資本を持っている。

事例7で述べられている「資本主義の時代」の資本主義は、デモクラシーと同様に正確な知識というよりは共有されたイメージに近い。このイメージの共有の背景にあるのは、社会主義時代の経済制度に関する肯定的な記憶、すなわち、皆に仕事があり失業者が存在しなかったことと、貧富の差が大きくなかったことなどであり、これらの記憶に対抗するかたちで資本主義のイメージが作られている。[25] さらに高齢者の場合、資本主義の欠点については、社会主義時代のプロパガンダを通して教育されていることもこのイメージの強化に役立っていると言えるだろう。これについては、「格差があることなど、現在言われている資本主義社会の負の側面は、だいたいは社会主義時代に聞いていた」と六〇代の年金受給者の一人は語った。そのうえで、社会主義時代もその後も、特権的な共産党員とその後継者が存在するというイメージも彼/彼女らに一貫している。これが事実とは限らないことは言うまでもないが、このような会話にいくつかの周辺の事実が結び付いて、イメージの強化が図られる。

リエカ村の協同農場の解体に際して、協同農場の事務所棟が売却されたとき、担当者が知人であるRに安価で売却したと噂されていた（事例7のなかの噂話がこれにあたる）。そのRは、体制転換以降、集団化の時代に没収された家屋の返還請求によって、村内に複数の建物を所有するようになった人物であり、自営業者である。この物件の売却担当者は、かつて共産党員だったと考えられる立場にあったが、購入者の方が党員であったかどうかは定かではない。誰が党員であったかということについては、当時職場の長であった人や当時の村長や議員については明らかであるが、それ以外の人々について、村で誰が党員であったかを尋ねるのは不可能な雰囲気にあった。[26] 筆者に対しても党員ではなかったことは、誇らしげに語られたが、その逆はなかった。「共産党員は、資本主義の時代も乗り越えるだけのネットワークを持っている」という言葉はそのまま現実として語られるというよりも、本人がかつて党員であったかという事実はともかく、現在、成功しているとみなされれば、今も昔も「普通の人々」と対立する「（旧）共産党員」という枠に当てはめられ、現在は資本主義時代に有利だと認識される人も、後者に属すと認識されている。

資金獲得の手腕が評価されていたリエカ村の村長も、その手腕ゆえに次のような噂が立ったことがあった。ちょうど調査中、リエカ村ではロマ系の人々の転入が相次いでおり、この転居は、近隣のマラツキー町からリエカ村の村長がお金をもらって引き受けたという趣旨の噂が立ったのである。そこには、「今の村長がいろいろこの村にお金を持ってきたことは認めるけれど、マラツキー町からお金をもらってロマを受け入れることまでする必要はあるのか」という語りに代表されるような解釈が込められていた。

スロヴァキアを始めとした中東欧諸国においてロマ系の人々への偏見は社会問題となるほど根強く、リエカ村においては、その村で生まれ育ったロマ系はともかく、特に転入者に対しては強い警戒心が抱かれていた。この当時、中部スロヴァキアでも、都市部のスラムのようなアパートに居住するロマに対して、立ち退きの保障として町や市が安価な住宅（必然的に近隣の村落の空き家となる）を提供し、受け入れ側の村落が苦情の申し立てを行っていたこともあり、村の人々にとっては、現実味のある噂だった。このことについての村長の関与について真偽は明らかにされないままであったが、村長について、ロマ系の人々に偏見を抱かない寛大な人物という評価はなされず[27]、経済支援を獲得する手腕から、逆に「お金のためにはなんでもする人」と解釈され、このような噂につながったのである。もし、村長がもう少し年配であれば、共産党員というレッテルが機能したかもしれない。ここにおいて、事実はあまり意味をなさず、共産党員や「お金のことしか考えていない人」という表現は、体制転換後の資本主義の時代をうまく生き抜く人への不信の表れとして考えることができる。

スロヴァキアの人々は、高齢者であっても賃労働などの近代資本主義の基本的な仕組みにはすでに慣れている。しかし、二〇〇二年以降の地方分権化の進行とともに地域社会に入ってきた「自治」は、ネオリベラリズム的な競争制度に地域社会を組み込むものであった。社会主義の代替としての民主主義と地域社会においての自治は、民間の力を活用することを目指すネオリベラリズム的な資本主義とセットで導入されてしまったのである。ただし、直接「自治」と向き合うことのない多くの人々にとって、厳しい経済状況は、一九八九年以降、恒常的に続いてきた単なる生活環境として受け止められてきた。しかし、それが二〇〇二年以降の地方分権化によって「自治」として地域社会のなかに入ってきたことで、競争的な「資本主義」への不信感の強い高齢者が、この文脈での「自治」に基づいた村議会の考え方を受容できないことが、村内で露呈するようになったのである。

「自治」がもたらす排除

村議会議員を含め、「資本主義」を所与のものとし、それへの対抗策を考えようとする「自治」の担い手は、現実に適応して新たな時代を生きる人々だとカテゴライズすることが可能な一方で、彼／彼女らはまさにネオリベラリズムを内在化し、フーコーの生政治的な意味での「統治」の対象となっている［Ong 2006：13］。文化センターの廃止の一件において、村議会の側からは、民族舞踊団のように自ら資金を探し活動する団体が村にあるにもかかわらず、文化センター職員は村に予算を請求するだけで、みずからイニシアティブを発揮しているわけでもないことが批判された。おそらく、議員たちは文化センターにネオリベラルな「自治」の時代の模範として、積極的に村の団体をコーディネートして、外部の資金を取りに行くことを期待していたのだろう。その意味で「自治」は、適応できる人々を中心に、村落にネオリベラルな統治を持ち込む装置でもあったと考えることができる。

文化センターの職員は、村議会議員たちに理解可能な成果は挙げていなかったが、関係の深かった年金受給者や舞踊団の人々は、職員がいなくなったことに不満を覚えていた。年金受給者たちは、自らの活動が村のために役立っていると思い、ボランティア的に文化センターを助けてきたのであり、文化センターの職員が不要とされることは、サポートする側に徹することが多く、わかりやすい成果を生み出していない年金受給者会の活動もまた不要とみなされることを危惧していた。給料を支払う必要のある職員と、ボランティアの人々の成果は同一に評価されることはないと、私たちは考えがちであるが、年金受給者会は長年無料で会合場所を村から借りている一方で、舞踊団は文化センターの練習場所代を村に支払っている現実を考えると、年金受給者たちの不満の裏には不安もあったと想定される。

与えられた「自治」の世界では、自ら資金を調達して自発的に活動を行う舞踊団は評価されるが、村のためであっても経済的な成果が見えにくいインフォーマルな活動は評価されにくい。このような「自治」への適応・不適応を通して、かつて村落と都市を分断していた「勝者」／「敗者」の構図は村落内部へ持ち込まれた。「自治」に適応できる「勝者」と適応できない「敗者」が、村落のなかで線引きされ、「敗者」はさらに周縁化される危険性を孕んでいる。年金受給者会の会合の後、同じ会のメンバーでありながら、半ば冗談交じりに「年寄りは文句ばかり言って何一つ決めることができない(28)」と筆者に述べた村議会議員の言葉の背後には、村の意思決定主体から年金受給者たちが切り離されつつある状況を、彼女自身が自覚していたことがうかがえる。それは、村落全体が「敗者」の時代であった構図からの変化であり、「自治」は新たな亀裂を村に持ち込んだと考えられる。

(3) 村落における「自治」がもたらす市民社会への経路

ローカルな場におけるデモクラシーと討議の可能性

年金受給者たちは地方分権化に伴う「自治」の経済的な側面には影響力を持たなかったが、体制転換以降の民主化の文脈における自治の側面では、必ずしも意思決定の主体として存在感を失ったわけではない。年金受給者の生活は、スロヴァキアのようにインフレーションが継続している社会において決して豊かではない。しかし、仕事をしていないからこそ嫌悪の対象である資本主義的な思考から自由になれる側面があることに注目したい。

もともと年金受給者会は、社会主義時代から続く、組織としての自律性が制限されたアソシエーションであった。会として自らボランティア活動をするようになったのは一九九〇年代に入ってからである。記録には残っていないが、社会主義時代でも村役場（当時は、共産党委員会支部）から依頼されれば、行事の手伝いはしただろう。しかし、体制転換後は、頼まれなくても国境地域協力イベントや民族舞踊団や初等学校のイベントを手伝い、その打ち合わせへの参加を通して、自由な意見の共有の場、活動母体としての機能も併せ持つようになっていた。

この年金受給者会の反発を、彼／彼女らが単に資本主義の時代に適応できていないと捉えるのは簡単であるが、彼/彼女らの行動は村落社会においてもっと別の意味を持つのではないだろうか。資本主義の成功者に対して根強い不信感が存在することは前項で述べた通りであるが、年金受給者会の人々は村議会の決定を、「村のことを考えていない」と判断したのである。ここには、資本主義についての認識のずれ以外に、議員が執るべき村の政治のありかたについても認識のずれがあると考えられる。

〈事例8　年金受給者会内の口論[29]〉

年金受給者会に行くと、ゼマノヴァー氏とザイチコヴァー氏（村議会議員女性・五〇代）が言い争っている。

筆者：何についてあの二人は話しているのですか?

S氏：この間の村議会で村議会議員の誰かが、これまで文化委員として働いたゼマノヴァーに感謝をせず、私たち年金受給者はもう必要ない（若い委員が必要だという意味で：筆者注）というようなことを言ったらしいよ。今の村議会議員はお金のことしか考えていない人たちだからね。

…（中略）…

ゼマノヴァー氏：文化センターも閉鎖して、村議会は私たちのように村のために活動する人のことを、考えているのかしらね。

ザイチコヴァー氏：文化センターに職員を置くことは、もう財政的に無理なのよ。確かに、村議会は他の人に説明するためのコミュニケーションは上手ではないかもしれないけれど、文化センターも閉鎖されるわけではないわ。

ゼマノヴァー氏：職員を解雇して、清掃係に鍵を預けるのは似たようなものでしょ。それは……

会長：いい加減に争うのはやめないか。

ゼマノヴァー氏：争ってはいないわ、意見を交換しているのよ。民主主義的にね。

ザイチコヴァー氏：そう。民主主義の時代だから、皆違う意見を持っているのは当然ね。

ゼマノヴァー氏の発言から読み取れるように、彼／彼女らにとって「村のため」とは人々が協力して村を助けることである。これまで村のために貢献してきたことを自認している人々だからこそ、村議会議員という、より「村のため」に尽くすべきとされる人々に対して厳しい批判がなされるのである。

ここでもうひとつ重要なのは、体制転換後の民主主義の社会では、少なくとも表向きは自由に意見を述べることができるということを自覚して議論していることである。そのことは、事例8の「民主主義」(*demokracia*) の用法からも見て取れる。「民主主義的に意見を交換する」と日本語に訳すと、日本語として不自然さを感じるが、これこそが体制転換後の新たな状況についての年金受給者の認識を端的に示している。そこでは、社会主義時代を長く生きた人々に共通の現地語のニュアンスとして、「民主主義」という言葉が、「全体主義 (*totalizmus*)」の対義語であることが強く意識されている。このように村落の政治的な出来事について、同じアソシエーションのメンバーとはいえ、議員を含めた異なる立場の人々が、社会主義時代は表立ってできなかった議論を交わし、アソシエーションとして行動することはまさに、第1章で触れたハーバーマスの討議に該当する。最初はインフォーマルな愚痴を口にするに過ぎないものであったとしても、体制転換後の年金受給者会が、ボランティア活動を通して存在感を強め、定期的に村議会議員や文化委員を輩出する組織となっていく過程で、年金受給者会の内部には討議可能な空間が形成されてきたと考えられる。その積み重ねが、議会の傍聴などの制度に基づいた方法で、村落政治に関わることを可能にしたのである。

ハーバーマスの討議デモクラシーの概念から解釈するならば、人々の討議は民主主義に不可欠である［ハーバーマス 2003］。体制転換後の世界に最も順応できないとされている年金受給者が、このように討議に参加するということは、このようなローカルな場においても、ハーバーマスのモデルは有効性を保っていると考えられる。より正確に言えば、村への「自治」の導入後は、村落のなかの経済的な社会空間、政治的な社会空間がより明確に分化しており、コーエンとアラートの市民社会モデルの下で、その隙間を縫うように生活世界での討議を試み、市民として行動したと考えられる。村において主導権を握る自営業者たちは、「自治」を担う者として、村落のなかで経済的な機能と政治的な機能の両方の側に属している。ネオリベラリズムはこの文脈において国家から機能分化した経済社会と政治社会の領域に、村を活性化したい多くの人々を取り込むことを可能にした。むしろ「自治」から排除された年金受給者会の人々だからこそ、経済的な社会空間から自立することが可能でありあり、その意味では、まさしく経済社会と政治社会の間の市民社会のなかで活動することが可能であったと考えることができる。

以上のことを考えると、リエカ村の年金受給者たちの政治的な価値観を、単に体制転換に取り残されたものと判断することはできないだろう。これまでの議論より、体制転換に伴う新たな思考様式の導入によって、保守的とされる村落部の人々であっても、その価値観を常に変容させ、時代に合うものへと再構築し続けてきたことは明らかである。「革命」の際に、新しい概念にすぐ反応したのは一部の人々のみであったが、新しい時代の概念やイデオロギーそのものが、直接人々の価値観に影響を与えるとは限らない。多くの人々は、アソシエーション活動や村落の政治への反発など、生活に直接かかわる具体的な場面において、これまでの価値観を参照しつつ、人々は新たに取るべき選択肢の幅を知り、共有される言動を通して、新たな概念やイデオロギーが受け入れるべき価値観かどうか模索しつつ、少しずつ自身の価値観として取り入れていくのである。

体制転換以降の社会のなかで、リエカ村の年金受給者会はメンバーのための団体であるだけでなく、村落の行事をサポートする団体となり、結果的に政治的な行動をする基盤ともなった。さらにこのアソシエーションの場合は、内部に討議の場が成立することが可能であったため、年金受給者会の人々は、受動的な社会的弱者ではなく、村議会の決定に対して市民として対抗する力＝政治に積極的に参加する力を持ち始めたのである。市民社会を、意志ある市民の集団のイニシアティブによって形成される社会と考えるならば、年金受給者会は、本来は別の目的で集合した人々を意志ある市民に変容させ、村落において理念的な意味で市民社会を支える萌芽的な組織だと考えることができる。

市民社会を支える価値観の萌芽とコミュニティの弱体化

本章では、二〇〇〇年代のスロヴァキアの自治体が直面した地方分権化と自治の拡大が、リエカ村に与えた影響について考察してきた。自治は理念的には、民主主義の現場としての側面を持つ一方で、ネオリベラリズムの時代においては、逆に村落の自律性を損なうという二面性を持っていた。実際、リエカ村の「自治」の現場は、村落の経済的な側面が強調される傾向が強く、限られた予算の配分を巡り、村議会が下したコスト削減のための文化センターの廃止という結論が、結果的に、村のコミュニティから年金受給者を離反させることになってしまった。おそらく、このような仲違いエピソードそのものは、スロヴァキアに限らずありふれたものであると考えられる。

「自治」の時代のアソシエーション活動として、対照的に比較できるのが、資金調達能力を持つ民族舞踊団と、村のために地道なボランティア活動を行うと自認する年金受給者会である。経済的な側面では、舞踊団の活動は体制転換以降のアソシエーション活動の模範のように自律的に活動を行っているように見え、一方の年金受給者会は、村役場に活動資金を依存したままの社会主義時代の遺産のようなアソシエーションである。しかし、舞踊団にとって資金調達は資本主義や民主主義への賛同の意図を持つわけではなく、むしろ受給者会のほうが、政治的には体制転換後の世界の意図に沿う。署名や傍聴という抗議活動そのものについては、社会主義時代も行われていた委員会への請願書を書く行為の延長として理解されている可能性も否定できないが、コミュニティに積極的にかかわりを持とうとしていたからこそ生まれた反発である。ここに、村落というローカルな現場における市民社会の萌芽を見いだすことができる。単に村の人々が政治的な主張を繰り返すことが市民社会成立の条件ではない。浮遊した存在ではなく、アソシエーションを介在して村落のなかに一定の立場を持っている人々が、一定の手続きに則って行動を起こしたこと、およびその内部に政治的な規範が存在しうることこそが、理念的な意味での市民社会を支える価値観の萌芽と言えるのではないか。

このようなローカルな「市民社会」を担う人々の政治的な価値観には、リエカ村の年金受給者たちの場合であれば、抗議を引き起こす基準となった、彼／彼女らの資本主義やデモクラシーの理解が含まれる。単にリエカ村の文化センターの廃止というひとつの事件が、関係者の間にこれらの価値観を構築したのでなく、それは表面化したきっかけにすぎない。体制転換後の混乱の経験や、国境地域交流を介した村落を支えるアソシエーション活動の積み重ねがあったからこそ、「自治」に対応する姿勢がアソシエーション内部で共有され、彼／彼女らのなかに抗議活動の基礎となる政治的な価値観が構築されてきたのである。

二〇〇八年の調査終了時に、村でのボランティア的支援を控えるというインフォーマルな対抗手段を取った年金受給者会は、その後の二〇一一年、二〇一二年の補足調査の際も、村議会との関係が修復したとは言い難い状態が続いており、村での活動は少なくなっていた。リエカ村を含む、周辺の村の村長が中心となって活動する地域連合と連携した活動は継続しており[30]、結果的にローカルなコミュニティを超えた活動を行うようになった。年金受給者会は、コミュニティから離れることで、よりアソシエーションらしく自主的な活動を行うことになったわけであるが、一方では、それをコミュニティの弱体化として理解することも可能である。こう考えたとき、離反は単なる村のなかの仲違い以上の意味を持っている。本章の冒頭で紹介した、渡邊によるネオリベラリズムが社会への構想力を損なうという懸念のとおり［渡邊 2010：23–25］、「自治」は結果的に、もともとは村落社会というコミュニティへの忠誠心が強かった人々のプライオリティを低下させてしまったのである。つまり、このことは「自治」のシステムとアソシエーションを主体とした現在の市民社会論が、ローカルな現場からアソシエーションを喪失することを容認するという相反性を示唆していると言えるだろう。

〈コラム4　民族舞踊団と村の年中行事：メイポールとヤンの焚火〉

本書の第5章や第7章で触れたスロヴァキアの民族舞踊団の活動は、スロヴァキアの伝統的行事と深く結びついている。村の伝統行事は、かつては村の人々が自主的に行っていたと考えられるが、リエカ村では民族舞踊団がその行事を担い、付随する歌や踊りの継承に努めていた。これは、メンバーが覚えた歌と踊りを再現する機会を、舞踊団が自ら企画していると考えることもできるだろう。

本書で触れたメイポール（写真参照）は、現在のスロヴァキアでも四月末から五月初めにかけて、あちこちの村や町で目にすることができるものである。もともとスロヴァキアのメイポールの歴史は十五世紀くらいまでさかのぼることが可能だといわれており、かつては若い男性が、意中の女性の家の前に五月一日の早朝ないし四月三十日の深夜に立てるものだったという。しかしながら、現在のリエカ村やパヴォル村で、若い女性がいる家の前にポールが立つということはなく、村の広場などスペースのある場所に季節の風物詩として立てられることが多い。リエカ村では、民族舞踊の演目の一環として、色とりどりのリボンで飾られた木のポールが、民族舞踊団の若者たちと消防団の人々によって、村の文化センター前に立てられる。文化センターから借りてきた椅子や机が周囲に並べられ、年金受給者会の人々が販売する軽食や、舞踊団の人々が販売する飲み物を購入すれば、飲食しながら一連のプログラムを鑑賞することができ、イベントのような雰囲気となる。

もうひとつ、本書で触れた「ヤンの焚火」は、メイポールほど有名ではないが、スロヴァキアの年中行事事典などには必ず掲載されている夏の行事である。スラヴ系の人々の間には、キリスト教普及以前から、夏至の日に焚火をし、その周りで若者たちが歌ったり踊ったりして、邪悪なものを払う、すなわち無病息災を祈る習慣があったとされている。スロヴァキアの場合、六月二十四日がキリスト教の聖人であるヨハネ（スロヴァキア語ではヤン／Ján）の日であることから「ヤンの焚火」と呼ばれる行事となった。このように、説明するとキリスト教会が関係する行事のように聞こえるが、リエカ村の場合、「ヤンの焚火」という行事自体も民族舞踊団が数年前に復活させたのであり、筆者が参加した

「ヤンの焚火」に、教会関係者の出演はなく、宗教色は薄いものに見えた（キリスト教と伝統文化についてはコラム5で触れる）。民族舞踊の演目に加えて、魔女仮装コンテストも開かれ、現在の「ヤンの焚火」は本文中で説明した通り、村の内外から集まった人が楽しむイベントであった。

民族舞踊団がない村や町であっても、消防団やそのほかのアソシエーション、または単に有志の若者たちが、歌や踊りを省略して地域の伝統行事を担っていることは多い。その一方で現在のスロヴァキアにおいて、民族舞踊は子どもの課外活動ないし習い事として、ある程度の存在感を持っていることは指摘しておきたい。村のアソシエーションとしてはスポーツクラブよりも歴史は短いが、民族舞踊団を持っている村や都市はスロヴァキア各地に点在しており、その多くが子どもの入団を受け入れている。都市部のレベルの高い民族舞踊団のメンバーのほとんどは、幼いころから地元の舞踊団に所属していた経験を持つ。男児の場合は村のサッカークラブや、スロヴァキアの北部であればアイスホッケークラブとの競合も厳しいが、それでも村や町の民族舞踊団にはかなりの数の子どもたちが通っている。リエカ村の民族舞踊団も人数としては、初等学校に通う年齢以下の子どもたちが多くを占めている。親が町まで自家用車で送迎すれば、放課後に開講される芸術初等学校での音楽や芸術関係の教室をはじめ、子どもの習い事の選択肢はぐっと増えるが、民族舞踊団とスポーツクラブは数少ない村内での選択肢である。もちろん、高校生くらいまでにやめてしまって、それきりになる子どもも多い。また逆に、大学進学などを機に都会の舞踊団に移籍したり、他のダンスや演劇などに転向したり、歌や楽器の担当であれば音楽活動に専念したりする場合もある。まったく民族舞踊を踊ったことのないスロヴァキア人も多数いるのだが、幼い頃に民族舞踊に触れた経験があるため、歌と踊りができる若いスロヴァキア人は意外といる。

スロヴァキアの華やかな民族衣装は、現在では、日常生活はおろか結婚式でも、演出のために呼ばれた舞踊団員以外の出席者が着用しているのを見ることはほとんどない。しかし、春から夏にかけてスロヴァキアの各地で行われる民族舞踊祭や、地方のイベントなどでは、スロヴァキアの民族衣装も民族舞踊も健在である。

メイポールを立てる若者たち（リエカ村にて筆者撮影，2007 年 4 月）

「ヤンの焚火」の民族舞踊プログラム。後ろに焚火が見える。（リエカ村にて筆者撮影，2008 年 6 月）

第7章　「自治」の時代の自律性を支えるモラリティの存在

1　「自治」を支えるアソシエーションのシステムと村落

　前章では、リエカ村の年金受給者会にとっての一連の事件の分析を通じて、スロヴァキアの地方分権化がもたらした「自治」が求める行動様式に適応できるか否かにより、村落のなかに新たな排除を生み出す危険性を指摘した。村のアソシエーションが村という枠にとらわれず、外部にパートナーを得て、活動目的にそって活動場所を広げること自体は、市民社会論におけるアソシエーションとしては、全く問題のない発展形態であるが、これが、村というコミュニティにとっても全く問題のない現象かどうかは検討の余地がある。このことを、市民社会的な社会空間のありかたが村落へも浸透しつつあると肯定的にとらえることも可能ではある。しかし、現実的に、限られた人口の村落のアソシエーションが、村から離れ、外部とも言える近隣の自治体や、より大きな地域連合と直接結びつくことは、ひとつのコミュニティにとっては損失と考えることも可能である。

　まして、年金受給者会のケースは、村との意思疎通の齟齬が、活動拡大の遠因となっており、否定的な印象がぬぐえない。リエカ村の民族舞踊団についても、類似の問題を見いだすことはでき、村で開催する有料のイベントには、舞踊団関係者以外の村の住民の参加が少なくなる傾向を指摘できる。二〇〇八年の夏にリエカ村で行われた舞踊団主催の「ヤンの焚火」には、ブラチスラヴァのとある団地の年金受給者会の人々がバスを借り上げて、村にやってきた[1]。このイベントは、夏の晩に無病息災を祈って野外で火を焚くのが本来の儀礼的行事であるが、それに関する民族舞踊が披露され、人々は広場に準備されたテーブルで夜遅くまで飲食をし、踊りの輪にも加わるイベントとなっている。団長によると、しばらく前に、ブラチスラヴァで行った公演で知り合ったので、彼／彼女らを誘ったのだという。他の舞踊団関係者も筆者に「この村の人々はこういう文化的なイベントにあまり来ていないでしょ。どうしてかわからない」とこぼした。とはいえ、年金受給者会の人々からも舞踊団の人々からも、村の人々との距離をそれほど問題だと認識している素振りは感じられず、自らが求められる場所で活動することに誇りを持っている。それは、村外での活動について、「私たちは村を代表している」「村について情報発信している」と述べていることからも推測可能である。だとすれば、そもそも村落と都市で同じ社会システムを理想形とすることに問題があるのではないかと考えられる。

例えば、五〇〇人以下の非常に小規模な自治体ならば、その内側で個別にアソシエーションをつくってコミュニティのために貢献するようなシステムはあまり機能せず、自治体そのものが一つのアソシエーションのように活動せざるを得ない側面がある。それはスロヴァキアでなくとも、ボランタリー・アソシエーションの活動が活発だとみなされているアメリカ合衆国であっても事情は大きく変わらない。比較的自由に自治体の新規設置が可能なアメリカにおいて、非常に小規模な自治体の市長・市議はボランティアに近く、住民の合意により定められた税金を用いて外注する一部の行政サービス以外は、住民自身が担うことが多い［岡部 2009］。市民社会的なシステムの先進国とみなされる地域においても、その参画する対象の社会が小規模であれば、活動の様式を多少変更せざるをえないのが実状である。

パヴォル村で体制転換時にＶＰＮ（「暴力に反対する公衆」）に関わった人々や、数は少ないがリエカ村で体制転換に賛同していた人々のうち幾人かが、体制転換後、政治の表舞台に立つか立たないかはともかく、村落社会に自発的に関わろうとしていたのは、偶然ではないだろう。社会を変革しようとする自発性と、身近な社会に関わろうとする自発性の根は近いものと考えられるからである。しかし、そのような自発性が、スロヴァキアの都市部や西側のEU諸国が想定するような「自治」に貢献するアソシエーションという形をとるとは限らない。スポーツなど別の活動目的があるアソシエーションが、その動員性を見込まれて村のためにボランティア的な活動を行うことは、現実的に必要とされているとはいえ、これらは「自治」の時代に即した、いわばデモクラシーの作法に則ったアソシエーションとはみなされないのが現状である。結果的に討議の場を持つ政治的な集団になりうる可能性を持っていたとしても、それだけでは市民社会を支えるアソシエーションとは評価されにくい現実がある。その存在がないと困るものであったとしても、単に依頼されて動員されるのは、コミュニティや個別のアソシエーションの結束力に由来するものであり、客観的には民主的な社会に関わろうとする意志とは別のものとみなされる。逆にこの意志がなくとも、「自治」の時代に即したアソシエーションの運営力があれば、市民社会の時代のアソシエーションが持つべき自律性を客観的には備えていることになる。このような意味で、アソシエーションによって構成される市民社会像は、とりわけ村落のコミュニティを支えているアソシエーションを時代遅れの社会主義の遺産として排除する危険性を孕んでいると考えられる。

「自治」の時代に即した活動のための競争的外部資金は、国境地域にだけに可能性を提示しているわけではなく、二〇〇〇年代にはスロヴァキア各地の村落にも影響を与え始めていた。予算の半分くらいが職員の人件費にならざるをえない小さな村落では、何かをするには外部資金に希望を見いだすしかない現実がある一方で、仮に採択されたとしても限られた人的資源のなかでプロジェクトの実行が可能かどうかという問題を抱えていた［Faľťanová 2007］。「自治」の拡大と外部資金の存在により、有力なアソシエーションを中心とした地域の自律性の一側面は高められているのは確かである。スロヴァキアの社会学者であるストゥルソヴァーらは一九九七年にHZDS（民主スロヴァキア運動）が野党に下って以降、自治体の権限が強化されたことにより、地域社会における民主化が進んだことを評価している［Strussová and Petríková 2009：371］。また体制転換直後から外国の支援を受け、スロヴァキアのいわゆるNGO活動の草分けとなったアソシエーション代表者たちも、政権が変わった一九九七年以降、格段に活動が行いやすくなったと語る。(2)

そのような団体のひとつである中部スロヴァキアのゼレナー市のコミュニティ財団は、市内とその周辺の地域社会に関わる意志を持つアソシエーションのために、小規模な助成金を用意し、採択されたアソシエーションへのサポートを九〇年代から行っていた。二〇〇〇年代には、このようなコミュニティ財団もスロヴァキア各地の地方都市に次々と設立された。南西部の地方都市プリビナ市のコミュニティ財団は、三〇歳以下の若者向けの助成金を用意しており、財団のボランティアスタッフが採択されたプロジェクトのサポートを行っている。(3) このように、意志ある人々がより多くの資金を得る機会と活動の場を得ることができるようになった社会のありかたは、社会主義時代のような中央集権的なシステムと大きく異なる。若者がアソシエーションを主宰してコミュニティに貢献する機会を支援することは、公的な領域から後退したい政府の意図とも重なる「自治」システムの範囲内とはいえ、確かに自分の意志で身の回りの社会を動かそうとする市民社会の担い手を育成するものである。

ただし、アソシエーションと地域社会の乖離について問題はここでも起こりうる。このプリビナ市コミュニティ財団の若手支援部門のボランティアスタッフから紹介された環境教育を行うアソシエーションは、もともとはメンバーが居住していた村で子どもたちへの環境教育を行っていたが、財団の助成などを受けて活動を展開するうち、さらなる活動機会を求めて拠点を村からプリビナ市に移していた。(4) また、村落に関わるアソシエーションという点では、地方都市に拠点を置いて、村落支援を行うことを主目的としたアソシエーションないしNGOの存在も注目できるが、うまく連携が取れていないという問題もある。例えば、ゼレナー市に拠点を置いている村落支援NGOは、近年は村落における子どもを持つ女性の就職支援に注力している。中部スロヴァキアの地方は、西部と比較すると失業率も高く、とくに子どもを持つ母親の仕事が見つかりにくいことが問題視されており、助成金を得て各地で研修などを行っているが、プロジェクトのパートナーとして支援の受け手となる村落がなかなか見つからないことを嘆いていた。村の「母親センター」などにコンタクトを取っても、担当者が支援に興味を持たない場合も多いという。[5] 現実には、経験と組織力のあるNGOが活動していても、それに関わる人々とそれ以外の人々の温度差はまだまだ大きいと言える。

〈インタビュー20　村落支援アソシエーションの支援先探し[6]〉

筆者：拠点はここゼレナー市ですが、支援する村はどのように決めるのですか？
代表：あなたが私たちのアソシエーションにコンタクトを取ったのと同じことよ。あなたはどうやって私たちを見つけたの？
筆者：スロヴァキアで村落支援をしているNGOをインターネットで探したり、ゼレナー市のアソシエーション活動に詳しい人から情報をいただいたりして探しました。
代表：そう。同じよ。私たちが取り組んでいるテーマに近い問題を抱えている地域の母親センターなどにコンタクトを取るのよ。
筆者：村からこのNGOに相談が持ちかけられたりはしないのですか？
代表：そういうこともあるけど、多くはないわね。

調査当時、ザーホリエ地域ではアソシエーションが地元の企業からの援助を探す話はよく耳にしたが、コミュニティ財団や有力な村落支援NGOからの支援を耳にする機会はなく、自律的なNGOを中心とした活動はそれほど活発ではなかった。首都と連続した地域とみなされがちであることが、逆に地域格差が際立つ中部や東部スロヴァキアの村落より支援対象となりにくかったからかもしれない。しかし、三年の空白を置いて二〇一一年以降に始めた補足調査では、パヴォル村の若い世代を中心とした新しいアソシエーションにより、これまでとは異なる活動を開始されていたことが確認できた。

2　「自治」と自律性――パヴォル村における新しい動向――

(1)　パヴォル村におけるアソシエーション活動の状況

第4章でもパヴォル村のアソシエーション活動について、国境地域交流に関わる活動を中心に記述してきたが、本章では、二〇〇七年から二〇〇八年の調査およびその後の補足調査の結果も踏まえて、村内のアソシエーションの活動に注目したい。二〇〇七年から二〇〇八年にかけての調査時において、国境地域交流は一九九〇年代ほど盛んではなくなっていたが、村内のイベントにおいて消防団とサッカークラブは存在感を持ち続けていた。一九九〇年代の国境地域交流の主要な担い手でもあった消防団は、二〇〇七年の時点で八六名の会員が所属しており、近隣の自治体の消防団が相互に主催する消火技能を競う大会にもよく出場していた。[7]かつてオーストリアとの交流試合を行っていたサッカークラブもまた会員が一〇〇名程度（二〇一一年）と多く、現在も国内の近隣のサッカークラブと定期的に試合を行うなど、活発な活動を続けている。

これらの団体については、主目的の活動以外に、メイポール、教会の記念日祭、ヤルモク（定期市）やクリスマス市場などの村のイベントの際には、裏方として力仕事を手伝ったりしているのを調査中、頻繁に目にした。また、外部の飲食業者の出店が数多く見込めないような小規模のイベントでも、消防団やサッカークラブが軽食や飲み物を販売する屋台を運営していた。因果関係の立証は困難であるが、これらのアソシエーションは、村の政治との結びつきも強く、二〇〇二年以降、消防団の主要メンバーのうちの一名が村議会議員を務めており、サッカークラブには一九八七年から二〇〇六年までの元村長、および調査時の村長ザハラドニーク氏の後任として二〇一〇年に新しい村長となったムリンカ氏が所属していた。

このほか会員数が多いアソシエーションとしては、七八名の会員を持つ家庭菜園愛好者会が挙げられる。その年の農作物の展示会を開くなど、家庭菜園を持つ人々の情報交換が目的のアソシエーションであり、[8]もともとは個人の土地所有が限られていた社会主義時代に、会員として共同で菜園を利用したり、農機具を共有したりするなど、実利的な目的のある団体であった。かつては音楽活動を行ったり、民族舞踊団とともにメイポールを企画したりしていたが[Staniková 1999]、現在はそのような活動に携わってはいないようだった。

リエカ村では民族舞踊団が活発に活動していたが、パヴォル村は民族舞踊団を持っていなかった。正確には、かつてパヴォル村にマリアン村との合同の初等学校があった時代は、初等学校に付属する形で、民族舞踊団が活動していたが、現在の初等学校は隣のマリアン村にあるため民族舞踊団もマリアン村の名前を冠したものになっている。ただし、実際のところ、隣のマリアン村とは地理的にほぼ連続しており、日常生活の上では両村は一体と考えられているので、こちらの舞踊団にパヴォル村の人々も参加しているし、民族衣装や習俗には差がほとんどないとみなされている。[9]

パヴォル村の年金受給者会も、会合のための場所を持ち、定期的な会合を持っているものの、会合に集まるメンバーは五名程度と少なかった。当人たちも、「パヴォル村の高齢者には、活発な人がいないし、村の伝統などに詳しい人もいない。皆、病院に行ったり、孫の面倒をみたりして忙しい（だから仕方ない）[10]」とこぼしていた。ヤルモクなどのイベントで配るための郷土菓子作りは年配の女性に依頼されていたが、それはこの年金受給者会に依頼しているというわけではないようだった。

ただし、一九九九年にはパヴォル村五五〇周年記念行事にあわせて、村長の発案で年金受給者会を中心に一六名でパヴォル合唱団が結成されており、活動が活発な時期もあったようである。合唱団の女性たちが揃いの村の民族衣装風の服も作り、それを着用して式典で歌を披露した。その後も彼／彼女たちは民謡などの土地の歌の練習を月一回程度続けており、線路を横断するための地下道の開通式典や、村の文化センターのホールで行われた地元の芸術家の展覧会のオープニング・セレモニー、消防団関係の記念行事などに呼ばれていた。[11] 二〇〇七年の合唱団のメンバーへのインタビューの時点で、メンバーは一〇名に減っており、高齢者が多いのでいつまで続けられるかわからないことが懸念されていたが[12]、二〇一〇年に解散してしまった。

村に関わるイベントを企画しているこのほかのアソシエーションとしては、猟友会が、年に一、二回ほど子ども向けに森で遊ぶイベントを提供しているが、概してパヴォル村の古くから活動を続けているアソシエーションは、基本的に同じ趣味を持つ人々の集まりとしての活動が中心であり、リエカ村ほどアソシエーションが村と積極的に関わることは行われていなかった。これらのアソシエーションは社会主義時代から固有の活動場所を持ち、年金受給者会を除いては、体制転換から二〇年経てもそれなりにメンバーを確保し続けている。どちらかと言えば、一、〇〇〇人の村のなかで村の行事の裏方を効率よく選任するシステムとして、アソシエーションは機能していると言えるだろう。

その一方で、パヴォル村では新しく立ち上げられたアソシエーションによる活動が存在感を持っていた。例えば、二〇〇三年に結成されたアソシエーションである野外活動クラブは、登山やサイクリングやモラヴァ川でのカヌーを楽しむ団体であるが、この川に隣接するオーストリアやチェコの村の有志とともに活動を行っている[13]。このアソシエーションの代表は調査時のパヴォル村村長のザハラドニーク氏であり、ポラーク氏やスロボダ氏などこれまでの国境地域交流である程度中心的な役割を果たしてきた人々も関わっていた。そのこともあり、EUの国境地域交流支援を村が獲得した際には、野外活動クラブが関連するイベントの実施母体として村に協力していた。二〇〇四年五月一日のEU加盟記念イベントを国境の村としてモラヴァ川河畔でホーフ村と共催した際には、イベントの一環として野外活動クラブがモラヴァ川をカヌーで川下りする企画を実行した[14]。さらに二〇一〇年、パヴォル村から二〇キロメートル程度離れたチェコの村までの区間に、EUからの支援を受けてサイクリングロードが整備された時も、記念式典の一環としてツーリングを企画している[15]。オーストリアやチェコの人々と共に行う、年一度のカヌーによる川下り企画については、近隣の企業からの後援も得ており[16]、村のなかで地域交流活動のノウハウが継承されていると考えられる。

これまで国境地域協力には、積極的には国境を越えようとしない人々を既存の村落の組織を通じて取り込む装置が働いていることを示してきたが、これらの村に共有された経験の結果のひとつとして、このような新しいアソシエーションの誕生も追加したい。その一方で、パヴォル村にしろリエカ村にしろ、それなりの規模のアソシエーションに所属するメンバーの一部のなかにしか、行動を起こす自発性や組織を運営し続ける自律性は見いだされないのだろうかという疑問が生じる。この疑問に検討するためのひとつの事例として、二〇一一年以降の補足調査で出会った村落のアソシエーション活動を紹介したい。

(2) 自律的な活動のジレンマ

二〇一一年に再びパヴォル村を訪ねると、村長はザハラドニーク氏から四〇代のムリンカ氏に交代し、村議会議員も三〇代の議員が増加するなど世代交代が進んでいた。それを象徴するかのように、若い世代が中心となって活動する文化活動団体802の活動が、村内で存在感を増していた。文化活動団体802は、アソシエーションとして正式に国に登録し本格的に活動を始めたのは二〇一〇年であるが、その母体となる活動は二〇〇五年から始まりつつあった。802のメンバーはパヴォル村と隣のマリアン村に住む四名の若い世代(三〇代)であり、彼/彼女らが村のなかで文化的なイベントの企画・実行を行っていた。

二〇〇七―二〇〇八年の調査当時、この802が村のアソシエーションとしてインタビュー中に言及されることはあまりなく、中心人物の一人であるミランについても「村議会議員のミランという若者が、村の情報の発信などに努めている」という情報を得ていた程度であった。

802を立ち上げたミランはパヴォル村出身で、かつてはブラチスラヴァにコンピュータ関係の仕事に通っていた。二〇〇四年に村の映画館が閉鎖されるという噂を耳にし、当時の村長に掛け合った結果、閉鎖される前に彼が映画祭イベントを企画することが許されたことが、活動の始まりとなる。結果的にイベントは成功し、その売り上げで翌年までは映画館を維持することが可能になった。このイベントを企画した動機として、彼は「若者が村の外に出かけずに、村で楽しめる機会を提供したかった」、「村を変えたかった」という意志を語った[17]。映画祭はその後も続き、二〇一三年に補足調査を終えたときも映画館は存続していた。映画祭の後、ミランは友人のマリアとミルカとペテルを誘い、映画関係に限らずさまざまな活動を村で行うようになった。その後、彼はブラチスラヴァでの仕事を辞めてコンピュータ関係の会社を起業し、村に生活の拠点を戻した。現在は、地方新聞の編集の仕事を請け負ったり、村役場のそばに事務所兼インターネットカフェを開業したりするなど複数の仕事に携わっている。村の情報をウェブ上で発信するのはボランティアではあるが、彼の仕事の延長でもある。二〇〇六年には村議会議員選挙に立候補して村の最年少の議員として当選し、現在まで議員を続けている。

802のメンバーが言及する近年の活動は、クリスマス市場とコンサートの企画、老人ホームでのクリスマスイベントの開催、村の歴史に関する小冊子発行、情報誌の発行、ものづくりワークショップの開催、ハバン小教会の記念日祭の復活、村の公共施設の清掃・修理ボランティアなど多様である。イベントの開催やボランティアに関しては、リエカ村の年金受給者会の活動に共通するが、802の活動の特徴は、活動のための資金を村に依存していない点にある。もちろん、同じく若者が主体の環境団体エコ・パヴォルと合同で呼びかける清掃ボランティアのように資金が必要ない活動や、村と共同で行う企画も含まれているが、民間の財団や企業からの助成金や寄付を得て、村民を対象とした企画を実行するという形式は、それまでのパヴォル村のアソシエーションが行ってきた活動とは大きく異なるものである。

〈事例9　ハバン小教会の記念日祭⒅〉

スロヴァキアでは、教会の守護聖人の記念日の週の週末は、教会で特別なミサが行われるだけでなく、通りに店が並び、特設ステージに楽団が招かれ、お祭りのような状況になる。村を離れている人もこの時期に帰省することが多く、親戚が集まったりすることも多い。パヴォル村の主たる教会の記念日は六月で、現在はヤルモクと同日に行うので村の一大イベントになっている。だが、これとは別にパヴォル村にはもうひとつハバン小教会がある。二〇〇八年頃から、商店主兼村議会議員のポラーク氏はこのハバン小教会の記念日祭の復活を試みていた。かつては、九月の記念日には、小教会横の広場に人々が集まり飲食をともにしたり、楽団が近隣住民を訪ねて回っていたりしていたというが、久しくこの日は、家族や親戚で集まり食事をともにする私的なものとなっていた。

802は二〇一〇年よりこの記念日祭の運営を村と協力して行っている。ミランは「(スロヴァキアの村の記念日祭の定番である）メリーゴーラウンドと年寄り向けの吹奏楽のコンサートがあるだけでは村の若者は集まらない」と考え、昼はお年寄りや子ども向けに吹奏楽団を呼ぶが、夜は若者向けにポピュラー音楽のバンドを呼び、より多くの人々が楽しめるプログラムを計画した。また飲食するためのイスとテーブルの数も大幅に増やし、消防団が販売する軽食を食べ、ワインを飲んで人々が歓談する場所として祭りを提案した。

ハバン小教会は、一六世紀頃この土地にハバンと呼ばれるスイスからの移住者集団が住んでいたことにその名が由来している［Leskovská 2008］。そこで、マリアとミルカは地域活動を支援する財団からおよそ一、〇〇〇ユーロの助成金を受け、ハバン小教会のすぐそばにハバンの人々に特徴的な様式の家屋を模した小屋を建て、村におけるハバンの歴史を説明した立て看板を用意した。この小屋は繰り返しの組み立てと解体が可能であり、二〇一一年以降、この小屋で村の郷土菓子を提供したり、製陶を行っていたハバンの人々に因んで、陶器を販売したりしていた。

マリアの説明によると「助成金では材料を買えただけで、色を塗ったり、設計したりする作業は村の友人や知人が助けてくれた」という。二〇一二年、二〇一三年の記念日祭の準備では、ミランが所属していたサッカークラブの友人を中心とした若者が、小屋を組み立て、当日マリアとミランはハバンの人々が着用していたと考えられる衣装を着て、陶器の販売を行っていた。

厳密に言えば、事例9のハバン小教会の記念日祭において、ミランとマリアの活動の方向性は一致しているわけではない。ミランは若者が集まる場所を村に作りたいという意志をイベントの実行に反映させ、マリアは記念日祭の歴史的由来を示すための小道具を準備したのである。マリアは大学で文化学を学んだこともあり、村の歴史や文化に興味を持っていたので、二〇〇八年にパヴォル村のハバンについての歴史を記した小冊子を、地元企業からの寄付を募って発行させていた。この小冊子の製作も、新聞の編集の仕事をしているミランがかかわっていた。さらに二〇一一年にも、現在は老人ホームとして使用されているパヴォル村の古邸宅の歴史を記した小冊子を、スロヴァキアのガス会社の財団からの助成金を得て発行した。助成を得て活動を行うということは、会計管理も必要になるが、ブラチスラヴァの会社で経理の仕事をしているミルカがその役割を引き受けている。

二〇一三年には、マリアの発案で、ハバン小教会の横にパヴォル村にかつて住んでいたハバンの人々の歴史を示した掲示板が、同じガス会社の財団からの助成を受け設置された。二〇一三年の記念日祭には、この掲示板の除幕式が行われ、そこに財団の担当者も出席していた。このように802の活動は一過性のイベントに限らず、掲示板や冊子、イベントのための小道具など、形のある財産を着実に村にもたらしてきた。しかしながら、何かを村にもたらすことだけが彼／彼女らの目的ではないようである。

〈事例10　図書館改修計画⑲〉

パヴォル村の図書館は、村役場の建物のなかに、映画館や多目的ホールとともに併設されている。予算もあまりなく、新刊の購入が限られているため、近年は利用者の減少も悩みのひとつであった。二〇一二年に802のメンバーはこの図書館のペンキ塗りかえとレイアウト変更を予定し、小学生向けのイベントなども行うことができるような図書館にしたいと改修計画を筆者に語った。

ミランが考えている改修のための予算は二、〇〇〇ユーロ程度で、その資金を村の人々からの寄付で賄おうと考えていた。寄付は現金に限らず、工務店や商店からは改修のための材料や塗料の提供を受け付け、図書館と関係の深い学校関係者などからはボランティアを見込めると考えていた。何らかのかたちで貢献してくれた企業や個人については、図書館内に名前のプレートを取り付けることを予定していた。ミランは「人々は村のために援助をしてくれる。これまでもいろいろと皆協力してくれた」と計画に自信を持って語る一方、いちばんの関係者である図書館職員は、「村の人々は食べるものと税金で手一杯で、そんな余裕はない。村のイベントにもそれほど人は来ないのに[20]」と悲観的であった。

一年以上経過した二〇一三年九月に筆者は再び８０２のメンバーを訪ねたが、図書館の改修のめどは立っていなかった。図書館の改修はどうなったかと尋ねると、マリアは次のように答えた「三月の読書月間にあわせて、私たちは改修後のオープニングを行いたいと考えている。そのために作業は冬の間なのだけど、去年の冬もその前の冬も、いろいろと忙しくて見送ってしまったの。寄付を依頼する対象者を絞り、寄付を依頼する手紙を送付するという作業がなかなかできていない」。確かに８０２が関わるイベントは冬に集中している。老人ホームのクリスマスイベントや、村の教会前で行うクリスマス市も担当している。もちろん、個人としてクリスマス休暇もそれぞれ過ごす。ウインタースポーツの盛んなスロヴァキアでは冬の週末にスキー旅行に出かける機会も多い。

図書館の改修について、ハバン小教会記念日祭が受けたような助成金は探したのかとマリアに尋ねてみたところ、「アソシエーションを支援する財団の助成金にはそれぞれ目的があり、図書館の改修という目的にアソシエーションとして申請できる助成金は見つからない」と答えた。彼女はだから寄付が必要であると重ねて強調した。

ほんとうに助成金が存在しないかどうかということの検証は困難であるが、おそらく、この計画で重要なのは、

802が村のために働くことのできる有志を結びつけるネットワークハブとしての役割を果たすことにあるのだと考えられる。この計画は図書館の本格的な大改修でなく、日曜大工の延長としての改修とレイアウト変更であり、それはこれまでに彼／彼女らが行ってきた清掃ボランティアや不用品のバザーの売り上げを初等学校へ寄付することなどの行為と同等なのである。一方で、図書館職員の不安は、特におおげさなものではなく村の多くの傍観者も同じようにコメントするだろう。彼／彼女らの発案はそれくらい、村の多くの人々になじみのないものである。しかし、ミランが「人々は村のために援助をしてくれる」と語ることができるのは、それまでに802の活動を支援した人々の存在があったからだと考えられる。

この802の活動は、村と共催するかたちで国境地域交流などのイベントを行ってきたパヴォル村の野外活動クラブやリエカ村の民族舞踊団とは、その本質が異なるものである。両者ともに村と協働してイベントを成功させてきたが、自分たちのアソシエーションの本来の活動がその基盤にあり、それを外部に向けて発展させたに過ぎない。したがって、イベントの参加は自由であるとはいえ、アソシエーション関係者以外の住民には、そのありがたみは共有されにくくなってしまう。地域交流の要素として娯楽を共有することは、重要ではあるが、人間関係がすでに成立している空間においては、娯楽を共有する場に参加するか否かもすでに成立している人間関係に依存してしまうことは見落とせない要因である。誤解のないように補足すれば、国境地域交流には教育やビジネスに関わるものや、政治折衝に関わるものも存在する。ただし、これらの交流は地域全体に開かれているわけではなく、娯楽を共有する交流は、本来は地域の誰にでも開かれた交流だからこそ、村のイベントとして位置づけられるのである。802はそもそもメンバーが四名しかいないこともあり、メンバーの親睦を深めるためのイベントは最初から必要がなく、彼／女らが企画するイベントは自分たち以外の不特定の村の多くの人々のためのものでしかない。

では、この利他的な精神をどこまで言葉どおり受け止めることができるのだろうか。調査終了時までに図書館は改修されなかったし、パヴォル村の人々のなかにもこの計画を危ぶむ声があったのは事実である。また、この事例をチェコの文化人類学者が集まるセミナーで報告した際にも「図書館の改修はそもそも村役場の仕事ではないかと、このアソシエーションの人々や支援しようとする村の人々は考えないのか？」と質問を受けたことから察するに、現地の知識人にとってもこの計画は賛否両論あるものである。ここで注意したいのは、村落の現場において、「村」と「人々」の境界は、「村のため」に自発的に活動する人々にとっては曖昧になりがちであることである。スロヴァキアの村議会議員は、そもそもほぼボランティア的な立場で村の政治に関わっている。８０２の中心人物のミランは二〇〇六年から村議会議員であるが、二〇一〇年からはマリアも村議会議員に加わり文化委員長を務めている。８０２が村に依存せずに自ら助成金をとり、「自治」の時代に即した手法で自律的に活動を行い、村のなかで注目を集めていたことを考えれば、メンバーが村議会議員として当選できたのは不思議ではない。逆説的ではあるが、村の資金に依存せずに、村のために関わることは、村の議員にも求められる姿勢であり、個人として村に関わろうとした行為を極めようとすると、村の政治方針を定める中枢に入ることになるのである。

〈インタビュー21　議員であることとアソシエーションであること〉[21]

筆者：今日は、８０２の活動について話を聞いているのですが、ハバン記念日祭とか清掃活動は議員としての活動とは違うのですか？
ミラン：いや、ちがうね。村のために個人でも何か行動できることを示すために、村の仕事としてでなく、アソシエーションとして活動しているのだから。
筆者：村の人は、そのことをわかってくれていますか？
ミラン：うーん。……区別してくれない人もいるね。

インタビュー21からうかがえるように、ミラン自身は、自分がそうしてきたように自発的な活動の輪を広げることを意識しているのであるが、村の状況を自発的に変えるために始めたアソシエーション活動をきっかけとして、最終的に自分たちが村落の政治の中心に入ってしまった。議員としての仕事も抱え、メンバーのうち二人が忙しくなればなるほど、８０２がボランティアとして活動をすることも大変となる。図書館改修計画の遅滞にはそのような問題もあるのではないかと考えられる。

3　村のための「自治」と村のためのモラリティ

(1)　市民的な自発性とモラリティの境界

これまでに説明してきたとおり、８０２の活動は村落のアソシエーションというよりは、公的な目的に沿ったプロジェクトを実行していく欧米型のＮＧＯの活動に類似している。アソシエーションの規模は小さいものの、第２章で紹介したような現地の市民社会論者にとって「健全な」あるいは「スロヴァキアのサードセクターを支え得る」とみなされる団体［Filadelfiová et al. 2004 : 9, Paulíniková and Ondrušek 2000 : 12］が、村落にも登場し始めたと考えることができるだろう。

次に示す文章は、８０２のプロジェクトのひとつを助成した財団の地域振興（*komunitný rozvoj*）部門の案内文であるが、８０２の計画はこのような活動趣旨に適合するものとして採択されたのである。この案内文で具体的に挙げられている地域振興のための活動は、これまで記述してきた村のアソシエーションが助成金など得ずに村との協働のなかで行ってきていたことと、大きくは変わらない。しかし、現実にこの活動のために助成金を得ようと思えば、助成金の存在を知る情報収集力と書類作成力のあるメンバーがいることが必要であり、他のアソシエーションが提出するプロジェクトとの比較に堪えうるプロジェクトを構想する力も必要である。

スロヴァキアに、地域格差がなければもっと素晴らしいでしょう。ですから私たちは、地域社会の生活を豊かにしようとする人々を応援します。

子どもの遊び場を整備したり、スポーツをする場所を修理したり、地元の文化行事を運営したりすることは重要なことです。私たちは市民による活動やそのすべての成果を尊重しています。

ボランティアや奉仕の精神、生活環境を守っていく心を広めましょう。あなたたちとともに。[22]

ここにおいて、重要なのは比較不可能な「どれだけそのプロジェクトが現場の人々に必要とされているか」ではなく、財団の方針に沿ったプロジェクトを提案できるかである。文化人類学者のウェイドは、資金提供元の意向に基づき「公共性に値するプロジェクト」が決定されるため、アソシエーションないしNGOはまた資金調達を見据えて自らの文化の表現を操作しうることを指摘しているが［Wade 1999］、それだけにとどまらず、資金提供者の意思とNGOの意思は、必然的に相互に影響を与えあうことになる。外部の団体の助成金に活動資金を依存することは「自治」の時代に即している活動ではあるが、助成金を得て行われる村のための活動は、資金を提供する側の理念に即したものになるはずであり、そこには資金提供元の影響が間接的に存在する。体制転換から二〇年以上を経て、当時の人々が求めたデモクラシーは、それぞれの組織が社会に貢献可能な領域で活動を行うことで実現する形にシステム化されたのである。

ただし、このシステムがすぐに村の人々の認識に何らかの変化を引き起こすとは言い難い。インタビュー21でミラン自身も認めざるをえなかったように、人々は８０２だから手伝うのか、それとも村議会議員の依頼だから手伝うのかは明らかではない。パヴォル村でもリエカ村でも、村のイベントの手伝いとしてアソシエーションに依頼することは体制転換以前も以後も行われてきており、労働力の提供は、従来の慣行の延長として受け止められている可能性が高い。村としての活動を依頼されて手伝うという行為は、村落のコミュニティの結束力ないし村落で生活していくための人間関係に基づく行為であり、社会に参画しようとする市民社会的な意味での自発性とは区別される。802を手伝ってきた人々にとっては、手助けは目新しい行動とは言い難いが、802が村落で活動を行うことができるのは、対面的な人間関係のなかで彼／彼女らが行う村のための活動には協力すべきとする慣習的なモラリティが存在するからでもある。

さらに、アソシエーションとして行動することの意味がコミュニティのなかでどれだけ有効性を持って理解されているかも疑問が残る。新村長のムリンカ氏に802の活動を含めたパヴォル村のアソシエーションと村の協力関係について尋ねたところ、ムリンカ氏はアソシエーションとしての村への貢献以上に、個人による村のための活動が村の活力の源となっていることを強調した。

去年だったか、マリアは村で古着を集めてそれをヤルモクでチャリティーバザーで売り、初等学校に売り上げを寄付してくれた。別のイベントでも、くじを企画して売り上げを学校に寄付したことがある。彼女は自分たちで村についての本も出版し、それも村に寄付してくれた。この間の村の若者たちが企画した清掃活動は一〇〇名くらいの人が参加してくれたし、ミランも村のホームページの更新や役場のパソコンの故障にボランティアで対応してくれる。あと、村の建設会社は、ちょっとした工事なら無料で対応してくれる。…（中略）…ほかには、去年のヤルモクで行ったビンゴゲーム大会では、ブラチスラヴァで働くビジネスマン、彼もまたここに住んでいて結構成功しているのだけど、彼が一等の景品としてテレビを用意してくれた。それを勝ち取った女性は、商品を受け取らずこれを学校に寄付するように依頼した。このように私たちの村には、村を助けようとする個人がたくさんいる。

村において重要なのは、お金でなく人だ。町はお金がないとどうにもならないが、村はそうとも限らない。

（パヴォル村新村長ムリンカ氏、男性・一九六八年生まれ、2011/9/9）

村長の指摘のなかには、村のイベントを手伝うサッカークラブや消防団の人々も含まれていたが、こちらもアソシエーションとしての活動ではなく、そのうちの個人の有志が手伝ってくれたことが強調された。このような村へのボランティア的行為は、善意ある人々として、モラリティの文脈で評価されており、現状で不足しているものを自ら補おうとする市民社会的な精神に基づく評価とは言い難い。ただし、802の活動が、このようにモラリティに沿ったものと理解可能であるがゆえに、彼/彼女らの活動は自分たちへの利益誘導とは取られず、「自治」の時代とバランスを取りつつ、活動を行うことができているのである。

802の活動単体に注目した場合、メンバーは「村のため」に計画を立て、村（=公的機関）に依存せずに社会に対して自律的に関与していると言える。そのような活動を行う802を市民社会の一翼を担う団体とみなすことは可能だろう。しかし、彼/彼女らの活動を取り巻く人々が別の規範意識に基づいて行動している場合、この事例をどのように考えることができるのだろうか。鈴木義一と横手慎二は、ロシアでは兵士の権利を守るという活動についても人権擁護という観点ではなく、苦しむ息子を助ける母親という立場を強調することで幅広い活動を展開することに成功した「兵士の母の委員会」を例に挙げ、既存の規範意識がロシアの「市民社会」に与える影響力の大きさを指摘している［鈴木 2009：269, 横手 2008：201］。市民社会を理念的に定義するならば、協力者の意識は市民的とは言い難い。しかしながら、802の活動が村における人々の規範意識ないしモラリティに沿うものだからこそ、この一致が村における新たなアソシエーション活動を支えることとなったのである。本章第2節で、筆者は村を動かすような自発性がアソシエーションに関わる一部の人々によって発揮されている状況に疑問を提示した。四名によって構成される802の活動と比較して考えると、協力を仰げる人間関係があれば、アソシエーションは必要条件でないことがわかる。むしろ、現代のスロヴァキアの草の根的デモクラシーの作法に則っていることのほうが、「自治」の時代における評価を得やすいという点で有利であることがわかる。

(2)「村のため」という言葉の含意の差

ポスト社会主義期は、価値観が大きく転換した時代として、多くの人々が戸惑いを感じる時代であった。社会主義の理念からすれば、資本主義社会ではその存在が自明のものである商売も、不平等を生むものとして嫌悪される対象であった。体制転換後の社会は従来のモラリティに反する状況［Kaneff 2002］であり、モラルの柱が失われた時代［Wanner 2011］として理解されることが多い。ポスト社会主義期の宗教についての論集を編集したハンもまた、宗教が世俗化するなかで、市場経済におけるアノミーを克服するためのモラル的な基盤が当該社会に不在であることを指摘している［Hann 2010］。確かに、これらの論者が想定したように、社会主義という表向きは強力な支配力のあったイデオロギーが失われたことで、ある種の空白が生じたことは想像に難くない。しかしながら、その一方で、どれだけ共有されているのか不明瞭ではあるが、本章で示した「村のため」というモラリティや、第6章のリエカ村の年金受給者会の人々が村議会議員を批判する準拠点となるモラリティというべきものもまた存在している。

若者が楽しめる村にしたいという802の最初の動機は共感を得やすいものである。また、自分たちのアソシエーション活動の展開のために、村のイベントとして協働しようとする場合もその動機は理解しやすい。ただし、これらの人々の活動が、村の行事として成功するためには、周辺の人々の協力が必要である。人々がいつまでも単純に既存の人間関係に基づいて協力し続けるとは限らない。第6章のリエカ村の年金受給者会のように、価値観が相入れないとみなせば離反することもありうる。メンバーや周囲の人が用いる「村のため」という言葉は、表だって反論する者は少ないだろうが、統合のためモラリティの代替となるにはあまりにありふれている。またこの言葉ひとつで動員が可能であるほど、パヴォル村が牧歌的であるなら、第4章の村の亀裂や本章の前半で述べた廃れゆくアソシエーションの存在は説明できない。

この「村のため」というレトリックは、スロヴァキアの村落でなくとも、世界各地の地域コミュニティで広く使用されていると考えられるため、一見、顔の見える人間関係に共通するかなり普遍的な規範意識に基づくものと想定されてしまう。だからこそ、このレトリックの含意については、多少掘り下げる必要があるだろう。ここにおいて、どちらの村でも、イベント時に協力を依頼されることが多く、かつ社会主義時代を長く生きたゆえに価値観の変更にもっとも深く向かい合うこととなった高齢者の認識を分析することは非常に興味深い。というのも、村の高齢者たちが体制転換後の社会を批判する際にしばしば用いるレトリックは「社会主義時代は一体感があった」であり、村の共同性が規範として意識されているものだからである。この語りに続く現在の批判には、「皆、自分の生活が忙しくて村全体のために活動することがなくなった」、「自分勝手になってしまった」などが挙げられる。ここで、社会主義時代の懐古と共同性への規範が同化してしまうことが多いことに注意する必要がある。例えば、「昔は、教会の記念日祭のときは、協同農場や縫製工場も前後を休みにしたので、村全体で盛り上がった。今は皆ばらばらの場所に働きに行くし、若者は外国へ行くから、昔のようなまとまりはない[23]」と現在の村落の状況を憂う語りを取り上げる。語り手にとって、社会主義時代は、失業の不安がなく、自分の出身地の周辺で仕事を見つけることが容易だったため、村の行事により多くの人々が参加し、村人が互いをよく知っている関係を維持することが可能だった。この恵まれた社会条件への懐古は規範意識と結びつくことで、同世代の共感を広く得ることになる。

繰り返し指摘してきたように日常生活では、村全体での団結感を懐かしむ語り以上に、社会主義の良かった点として経済関連の事象が頻繁に語られている。「社会主義時代は普通の人にはいい時代だった。革命の後は給料が二倍しか上がっていないのに、物価は十倍になった」、「社会主義時代にはホームレスはいなかった。皆に仕事があった」などがその典型的な例である。このような年金受給者の語りから社会主義時代に作られた価値観を復元すると、言説としての社会主義時代の「ゆとりある生活」の記憶のイメージ[24]に、受け継がれてきた村のモラルを重ね合わせたものが年金受給者の価値観の土台となっていると想定できる。

ただし、「八九年以降の苦しさ」と「豊かな社会主義時代」を対比する言説が存在はしていても、個人レベルで生活を振り返る語りとなると、この共有された価値観とは異なる語りが出現することが多く、高齢者は決して社会主義時代を懐古しているだけの人々ではないことに注意したい。具体的には、「私が家を建てるときは、大変だった。家もあまり好きなように建てることができず、何より許可を取るのに賄賂がないと話が進まなかった。今でも役場の仕事は遅いけれど[25]」、「社会主義時代は仕事はあったが、協同農場は給料が安く、残業をしないと人並みの生活ができなかったから、楽ではなかった[26]」などの語りに見るように、実際の自分の生活に関しては当時の苦労が語られ、「政治は今もたいしてよくはないが、少なくともスパイはいないので、こうやって不満は言える」というかたちで現状の一部が肯定される[27]。その意味では、彼／彼女らは社会主義時代を懐古する一方で、現実とも対峙してきたのである。

政治や経済の体制の大きな変化の経験は、あらゆる階層の人々の生活に影響を与えており、それは社会主義時代の始まりもまたそうだったはずである。以下は二度の体制転換の経験についての語りであるが、社会主義時代には彼女はこのような社会主義時代の不満を公に口にすることができなかったはずである。「豊かな社会主義時代」がそのような抑圧の上に成立していたことは、現地の人々にとってはわかりきった前提である。

初等教育を終えた後、勉強を続けたかったけれど、実家は七ヘクタールくらいの畑を持っていたので、畑が取り上げられた後、きょうだいの誰か一人が協同農場に働きに行くように命令された。姉はそのとき、鉄道敷設に借り出されて中部スロヴァキアに二年くらい行っていた時期で、弟はまだ小学生で、私が行くしかなかった。朝から日が暮れるまで一四時間働いて、七コルナ。これはその当時でも安い賃金だった。

…（中略）…一九九一年に協同農場として取り上げられた土地の返還が始まって、いろいろ手続きしたけれど、（私たちの家族が）その土地を所有していたという帳簿が見つからないらしくてね。取り上げるときは勝手に取り上げたのに。もう両親も生きていないし、結局戻ってこなかった。…（中略）…そうした誰のものかわからない土地は、国が金を持っている人に売却したんだよ。私たちの土地だったのに。社会主義時代に儲けることができた人は、今も儲けることができるんだね。私は不運な時代に生まれたよ。本当に。

（ハナコヴァー氏、パヴォル村女性・一九三九年生まれ、年金受給者・「年代記」執筆者、2007/5/15）

体制転換以降の社会では、社会主義時代を批判することも懐古することも、現状を批判することも自由である。加えて、現在の村落の困窮した状況を反映させせない過去の回顧の語りとして「社会主義時代もいい点と、悪い点がある。それは今も同じ」というフレーズもまた頻繁に用いられる。とはいえ、社会主義時代を経験した者にとって、社会主義時代の記憶は、現在の政治状況を考えるうえでの一つの参照軸となりうる。自発的な行動を起こすことが社会的に重大な負荷を負っていた社会主義時代を知っている彼／彼女らにとって、行動することは、まさに新しく得た権利でもある。体制転換以降、積極的に村の行事を支えるボランティアに携わってきたリエカ村の年金受給者会の人々もまた、「村のため」に「役立ちたい」から活動しているとしばしば口にする。事例11では、年金受給者会の方針の転換を「村のため」というロジックで、思いとどまらせようとする試みと、村議会議員への批判の両方が示されている。ここでの「村のため」に共通する意味合いとして、ここでも村の共同性や調和を重視する視点を読み取ることができる。

〈事例11〉ゼマノヴァー氏と友人Q氏のやりとり㉘

筆者は年金受給者会のゼマノヴァー氏に誘われ、同じ村に住む彼女の友人Q氏を訪ねた。近況についての雑談のなかで、文化センターの閉鎖に話題が変わると、ゼマノヴァー氏は「四月末の舞踊団の公演は、外部から来る出演者もいるし、もてなしができないのは村の恥になるから手伝うが、もう村の行事に関わるのは嫌だ」という主旨の愚痴をこぼした。それに対して、Q氏は「中立的な立場を心がけましょう。自分のためでなく、村のためになることを考えましょう」とゼマノヴァー氏を説得していた。

ゼマノヴァー氏が席を外したとき、Q氏は筆者にこう補足してくれた。「彼女は、昔から運営や管理の能力が高く、村のための行事に数多く関わってきた。なのに、村長や議員は恩を仇で返すようなことをした。村議会議員も自分のためでなく、村のために働くべきで、いまのように何もしない議員は不要だと思う。」

社会主義時代であれば、労働者の福祉の一環としてアソシエーション活動への支援は、それなりに手厚かったが、現在では、村役場とともにEUなどから外部資金を獲得することが、村のイベントを維持するために不可欠となりつつある。EUの地域振興政策では、市民参加が評価されるため、携わる人々のイニシアティブが期待されているように見える。しかし、その動機は民主的な意味での市民参加というよりは、共産党であろうとEUであろうと、自分たちを支援する組織の要望に応えようとする民族舞踊団の資金獲得の戦略であったり、それがたとえフィクションであるにしても社会主義時代のように村のなかで皆が楽しく過ごすことを望む年金受給者会の「村のため」の善意であったりする。一方で村の中には民主主義への賛同を明確に意思表示してきた住人もおり、彼／彼女らは共産党支部の許可を得なくとも自由に活動できる現代社会を評価しつつ「村のため」にともに活動する。近年であれば、停滞した地域社会を変えたいと考える若者や、「自治」の進行を地域社会にとっての好機ととらえ、「民主的な市民参加」を内面化しようとする人もここに加わるだろう。この場合、コミュニティのための善意と各人の行動に影響を与えた理念を切り離して論じることは困難である。場を同じくすることは、思いを同じくすることと同じではない。中川理はフランスの社会的に排除された人々を支援するアソシアシオンの活動において、「和気あいあいとした、ともに生きる空間」の「上演」が試みられている例をもとに、このことを指摘した［中川 2006］。

社会主義時代から体制転換後の社会を生きてきた人々にとって、各自の行動理念や活動の動機が異なっていることは個別の活動において大きな問題ではなく、異なる行動理念に持つ人々であっても、同じ活動に携われば、結果的にそれはコミュニティへの善意として理解される。「和気あいあいとした、ともに生きる空間」は、それをつくろうと一部の人々が苦心している時点で、コミュニティに共有された価値観とは言えない。スロヴァキアの村落の人々の「村のため」にもこれに近い側面がある。このレトリックは表向き否定されることもないが、多くの人はその言葉の強制力や動員力を信じてはいない。しかし、「村のため」の善意の存在は信じられている。ここにおいて、「村のため」というレトリックの使用は、その言葉の解釈や熱意の濃淡はどうであれ、村に関わろうとする個人の意思を示し、意思を同じくする人々をゆるやかに結びつける機能を果たす。それは、このレトリックを共有できる人々のあいだで、新たな討議のための生活世界が形成される可能性を残すものである［cf. 神原 2015］。その意味で、この言葉はゆるやかで開放性のあるモラリティの外枠である。「村のため」という言葉は、高齢者の素朴な懐古や規範意識と自律的な地域振興の意図を緩やかに接合する。パヴォル村の８０２が、村の人々から協力を得ることができたものは、その活動の包括性が新たな排除をもたらすものではなかったからと考えられる。同時に、８０２の「村のため」というロジックは、結果的にネオリベラルな統治がもたらす新たな排除への対抗にもなっていたのである。

(3) 作法とモラリティ

スロヴァキアに限った現象ではないが、アソシエーションのような一定の自律性のある団体の社会における可能性を考えるとき、組織化が進んだＮＧＯと社会主義時代から続く村落のアソシエーションの位置づけが同じであることは、その展望をとらえにくくするおそれがある。ＥＵ時代のヨーロッパにおいて、参加型民主主義は代議制民主主義を補完する手段として、存在感を高めつつあり［安江 2007：248］、参加型民主主義の具体的な方法の一つとしてアソシエーションを通じた社会への意志表明は定着している。

しかしながら、その参加型民主主義を構成するとみなされるアソシエーションと本書で扱った村落のアソシエーションの性格の違いは大きい。EUレベルでは、NGOを含めた多様なアクターとの対話が政策決定の現場において行われているが、実際にアクセスが可能であるのは、EU域内の複数のアソシエーションの連合組織である場合が多い。特定のNGOの意見のみが重んじられることがないように、対話するNGOには一定の条件が課されるが、代表性が高いとされるトランスナショナルなNGOの場合、その構成員は国レベルのNGOであり、現場で活動を行う市民が直接の成員であるとは限らない。対話が重視されるがゆえに、両者を仲介するコンサルティング業が成長し、この参加型民主主義が市場の介在のうえで成立している側面は否定できない［中村 2005：188–189］。またNGOとEUの委員会との折衝も、討議というにはあまりに政治的な自覚を持つ人々による政策決定の場になっているのである［中村 2005：252–253］。

特定のトピックに関して、このような政府レベルの折衝を行うアソシエーションについては、多くの人々が社会における価値や存在感を認めるだろう。では、ローカルな現場に留まるアソシエーションはどのように理解可能だろうか。802の活動は市民社会を支えるに値するアソシエーションにふさわしいとみなされたからこそ、プロジェクトに対して助成金も採択されたのである。しかしながら、村落の現場においては、この活動は、あくまで個人のボランティアの集積として捉えられていた。その差は些細なものであるかもしれないが、そもそもどのようなものを「村のため」に公共性が高いものとして捉えるかという認識はばらついている。

スロヴァキアの村落における深刻な問題は、本書の前半でも指摘したように経済状況にかかわる問題である。失業率の上昇や物価の高騰がもたらす問題は深刻であるが、この問題を解決できると期待されるのは、国の労働関係の官庁や村役場である。具体的な対策として福祉や教育制度の拡充、企業誘致のためのインフラ整備などもこれに含まれる。インフラ整備に関しては、現在、自治体の地域連合などが協力してEUから資金を得ることが試みられていたり、失業者への職業教育についても規模の大きい有力なアソシエーションが支援を行っていたりする。しかしながら、一般的に村のアソシエーションにそのような組織力は乏しく、村のアソシエーションの活動は、村における生活の質の向上に関わるものである。

前者はなんらかの深刻な欠乏状態を解決するため、公的領域において優先順位の高い事業であると多くの人々に認識されやすいが、後者のようなコミュニティの快適さに関わる活動は、あまりに当たり前のこととして公的な文脈で理解されにくい。筆者のフィールドワーク中、多くの村の人々は、インフラ整備の不足などを問題として指摘しており、経済的支援を待ち続けていた。確かに、学校など公的な建物の改修や上下水道の整備や道路の舗装など、個人的な努力では何もできない目の前の問題が深刻であるのは事実である。しかしながら、どこまでが個人的な努力の及ばない範囲でどこからが個人的な努力が及ぶ範囲なのかは、それほど明確ではない。８０２の図書館改修計画はその問いを投げかけるものであった。おそらく、生活の質に関するアソシエーション活動が生み出す価値を認識できない人々は、図書館の改修を個人の努力の及ばない範囲と認識するはずである。そもそもスロヴァキアの村落の人々の常識で考えるならば、村の歴史を記した案内板や書籍は村役場が準備するものであり、８０２のようなアソシエーションが助成金を取得して製作するものではなかった。

第4章で指摘したように、かつて一九九〇年代の国境地域交流において、スロヴァキア側の人々は「企業が人々の活動にお金を出してくれるなんて考えもつかなかった」と驚きを見せていたが、二〇〇〇年代のアソシエーション活動は、デモクラシーの時代の作法を身に着け、この次の段階へと入りつつあると考えられる。しかしながら、第6章で見たように、「自治」の時代に適切だとされる行動様式を取ることができていない年金受給者会のようなアソシエーションが、村落の政治的中心から排除の対象となりつつある状況は（年金受給者会の人々自身は排除と考えず、活動の場を移したと考えているが）、村落のように対面的な人間関係の影響が強い地域ではモラリティに反するとみなされる。したがって、現実の村落では、有志の人々以外も排除せず人々をつなぐ「村のため」という言説が隠れた影響力を持っていることを見過ごすわけにはいかない。パヴォル村の村長や８０２のメンバーが言及する「村の人々は助け合う、進んで村を手伝う」という言葉は、コミュニティのなかの人間関係の強さとともに、市民的責任感の両方の意味を包含している。村落のようなコミュニティを維持するには、自律的なアソシエーションだけでなく、協力者も必要であり、現在のところ「村のため」というロジックは、自律的な市民社会的な規範とは別の次元で機能している。村落における自律的な市民活動は「自治」の論理とゆるやかなモラリティのバランスの上で成立している。

ローカルな現場においてアソシエーションの自律的な活動は見えにくい。ある程度成果を上げたアソシエーションは活動目的によっては、活動の拠点を外に動かすこともありうる。あるいは、「村のため」の活動の過程で村の政治の正式な一員になってしまう可能性もある。市民社会論的に評価されるアソシエーションはローカルな現場に自律性をもってとどまりにくい。外部からは変化のない村と認識されているかもしれないが、コミュニティからの離反と「自治」への同化の間で、「村のため」という共同性のフィクションを成立させうるゆるやかなモラリティが、現在の村落社会を支えているのである。

〈コラム5　キリスト教と村の年中行事〉

　コラム4で、「ヤンの焚火」のヤンは聖ヨハネに由来することを紹介したが、現在の村の人々が深くキリスト教を信仰しているかどうかにかかわらず、スロヴァキアの村の行事はキリスト教の影響を強く受けている。とくに教会が一つしかない村の場合、村の教会の守護聖人の記念日（本文中では記念日祭 *hodi* と記している）は事実上の村祭りとなる。スロヴァキア（およびチェコ）では、三六五日それぞれにキリスト教の聖人の名が割り当てられており、名前によって記念日が定められている。たとえば、聖ヨハネにちなんだ教会であれば、記念日は六月二十四日であり、聖母マリア（マリア／Mária）は九月十二日、聖ペテロ（ペテル／Peter）は六月二十九日と定められている。かつては、その日が何曜日であろうと、記念日は学校も職場も休みになっていたと聞くが、現在はその週末に移動させることが多い。教会の記念日であるので、教会で特別なミサも開かれるが、第7章でその様子を記したように、露店や遊具がやってきて、ステージプログラムが組まれるお祭りと理解してよい。

パヴォル村の記念日祭はヤルモク（定期市）と同日なので教会の周りに多くの露店が並ぶが，リエカ村ではいくつかの露店と遊具がやってくるだけである。（パヴォル村にて著者撮影，2007年6月）

　スロヴァキアにおいて、宗教上の多数派はカトリックであり、北隣のポーランドには及ばないものの、チェコやハンガリーと比較すれば、日曜日に教会に通う人々の割合は高い。クリスマスやイースターにのみ教会に通う人々も多いのだが、そのクリスマスやイースターに関しては、キリスト教と土着の民俗文化が結びついた行事がスロヴァキア各地に残っている。

　スロヴァキアのクリスマスと日本のクリスマスと大きく違うのは、十二月六日の聖ニコライ（スロヴァキア語ではミクラーシュ

／Mikuláš）の日に、その一年良い子にしていた子どもたちは聖ニコライ＝サンタクロースからプレゼントがもらえ、悪い子には悪魔が石を置いていくと伝えられている点であろう。かつては、聖ニコライと天使と悪魔に扮した大人たちが子どものいる家々を訪ねていたが、現在は、学校での聖ニコライのパーティで先生やボランティアが扮装して登場したりする。パヴォル村の８０２がプレゼントを持って老人ホームを訪ねたのもこの十二月六日に因んだはからいである。なお、十二月二十四日に親が子どもに用意するプレゼントは、イエス・キリストが子どもたちに与えたことになっている。また、現在はあまり行われていないが、冬至の直前の十二月十三日の聖ルチア（スロヴァキア語ではルシア／Lucia）の日は、真っ白な衣装に白い羽を持った魔女が村内をうろつく風習がある。スロヴァキアでよく筆者が耳にした解釈によると、この地域にかつて存在した太陽への信仰、つまりもっとも太陽の力が弱い時期を恐れる世界観に、救世主となる神の子の誕生というクリスマスの時期がうまく結びついて、現在のスロヴァキアの風習は成立しているという。さらに、新年一月六日には、三人の王に扮した子どもが村の各家を祝福して回るという儀礼も一部で残っている。これは、イエスの誕生を祝いにやってきた三人の王（日本では博士として伝わっている）の逸話に因んだものである。

その意味では、イエスの復活を祝うイースターも春の訪れの行事とうまく結びついている。イースターは移動祝日（春分の後の最初の満月の後にくる日曜日）なので、年によって時期は違うが、イースターの二週間前には、冬を象徴するモレナという案山子のような人形を作り、川に人形を流すか焚火で焼くことで冬を追い払うという儀礼がある。この儀礼もまた、キリスト教以前のスラヴ系の人々の文化に由来するものだと考えられている。また、イースターの前の四六日間は「断食」の期間としてばか騒ぎなどは慎むのが望ましいと考えられている。したがって、その前にファシアンギ（Fašiangy）と呼ばれる、動物など仮装した若者が音楽とともに歌いながら村を練り歩き、最後のばか騒ぎをする行事が行われる。これは、キリスト教文化圏における、謝肉祭ないしカーニバルに該当する行事である。リエカ村では、民族舞踊団はこの時期までに村でパーティを開催し、「断食」の直前に、ファシアンギ＝謝肉祭の終わりとして儀礼的に楽器を封印する。パヴォル村の隣のマリアン村では、仮装した消防団員が村内を練り歩いていたかつてのファシアンギの写真を見ることができた。本文中では、スロヴァキアの伝統文化にはあまり触れなかったが、村の人々の日常生活にはこのような文化的背景があるのである。

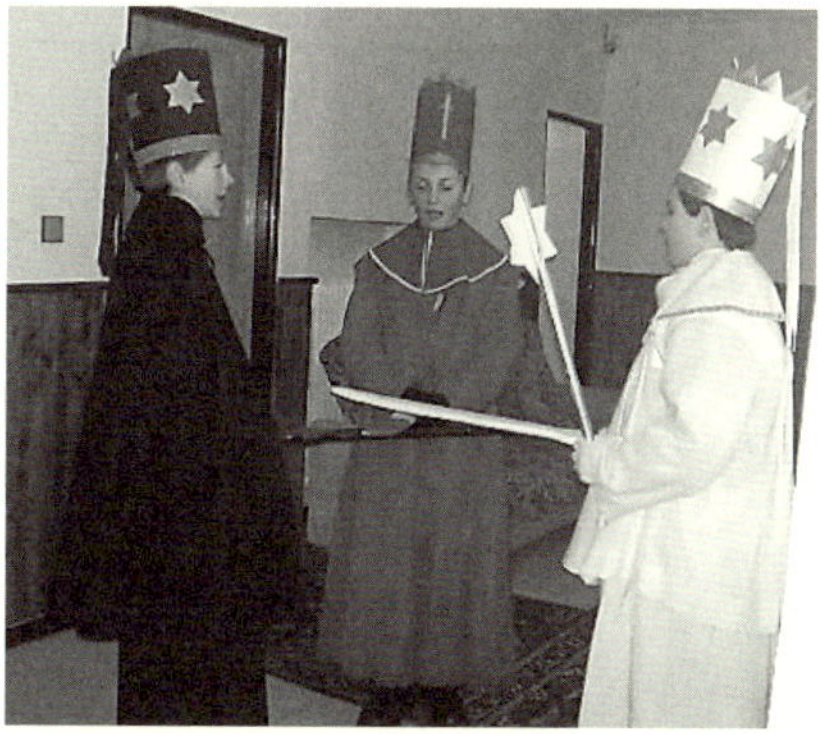

1月6日に家を訪問する3人の王（中部スロヴァキアのデトヴィアンスカー・フタ村にて筆者撮影，2003年1月）

モレナを実践する文化人類学科の大学生と見物する留学生たち（ブラチスラヴァにて筆者撮影，2003年4月）

結論　デモクラシーという作法

本書の主たる目的は、体制転換後の村落の人々の政治的な価値観の変容を考察することであった。その考察の手掛かりとして、体制転換後の社会におけるデモクラシーの語りと、ローカルな場におけるアソシエーションに注目し、「市民社会」、あるいは「市民社会」的なるものの形成を検討してきた。最後に本書のこれまでの議論を整理し、総括としたい。

まず、第1章では本書の問題意識が、体制転換後の社会において時代から「取り残されている」と認識されがちな村落の人々の政治的な価値観の変容であることを示し、政治的な価値観の背景にある東欧革命を主題とした市民社会論を中心とした先行研究を考察した。実際に、その後民主主義が根付いたかどうかは別として、東欧革命で観察された市民による社会運動は、市民社会論に大きな影響を与え、市民とアソシエーションの力を重視した研究が蓄積された。文化人類学における市民社会とそれに関連する研究も、アソシエーション活動についての考察から展開していることが多い。しかしながら、文化人類学の場合、市民社会というアソシエーションが構築する社会のシステムよりも、アソシエーション内部に生み出される共同性に注目し、そこから生まれる社会的連帯が作り出す公共圏や公共性、または社会的な（る）ものなどの議論に注目が集まっている。文化人類学がこのようなテーマに取り組むにあたって、しばしば、ローカルな社会のなかにこのような近代的な分析概念を適用することは可能かという問題に直面する。

本書では、たとえ理論的には「市民社会」ないし公共圏が成立しない現場であろうとも、民主主義国家の一員として市民のイニシアティブが奨励される現実を鑑み、現地において求められる民主主義（デモクラシー）や市民社会のモデルとローカルな現場における実践の齟齬に注目してきた。市民社会は基本的に国家から自立する空間として想定されているが、本書では、このような国家に対抗して茫漠と広がる市民社会の捉え方を批判し、国家システムが分化した政治社会と経済社会の間の空間としての市民社会の捉え方の有効性を示したコーエンとアラートに注目している。多少議論を先取りすると、村落のコミュニティは本来は生活世界の側に属するものであるが、限られた財源とともに「自治」が与えられた村落においては、村落も国家システムの一部となった。ここから派生した経済社会と政治社会は、村落においては、これらと交渉する「市民社会」の一部を吸収してしまう状況が起きている。第5章の地域振興と結びつくアソシエーションはその一例である。その一方で、システムに結びつくことのできなかったアソシエーションは第6章で示した年金受給者会のように、村から遊離してしまうこともありうる。

第2章は、現在の村落における自律性が発揚する場としてのアソシエーション活動の評価について、スロヴァキアにおける「市民社会の復活」に関する歴史的議論を整理した。スロヴァキアの市民社会論において、戦間期は回帰すべき理想の時代であった。その当時は、村落のアソシエーションも社会において確固たる立場を持っていたのであるが、体制転換後は、市民社会を支えるアソシエーションとして村落のアソシエーションは顧みられず、社会主義時代の決別したアソシエーション活動を行うサードセクター構成団体型アソシエーションが評価された。現地の研究者は社会主義時代から続く村落のアソシエーションと、体制転換後に主として都市に拠点を構える欧米の大規模NGOに近いサードセクター構成団体型とみなされるアソシエーションを、異なるものだと認識している。確かに規模も性格も異なるのであるが、二〇〇〇年代以降のEU加盟を見据えた地域振興の現場において、地域のアソシエーションのイニシアティブは注目されている。むしろ、村落における「市民社会」を考察するにあたっては、ローカルな場に適した新たな基準が必要であると考えられる。

第3章からは具体的なフィールドの記述に入り、まず最初に二つの調査地を含む西部国境地域の特性を概観した。西部国境地域は、かつては国境の向こう側との間に頻繁な往来があったが、社会主義時代にそれらは断絶されてしまった。体制転換以降の世界の変動の前線に位置し、ある程度は経済的な恩恵を受けていたが、すぐに新しい時代に適応可能なわけではない。国境地域において、越境者の存在は、社会のありかたを変容させるひとつの鍵であった。そこで、労働移動や国境地域交流をはじめとした実際に越境する人々の様態に焦点を当て、体制転換以降の国境地域の様子を示した。

第4章では、調査地のひとつであるパヴォル村に注目して、この村の「革命」期の再構成を試みた。村落での「革命」活動に賛同した人々の語りから、村落における「市民社会」の時代の根源を描くことを試みると同時に、体制転換直後から始まった国境地域交流もあわせて考察の対象とした。というのも、国境地域では第3章で指摘したとおり、日常的に越境はしないが、国境地域交流などを通して「西」側と「接触」している人々が多数存在するからである。数字の上では、日常的に越境する人よりも、越境しない人の方がはるかに多く、国境地域交流は、この両者をつなぐ役割を果たす。人材が限られた国境地域の村落において、国境地域交流は必然的に村の多くの人々が関与するイベントとなる。そこで、社会主義時代から続くアソシエーション同士が連携し、このような行事の運営を担うことで、地域交流によって得られた知識、経験は人々に共有されてきた。村落のなかには、経験を共有する装置が機能しており、それがスロヴァキアの村落のアソシエーションが自律性を持って活動するための契機を与えるものでもあった。

国境の開放に関しては、比較的前向きな状況をインタビュー調査からうかがうことができた一方で、パヴォル村はこの地域では、体制転換派がかなり活発に活動した地域であるにもかかわらず、「革命」について当時の状況を肯定的に語る人は限られていた。なぜなら、彼/彼女らの活動は村の中に深刻な亀裂をもたらしたものであり、コミュニティの修復のためその事実を忘却したい多くの人々がいたからである。そのうえ、体制転換以降の村落部の経済状況は厳しいものであり、何よりもまず生活していくことが至上の課題となる社会のなかで、体制転換派は徐々に存在感を失っていった。しかし、それは必ずしも現状に絶望したわけでなく、体制転換以後の世界では、村落の政治以外にも社会的活動に関わる場の選択肢が広がり、活動家たちの実践は社会に根付くことができたという、新たな状況を指摘できる。国境地域交流によって、村のアソシエーション活動が後押しされていたのも、パヴォル村にとっては幸運だった。

第5章では、パヴォル村と異なり、「革命」期に体制転換派の動きが目立たなかったリエカ村における国境地域交流に注目した。社会主義的な価値観が根強いとみなされる村ではあるが、人々は国境の開放を前向きに受け止めており、国境地域交流も盛んに行われていた。リエカ村の国境地域交流を牽引しているのは民族舞踊団であり、民族舞踊団は村役場と協力しながら、国境地域振興の一環として村で民族舞踊祭を開催するなど、積極的に活動を行っていた。民族舞踊団主催のイベントを支えているのは、年金受給者会をはじめとした村のアソシエーションであり、第2章では現地の研究者に社会主義時代の遺産として評価されなかった村落アソシエーションが、ローカルな現場においては現代的な地域振興の文脈において一定の役割を果たしていることがわかる。ただし、彼／彼女らの活動の動機がデモクラシーに由来するものとは限らないことには注意が必要である。これらの自発的活動が、厳しい経済状況のなかで自分たちの活動を続けるために、かつてアソシエーションのスポンサーであった国営企業や共産党関係の組織の代替を探す行為である可能性は否定できない。自律的なアソシエーションの活動は市民社会を構成する要素の一つであるが、文化活動やスポーツ活動の動機の背景にデモクラシーに即した政治的意思を見いだすのは難しい。社会主義時代であれ、ポスト社会主義時代であれ、自分たちの活動を続けたい人々の意志と政治的な志向を重ね合わせた分析は強引だと言わざるを得ない。ただし、多くの村落には、いわゆるNGOのような特定の目的を共有した有志が集まるアソシエーションは存在せず、村落のアソシエーションから文化・スポーツ関係の団体を除くと活発な活動を行うアソシエーション自体がほとんどなくなってしまう。だからこそ、第6章で示したように、村落においてはこのようなアソシエーションが生活世界におけるコミュニケーションの場としてハーバーマス的な意味での「討議」の場を作り出すことも否定できない。

第6章では、引き続きリエカ村を舞台に近年進行が加速する地方分権化と村落における「自治」の拡大を受け入れる村落の人々の反応に注目して分析を行った。地方分権化には、国家からの自律性が促進されるという一面がある一方で、その裏に国家財政の負担軽減の意図があることを隠すことはできず、結果として村落部の人々の生活が、ますます苦しくなるのは容易に想像できる。実際に、「自治」を通してネオリベラリズム的なシステムが村落にまで浸透したことにより、自らの厳しい生活から逃れる術を見いだせず、資本主義そのものを嫌悪する高齢者を中心とした社会的弱者が、村落からも分断される危険性が生じ始めた（ただし、当事者たちは自主的に離反したと考えている）。年金受給者たちは「自治」から排除された存在である一方で、与えられた「自治」に適応して村落政治を担う人々に対し、年金受給者会で議論し、抗議を行っている。体制転換後の価値観から、もっとも遠いと認識されてきた高齢者らが、体制転換後に蓄積してきた社会に対する態度を、アソシエーションのなかで共有し、行動に移したのである。その意味で、ここに「市民社会」を支える価値観の萌芽を見ることができるだろう。

一方で、年金受給者会が市民社会を支えうるアソシエーションであることを認めるならば、その活動が村を離れて、より多くの人々に関わるものへと「発展」（たとえ、結果的にそうなったとしても）することを許容する必要があるという別の問題が生まれる。ボランティア活動を行う年金受給者会が村から一定の距離を置くようになったことは、俗人的な感情が与えた影響も否定できないが、環境問題や女性の地位向上などより多くの人々を対象にするアソシエーションであれば、規模が大きくなると拠点を村外に移す可能性は高くなる。ローカルな場における市民社会を想定するにあたって、アソシエーションの自律性が高くなった結果、コミュニティから遊離してしまうというジレンマは、アソシエーションの土着性を重視せざるをえない地域社会の問題の特性を示している。

最後の第7章は、パヴォル村で新しく結成された土着性の強いアソシエーションを対象に考察を進めている。二〇一〇年に結成された文化活動団体802は、村落に多いアソシエーションのように主たる目的を共有したメンバーが村と協力してイベントを企画するのではなく、四名のメンバーが村のすべての人々を対象にイベントを企画する。活動資金も財団がＮＧＯに提供している助成金を活用しており、イベントだけでなく、村の歴史遺産を示す案内板なども８０２によって設置された。彼／彼女らの活動は、これまでの議論に即せば「自治」の時代に即した優等生的なものとみなされる。しかし、これらの活動が市民社会に即したものと村の人々にみなされているかどうかは疑わしい。彼らに協力している人々も単純にコミュニティのなかの人間関係を前提として協力している側面は否定できない。また、村長自身、８０２をアソシエーションとしての機能でなく、「村のために」活動してくれる個人として評価している。さらに結果として、四名のメンバーのうち二名が村議会議員になってしまった現状は、村のなかで「（村ができていないことを自発的に行うという点で）市民社会的に」自律的な活動を行ったにもかかわらず、それが村に役立つものならば、村の政治を行う側に転換してしまうことを示している。スロヴァキアの村議会議員自体が、ほぼボランティアのような位置づけであるからなおさらである。

第6章、第7章でもう一つ注目したいのは、村落のアソシエーション活動に関わる人々にしばしば言及される「村のため」という言葉である。８０２のメンバーは「人々は村のために手伝ってくれる」と語り、リエカ村の年金受給者たちは「村のため」にボランティア活動をし、「自分のことしか考えない議員」と対立した。村落のなかでは共同性を想起されるキーワードが用いられ、それを是とするゆるやかなモラリティが漠然と存在している。だが、「自治」の時代だからこそ、このモラリティがコミュニティにアソシエーションをつなぎ止める手段となっているのである。

これらの議論を踏まえて、序で提起した問題の答えとして、以下の二点を結論として提示したい。まず、一つは体制転換後の村落では、デモクラシーが時代の作法かのように、人々に理解され、その形式を実践されることで、政治的な価値観が変容してきた点である。デモクラシーが、「革命」時に思想として人々に受け入れられたとは、村落の現場からは考えにくく、価値観は実践のなかで徐々に変容してきたのである。そして、もう一つは市民社会とコミュニティを共存させざるを得ない状況における市民社会の理解には、より柔軟な枠組みが必要である点である。アソシエーションによって構成される現在のコミュニティに、近代的な市民社会のモデルは適応させづらく、むしろ、コミュニティレベルの、共同性ほどの強制力を持たないモラリティを考慮に入れた考察が必要であると考えられる。

まず最初に挙げた作法として理解されるデモクラシーに関して言えば、そもそも、本書で取り上げてきた村落というフィールドにおいては、民主化すらそれほど求められていなかったことを思い出したい。第4章では、村落における「革命」活動の参加者に注目して考察を行ったが、「革命」活動は、社会主義時代に築き上げられた村落の調和を壊すものとして普通の人々には捉えられていた。パヴォル村の場合は、一九九〇年代初頭の村議会議員は体制転換派で占められたが、共産党出身の議員が村落政治に携わり続けた村落もスロヴァキアでは珍しくない。国政のレベルでも、地方行政のレベルでも体制転換派は、人材、特に政治に携わる経験を持つ者が欠けていたことが当初から問題視されていた。[1] 体制転換後、村落を取り巻く経済状況が悪化したことは、村落における体制転換派の立場をさらに悪くした。このような村落の状況は、村落の人々がデモクラシーの時代の価値観を拒絶し続ける姿を想像させるものであった。

しかし、それは制度としての民主主義が定着しなかったことを必ずしも意味しない。第4章では、「革命」後、「社会主義にはもう戻らない」と確信できる社会となったことで、活動に携わった人々が必ずしも政治の場に残らなかったことを指摘した。筆者が調査を行った二〇〇〇年代半ばにおいては、アソシエーションを主体とした自発的な市民参加を民主的とみなすEU型の民主主義の影響も顕著であり、自発的に行動できるアソシエーションはより多くのチャンスを得ることが可能になった。それは都市部のNGOがあちこちの財団や外国の諸機関に助成金の申請をして、活動してきた行為と基本的には同じである。体制転換で民主主義を求めなかった人々であっても、デモクラシーの時代に自分たちのアソシエーション活動を続けるためには、新たな作法に適応する必要があった。国境地域の人々はオーストリアと草の根レベルの交流の機会に恵まれていたため、「先進民主主義国」で生活する人々の考え方に触れる機会は多く、アソシエーションが体制転換後の世界でより効率的に活動する方法についても学ぶ機会に早くから恵まれていた。そして、この蓄積を共有し、村落のなかで生かすことのできる自律的なアソシエーションもそこに存在していた。たとえ余暇活動が目的であっても、「西」側との接触はひとつの起爆剤であり、社会主義時代的なアソシエーションのありかたの思考から脱却し、「自治」の時代にも適応可能なアソシエーション活動の方法を身に付けるチャンスに恵まれていた。スロヴァキアの村落が厳しい経済状況にあった時代も、このようにアソシエーション活動を続けていくことができたため、これらの村落は「市民社会」の基盤を維持できたのである。さらにデモクラシーの作法は「自治」の時代にますます重要なものとなり、８０２のような新しいアソシエーションにとっては、この作法を知っているかどうかは死活問題にかかわる。

デモクラシーの時代のアソシエーション活動の作法を学ぶことは、自分自身の政治的な立場とは関係がない。なぜなら、村落においてアソシエーション活動は、社会主義時代から続くものであり、社会主義時代を懐古する立場の人々にもアソシエーション活動の活性化は関心事であったからである。もちろん、「革命」の経験者の政治への姿勢は、村のボランタリーな活動を支える原動力となっているが、それはあくまで個人に還元される問題である。ただし、そのようなメンバーを含めて、リエカ村であれば、年金受給者会は社会主義時代からこの村に住んでいたという共通の生活に根差した感覚を基盤とし、断片的なデモクラシーについての理解をもとに政治的な価値観を共有し、村議会に対して行動を起こした。これはデモクラシーの実践の一形態である。

村落のアソシエーションは、同じ村に居住するという共通項以外は、立場が異なる人々に、村についての意思を形成する機会を与えている。そのなかで討議を経た公共圏は、それは同じ目的を持つ人々が加入するアソシエーションの内部に成立する公共圏よりも繊細なバランスのうえに成立しているのである。これまで見てきたように、本書では、政治的な価値観を人々の行動を通して把握してきたが、このようなバランスのなかで自律性を生み出す行動と思考の様式のなかにこそ、ローカルな「市民社会」を支える現在の価値観が宿っていると言えるだろう。

「革命」の時点からデモクラシーの実現を希求していた人々がいたのも事実であるが、すべての人が体制転換に同意できたわけではなかった。であるからこそ、価値観は既存の社会主義時代に形成されていた価値観と対立しない部分から徐々に現実にすり合わせられていった。アソシエーション活動のためのデモクラシーの作法は、資金調達という実利的な目的がはっきりしているので、少なくともエリートには受容しやすかった。その結果としてアソシエーションの自律性が高まる社会になることは、人々がデモクラシーという言葉を意識していようと、「村のため」の自発的な行動と認識しようと、到達地は同じであり、社会の理想像に関する価値観は実践を通して変容したと考えられる。普通の人々にとっての社会主義時代の価値観は、よりよい生活を求めるための自律的な活動の土台であり、そこから人々が体制転換後の現実の問題に対応する過程を経て、「市民社会」的思考が形成されてきたのである。これらの価値観の変化は、社会主義時代に培われた価値観の上に積み上げられるかたちで引き起こされてきた。

では次に、二つ目の論点である市民社会とコミュニティについて議論をまとめたい。市民社会を近代的な概念に基づく市民が構成すると考えるならば、市民社会にコミュニティは必要なく、アソシエーションによって成立するものだと考えることができる。しかし、村落の現場において市民社会を想定するならば、アクターとしてのアソシエーションだけでなく、現実的にアソシエーションを支える周辺の人々を含めたコミュニティとの関係を無視することはできない。

ローカルな場における市民社会は、国家を明確な対抗物として形成されるものではなかった。本書では、アソシエーションの協働のなかに村落の市民社会を見いだすことを試みたが、コミュニティのなかに国家の統治が入り込む「自治」が導入された現在の地域社会においては、内部に介在する統治の主体と客体が討議することによって「市民社会」の萌芽を形成される側面を指摘できた。その一方で、常に討議はなされるものではなくデモクラシーの作法を身に着け、村を変えるために市民活動に関わる人々の周辺では、あいまいに「村のため」になるから協力をするという行動理念も存在する。顔の見える人間関係のなかで生活する村落においては、個人の意思の差異を包括できるようなゆるやかなモラリティの存在が、アソシエーション活動を支えているのである。強制力を発動させるものでもなく、排除を生むものでもないゆるやかさがここでは効果を持つのである。

体制転換以降の社会においては、議員になることだけが村の政治に関わる方法ではなく、アソシエーション活動を通じて地域社会に積極的に関わることが可能である。しかしながら、少なくともパヴォル村、リエカ村は体制転換以降の国境地域交流などのイベントを通して、複数のアソシエーションや行政、学校などが村落のなかで結びつきを見せている小規模の地域社会であり、これらの村落のなかに根を下ろしたアソシエーションの協力なしに、何かを実行することは難しい。おそらく、それは議員であっても同様である。ポスト社会主義の村落において、一般に想定されるアソシエーション活動に基づく市民社会という概念枠組では、村落の状況を表現することはできない。

ここで、体制転換期、マラツキー町ではデモに参加しても、村落では政治的活動を行わなかった第5章のリエカ村の人々のインタビューを思い出してほしい。村落の住民自身が直接顔を合わせる人間関係のなかに政治的な対立を持ち込むことを避ける心理が働く限り、コミュニティのなかで機能する何らかのモラリティの存在は無視できない。一方で、本研究における調査地のパヴォル村もリエカ村も、首都や地域中核都市とのアクセスは悪くはなく、もし何らかの特定の問題関心に沿うような「市民社会を支える」アソシエーションに加入したいのならば、そこに通えばよいことになる。理念的な市民社会像は村落のコミュニティを弱体化させる矛盾をはらんでいる。ただし、村の外にも居場所のある人々であれば、村に対立を持ち込まないことを心がけることも可能であるが、生活の基盤が村にある年金生活者、自営業者、さらに子どもは、村落の中こそが生活のすべてである。だからこそ、第6章にしろ、第7章にしろ、生活の基盤を村に置く人々から、村落における「市民社会」なるものが形成されたことに注目したい。

村落という、それほど大きくない空間には、体制転換に賛同する者、反対する者、体制転換後の世界で成功した者、取り残されている者、村落政治の中心にいる者、周縁にいる者すべてを取り込んでいる。市民社会的に、アソシエーションごとに分断された個人の状況は、小さな自治体の「自治」／自治には不利である。そのため、現地では多様性を内部に抱えつつ、「村のため」の善意を持つ人々が排除されずにゆるやかに結びつけられるモラリティがデモクラシーの作法と並行して機能していた。スロヴァキアの村落の状況が、理論的な意味で市民社会に適合するかどうかはともかく、外部からは市民社会の一員としてデモクラシーという作法に従うことが求められるなかで、人々は現実を生きるために作法を活用したのである。民主主義の思想に賛同していなくとも、デモクラシーの作法を活用することは可能であるが、たとえ作法と化したものであっても、デモクラシーが当たり前とされる時代となったこと自体が、一九八九年に新たな時代に希望を持った人々のひとつの成果であったのである。

〈コラム6　読書案内〉

本書の執筆にあたって引用した本はすべて文献一覧に明記しているが、ここではそれとは別に、本書の内容に興味を持った方に関連する書籍を選んで紹介したい。本書で扱った主題について、地域と方法論が一致するうえに日本語で読むことができる書籍ほとんどない。しかし、部分的に関連する和書であれば多数出版されている。必ずしも簡単に入手できるものばかりとはいえないが、テーマ別にいくつかを紹介したい。

＊東欧革命とその後の社会について

このテーマに関しては、一九九〇年前後に非常に多数の書籍が出版されている。現在でも書店で販売されているものは限られるが、東欧革命の解説、旅行記、体制転換のリーダーたちのインタビュー集などは公立図書館などで閲覧することは可能である。専門書も一九九〇年代に多数出版されており、そのなかで本書に関連する書籍として、**『ポーランドの農業と農民：グシトエフ村の研究』**（吉野悦雄編、木鐸社、一九九三年）を挙げたい。ポーランドの小集落の全戸の家族史を聞き取った調査に基づいた本書は、ポーランドの農業を農村の生活史の視点から描いている。村落をフィールドに聞き取り調査をしているという共通点はあるが、農業という主題のずれと、ライフヒストリーという語られたデータを重視する手法のずれもあり、本文中では触れていない。ただし、国は違うとはいえ、筆者のフィールドでも人々が時折思い出したように語る、この地域の人々を翻弄してきた歴史を理解するために本書は非常に有用であった。

本文でも言及したが、社会主義は現地の当事者以外にも何らかのイメージを付随させて理解されがちな概念である。東欧革命のときに小学生だった筆者にとって、日本における社会主義に関する言説の強力さは感覚的に理解し難く、社会主義時代が終わった後に、社会主義とは何であったかという問いを旧ソ連と東欧の地域差も意識しながら論じた**『現存した社会主義：リヴァイアサンの素顔』**（塩川伸明、勁草書房、一九九九年）は、社会主義時代をどう描くかを考えるうえで参考になった。

体制転換後の人々の生活を扱った近年の研究成果は、それほど多くない。中央アジア、シベリア地域をフィールドとしたものはいくつか散見されるが、中欧地域に近いところでは、ヨーロッパ・ロシアをフィールドにした『**呪われたナターシャ：現代ロシアにおける呪術の民族誌**』（藤原潤子、人文書院、二〇一〇年）が挙げられる。題名だけみると本書との関わりが薄そうに見えるが、価値観が転換してしまった社会を生きる人々を政治的な価値観で照射しようとしたのが本書であるのに対し、こちらは精神世界に注目したものである。

＊スロヴァキアの市民社会建設に関する歴史

スロヴァキアの歴史に関してはすでに本書のコラムですでに概略を説明したので、ここでは、市民社会建設に関わる歴史学の研究成果を紹介したい。スロヴァキアの歴史を扱った書籍は限られるが、スロヴァキア人が民族としての意識を確立させていく政治的思想の過程を追った『**近代スロヴァキア国民形成思想史研究：「歴史なき民」の近代国民法人説**』（中澤達也、刀水書房、二〇〇九年）を挙げることができる。また、スロヴァキアで「復活」として語られた市民社会の根拠となるチェコスロヴァキア第一共和国時代とその前からの結社の時代については、いずれもチェコ（またはチェコスロヴァキア）史であるが『**身体の国民化：多極化するチェコ社会と体操運動**』（福田宏、北海道大学出版会、二〇〇六年）、『**近代ボヘミア農村と市民社会：十九世紀ハプスブルク帝国における社会変容と国民性**』（桐生裕子、刀水書房、二〇一二年）、『**農民と労働者の民主主義：戦間期チェコスロヴァキア政治史**』（中田瑞穂、名古屋大学出版会、二〇一二年）などを紹介したい。

なお、もっと概説的にこの地域の歴史を紹介したものとしては『**ドナウ・ヨーロッパ史**』（南塚信吾編、山川出版社、一九九九年）が挙げられる。また、二十世紀に特化しているが『**東欧の二十世紀**』（高橋秀寿・西成彦編、人文書院、二〇〇六年）は、本書の舞台となる時代の東欧各地の様子をうかがうことができる。

＊他地域をフィールドにしたローカルな場所における公共性、市民社会に関する研究

このテーマについては本文中でも多少触れたが、オセアニアをフィールドとした『**オセアニアと公共圏：フィールド**

ワークからみた重層性』（柄木田康之・須藤健一編二〇一二昭和堂、二〇一二年）が、多様な視角を示した論集として充実している。アフリカをフィールドとした『現代アフリカの公共性：エチオピア社会にみるコミュニティ・開発・政治実践』（西真如、昭和堂、二〇〇九年）はコミュニティのアソシエーションに注目して市民社会に言及しており、アプローチも本書に近いが、市民社会という言葉に、そのどの側面が期待されるかは、フィールドによって大きく差があることがよくわかる。政治学的アプローチに基づいたものであるが、フィリピンの民主主義を論じた『反市民の政治学：フィリピンの民主主義と道徳』（日下渉、法政大学出版局、二〇一三年）も同様に、スロヴァキアのフィールドではあまり議論にならなかった誰が「市民」であるかという問いが、現地における重要なポイントとなっている。

ヨーロッパをフィールドにした人類学において注目される公共性は、社会的なるものへの想像力に関するものである。『ヨーロッパ人類学の視座：ソシアルなものを問い直す』（森明子編、世界思想社、二〇一四年）は、ヨーロッパ各地の社会における、社会的なるもの＝ソシアルなものの現状を問い直した論集である。フィンランドの地域福祉の現場をフィールドにした『老いを歩む人びと：高齢者の日常からみた福祉国家フィンランドの民族誌』（高橋絵里香、勁草書房、二〇一三年）は、公共性の議論には直接言及していないものの、相互扶助に注目しつつも、想像すべき「社会」を人と人とのつながりに単純に帰結させない点で、読者にひとつの示唆を与える。

あとがき

本書は平成二十二年度に東京大学大学院総合文化研究科に提出した博士論文『社会主義の残像のなかの「市民社会」：体制転換後のスロヴァキア村落における「東欧」と「西欧」の境界』に大幅な加筆修正を加えたものである。論点を市民社会と民主主義に関するものに絞りこみ、補足調査の結果も踏まえ、具体的なフィールドデータをかなり加筆している。逆に、ポスト社会主義という特性を持つ「東欧」という地域概念および現地の文化人類学者の立ち位置については、別稿［神原2004；2008b］で論じたため割愛した。興味のある方は必要に応じて参照していただければ幸いである。

また、以下の箇所については、既に公表した論文の一部を大幅に加筆修正したものを組み込んでいることを指摘しておきたい。

第3章（第2節）およびコラム②
「人の移動による地域の再生と形成：スロヴァキア—オーストリア国境地域を事例として」『九州人類学会報』第32号、一一—一〇頁、二〇〇五年。

それ以外の部分については、国内外の学会や研究会で口頭による研究報告は行ってきたが、本書が初出となる。市民社会のような大きな社会概念を、学術雑誌論文のような紙幅の制約があるなかで、少数の事例のみから説得的に市民社会やデモクラシーという「大きな」理論に言及するための論理構成に悩み続けたため、本書の主たる内容に関わる部分は、長く論文として発表できないままであった。怠惰を開き直るようで心苦しいが、フィールドワークの本体に関わる部分は、ある程度のボリュームが許される形でしかまとめることができないと判断し、単著での出版を目指すことにした結果が本書である（したがって、できれば第2部以降は通して読んでいただきたい）。博士論文完成以降、出版までの道のりも長かったので、自分がいちばん書きかったテーマに最適だと思う単著という形式で世に送り出すことができて、本当に幸せだと思っている。

なぜスロヴァキアを調査地に選んだのかという問いは、何度も問われてきたので、本書の完成に至るまでの経緯として、少し紹介したいと思う。とはいえ、全くおもしろくないことに、筆者とスロヴァキアと文化人類学の間に運命的な出会いの物語はない。文化に関する現象に漠然と興味があったので、筑波大学の学部生であった時代から文化人類学を専攻することを希望していたが、一年生向けの文化人類学概論において、関根康正先生（関西学院大学）が話された、スリランカやルワンダの民族紛争の話が非常に印象的だったことを覚えている。筆者が文化人類学教育を受けた時には、ポストモダン、ポストコロニアルな文化人類学はある程度当然なものとなっていたのだが、未開社会の風俗・習慣ではない対象を扱った人類学に魅力を感じた。それだけならば、アジアやアフリカなどのグローバル化した都市に興味を持ってもよさそうなものであるが、ドイツでの短期語学研修とホームステイの体験や、当時はオーストリアをフィールドにされていた森明子先生（国立民族学博物館）の集中講義を受けたこと、高校時代からもともと世界史（とくにフランスより東側と中央アジアより西側のヨーロッパ・ユーラシア地域）が好きだったことなどの断片的なきっかけの集積が中欧地域というフィールドに私を導いたのだと思う。

学部生時代の後半には、会津若松市における戊辰戦争の記憶をテーマにフィールドワーク調査を始め、卒業論文の執筆を通して、漠然と世間に流布しやすい言説やナショナリズムといった人々の心を動員する力を持つ思想に興味を持つようになった。そこで、中高生のときに紛争の報道に強い印象を受けた旧ユーゴスラヴィア諸国か、それとは対照的に平和裏に分離したチェコかスロヴァキアをフィールドとして研究を続けたいという意志を抱くようになったのは、おそらく前段落で記したきっかけの集積なのだと思う。一方で、この地域を調査地とすることは文化人類学の王道ではないという自覚はあったので、修士課程では分野を超えた集団的な指導体制を採用していた九州大学大学院比較社会文化学府に進学した。

文化人類学を志す者は、学部時代以前に特定の地域に関わっており、そのフィールドでの研究を深めるために修士課程や博士課程に進学する者と、文化人類学そのものに興味があり、フィールドは大学院進学後に選び、言語も後から学ぶ者の大きく二つに分類することできる。修士課程の時点で筆者は後者だった。文化人類学者が行く地域の言語が、日本の外国語学部で学ぶことができないようなマイナーなものであれば、言語はフィールドで学べば問題なかったであろうし、その地域の研究者の多数派が文化人類学者であれば、それが標準なので問題とならないだろう。しかし、中東欧に関する研究を行う大学院生は、文化人類学よりは日本にいるうちから現地語を読むことが求められる歴史や文学、または地域研究を専攻している者が多い。奨学金の枠を強力なライバルと争わなければならないことに焦りを感じていたうえ、現地の言語ができないまま博士課程に進学して将来研究者としてやっていけるのかという不安に駆られもした。少しでも研究を継続する可能性を高めたいとの思いから、修士課程在学中に応募した奨学金公募のひとつに運よく採用され、縁あってスロヴァキアに長期留学する機会を得たというのが、率直な経緯である。

現在では多様な調査のスタイルがあるとはいえ、私の調査地との関わり方は一般的に想定される人類学者のスタイルとは異なっていた。多くの文化人類学者は初めての長期調査で、どこかのコミュニティに一、二年間住み込むが、筆者は、二〇〇二年からほぼ三年間スロヴァキアの首都ブラチスラヴァの大学でスロヴァキア語と現地の民族学・文化人類学を学ぶ機会に恵まれたこともあり、その期間は首都に留まり、テーマの絞り込みと予備調査を行った。留学終了後、日本で博士課程に進学し、二〇〇七年から二〇〇八年にかけておよそ一年の間、ブラチスラヴァに所在するスロヴァキア科学アカデミー民族学研究所に所属しつつ、二つの村への訪問を繰り返す形式の調査を行った。

村に住み込まなかった理由は、最初の三年間の留学では、奨学金受給のための制度上の問題もあり、大学寮以外に自由に居住地を決定することが困難であったという事情もあった。また、そもそもスロヴァキア人やチェコ人以外の人類学者が村落に長期滞在して調査を行うことがあまりないスロヴァキアにおいて、外国人である筆者が、言語能力が不十分な段階で村落調査を始めることは非常に困難であったため、まずは首都に留まらざるを得なかった。ある程度スロヴァキア語を習得した二年目以降は、大学の語学センターから文化人類学科に所属を移し、スロヴァキアの大学院生や研究者、たまにやってくるスロヴァキア人以外の文化人類学者の様子をうかがいつつ、調査の可能性を模索した。大規模な調査プロジェクトを除き、現地で助手を雇うような調査を行った経験を持つ者に会うことがなかったため、ひとりで調査にでかけることが可能な

スロヴァキア留学時代の同級生たちの卒業式。なお，このホールは1989年の革命時は学生に占拠された。（コメニウス大学ホールにて筆者撮影，2005年7月）

リエカ村年金受給者会の人々
（会合場所にて筆者撮影，2007年5月）

調査地を選択することがスロヴァキアで調査を行う条件であると悟るまでに時間はかからなかった。

スロヴァキア人の大学院生でも、調査のための長期滞在先を国内で探すことに苦労しており、外国人である筆者を受け入れてくれるホームステイ先を探すのは困難を極めた。体制転換後の生活の変化を生活の細部で経験しているのではないかと予想し、西側のオーストリア国境周辺に焦点をあてていたのだが、とくに知り合いに紹介してもらったわけではない。リエカ村も、パヴォル村も、地理的条件や過去の民族資料の有無をもとに自分で候補を絞り、最初はアカデミーの研究員に村役場に電話してもらってアポイントを取ってもらったが、あとはスロヴァキアの大学院生や研究者が行うように、自分で調査の承諾を得るために趣旨説明に出かけて調査を始めた。ただし、このあたりは首都への通勤圏でもあったため、住む必要はないのではないかとホームステイは断られ続けたため、通いながら調査を始めることとなった。信頼関係ができるまでは通いでも仕方ないと考えながら、調査を始めてから分かったのは、首都もその周辺も地価や家賃が上昇しており、定職のある既婚の若者でも実家から独立できない状況にあり、空部屋のない家が多かったという現状である。好意で泊めていただくことはあったが、都合よく長期間住む家を探すことは最後まで叶わず、首都と村落を往復しながら調査を行うことになった。

結果的に見れば、それは本調査の短所であるかもしれないが、だからこそ二ヵ所の村で同時にフィールドワークを行うことが可能となったのである。

出国して最初の二年半のほとんどを語学と大学の講義と文献調査に費やし、狭義のフィールドワークを行っていなかったのは、おそらく文化人類学者の常識からは外れている。ただし、この期間に現地の大学でスロヴァキアの文化人類学の講義を受け、スロヴァキア語の文化人類学関連の書籍を読んで単位取得のためにスロヴァキア語で試験を受け、大学の調査実習や研究会にも参加したことにより、現地の人々にとっても関心があり、現地の文化人類学にも、現地以外の文化人類学にも貢献できるテーマがどこにあるか一から考え直す機会を得た。その過程で東欧革命から二〇年以上経った社会における価値観の変化に興味を持つようになったのである。雲をつかむような曖昧な関心を、村落のアソシエーション活動に焦点をあてることで描き出せるのではないかと手がかりを得ることができたのは、最初に現地の研究情報にしっかりと触れることができたからだと考えている。このような悠長なことができたのは、修士課程在学中に長期留学の機会を得ることができ、そもそも博士課程に進学するかどうかも含めて今後の計画を考えることができたからである。留学のチャンスを思った以上に早く得たものの、具体的な身の振り方を悩んでいた当時、修士論文は早く提出し、残りの留学中に博士論文のための準備を行うように助言していただいた九州大学の先輩方とそれを認めてくださった先生方には大変感謝している。

リエカ村とパヴォル村での調査を基づいた博士論文を完成させた二〇一一年以降は、地方都市でのNGOや市民運動家を対象にした研究を新たに始めた。新しく開始した調査は、リエカ村やパヴォル村の調査と比較して、明瞭な分かりやすさがあることに思わぬ安心感を得たと同時に、ある種の違和感を覚えた。ある程度の規模と経験のあるスロヴァキアの都市部のNGOであれば、年次報告書や収支報告書もウェブサイト上に公開され、関係者も活動目的を明確に語る。それに対して、これまでの村落調査では、だれが本当の中心人物かすらわかりにくく、過去の活動記録も曖昧で、一回のインタビューから、ルーティン化した活動のなかに埋もれた価値観のありかたを得ることは難しかった。新しい研究に取り組むなかで、村の人々の日常性と市民性を描くことの価値に改めて気づくことができ、博士論文を大幅に改稿することにしたのである。本書がこの試みに成功しているかどうかの判断は読者に委ねるが、筆者にとっては出版に至るまでの五年間の回り道は意味あるものだったと思いたい。

謝辞

本書の出版に至るまでに行ったスロヴァキアでの調査は、スロヴァキア政府奨学金のほか、平成十八年度年度松下国際財団研究助成「拡大EU下のスロヴァキア国境地域における社会の動態：『東欧』と『西欧』の境界線の多義性」、平成十九—二十年度科学研究費補助金（特別研究員奨励費）「『西欧』と『東欧』の境界線の複層性：スロヴァキア国境地域における社会の動態」（課題番号 07J08945）、平成二十三—二十四年度科学研究費補助金（研究スタート支援）「『自治』の作法：スロヴァキアにおける村落アソシエーションとNGOの交渉より」（課題番号 50611068）、平成二十六—二十八年度科学研究費補助金（若手研究B）「市民社会を支える理念とモラリティ：スロヴァキアの第一世代NGOを事例として」（課題番号 26770294）の支援を受けて実施が可能となった。加えて、勤務校である北九州市立大学からも本書の出版に至るまでの間、平成二十七年度学長選考型研究費をはじめとした研究上の支援を受けた。また本書の出版は、第六回九州大学出版会・学術図書刊行助成によって可能となった。以上をここに記して謝意を示したい。

本書の構想は、予備調査と本調査の間に進学した東京大学大学院総合文化研究科での指導教員である渡邊日日先生の博士論文執筆時のご指導の賜物である。お忙しいなか、本書の草稿にも目を通し、コメントをいただいたことにお礼申し上げたい。本書の元となった博士論文を審査してくださった木村秀雄先生（東京大学）、山下晋司先生（帝京平成大学）、篠原琢先生（東京外国語大学）、松前もゆる先生（盛岡大学）からも、大変有益なコメントをいただいた。このほか、九州大学出版会出版助成の審査にあたって、的確な査読コメントをくださった匿名の先生方にも大変感謝している。

スロヴァキアでは大学や研究所の先生、友人など研究仲間に加え、リエカ村とパヴォル村をはじめとしたフィールドの人々には、大変お世話になった。最近、西部スロヴァキアに行く機会は少なくなっているが、彼／彼女らには改めて報告の連絡をしたい。また、スロヴァキア地域研究の先達である長與進先生（早稲田大学名誉教授）、石川晃弘先生（中央大学名誉教授）

のお二人には、留学時代に初めてお目にかかった時から、気さくにスロヴァキア社会の諸側面を教えていただいた。その後も研究会や共同調査などにお声掛けいただき、スロヴァキア社会をより深く知る機会を得ることができた。そのほか滞在中にお世話になった方々は多数いるが、すべての方にあたたかくご指導いただいたことに感謝している。

以上、本書に直接関係のある方々へのお礼を申し上げてきたが、これまでの研究活動は、さらに多くの文化人類学とロシア・中東欧・ヨーロッパ関係の研究に携わる先生方、先輩方、友人と後輩たちから得た助言、意見交換や情報交換の機会に支えられてきた。すべてお名前を挙げることができないなかで、あえてお名前を挙げさせていただくならば、九州大学大学院比較社会文化学府修士課程時代に、研究者としての基礎をご指導いただいた高田和夫先生（九州大学名誉教授）、清水展先生（京都大学）、太田好信先生、古谷嘉章先生、および筑波大学第一学群人文学類でご指導いただき、その後も折に触れ、消息を気にかけていただいた風間計博先生（京都大学）にとくにお礼を申し上げたい。加えて、現在の勤務校である北九州市立大学の同僚や学生たちからも、さまざまな知的刺激をいただいていることに感謝したい。

本書は筆者にとって初めての単著であるが、慣れない出版作業にあたって様々な方にお世話になった。とくに写真使用の相談に乗ってくださったスロヴァキアの著作権協会の方々、使用許可をくださったスロヴァキアの関係者のみなさま、そして本書の編集にご尽力いただいた九州大学出版会の永山俊二氏に感謝したい。

最後に、スロヴァキアにかかわるようになる前から研究活動を見守ってきてくれた夫に感謝を捧げたい。

二〇一五年八月三十一日　神原ゆうこ

24　この社会主義のイメージが，人々が社会主義時代に受けたプロパガンダと重なることは否定できない。リエカ村の年金受給者との会話のなかでも「格差があるなど，今言われている資本主義の社会の負の側面は，だいたい社会主義時代に聞いていたこと」という指摘を受けた。

25　Q氏（リエカ村女性・50代，年金受給者）へのインタビューより［2007/4/26］。

26　ゼマノヴァー氏（リエカ村女性・1949年生まれ，元村議会議員）へのインタビューより［2007/4/27］。

27　なお，このような社会主義時代の懐古の語りは同じポスト社会主義国である東ドイツでも共通する。体制転換後の東ドイツの人々をインタビューした平野によるルポルタージュにおいても，多くの人々が，東ドイツ時代の良かった点を語り，現在の失業や土地所有の問題，西ドイツ人との関係に悩みながらも，秘密警察の解散と旅行の自由がある現在を肯定している［平野 2002］。社会主義時代を懐古することが，必ずしも現状の否定と連動するわけではないと言えるだろう。

28　ゼマノヴァー氏（リエカ村女性・1949年生まれ，年金受給者，元村議会議員）とその友人Q氏（リエカ村女性・50代，年金受給者）の会話より［2007/4/27］。

結論

1　チェコスロヴァキアの国政のレベルでは，スロヴァキアの体制転換派の政治家チャルノグルスキーが次のように述べている。「当時私は，スロヴァキアがいかに人材に乏しいかを痛感させられました。…（中略）…そもそもわれわれのなかには，それまで権力のメカニズムと政治一般にアプローチできた人間がいなかった。反対派について言えば，チェコでも事情は同じでした。……」［チャルノグルスキー 1991：139］

5　ゼレナー市の村落支援アソシエーション代表へのインタビューより［2013/3/12］。

6　ゼレナー市の村落支援アソシエーション代表へのインタビューより［2013/3/12］。

7　パヴォル村消防団員（男性・30代，村議会議員）へのインタビューより［2007/5/16］。

8　家庭菜園愛好者会のメンバーへのインタビューより［2012/9/15］。

9　マリアン村民族舞踊団の元指導者（パヴォル村女性・1952年生まれ・初等音楽学校教員）へのインタビューより［2007/7/15］。

10　パヴォル村年金受給者会の人々の会話より［2007/5/17］。

11　年金受給者会の「年代記」の記述および，同席していた年金受給者会の女性たちへのインタビュー［2007/5/17］より。

12　ハナコヴァー氏（パヴォル村女性・1938年生まれ，年金受給者・「年代記」執筆者）のインタビューより［2007/5/15］。ハナコヴァー氏は合唱団のメンバーでもあった。

13　パヴォル村のツーリストホテルの常連のオーストリア人が，メンバーの揃いのTシャツを着ていたため，尋ねてみたところ，その彼もこの団体に入っていた。

14　パヴォル村村長ザハラドニーク氏（男性・1953年生まれ）へのインタビューより［2007/7/25］。

15　パヴォル村村長ザハラドニーク氏（男性・1953年生まれ）へのインタビューより［2012/3/12］。

16　パヴォル村村長ザハラドニーク氏（男性・1953年生まれ）へのインタビューより［2007/7/25］。

17　ミラン（パヴォル村男性，1980年生まれ，村議会議員）へのインタビューより［2012/3/15］

18　この事例はミラン（パヴォル村男性，1980年生まれ，村議会議員）へのインタビュー［2012/3/15］，マリア（パヴォル村女性，1982年生まれ，村議会議員）とミルカ（マリアン村女性，1974年生まれ，802メンバー）へのインタビュー［2012/9/15］および，2012年9月と2013年9月のハバン小教会記念日祭での参与観察を元に記述している。

19　この事例はミラン（パヴォル村男性，1980年生まれ，村議会議員）へのインタビュー［2012/3/15］，マリア（パヴォル村女性，1982年生まれ，村議会議員）とミルカ（マリアン村女性，1974年生，802メンバー）へのインタビュー［2012/9/15］，およびマリアへのインタビュー［2013/9/15］から得られた情報をもとに記述している。

20　パヴォル村図書館職員へのインタビューより［2012/3/15］。

21　ミラン（パヴォル村男性，1980年生まれ，村議会議員）へのインタビューより［2012/3/15］。

22　オレンジ財団（スロヴァキアの外資系携帯電話会社が母体の財団）のウェブサイト〈https://www.nadaciaorange.sk/sk/komunitny-rozvoj〉より，要約して翻訳した。(2015年5月24日確認)

23　リエカ村年金受給者会の会合中の会話より［2007/8/1］。

17　リエカ村報2006年4号（p. 4）より。

18　リエカ村村報2006年4号（p. 3），村議会議事録（「年代記」執筆者ノヴァーコヴァー氏作成）より。

19　リエカ村村報2007年1号（p. 6）より。

20　調査期間中リエカ村ウェブサイトに掲載されていた村議会議事録（2007/4/30）より。ただし，ウェヴサイトリニューアルの際に削除されたため，現在は閲覧できない。

21　年金受給者会の人々と会話より［2008/5/28］。

22　リエカ村カトリック教会神父（男性・60代）へのインタビューより［2007/4/30］。

23　パルコヴァー氏（リエカ村女性・1933年生まれ）へのインタビューより［2008/6/9］。

24　リエカ村年金受給者会会合中の会話より［2007/7/11］。

25　これらの議論は織田竜也の「対抗資本主義」［織田2004］をほうふつとさせる。織田は「資本主義」というイメージが他のイメージと結びつくことで，多少の矛盾があるにもかかわらずこのような言説が二項対立的な図式を作り出すことを指摘しているが，織田の場合，地域通貨活動という確たる活動から「対抗資本主義」のイメージが発生しているのに対し，本章では，それに当たるものがないという相違点がある。社会主義時代の記憶は確たる活動と対置させるには弱い。ここでは，「資本主義」は話し手の知識ではなく，社会主義時代の記憶に照らし合わせたイメージである点で織田の議論と重なることを指摘するにとどめる。

26　これについては何度か調査を試みたが，第三者に尋ねたとしても「昔のことだから覚えていない」「知らない」という答えが一般的には返ってきた。誰が党員であったかについては，筆者が知ることができた機会は，基本的には陰口であることが多く，年金受給者会の人々の間で，旧共産党員への印象は良くなかったと言える。

27　現在のスロヴァキアの村落において，このような評価がなされる可能性は，現実的には非常に低い。

28　リエカ村年金受給者会の会合の後，ザイチコヴァー氏（リエカ村女性・50代，年金受給者・村議会議員）との会話より［2008/6/18］。

29　リエカ村年金受給者会会合中の会話より［2006/4/26］。

30　ゼマノヴァー氏（リエカ村女性・1949年生まれ，元村議会議員）および年金受給者会の人々とのインタビューより［2012/3/19，2012/9/7］。

第7章

1　2008年7月21日のリエカ村における「ヤンの焚火」の参与観察より。

2　ゼレナー市のコミュニティ財団代表へのインタビュー［2013/3/12］およびゼレナー市の環境保護アソシエーション団表へのインタビューより［2013/3/11］。

3　プリビナ市のコミュニティ財団の若手支援部門のボランティアスタッフ（女性・1988年生）へのインタビューより［2012/9/12］。

4　プリビナ市の環境教育アソシエーション関係者へのインタビューより［2012/9/12］。

3 参考までに，世界各地の自治制度に関する先行研究として中田や薮野の研究を挙げることができる［中田（編）2000，藪野 2002］。これらの研究より，現実の多様性は明らかである。

4 自治という言葉は使用していないものの，社会主義国家ベトナムの村落の民主主義的自主管理を扱っている加藤の研究［加藤 2004；2006；2008］も，このテーマには近い。ただし，論点が現場における政治的な観念の錯綜性にあるので，自治の研究としては考察の対象外としたい。

5 2000 年代のスロヴァキア全体の人口増加率は 0.4％から −0.2％の間を上下している程度であり，国全体では人口はほぼ一定している［Štatistický úrad Slovenskej republiky 2007：62］。

6 さらにチャプコヴァーは問題点として，自治体の権限が明確でないこと，自治体の所有権に関する問題が未解決であることを指摘している。前者については 2002 年の分権化でかなり進展し，後者は，集団化で土地や家屋を取り上げられた人々や，第二次世界大戦中に追放されたユダヤ人による財産の返還請求の問題だと思われるが，こちらも 2007 年にはほぼ解決していた。

7 清掃や工務の担当者は除く。

8 調査開始の 2007 年 2 月では文化センターにはフルタイムの文化センター職員 1 名，パートタイムの図書館職員 1 名が勤務していたが（清掃，併設レストラン職員除く），2007 年 5 月からパートタイムの図書館職員 1 名のみに削減された。

9 パヴォル村村長ザハラドニーク氏（男性・1953 年生まれ）へのインタビューより［2007/4/23］。

10 村長自身は明確に語らなかったが，親戚に共産党員である村長がいるということは，少なくとも社会主義時代にそれほど冷遇されていた立場ではなかったことは推測される。

11 パヴォル村村長ザハラドニーク氏（男性・1953 年生）へのインタビューより［2007/9/3］。ただし，コンサルタントは企画の中身には関与しないという。

12 第 4 章でも触れた通り，社会主義時代のスロヴァキアでは，活動資金集めにパーティーを主催をすることは一般的であった。

13 これまでの章ではパヴォル村の初等学校という表現をしてきたが，それは，マリアン村と合同の初等学校が日常的な会話の中では，パヴォル村の初等学校と呼ばれてきたからである。

14 コヴァーチョヴァー氏（パヴォル村女性・1943 年生まれ，元初等学校教諭・村議会議員）へのインタビュー［2007/6/19］，および関連資料［Drahošová 2002：61–63, Hallon and Drahošová 1999：103–109］より。

15 スロヴァキア自治体統計より〈http://portal.statistics.sk/mosmis/sk/run.html〉（2009 年 12 月 13 日確認）。現在の統計局のウェブサイトでは，人口も最新のものに更新されている。〈http://app.statistics.sk/mosmis/sk/run.html〉（2015 年 5 月 25 日確認）

16 パーティーと同様，このくじも資金集めの要素が強く，持ち寄った不用品を商品にくじを作る。空くじも多いが，複数のくじを購入することが期待される。

躍動的な中東部スロヴァキアの衣装を着て踊る，ロマ系が所属していなくてもロマの踊りを踊るなど）。対して，地域密着型はその地域の踊りに専念する傾向が強い。リエカ村の民族舞踊団の場合，もともと村の農業協同組合附属（ただしリエカ村の場合，組合は1970年代に近隣の2つの村と合併しているので，純粋に「村の」とは言えない）として出発したので，職場型と言えども地域には密着しているが，国境警備兵が入っていたことを考慮に入れると，現在ほど地域密着型ではなかったと考えられる。

24 セミナーのプログラムについては［Rohlíčková-Voltemarnová 2007：154］参照。

25 この抜粋では社会主義時代の話をしているが，リエカ村からオーストリアに嫁いだ女性が多かったのは，第2次世界大戦以前までである。このとき，1968年のプラハの春の改革で一時的にオーストリアとの交流が再開したが，同年中のソ連軍の介入により，すぐに改革は取りやめとなり，交流も再び途絶えてしまった。

26 この数字は，スロヴァキア全体における年金受給者の比率とほぼ同じである（19％）［Štatistický úrad Slovenskej republiky 2007：94］。

27 リエカ村年金受給者会の活動記録より。

28 この募金活動は，年金受給者会によって担われることが通例というわけではなく，都市部では小学生や高校生のボランティアによって担われることが多い。

29 リエカ村報1999年4号（pp. 7-8）より。

30 リエカ村民族舞踊団団員へのインタビューより［2007/3/9］。

31 類似した例を挙げれば，スロヴェニアとイタリアのゴリツィア地方の体制転換後の「和解」プロジェクトに注目した井上は，プロジェクトへの住民参加が，住民の共働，リーダーシップ，文化遺産など経済発展に必要な社会資本を活性化する好循環の基礎を作ることを目指すものであることを指摘している［井上 2005：181-182］。

32 リエカ村民族舞踊団の団長チェルナー氏（女性・1936年生まれ）へのインタビューより［2007/03/09］。

33 スロヴァキアの税法に，個人が納める税金の一部を指定のアソシエーションへの支援に充てる制度がある（Zákon 595/2003 Z.z. o dani z prijmov § 50）。

34 リエカ村，パヴォル村の猟友会はあまり行っていなかったが，地域によっては，都市や外国からの狩猟愛好家を有料で案内することで活動資金を稼ぐ猟友会もある。

第6章

1 中欧から東欧にかけての地域の都市の歴史において，ドイツ人が果たした役割は大きく，法制度もドイツの都市法の影響を強く受けていた［薩摩 1993a；1993b］。スロヴァキアの場合，9世紀から20世紀初頭までハンガリー王国の一部であったが，王国下でいち早く自治権を持ったのは，ドイツ人植民者が多く居住していた都市（スロヴァキアの場合は鉱山都市）であった。ここでは，このような歴史を踏まえて直訳に近い形で「ドイツ人の権利」と訳出した。

2 ハナコヴァー氏（パヴォル村女性・1938年生まれ，年金受給者・「年代記」執筆者）によると，村によっては党員以外の村議会議員の枠が一人はあったという［2007/6/1］。

6 ノヴァーコヴァー氏（リエカ村女性・1953年生まれ，教員・「年代記」執筆者）へのインタビューより［2006/04/30］
7 ゼマノヴァー氏（リエカ村女性・1949年生まれ，年金受給者，元村議会議員）へのインタビューより［2012/9/7］
8 ゼマノヴァー氏（リエカ村女性・1949年生まれ，年金受給者，元村議会議員）へのインタビューより［2012/3/19］
9 マリコヴァー氏（パヴォル村女性・1946年生まれ）へのインタビューより［2007/3/16］。
10 このマリコヴァー氏の回答は，おそらく筆者がオーガナイズ（*organizovať*）という動詞を使用したことで，人々を動員するというニュアンスを与えたため，「自発的に（*sfontane*）」という表現を強調したと考えられる。それは，社会主義時代のように誰かに指示されて，何かの式典に参加するのでないという点を強調したかったのではないかと考えられる。本論からはそれるが，このやりとりで，社会主義時代のイベントの参加のありかたの感覚がうかがえるのが興味深い。
11 スリゴビッツァはスロヴァキアでよく飲まれるプラムの蒸留酒で，ベヘロウカはチェコの薬草酒である。
12 ノヴァーコヴァー氏（リエカ村女性・1953年生まれ，教員・「年代記」執筆者）へのインタビューより［2006/4/30］。
13 SAV社会学研究所がリエカ村で2000年4月5日に行った集団インタビュー記録より。同様の内容は村議会議員からも確認された。
14 Q氏（リエカ村女性・50代，年金受給者）へのインタビューより［2007/4/27］。
15 SAV社会学研究所がリエカ村で2000年4月5日に行った集団インタビュー記録より。
16 スチャストニーが国境地域で行った調査報告書中のリエカ村の村人のインタビュー部分より抜粋。
17 リエカ村消防団員（男性・30代，村議会議員）へのインタビューより［2007/6/5］。
18 SAV社会学研究所がリエカ村で2000年4月5日に行った集団インタビュー記録より。
19 舞踊祭の詳細については，リエカ村報2001年3号（pp. 7–9）および［Rohlíčková-Voltemarnová 2007：69］を参照。
20 リエカ村報2001年2号（pp. 2–3），村長へのインタビューより抜粋。
21 ノヴァーコヴァー氏（リエカ村女性・1953年生まれ，教員・「年代記」執筆者）へのインタビューより［2006/4/30］。
22 舞踊団の概略は，調査中のインタビューや練習場に飾られた沿革のパネル，舞踊団発行の記念誌［Rohlíčková-Voltemarnová 2007：69］などから得た情報をまとめ直している。
23 スロヴァキアの民族舞踊団のほとんどはアマチュアが担っているが，そのなかでも職場や大学の舞踊団から始まったものは，若者がメンバーの中心であることが多く，その地域の踊りに限らず，様々な地域の踊りをプログラムに取り入れ芸術性の高さを競う傾向が強い（西スロヴァキアの舞踊団であっても，踊りのテンポが速く

27　パヴォル村幼稚園の園長（女性・50 代）へのインタビューより［2007/5/16］。
28　SAV 社会学研究所がパヴォル村で 2000 年 4 月 6 日に行った集団インタビュー記録より。
29　スロヴァキア側のパヴォル村も川の傍の村ではあるが，村と川の間に十分な距離があることと，社会主義時代は川に一般の人々が立ち入れなかったこともあり，水害対策の訓練はそれほど行われていないようである。
30　パヴォル村消防団員（男性・30 代，村議会議員）へのインタビューより［2007/5/16，2007/5/19］。
31　ホーフ村郷土博物館ボランティアグループの人々へのインタビューより（女性・30 代，男性・20 代，女性・20 代）［2007/4/13，2007/4/22］。
32　パヴォル村幼稚園園長（女性・50 代）へのインタビューより［2007/5/16］。
33　SAV 社会学研究所がパヴォル村で 2000 年 4 月 6 日に行った集団インタビュー記録より。
34　VPN と KDH は別の政党ではあったが，連立与党を組んでいたので，村議会議員選挙での立候補者の公認政党としても連立している。
35　この文章はコヴァーチョヴァー氏の説明に基づくものであり，別の地域の出身者によれば，自由な経済活動が禁止されていた社会主義時代であっても，村の祭りなどに合わせて露店が並ぶこともあったという。
36　スロボダ氏（パヴォル村男性・1948 年生まれ，画家）へのインタビューより［2007/7/10］。
37　N 氏（パヴォル村女性・40 代），D 氏（パヴォル村男性・40 代）へのインタビューより［2007/07/29］。
38　スロボダ氏（パヴォル村男性・1948 年生まれ，画家）へのインタビューより［2007/7/10］。
39　スロボダ氏（パヴォル村男性・1948 年生，画家）と妻ズザナ氏のインタビュー中の会話より［2007/7/10］。
40　パヴォル村には教会が 2 つあり，ハバン教会はかつてこの地域に居住していたドイツ系少数民族に縁のある小さなカトリック教会である。

第 5 章

1　リエカ村図書館職員 O 氏（女性・1935 年生まれ）へのインタビューより［2008/6/25］。
2　パルコヴァー氏（リエカ村女性・1933 年生まれ，年金受給者）へのインタビューより［2007/9/14］。
3　P 氏（リエカ村男性・1929 年生まれ，年金受給者）へのインタビューより［2008/6/9］。
4　1961 年から 91 年まで村のどのくらいの割合が村外に働きに行っているかということを調べた調査結果によると，リエカ村では 1980 年で人口の 50—60%，1991 年で 40—50% が村外で働いていた［Michálek 1995b］。
5　リエカ村年金受給者会での聞き取りより［2007/3/22］。

という意味を持つんだ」と解説した［2007/9/8］。
13 当時の映像資料（ホーフ村郷土博物館所蔵）および当時のニュース番組映像（パヴォル村役場所蔵）より。
14 K氏（オーストリア・ホーフ村男性・60代）へのインタビューより［2007/4/13］。調査時，K氏はホーフ村郷土資料館のボランティアスタッフであり，その後もスロヴァキアとオーストリアの交流イベントではしばしば通訳を務め続けた。
15 ここでフェレンツ医師が平和的にという言葉を用いたのは，もう一つ別の文脈があると予想される。活動日誌の12月14日には，「今日はVPNの郡支部のセニツァ町に行ってきた。夜，村に帰ってきて，今日のラジオやテレビにパヴォル村のVPNが自動車や家屋，国境の柵を打ち壊すなどの行動を取ったというニュースが流されたと聞き，一同は驚いた。特にフェレンツ医師は非常にショックを受けていた」と記されていた。パヴォル村のVPNはその後数日間，このニュースの訂正に奔走することになった。これは，村内の敵対する共産党系の勢力が流した虚報だったとスロボタ氏は説明したが，この記述から活動家が暴力的な行動をとり，まだ「革命」の様子を見ている人々に悪いイメージを与えることを恐れていたと考えられる。
16 スロボダ氏の記憶では，当時の彼の月給は4,500コルナくらいであり，共産党の悪口を居酒屋で話しただけで，その金額は法外に高いと感じられたと語った［2007/9/5］。
17 スロボダ氏（パヴォル村男性・1948年生まれ，画家）へのインタビューより［2007/9/5］。
18 コヴァーチョヴァー氏（パヴォル村女性・1943年生まれ，元初等学校教諭・元村議会議員）へのインタビューより［2008/6/6］。
19 ハナコヴァー氏（女性・1938年生まれ，年金受給者・「年代記」執筆者）へのインタビューより［2007/6/2］。
20 この橋の建設の経緯については，週刊のザーホリエ地域新聞の記事“Most, ktorý bude naozaj spájať” *Zvesti : regionálny záhoracky týždenník*, 1997/4/2, p. 2.およびかつて橋管理会社に勤務していたパヴォル村村長ザハラドニーク氏（男性・1953年生）へのインタビューより［2007/7/25］，情報を得た。
21 パヴォル村消防団員（男性・30代，村議会議員）へのインタビューより［2007/5/16］。
22 この団体は活動者がいなくなったから統合されたのではなく，活動拠点であったパヴォル村のアトリエが入っていた村の建物を，パヴォル村に橋ができた際に国境検問所職員に明け渡す必要があったため，統合された。
23 パヴォル村初等学校元校長（男性・60代）へのインタビューより［2007/5/17］。
24 パヴォル村村長ザハラドニーク氏（男性・1953年生まれ）からも同様の指摘を受けた。
25 ポラーク氏（パヴォル村男性・1954年生，商店経営・村議会議員）へのインタビューより［2007/6/18］。
26 パヴォル村テニスクラブ代表者M氏（男性・50代）へのインタビューより［2007/5/16］。

ではなく，このままで名称である。

44　2007年6月5日ストゥパバ町ホールにて開催された地域振興会議に出席した際のフィールドノートより。

45　ホーフ村のオーストリア人が共同経営を行っているパヴォル村の缶詰工場は，その一例である（スロヴァキア科学アカデミー社会学研究所がパヴォル村で2000年4月6日に行った集団インタビュー記録より）。

46　2007年6月5日ストゥパバ町ホールにて開催された地域振興会議の出席したときのフィールドノートより。

47　“Narodil som sa tu, vyrastal som tu, žijem tu...” *Záhorak* 2005/11/14（地方新聞電子版アーカイブより〈www.zahorak.sk〉），運送会社創業者のインタビュー。

第4章

1　ポラーク氏（パヴォル村男性・1954年生まれ，商店経営・村議会議員）へのインタビューより［2007/6/18］。ポラーク氏はかつてVPNの副代表も務めた。

2　本文にあわせて別表2を参照のこと。

3　H氏は塗装および内装業に従事している。仕事をしつつ，社会人向けの土曜日のみの大学に通う娘（20代前半）と初等学校教員の妻と同居しているため，学校や若者についての言及があったのだと思われる

4　調査時のパヴォル村の「年代記」の書き手はハナコヴァー氏（パヴォル村女性・1938年生まれ，年金受給者）であった。なお，パヴォル村では社会主義時代以前の古い「年代記」は共産党に破棄されたため，1945年から始まる。

5　スロボダ氏（パヴォル村男性・1948年生まれ，画家）へのインタビューより［2007/7/10］。

6　これについてはスロボダ氏以外にも，同じく活動の中心人物であったポラーク氏や，賛同者であったコヴァーチョヴァー氏（パヴォル村女性・60代，元初等学校教諭・元村議会議員）も同様に言及している。

7　ポラーク氏（パヴォル村男性，1954年生まれ，商店経営・村議会議員）へのインタビューより［2007/6/18］。

8　パスポートだけで入国可能なのは，3ヵ月以内の観光目的の場合のみである。

9　ポラーク氏（パヴォル村男性，1954年生まれ，商店経営・村議会議員）へのインタビューより［2007/6/18］。

10　“Koniec rezervácie.” *Verejnosť*（VPN系の新聞）1990/1/2, p. 8. および“Pochod slobody k rieka Morava.” *Záhorak*（ザーホリエ地方新聞・週刊）1990/1/11, p. 1.

11　ファルチャンが国境地域で行った調査報告書中のパヴォル村でのインタビュー部分より抜粋。

12　丸いかたまりのパンにはじめてナイフを入れる際に，パンの表面をナイフで軽く十字を切る動作は，スロヴァキアでは人が集まった改まった食事の際などにすることが多い。この映像を一緒に見ていたJ氏（パヴォル村男性・1933年生まれ）は「これは私たちの古い習慣で，一緒にパンを食べることで，私たちの仲間になった

挙げていることである。このことからも地域交流は見過ごせない存在であることがうかがえる。ただし，残念ながらこれらの報告書は，2007 年から 2009 年頃に ÖGfE の web 上に公開されていたのみで，現在入手不可能である。

33 2004 年 5 月に加盟を果たしたのはリトアニア，ラトビア，エストニア，ポーランド，チェコ，スロヴァキア，ハンガリー，スロヴェニア，マルタ，キプロスの 10ヵ国である。

34 ここでいう労働市場の開放とは，労働許可を得る手続きが格段に簡略化されたことと，職種による労働許可の発行に制限がなくなったことを指す。2004 年以降は，新加盟国出身者は内務省（Home Office）管轄の役所での登録のみで合法的に就労することが可能になった。なお，これらの措置はマルタとキプロスを除く。

35 イギリスにおける新加盟国からの移民流入とそれに関する社会問題については，新聞や雑誌などのメディアにも多く取り上げられている。代表的なものとして，“All over the map : Immigration. ” *The Economist*, 2005/02/26. “ Europe's great migration : Britain absorbing influx from East. ” *The International Herald Tribune*, 2005/10/21, p.1. ” East European immigration expected to continue.” *The Irish Times*, 2006/7/22, p.13. および「ポーランド発移民の波」『朝日新聞』2005/11/02（朝刊），p. 13. が挙げられる。

36 このうち，ポーランド人が全体の 50%，リトアニア人が 15%，スロヴァキア人が 10%であった［Rees and Boden 2006：82］。

37 スロヴァキアには，ハンガリー語に不自由しないハンガリー系マイノリティが居住しており，その人口は全人口の 1 割を占める。ハンガリーへの移動者のなかにはハンガリー系マイノリティが相当数含まれると予想される。

38 数値は，スロヴァキア社会保障省広報誌の記事より。“Cestujú Slováci za prácou do Europy?” *Socialná politika a zamestnanosť*, 2005(7), p. 12.

39 2006 年の数値は 2006 年 2 月 20 日の STV（スロヴァキア TV）のニュースより。ただし，仕事を探しに外国に行った人々のうち，およそ 5 分の 1 が仕事を見つけられずに帰国すると推測されており，職を外国に求める人の数はさらに多いと考えられる。

40 “Kontakty s Rakúska” *Záhorak*（ザーホリエ地方新聞・週刊），1991/1/31, p.3. および “Neopakovateľne zážtky v Viedne” *Záhorak*, 1991/09/04, p. 3.

41 “V záujme obchodnej Spolupráca” *Záhorak*, 1992/03/18, p. 2.（ザーホリエ地方新聞・週刊）

42 ユーロリージョンはそれぞれ言語別に名称がつくことが多い。そのため，実際にはポモラヴィエではなく，この 3ヵ国ユーロリージョンでいちばん活動が活発なオーストリアのヴァインフィアテル（Weinviertel）の名で呼ばれることも多い。

43 INTERREG は EU 構造基金（Structual Funds）のうちのヨーロッパ地域開発基金（European Regional Development Fund）の一部である。2000 年から 2006 年に行われていた INTERREG Ⅲでは（A）EU とその外側の国との国境地域，（B）EU 域内の国境地域，（C）その他一般（隣接していない地域同士を含む）への地域協力が支援の対象となった［European Communites 2001］。なお，INTREREG は略称

3/16]。

19 年金受給者会会合におけるゼマノヴァー氏（リエカ村女性・1944年生まれ，元村議会議員），E（リエカ村女性・60代）との会話より［2007/3/22］。

20 スロヴァキア民族学研究所研究員のベンジャ（Mojmir Bonža）氏によると，1960年代にリエカ村での農村調査を計画していたが，その許可が下りなかったことがあった。その理由としてベンジャ氏はちょうどその時期にリエカ村から亡命者が立て続けに出たからだと語った。

21 パルコヴァー氏の弟の妻はカナダ生まれだが，その母親がチェコ人だったのでチェコ語を理解する。そのため，スロヴァキアの滞在でもそれほど不便をしていないようであった。ただし夫婦の間では英語で意思疎通していた。

22 パルコヴァー氏（リエカ村女性・1933年生まれ）へのインタビューより［2006/9/14］。

23 このような話はリエカ村でもパヴォル村でも耳にした。

24 パヴォル村とリエカ村の戦後から社会主義建設期にかけてのアソシエーションの詳細については，パヴォル村，リエカ村のアソシエーション登録に関するスロヴァキア国立文書館所蔵資料PV（Povereníctva vnútra）/spolokを参照した。

25 マリコヴァー氏（リエカ村女性・1946年生まれ）へのインタビューより［2007/3/16］。

26 スロヴァキア科学アカデミー（以下SAV）社会学研究所がリエカ村で2000年4月5日に行った集団インタビュー記録より。

27 ただしEU加盟後では，スロヴァキアの一つの村からアイルランドの同じ町へ次々と若者が仕事を求めて移り住むなど，労働移動のためのネットワークも形成されつつある（"Za prácou v zahraničí odíšla desatina obyvateľov Tornale" *Pravda*（スロヴァキア日刊紙）2005/4/13, p. 4.）。

28 もちろん，国境地域においても，拠点を外国に移して働く者も相当数いる。特に1990年代は仕事を求めてオーストリアやドイツに行き，数年間外国で働いた経験を持つ者も多い。

29 パヴォル村村長ザハラドニーク氏（男性・1953年生まれ）へのインタビューより［2007/4/23］。

30 F氏（ドリナ村女性・20代，村役場職員）へのインタビューより［2004/11/23］。

31 G氏（ドリナ村女性・40代，村役場職員）へのインタビューより［2004/11/23］。

32 どの程度の割合の人々が実際に越境しているのかという点については，文中で挙げたコラールの研究［Kollár 2003］の他，2005年にオーストリア・ヨーロッパ政治協会ÖGfE（Österreichische Gesellschaft für Europapolitik）とスロヴァキア科学アカデミー民族学研究所の調査プロジェクト報告書よりある程度わかっており，全く国境を越えることも連絡を取ることもない人々が，国境地域でもスロヴァキア側に3分の1，オーストリア側に半数近く存在する［Schaller 2006, Schrastetter et al. 2005, Strauss and Schrastetter 2006］。さらに，これらの報告書で興味深いのは，移動の目的の半数を占めている回答が「短期の旅行，イベント参加」であり，オーストリア側もスロヴァキア側も十分に交流が進んでいる項目として「文化」を

5 スロヴァキアの初等教育は9年であるが，基本的に9年間同じ学校に通うので，小学校ではなく，初等学校と表記している。小さな自治体ならば，低学年の教室しかない場合もあるが，それは例外的ものとして扱う。

6 スロヴァキアの自治体別統計より。〈http://app.statistics.sk/mosmis/sk/run.html〉(2015年5月8日確認)

7 本節では国境地域の人の移動という，地域全体に関わるトピックに注目するため，主たる調査地であるリエカ村，パヴォル村以外に，この2つの村よりもさらに南に位置し，オーストリアとの国境の川に接しているドリナ村における人の移動に関するフィールドワーク調査の結果［神原 2005］を適宜用いて分析を行う。なお，ドリナ村は，首都ブラチスラヴァからは25 km程度離れた場所に位置する村であり，人口は1,847人（2001年）である。ドリナ村の調査は2004年11月から2005年6月までブラチスラヴァに拠点を置いて断続的に行った。

8 リエカ村からは，国境地域だけでなくウィーンまで野菜を売りに行く者もいたという。ウィーンまでの距離はおよそ60 kmであり，夜収穫した野菜を馬車に積めば，朝にはウィーンに到着したという［Hallon 1995：30］。

9 この地域はサトウダイコンの栽培が盛んであり，オーストリア側のホーフ村やスロヴァキア側のニジナー村には製糖工場があった。

10 スロヴァキアの多くの村にはクロニカ（*kronika*）と呼ばれる，村でその年の出来事を記した「年代記」が存在する。

11 ドリナ村は対岸に村がなく，上流か下流に移動しなくてはならないため，川を越えるのに多少時間がかかっていたが，川幅自体は30 m程度である。

12 具体的な数字を挙げると，現在の在外のスロヴァキア人はアメリカ合衆国に1,900,000人，ハンガリーに110,000人，（旧）ユーゴスラヴィアに100,000人，南米に35,000人居住しているのに対し，オーストリアには21,000人である［Bartalská 2001：7］。第2次世界大戦前の時代においても，1925年から1937年にかけても，チェコスロヴァキアからカナダへ35,390人，フランスへ35,233人，アメリカへ17,024人，アルゼンチンへ9,620人，ベルギーへ4,154人，ドイツへ2,520人が移住したのに対して，オーストリアへの移民は1,180人であった［Bielik 1980：8］。後者の数字はチェコ人とスロヴァキア人の合計数であるが，現在の数字と比べても，オーストリアへの移民の数は多くなかったことがうかがえる。

13 パヴォル村の村長ザハラドニーク氏（男性・1953年生まれ）へのインタビューより［2007/4/23］。

14 参考までに，リエカ村の記録によると，1930年から2005年までに外国人との結婚は，641組中23組で，うち16組がオーストリア人を配偶者としていた（リエカ村の村役場資料より）。

15 B氏（ドリナ村男性・1923年生まれ）へのインタビューより［2004/11/13］。

16 C氏（ドリナ村男性・1953年生まれ）へのインタビューより［2005/04/18］。

17 リエカ村年金受給者会の会合における会話より［2007/3/22］。

18 マリコヴァー氏（リエカ村女性・1946年生まれ）へのインタビューより［2007/

8 1951年制定の任意団体関連法（68/1951 Zb. Zákon o dobrovoľných organizáciách a zhromaždeniach）より。

9 *Košický vladní program* 1984 Nakldatelsví svoboda：Praha.（1984年に出版された1945年の「コシツェ政府計画」のオリジナルテキスト）

10 社会主義時代の出版物であれば，パルチザンとしてファシストと戦った共産党は1939年から1945年のナチス・ドイツの保護国時代に，既に労働者や農民などすべての人の連合としての国民戦線を構想していたと記しているものもあるが［Vartíková and Matoušek 1975：7–8］，このことについてスロヴァキアの法制史学者ザバツカー（Katarína Zavacká）はこの見解は社会主義時代のものであるとし，事実としては否定的な態度を示した（ザバツカー氏へのインタビューより［2008/6/1］）。

11 例えば，1980年には，表1の15から17の協同組合連合が中央協同組合会議（Ústredná rada družstev）として統一された［Hajko 1980：54］。

12 消防団は村の消火活動のためのアンシエーションであるが，吹奏楽団や劇団を併設し，村落ではそちらの活動に関わる人が多いため，余暇活動に分類した。

13 ただしハンは，1980年代のゲルナーの論考を，社会主義国では市民社会が失われているとみなすものとして批判しており［Hann 1995：160］，1990年代の初頭では研究者の側にも議論のぶれが見られたといえる。

14 パウリーニコヴァーとオンドルシェックはこのようなアソシエーションに批判的で，「国民戦線の遺産」とみなしている。

15 この条件の中には，活動のための場所を所有しているというものも含むため，調査の対象となったアソシエーションは，安定した組織を既に所有していることが前提となるといえる。

第3章

1 首都ブラチスラヴァを含む西部国境地域が経済発展の可能性が高い地域となった背景として，ガールらは次の2点を指摘している［Gál et al. 2003：38–40］。一つは，チェコスロヴァキア時代，スロヴァキア国内もチェコスロヴァキアの首都であるプラハを中心とした交通網が整備されていたため，分離後，スロヴァキアの西部以外の地域は相対的に不利な状況に陥ったことが挙げられる。もう一つは，スロヴァキアにとって唯一の国境を接した「西側」の国であるオーストリアが1995年にEUに加盟したことで，EUに接する国境を持つことができたことである。

2 この理由もまたスロヴァキア全体の傾向と重なるが，社会主義時代に地方に工場を積極的に建設した効果であると考えられる。

3 行政上は，村（*obec*）と町・市（*mesto*）にあたる語しかないが，この当時は，市を立てる権利を持っていたことや，領主が居住していたことなどから，村が小規模な町（*mestička*）と呼ばれたこともあった。ただし，現在は，パヴォル村は「村」と呼ばれている。

4 スロヴァキアの自治体別統計より。〈http://app.statistics.sk/mosmis/sk/run.html〉（2015年5月8日確認）

している［真島 2006：40-41］。ただし，本書では，あくまで既存のアソシエーションを前提に分析を進めるため，真島の新しい中間集団の可能性に関する議論は，ここでの議論から外した。

15 さらに，社会主義時代には，目標としての近代化された社会像が，労働者をモチーフに多数描かれたが［大武 2009，バック＝モース 2008］，このような社会主義時代のプロパガンダと結びついた芸術も，儀礼やシンボルの範疇に入れることができるだろう。

16 参考までに，チェコスロヴァキアの「正常化」体制下の様子は以下の文章からもうかがうことができる。「尾行，盗聴，国家公安局による協力者の募集・獲得，相互監視といった隠微な手段が人々の日常生活のなかに組み込まれ，体制に同意しない人々は，理由を明示されないまま，職業から放逐され，その子弟は望む教育機関への入学を拒否された［篠原（琢）2009：218］」。特に関係した知識人の多かったチェコ側での弾圧は厳しく，チェコ共和国では民族の記憶センターが収集する語りに「正常化」時代の記憶が項目として指定されている。

17 社会主義時代を評価することの難しさについて，塩川は二層構造的な評価でなく，四層構造の評価を提案している［塩川 1994：7-9］。

第2章

1 この2つの団体はいずれも後に政党になるが，最初から政党ではなかったので市民団体と表記した。

2 スロヴァキアの市民団体関連法（83/1990 Zb. Zákon o združovaní občanov）より。この法律は，1990年の制定後，何度か細部の変更があったが，制度の大枠は変更されていない。

3 例えば，1993年に，NGOとして登録された団体は6,000あったが，1994年には9,800に増加していた［Bútra 1995：19］。

4 スロヴァキアにおける民俗学的な意味での通過儀礼は，年齢を経るとともに儀礼に関係する人間が増加するとされている。出産には近い親戚と洗礼親，結婚は親族一同と近隣住民，葬儀は村全体が関係すると認識されていた［Jakubíková 1997：161］。そのため葬儀に関しては相互扶助組織が結成されやすかったと考えられる。

5 当時チェコスロヴァキアの体操クラブは，大規模な結社であり，チェコの国民形成運動と密接に関係しながら発展してきており，政治性の高いものであった。そのため，チェコがドイツに併合された時代背景を考えると，このような結社が解散を命じられるのは不自然ではないと考えられる。

6 マノヴァーは，社会主義時代に入る前に，すでにこの1939年のアソシエーション再編の時代に，それまでの市民社会を支えてきたアソシエーションの時代は終わったと考えている（サードセクターと市民社会をテーマにした *Sociológia* 第28号掲載の座談会より）。

7 とはいえ，この時期も並行して，結社の統合再編が行われていた。例えば，学生団体は青年団体に統合され，読書，教育，合唱のクラブは民族文化団体として一つに統合された［Vranová 1980：67］。

規定していると考えられている。

4　参考までに，村落を対象にしていないが，体制転換期のチェコのナショナルな価値観を扱ったホリーの研究［Holy 1996］も，文化人類学者による類似したテーマへのとりくみの成果である。

5　この場合，「定着」とは，民主主義が社会的・制度的・心理的な生活にも習慣化され深く根付くこととされている［リンス＆ステパン 2005：24］。

6　体制転換以降のスロヴァキアの現地の研究者は，概して社会主義時代に批判的な傾向が強い。詳細は拙稿［神原 2004；2008b］を参照されたい。

7　参考までに市民社会論を俯瞰する概説書としては，次の著作が挙げられる［伊藤 2006，植村 2010，エーレンベルク 2001，川原 2005，斉藤 1998］。

8　ここで千葉の示すブルジョワ社会に依拠した市民社会とは，社会における利害対立や葛藤を解決するための司法行為，行政福祉，経済社会団体の活動も包含はするが，基本的には諸個人や諸集団の織り成す経済的な相互連関の領域を意味するものである［千葉 2002：123］。

9　この論文はハン，ハンフリー，ヴァーデリーの共著であるが，ポスト社会主義時代の文化人類学のレビューはハンが行っている。

10　ここで挙げている研究は論集であるので，そのなかの個々の論文に関して言えば，前者の分類のなかに，後者の分類に含まれる論文も収録されており，その逆も存在する。

11　同様のプロジェクトは現在も継続しており，現在は比較対象の国の数もさらに増加している。ジョン・ホプキンス大学市民社会研究所のウェブサイト〈http://ccss.jhu.edu〉（2015 年 5 月 25 日確認）より。

12　佐藤はアソシエーションという言葉でなく，結社という言葉を使用しているが，本書では，アソシエーションを広義で捉えているため，同じものとしてみなすこととする。

13　公共圏，公共性，社会的な（る）ものと，ここでは同義として並列しているが，正確には，公共圏が空間概念であるのに対し，公共性と社会的な（る）ものは，公共圏を規定する概念ではあるが，明確な領域を指すものとは認識されていない［cf. 松井 2012，山口 2003：18–19］。

14　本書では，社会における諸集団をアソシエーションとして語を統一しているが，類似する概念である中間集団に関して，真島一郎は，共同性に注目した先行研究とは別の研究の可能性を提示している［真島 2006］。ただし，真島の論文の趣旨はデュルケームの中間集団論を，現在の人類学における新たな発想のための集合的主体のモデルとして提示し直すことであり，その射程は中間集団のみに限らない。真島は論文中で，デュルケームの議論を現代に適応させるために，これまでの中間集団に関する研究を詳細にレビューし，批判を加えている。その批判の一つとして，注目したいのは，中間集団には主体化／従属化，自発／強制の二価性がつねに付きまとい，不鮮明さから逃れられないことである［真島 2006：35–39］。そのうえで，真島は中間集団におけるモラルや共同性の画一性を批判し，今日の社会的なるものにおける代替物が必要であることを主張しており，本書にとって興味深い議論を展開

注

序

1 1989年11月に始まったチェコスロヴァキア一連の民主化運動を指す。暴力的な介入がほとんどなく速やかに体制転換が進んだことで，ビロード革命と呼ばれた。

2 スロヴァキアの民主化運動の中心人物の一人。庶民派で人気を集めたが，体制転換後まもなく失脚した。彼についての詳細は［長與 1992］を参照のこと。

3 チェコスロヴァキアが社会主義国となり，西側諸国への移動が制限され始めたのは1950年代からであるので，40年とも数えられるが，この文章では特に移動の制限が厳しくなった1968年の「正常化」以降の年月を数えている。

4 新聞記事 Ahoj Európa. *Verejnosť*（スロヴァキアの体制転換推進派政党「暴力に反対する公衆（VPN）」発行の新聞，週2回発行），1989/12/15, pp. 4–5.

5 新聞記事 Ahoj Európa. *Záhorak*（スロヴァキア・ザーホリエ地方新聞，週刊），1990/01/04, p. 1.

6 スロヴァキアには行政上，町と市の区別はないが，本書中では，人口が5,000人以上であっても小規模な自治体については便宜的に町と訳出している。

7 薪の場合は，薪となったものを買うか，森林管理会社（または組合）にお金を払って自分で木を切り出すかの選択肢があるが，いずれにせよお金は必要である。

8 またアソシエーションはヨーロッパに特有なものでなく，世界各地で見られるものである．詳しくは，世界の約縁集団を概観した綾部恒雄の論考を参照されたい［綾部 1988］。

第1章

1 このスピシアクのデータの「農業」は，1997年の数字を確認した限り，林業，漁業を含めた数字であると予想されるが，さらに2003年では3.7%（農業だけであれば3.3%）に低下している［Štastistický úrad Slovenskej republiky 2004：34, 65］。ただし，割合の計算は筆者による。

2 2003年では6.7%（農業だけであれば5.4%）である［Štastistický úrad Slovenskej republiky 2004：224］。

3 同様の視角は，東欧史の研究者によっても試みられており，1995年の国際歴史学会議ラウンド・テーブル「1989年以前と以後における中・東欧の地方社会の体制転換」を報告した篠原琢によると，「1989年前後の変化の歴史的意味を探るための舞台として設定されるのは，『地方社会（＝本書における村落社会に等しい）』であり，そこに暮らす人々の日常から長期的な底流の変化を検討しよう」とすることが試みられている［篠原（琢）1996：17］。スロヴァキアに限らず中東欧では人口の相対的多数が地方社会で生活してきたため，「地方社会」がより底流部分で社会を

2005 “ Za prácou v zahraničí odíšla desatina obyvateľov Tornale. ” *Pravda* 2005/4/13, p. 4.

2005 “ Europe’s Great Migration : Britain Absorbing Influx from East. ” *The International Herald Tribune* 2005/10/21, p. 1.

2005 「ポーランド発移民の波」『朝日新聞』2005/11/02（朝刊）, p. 13.

2005 “Narodil som sa tu, vyrastal som tu, žijem tu...” *Záhorak* 2005/11/14（電子版アーカイブより〈www.zahorak.sk〉）

2006 “ East European Immigration Expected to Continue. ” *The Irish Times* 2006/7/22, p. 13.

雑誌記事

2005 “ All over the Map : Immigration ” *The Economist* 2005/2/26 (Lexis Nexis Academic より)

2005 “Cestujú Slováci za prácou do Európy?” *Socialná politika a zamestnanosť*（スロヴァキア社会保障省広報誌）2005 (7) : 12.

山口定 2003.「新しい公共性を求めて：状況・理念・基準」『新しい公共性：そのフロンティア』山口定・佐藤春吉・中島茂樹・小関素明（編），pp. 1-28，有斐閣.
山本明代 2013.『大西洋を越えるハンガリー王国の移民：アメリカにおけるネットワークと共同体の形成』彩流社.
山本健児 1995.『国際労働力移動の空間：ドイツに定住する外国人労働者』古今書院.
横手慎二 2008.「プーチン登場以降のロシアの『市民社会』：研究史の試み」『ロシアの市民意識と政治』横手慎二・上野俊（編），pp. 171-209，慶應義塾大学出版会.
吉岡政徳 2012.「オセアニアにおける公共圏，親密圏の出現」『オセアニアと公共圏：フィールドワークからみた重層性』柄木田康之・須藤健一（編），pp. 205-222，昭和堂.
ラミス，C. ダグラス 1998.『ラディカル・デモクラシー：可能性の政治学』加地永都子（訳），岩波書店.
リンス，J. & A. ステパン 2005.『民主化の理論：民主主義への移行と定着の課題』荒井祐介ほか（訳），一芸社.
ル・ゴフ，ジャック 1999.『歴史と記憶』立川孝一（訳），法政大学出版局.
渡邊日日 2002.「移行期社会の解釈から諸概念の再構成へ：ユーラシア社会人類学研究の観察」『ロシア史研究』70：41-61.
———— 2010.『社会の探求としての民族誌：ポスト・ソヴィエト社会主義期南シベリア，ヤレンガ・ブリヤート人に於ける集団範疇と民族的知識の記述と解析，準拠概念に向けての試論』三元社.

新聞記事

1989 “Ahoj Európa.” *Verejnosť*（スロヴァキアの体制転換推進派政党 VPN 系の新聞，週 2 回発行），1989/12/15，pp. 4-5.
1990 “Ahoj Európa.” *Záhorak*（ザーホリエ地方新聞，週刊）1990/1/4，p. 1.
1990 “Koniec rezervácie.” *Verejnosť* 1990/1/2，p. 8.
1990 “Pochod slobody k rieka Morava.” *Záhorak* 1990/1/11，p. 1.
1991 “Kontakty s Rakúska.” *Záhorak* 1991/1/31，p. 3.
1991 “Neopakovateľne zážtky v Viedne.” *Záhorak* 1991/9/4，p. 3.
1992 “V záujme obchodnej Spolupráca.” *Záhorak* 1992/3/18，p. 2.
1992 “Míra nezaměstnanosti v ČSFR.” *Lidové noviny*（チェコ日刊紙）1992/6/19，p. 16.
1997 “Most，ktorý bude naozaj spájať.” *Zvesti : regionálny záhoracky týždenník*（ザーホリエ地方新聞・週刊） 1997/4/2，p. 2.
2002 “Pravica mieri k moci.” *Pravda*（スロヴァキア日刊紙）2002/9/22，p. 1.
2002 “Víťazi volieb v jednotlivých okresoch.” *Pravda* 2002/9/22，p. 3.
2003 “Účasť voličov na referende o vstupe Slovenska do EÚ.” *Pravda* 2003/5/19，p. 3.
2003 “Výsledky referenda podľa okresov.” *SME*（スロヴァキア日刊紙）2003/5/19，p. 3.

判的省察』仲正昌樹（監訳），御茶の水書房.
平野洋 2002.『伝説となった国・東ドイツ』現代書館.
ヘルド，デヴィッド 2002『デモクラシーと世界秩序：地球市民の政治学』佐々木寛・遠藤誠治・小林誠・土井美穂・山田竜作（訳），NTT 出版.
ホフマン，シュテファン=ルートヴィッヒ 2009.『市民結社と民主主義 1750-1914』山本秀行（訳），岩波書店.
本間勝 1996.『中・東欧の経済：その現状と可能性』大蔵省印刷局.
真島一郎 2006.「中間集団論：社会的なるものの起点から回帰へ」『文化人類学』71：24-49.
松井康浩 2012.「公共圏と親密圏」『ユーラシア世界 4：公共圏と親密圏』塩川伸明・小松久男・沼野充義・松井康浩（編），pp. 1-13，東京大学出版会.
マッキーヴァー，R. M. 2009.『コミュニティ：社会学的研究―社会生活の性質と基本法則に関する一試論』中久郎・松本通晴（訳），ミネルヴァ書房.
丸山淳子 2010.『変化を生き抜くブッシュマン：開発政策と先住民運動のはざまで』世界思想社.
三浦敦 2006.「現代社会のアソシエーション的ユートピア：フランスとフィリピンにおける共同組合の社会的地位」『文化人類学』71：72-93.
南塚信吾 1992.「序論：東欧革命の過去・現在・未来」『東欧革命の民衆』南塚信吾（編），pp. 5-24，朝日新聞社.
宮島喬 1991.「『国境なきヨーロッパ』と移民労働者」『統合と分化のなかのヨーロッパ』宮島喬・梶田孝道（編），pp. 53-83，有信堂高文社.
ムフ，シャンタル 2006.『民主主義の逆説』葛西弘隆（訳），以文社.
ムルホール，スティーヴン＆アダム・スウィフト 2007.『リベラル・コミュニタリアン論争』谷澤正嗣・飯島省蔵ほか（訳），勁草書房.
室田哲男 2002.『欧州統合とこれからの地方自治：欧州連合の壮大な実験』日本法制学会.
森明子 2008.「ソシアルなるものとは何か」『民博通信』121：2-5.
森明子（編）2014.『ヨーロッパ人類学の視座：ソシアルなものを問い直す』世界思想社.
森広正 2000.「新しい段階を迎えたドイツの外国人労働者・住民問題」『国際労働力移動のグローバル化：外国人定住と政策課題』森広正（編），pp. 79-112，法政大学出版局.
モロクワシチ，ミリアナ 2005.「移動の中への定住：ヨーロッパにおけるポスト『壁』移動のジェンダー分析」本山央子（訳），『現代思想』33(10)：154-171.
安江則子 2007.『欧州公共圏：ＥＵデモクラシーの制度デザイン』慶應義塾大学出版会.
矢田部順二 1997.「NATO・EU の東方拡大とスロヴァキア」『NATO・EU の東方拡大をめぐる研究（平成 8 年度外務省委託研究報告書）』，pp. 32-35，日本国際問題研究所.
藪野祐三（編）2002.『アジア太平洋時代の分権』九州大学出版会.

政治実践』昭和堂.
信田敏宏 2010.「『市民社会』の到来：マレーシア先住民運動への人類学的アプローチ」『国立民族学博物館研究報告』35 (2)：269–297.
ノラ，ピエール（編）2002.『記憶の場 1〈対立〉』谷川稔（監訳），岩波書店.
ハジェク，ミロシュ 2001.「中欧ヨーロッパ，東ヨーロッパにおける民主化の過程における左翼」『グローバルな市民社会に向かって』マイケル・ウォルツァー（編），石田淳ほか（訳），日本経済評論社.
ハーバーマス，ユルゲン 1994.『公共性の構造転換：市民社会の一カテゴリーについての探究（第 2 版）』細谷貞雄・山田正行（訳），未来社.
――― 2003.『事実性と妥当性：法と民主的法治国家の討議理論にかんする研究（下）』河上倫逸・耳野健二（訳），未来社.
バック＝モース，スーザン 2008.『夢の世界とカタストロフィ：東西における大衆ユートピアの消滅』堀江則雄（訳），岩波書店.
バーバー，ベンジャミン R. 2007.『〈私たち〉の場所：消費社会から市民社会をとりもどす』山口晃（訳），慶応義塾大学出版会.
パットナム，ロバート 2006.『孤独なボウリング：米国コミュニティの崩壊と再生』柴内康文（訳），柏書房.
林忠行 1999.「第一次大戦と国民国家の形成」『ドナウ・ヨーロッパ史』南塚信吾（編），pp. 258–302，山川出版社.
――― 2003.「スロヴァキアの国内政治と EU 加盟問題」『EU の中の国民国家：デモクラシーの変容』日本比較政治学会（編），pp. 149–171，早稲田大学出版部.
――― 2009.「スロヴァキア政党・選挙データ」『ポスト社会主義諸国政党・選挙ハンドブック I （CIAS Discussion Paper No. 9)』ポスト社会主義諸国の政党・選挙データベース作成研究会（編），pp. 29–45，京都大学地域研究統合情報センター.〈http://www.cias.kyoto-u.ac.jp/files/pdf/publish/ciasdp09.pdf〉（2015 年 5 月 25 日確認）
平田武 1999.「東中欧民主化と市民社会論の射程：近代ハンガリー史への視座を交えて」『法学』63：311–344.
――― 2014.「ハンガリーにおけるデモクラシーのバックスライディング」『体制転換／非転換の比較政治』日本比較政治学会（編），pp. 101–127，ミネルヴァ書房.
平林紀子 2014.『マーケティング・デモクラシー：世論と向き合う現代米国政治の戦略技術』春風社.
広瀬佳一 1996.「中欧における『地域おこし』の試み：ヴィシェグラード協力と中欧イニシアティブ」『下位地域協力と転換期国際関係』百瀬宏（編），pp. 76–91，有信堂高文社.
ファルチャン，リュボミール 1998.「国境超え地域間協力とスロヴァキア」『ヨーロッパ新秩序と民族問題』高柳先男（編），川崎嘉元（訳），pp. 243–305，中央大学出版部.
福田宏 2006.『身体の国民化：多極化するチェコ社会と体操運動』北海道大学出版会.
フレイザー，ナンシー 2003.『中断された正義：「ポスト社会主義的」条件をめぐる批

110–129，有信堂高文社.
———2007a.「下位地域協力と地域政策」『国家・地域・民族』大島美穂（編），pp. 177–193，勁草書房.
———2007b.「越境地域協力の制度化と変容」『山形大学社会文化システム研究科紀要』4：33–49.
滝田豪 2006.「『村民自治』の論理と中国の民主化」『民主化とナショナリズムの現地点』玉田芳史・木村幹（編），pp. 35–56，ミネルヴァ書房.
田辺明生 2007.「ヴァナキュラー・デモクラシーの可能性：ダルマ思想と現代世界」『21世紀フォーラム』106：22–29.
———2008.「民主主義」『人類学で世界を見る：医療・生活・政治・経済』春日直樹（編），pp. 205–244，ミネルヴァ書房.
田辺繁治 2005.「コミュニティ再考：実践と統治の視点から」『社会人類学年報』31：1–29.
———2008.『ケアのコミュニティ：北タイのエイズ自助グループが切り開くもの』岩波書店.
田畑稔 2003.「『アソシエーション革命』について」『アソシエーション革命へ：理論・構想・実践』田畑実ほか（編），pp. 13–48，社会評論社.
田畑稔・大藪龍介・白川真澄・松田博（編）2003.『アソシエーション革命へ：理論・構想・実践』社会評論社.
千葉眞 1995.『ラディカル・デモクラシーの地平：自由・差異・共通善』新評論.
———2002.「市民社会・市民・公共性」『国家と人間と公共性』佐々木毅・金泰昌（編），pp. 115–138，東京大学出版会.
チャルノグルスキー，ヤーン 1991「スロヴァキアの平等と同権（インタビュー）」長與進（訳），『Quo』1：129–147.
デュルケーム，エミール 1971.『社会分業論』田原音和（訳），青木書店.
デランティ，ジェラード 2004.『グローバル時代のシティズンシップ：新しい社会理論の地平』佐藤康行（訳），岩波書店.
中川理 2006.「新しい社会的リアリティをつくる：フランスにおける相互扶助アソシアシオンの事例」『ポスト・ユートピアの民族誌』田沼幸子（編），pp. 97–111，大阪大学COEプログラム「インターフェイスの人文学」.
———2008.「フランスの相互扶助アソシエーション」『民博通信』121：6–9.
中田実（編）2000.『世界の住民組織：アジアと欧米の国際比較』自治体研究社.
中村健吾 2005.『欧州統合と近代国家の変容：ＥＵの多元的ネットワーク・ガバナンス』昭和堂.
長與進 1989.「『プラハの春』以後のチェコスロヴァキア『社会主義』：スロヴァキアの『市民』運動の動向」『社会主義と現代世界』菊池昌典（編），pp. 87–117，山川出版社.
———1992.「ブラチスラヴァの一反対派青年の栄光と蹉跌」『東欧革命の民衆』南塚信吾（編），pp. 107–127，朝日新聞社.
西真如 2009.『現代アフリカの公共性：エチオピア社会におけるコミュニティ・開発・

小滝敏之 2008.『市民自治の歴史・思想と哲学：西洋古代・中世自治論』公人社.
―――2009.『自治・統治の歴史・思想と哲学：西洋近世自治論』公人社.
小山洋司 2004.『EU の東方拡大と南東欧：市場経済化と小国の生き残り戦略』ミネルヴァ書房.
斉藤日出治 1998.『国家を越える市民社会：動員の世紀からノマドの世紀へ』現代企画室.
ザカリア，ファリード 2004.『民主主義の未来：リベラリズムか独裁か拝金主義か』中谷和男（訳），阪急コミュニケーションズ.
薩摩秀登 1993a.「都市」『東欧を知る事典』伊藤孝之・直野敦・萩原直・南塚信吾（監修），pp. 319–320，平凡社.
―――1993b.「都市法」『東欧を知る事典』伊藤孝之・直野敦・萩原直・南塚信吾（監修），p. 320，平凡社.
佐藤章 2006.「政治的結社とイデオロギー：コートディヴォワールにおける差別的排除的実践に関する考察」『文化人類学』71：50–71.
佐藤慶幸 1994.『アソシエーションの社会学：行為論の展開』早稲田大学出版部.
塩川伸明 1994.『ソ連とは何だったか』勁草書房.
―――1999.『現存した社会主義：リヴァイアサンの素顔』勁草書房.
篠原琢 1996.「一九八九年以前と以後における中・東欧の地方社会の体制転換（第 18 回国際歴史学会議ラウンド・テーブル）」『歴史学研究』684：17–21.
―――2009.「歴史と市民社会：チェコ異論派の歴史論」『国民国家と市民：包摂と排除の諸相』立石博高・篠原琢（編），pp. 216–248，山川出版社.
篠原一 1986.『ヨーロッパの政治：歴史政治学試論』東京大学出版会.
シパニャール，スタニスラウ 1992.「なぜ我々に連邦制が必要か」長與進（訳），『Quo』4：93–110.
清水展 2012.『草の根グローバリゼーション：世界遺産棚田村の文化実践と生活戦略』京都大学学術出版会.
神野直彦・澤井安勇 2004.『ソーシャル・ガバナンス：新しい分権・市民社会の構図』東洋経済新報社.
鈴木義一 2009.「現代ロシアの社会意識と市民社会」『国民国家と市民：包摂と排除の諸相』立石博高・篠原琢（編），pp. 292–272，山川出版社.
スピシアク，ペテル 2000.「スロヴァキアにおける農業の変化」小林浩二（訳），『中央ヨーロッパの再生と展望』小林浩二（編），pp. 156–173，古今書院.
セドラーク，ミクラーシュ 2001.「スロヴァキア経済の変革：中欧計画経済から市場経済への移行」石川晃弘（訳）『脱社会主義と社会変動：移行期におけるスロヴァキア地域社会の動態』中央大学社会科学研究所（編），pp. 3–14，中央大学社会科学研究所.
髙橋絵里香 2013.『老いを歩む人々：高齢者の日常からみた福祉国家フィンランドの民族誌』勁草書房.
高橋和 1996.「チェコとスロヴァキアにおけるユーロリージョン：ミクロレベルからみた東西ヨーロッパの統合」『下位地域協力と転換期国際関係』百瀬宏（編），pp.

『村落民主』のゆくえ」『ポスト・ユートピアの民族誌』田沼幸子（編），pp. 85-93，大阪大学 COE プログラム「インターフェイスの人文学」.
———2008.「動員と連帯の跡地にて：自主管理時代のベトナム村落における統治のモラルの語り方」『ポスト・ユートピアの人類学』石塚道子・田沼幸子・冨山一郎（編），pp. 113-134，人文書院.
柄木田康之・須藤健一（編）2012『オセアニアと公共圏：フィールドワークからみた重層性』昭和堂.
柄木田康之 2012.「規範的公共性を越えて」『オセアニアと公共圏：フィールドワークからみた重層性』柄木田康之・須藤健一（編），pp. 1-14，昭和堂.
カルドー，メアリー 2007.『グローバル市民社会論：戦争へのひとつの回答』山本武彦ほか（訳），法政大学出版局.
川原彰 1993.『東中欧の民主化の構造：1989 年革命と比較政治研究の新展開』有信堂.
———2005.『現代比較政治論：民主化研究から民主主義理論へ』中央大学出版部.
神原ゆうこ 2004.「自己表象の文化人類学：スロヴァキアにおける民主化後の文化人類学の模索」『九州人類学会報』31：20-26.
———2005.「人の移動による地域の再生と形成：スロヴァキア—オーストリア国境地域を事例として」『九州人類学会報』32：1-10.
———2008a.「地域統合がもたらす労働移動の多様性：スロヴァキア—イギリス間のＥＵ域内労働移動を事例として」『超域文化紀要』13：67-84.
———2008b.「スロヴァキアにおける文化人類学と社会主義：政治的イデオロギーの作用に関連して」『ポスト社会主義人類学の射程（国立民族学博物館調査報告 78）』高倉浩樹・佐々木史郎（編），pp. 165-194，国立民族学博物館.
———2015.「『共生』のポリシーが支える生活世界：スロヴァキアの民族混住地域における言語ゲームを手がかりとして」『年報人類学研究』5：45-71.
木村周平 2013.『震災の公共人類学：揺れとともに生きるトルコの人々』世界思想社.
桐生裕子 2012.『近代ボヘミア農村と市民社会：19 世紀後半ハプスブルク帝国における社会変容と国民化』刀水書房.
桐谷仁 2002.『国家・コーポラティズム・社会運動：制度と集合行動の比較政治学』東信堂.
日下渉 2008.「フィリピン市民社会の隘路：『二重公共圏』における『市民』と『大衆』の道徳的対立」『東南アジア研究』46：420-441.
———2013.『反市民の政治学：フィリピンの民主主義と道徳』法政大学出版局.
百済勇 2000.「ドイツ統一後の対東欧経済政策：新たなドイツ・ポーランドの国境地域間経済協力の事例を中心に」『旧ソ連・東欧における国際関係の新展開』西村可明（編），pp. 165-188，日本評論社.
クラウチ，コリン 2007.『ポスト・デモクラシー：格差拡大の政策を生む政治構造』青灯社.
ケンペル，フランツ-ヨーゼフ 1998.「ヨーロッパにおける東西移動とドイツ」文京洙（訳），『移動と定住：日欧比較の国際労働移動』佐藤誠＆アントニー・J. フィールディング（編），pp. 183-212，同文舘.

Soiety Studies.
〈http://ccss.jhu.edu/publications-findings/?did = 212〉(2015 年 5 月 8 日確認)

World Bank. 2000. *Making Transition Work for Everyone : Poverty and Inequality in Europe and Central Asia*. Washington : The World Bank.

Yurchak, Alexei. 2006. *Everything Was Forever, Until It Was No More*. Princeton : Princeton University Press.

Zajíčková, Mária and Viera Drahošová. 1999. *Moravský svätý Ján 1949-1999*. Skalica : Záhorské múzeum Skalica.

Zakaria, Fareed. 1997. The Rise of Illiberal Democracy. *Foreign Affairs* 76(6) : 22–43.

邦文文献

綾部恒雄，1988『クラブの人類学』アカデミア出版会．

アルヴァックス，モーリス 1989．『集合的記憶』小関藤一郎（訳），行路社．

アレイト，アンドルー＆ジーン・コーヘン 1997．「市民社会と社会理論」『ハーバーマスとアメリカ・フランクフルト学派』マーティン・ジェイ（編），竹内真澄（監訳），pp. 51–80，青木書店．

イエドリツキ，イエジ 1991．「1989 年革命：歴史の耐えられない重さ」加藤一夫（訳），『Quo』1：72–87．

伊藤述史 2006．『市民社会とグローバリゼーション：国家論へむけて』御茶の水書房．

井上直子 2005．「国境を挟む協力」『ヨーロッパ統合と国際関係』木畑洋一（編），pp. 173–204，日本経済評論社．

植村邦彦 2010．『市民社会とは何か：基本概念の系譜』平凡社新書．

ウォルツァー，マイケル 2006．『政治と情念：より平等なリベラリズムへ』齊藤純一・谷澤正嗣・和田泰一（訳），風行社．

エバース，アダルベルト＆ジャン－ルイ・ラヴィル 2007．『欧州サードセクター：歴史・理論・政策』内山哲郎・柳沢敏勝（訳），日本経済評論社．

エーレンベルク，ジョン 2001．『市民社会論：歴史的・批判的考察』吉田傑俊ほか（訳），青木書店．

大武由紀子 2009．「喧伝される社会主義：未来を語っていた時代の物語」『民博通信』125：10–12．

岡部一明 2010．『市民団体としての自治体』御茶の水書房．

織田竜也 2004．「対抗資本主義が生まれるとき」『民族学研究』68：487–508．

小田亮 2004．「共同体という概念の脱／再構築」『民族学研究』69：236–246．

――――2009．「『二重社会』という視点とネオリベラリズム：生存のための日常的実践」『文化人類学』74：272–290．

形野清貴 2000．「民主主義と市民社会：コーエン／アラートの『市民社会論』に関連して」『法学論集』49：37–67．

加藤敦典 2004．「ベトナムにおける『民主』化と村落共同体：『基層レベルにおける民主制度規定』の分析より」『年報人間科学』25：183–198．

――――2006．「革命的なプランの跡で，希望なき民主主義へ？：ベトナムにおける

34(3) : 558–574.
Tang, Helena (ed.). 2000. *Winners and Losers of EU Integration : Policy Issues for Central and Eastern Europe*. Washington, D.C. : The World Bank.
Toepler, Stefan and Lester M. Salamon. 2003. NGO Development in Central and Europe : An Empirical Overview. *East Eurpean Quartely* 37(3) : 365–378.
Torsello, Davide. 2012. *The New Enviromentalism? : Civil Society and Corruption in the Enlarged EU*. Surrey : Ashgate.
Vartíková, Marta and Stanislav Matoušek. 1975. *Košický vládny program : Prvý program vlády národného frontu Čechov a Slovákov*. Bratislava : Obzor .
Verdery, Katherine. 1996. *What Was Socialism and What Comes Next*? Princeton : Princeton University Press.
——— 2000. Nationalism, Internationalism and Property in the Post-Cold War Era. In *Nationalism and Internationalism in the Post-Cold War Era*. Goldmann, Kjell and Ulf Hannerz and Charles Westin (eds), pp. 87–102. London : Routledge.
Vranová, Elena. 1980. Spolky na Slovenku v rokoch 1945–1951. *Slovenska archvistika* 15 : 63–95.
Wade, Pater. 1999. Working Culture : Making Cultural Identities Cali, Colombia. *Current Anthropology* 40(4) : 449–472.
Wallace, Claire. 1997. *Crossing Borders : Mobility of Goods, Capital and People in Central European Region*. Vienna : Institute for Advanced Studies.
——— 2002. Opening and Closing Borders : Migration and Mobility in East-Central Europe. *Journal of Ethnic and Migration Studies* 28(4) : 603–625.
Wallace, Claire and Dariusz Stola. 2001. Introduction : Patterns of Migration in Central Europe. In *Patterns of Migration in Central Europe*. Claire Wallace and Dariusz Stola (eds), pp. 3–44. New York : Palgrave.
Wallave-Lorencová, Viera. 2003. Queering Civil Society in Postsocialist Slovakia. *The Anthropology of East Europe Review* 21 : 103–110.
Wanner, Catherine. 2011. Multiple Moralities, Multiple Secularisms. In *Multiple Moralities and Religions in Post-Soviet Russia*. Jarret Zigon (ed.), pp. 214–225. New York : Berghahn.
Wheaton, Bernard and Zdĕnek Kavan. 1992. *The Velbet Revolution : Czechoslovakia, 1988-1991*. Boulder : Westview Press.
Williams, Alan M. and Vladimir Baláž. 2002. Trans-border Population Mobility at a European Crossroads : Slovakia in the Shadow of EU Accession. *Journal of Ethnic and Migration Studies* 28(4) : 647–664.
Wolchik, Sharon L. 1991. *Czechoslovakia in Transition*. London : Pinter Publishers.
Woleková, Helena, Alexandra Petrášová, Stedan Toepler and Lester M. Salamon. 1999. Slovakia. In *Global Civil Society : Demention of the Nonprofit Sector*. Lester M. Salamon, Helmut K. Anheler, Regina List, Stedan Toepler, S. Wojciech Sokolowski et al. (eds), pp. 355–370. Baltimore : Johns Hopkins Center for Civil

Chris Hann (ed.), pp. 218–226. London and New York : Routledge.
Slavík, Vladimír. 2004. Cezhraničná spolupráca, euroregióny v SR a výskum ich doterajších aktivít. In *Regionálny rozvoj Slovenska v európskych integračných kontextoch*. Ľubomír Falťan (ed.), pp. 91–108. Bratislav : NK UNESCO-MOST and Sociologický ústav SAV.
Stanková, Emília. 1999. Slovenský zväz záhradkárov. In *Moravský svätý Ján 1949-1999*. Mária Zajíčková and Viera Drahošová (eds), p. 159. Skalica : Záhorské múzeum Skalica.
Stein, Eric. 1997. *Czecho/Slovakia : Ethnic Conflict, Constitutional Fissure, Negotiated Breakup*. Ann Arbor : The University of Michigan Press.
Stenning, Alison, Adrian Smith, Alena Rochovská and Dariusz Świątek. 2010. *Domesticating Neo-liberalism : Space of Economic Practice and Social Reproduction in Post-socialist Cities*. Malden : Wiley–Blackwell.
Strauss, Maria and Jan Schrastetter. 2006. *Žité susedstvo v hraničných regiónch Bratislavský kraj / Trnavský kraj—Dolné Rakúsko 2006 : Rozhovory so starostami*. Viena : ÖGfE.
〈http://cms.euro-info.net/received/_3688_SK_Bgm_sk.pdf〉（2009 年 6 月 27 日確認）
Strussová, Mária and Dagmar Petríková. 2009. Možnosti a predpoklady občianskej participácie v udržateľnom sídelnom rozvoj. *Sociológia* 41 : 354–379.
Swedenburg, Ted. 2003. *Memories of Revolt : The 1936-1939 Rebillion and the Palestinian national past*. Fayetteville : University of Arkansas Press.
Štatistický úrad Slovenskej republiky. 1994. *Štatisticky lexikón obci slovenskej republicky*. Bratislava : Ševt.
———2002. *Štatisticky lexikón obci slovenskej republicky*. Bratislava : Alias Press.
———2004. *Štatistická ročenka Slovenskej republiky 2004*. Bratislava : VEDA.
———2005. *Štatistická ročenka Slovenskej republiky 2005*. Bratislava : VEDA.
———2006. *Štatistická ročenka Slovenskej republiky 2006*. Bratislava : VEDA.
———2007. *Štatistická ročenka Slovenskej republiky 2007*. Bratislava : VEDA.
———2012. *Štatistická ročenka Slovenskej republiky 2012*. Bratislava : VEDA.
Šťastný, Zdenek. 2003a. Sociologické výskumy slovensko–rakúskeho pohraničia. In *Mentálna hranica*. Ľubomír Falťan (ed.), pp. 23–37. Bratislava : Sociologický ústav SAV.
———2003b. Od očakávaní k realite. In *Mentálna hranica*. Ľubomír Falťan (ed.), pp. 61–69. Bratislava : Sociologický ústav SAV.
Šutaj, Štefan. 1991. Politické strany po novembri 1989 a formovanie občianskej spoločnosti na Slovensku. In *Občianská spoločnost*. L. Macháček, B. Plávková and J. Stena (eds), pp. 98–102. Bratislava : Sociologický ústav SAV.
Tanabe, Akio. 2007. Toward Vernacular Democracy : Moral Society and Post–postcolonial Transformation in Rural Orissa, India. *American Ethnologist*

Pešek, Ján. 1982. *Národný front ako platforma zjednocovania našej spoločnosti.* Bratislava : Slovenskej ústredný výbór Socialistickej akademie ČSSR.

Pijpers, Roos. 2006. 'Help! The Poles Are Coming' : Narrating a Contemporary Moral Panic. *Geografiska Annaler Series, B-Human Geography* 88-B : 91-103.

Radičová, Iveta and Michal Vašecka. 2001. Redistribution's Role in Leveling Income : The Overgrown Slovak Welfare State. In *Peverty, Ethnicity and Gender in Eastern Europe during the Market Transition.* Rebecca J. Emigh and Iván Szelényi (eds), pp. 157-189, Westport : Praeger.

Rees, Phil and Peter Boden. 2006. *Estimating London's New Migrant Population.* London : Greater London Authority.
〈http://static.london.gov.uk/mayor/refugees/docs/nm-pop.pdf〉(2015 年 5 月 25 日確認)

Ringold, Dena. 2005. The Course of Transition. In *Labor Markets and Social Policy in Central and Easter Europe.* Nicholas Barr (ed.), pp. 31-58. Washington, D.C. : The World Bank.

Rohlíčková-Voltemarová, Margita. 2007. *50 rokov folklóru, mladosti a krásy...* Gajary : Združenie priateľov folklóru, Folklórny súbor Slnečnica-Sunčník Gajary.

Roško, Róbert. 1999. Obnovou občianskej spoločnosti k občanokracii. *Sociológia* 31 (5) : 431-440.

Salner, Peter. 1990. *Taká bola Bratislava.* Bratislava : VEDA.

Sampson, Steven. 1995. All Is Possible, Nothing Is Certain : The Horizons of Transition in a Romanian Village. In *East European Communites : The Sturuggle for Balance in Turbulent Times.* David A. Kideckel(ed.), pp. 159-176, Boulder : Westview Press.

Schaller, Stefan. 2006. *Žité susedstvo v hraničiných regiónoch Dolné Rakúsko-Slovensko 2001-2005.* Viena : ÖGfE (Österrichische Gesellschaft für Europapolitik).
〈http://cms.euro-info.net/received/_3686_Studie_NOE_sk.pdf〉(2009 年 6 月 27 日確認)

Schrastetter, Jan, Stefan Schaller and Ľubica Herzánová. 2005. *Žité susedstvo v hraničiných regiónoch Bratislavský kraj/ Trnavský kraj—Dolné Rakúsko 2005.* Viena : ÖGfE.
〈http://cms.euro-info.net/received/_3687_Studie_SK_sk.pdf〉(2009 年 6 月 27 日確認)

Scott, James Wesely (ed.). 2006. *EU Enlargement, Region Building an Shifting Borders of Inclusion and Exclusion.* Aldershot, Hamphire : Ashgate.

Sirácky, Ján. 1980. *Slováci vo svete 1.* Martin : Matica Slovenska.

Skalník, Peter. 1993. 'Socialism is Dead' and Very Much Alive in Slovakia : Political Inertia in a Tatra Village. In *Socialism : Ideals, Ideologies, and Local Practice.*

Slovakia. Ann Arbor : UMI Dissertation Services.
Michálek, Anton. 1995a. Sociálna štruktúra obyvateľstva na Záhorí. *Záhorie* 4(4) : 2-3.
——— 1995b. Mobilita obyvateľstva. *Záhorie* 4(5) : 2-5.
——— 1995c. Hospodárske funkcie sídiel na Záhorí. *Záhorie* 4(6) : 2-5.
Michelutti, Lucia. 2007. The Vernacularization of Democracy : Political Participation and Popular Politics in North India. *Journal of the Royal Anthropological Institute* 13 : 639-656.
Mládek, Jozef, Dagmar Kusenodová, Jana Marenčáková and Peter Podolák et al. (eds). 2006. *Demographical Analysis of Slovakia*. Bratislava : Comenius University Bratislava.
Morawska, Ewa. 2002. Transnational Migration in the Enlarged European Union. In *Europe Unbound* : Enlarging and Reshaping the Boundaries of European Union. Jan Zielonka (ed.), pp. 161-189. London and New York : Routledge.
Mouffe, Chantal. 2005. *On the Political*. New York : Routledge.（ムフ，シャンタル 2008『政治的なものについて：闘技的民主主義と多元主義的グローバル秩序の構築』酒井隆史（監訳），篠原雅武（訳），明石書店.）
Murphy, B. Alexander. 2006. The May 2004 Enlargement of the European Union : View from Two Years out. *Eurasian Geography and Economics* 47(6) : 635-646.
Musil, Jiří (ed.) 1995. *The End of Czechoslovakia*. Budapest : Central European University Press.
Nash, June. 2001. *Mayan Visions*. London and New York : Routledge.
——— 2002. Transnational Civil Society. In *A Companion to the Anthropology of Politics*. David Nugent and Joan Vincent (eds), pp. 437-447. Oxford : Blackwell.
Ong, Aihwa. 2006. *Neoliberalism as Exception*. Durham : Duke University Press.（オング，アイファ 2013.『《アジア》例外としての新自由主義』加藤敦典・新ヶ江章友・高原幸子（訳），作品社.）
Outhwaite, Wiliam and Larry Ray. 2005. *Social Theory and Postcommunism*. London : Blackwell.
Österle, August. 2007. Health Care across Borders : Austria and its New EU Neighbours. *Journal of European Social Policy* 17(2) : 112-124.
Paley, Julia. 2001. *Marketing Democracy : Power and Social Movement in Post-Dictatorship Chile*. Berkeley : University of California Press.
——— 2002. Toward an Anthropology of Democracy. *Annual Review of Anthropology* 31 : 469-96.
Pašiak, Ján. 1991. Renasancia obecného spoločenstva. *Sociológia* 23 : 23-31.
Paulínková, Zora and Dušan Ondrušek. 2000. Čo je to tretí sektor? In *Neziskové organizácie a možnosti spolupráce s regionálnymi strediskami v primárnj prerencii dragvých zavislostí*. Ingrid Hupková (ed.), pp. 4-13. Bratislava : Narodné osvetové centrum.

Bratislava : Sociologický ústav SAV.
Kružliak, Imrich. 2001. Rakúsko. In *Sprievodca slovenským zahraničím*. Ľubica Bartalská (ed.), pp. 219–232. Bratislava : Dom zahraničiných Slovákov.
Leff, Carol Skalnik 1998. *The Czech and Slovak Republics : Nation Versus State*. Boulder : Westview Press.
Leskovská, Jana. 2008. *...O Habánoch*. Moravský sväty Ján : Myjany.sk.
Lewis, Charles Paul. 2005. *How the East Was Won : The Impact of Multinational Companies on Eastern Europe and the Former Soviet Union*. New York : Palgrave.
Mach, Peter. 2004. *Regióny Slovenska*. Bratislava : VEDA.
Macháček, Ladislav. 2000. Youth and Creation of Civil Society in Slovakia. *Sociológia* 32 : 241–255.
Magnette, Paul, Christian Lequesne, Nicilas Jabko and Oliver Costa. 2003. Conclusion : Diffuse democracy in the Euroepan Union — The Pathologies of Delegation. *Jouenal of European Public Policy* 10(5) : 834–840.
Majchrák, Jozef, Boris Strečanský and Martin Bútora (eds). 2004. *Keď ľahostajnosť nie je odpoveď : Príbeh občianskeho združovania na Slovensku po páde komunizmu*. Bratislava : IVO.
Majdúchová, Helena, Mariana Dluhá, and Eduard Marček (eds). 2004. *Neziskové organizácie*. Bratislava : Sprint.
Mandel, Ruth. 2002. Seeding Civil Society. In *Postsocialism : Ideals, Ideologies and Practices in Eurasia*. Chirs Hann (ed.), pp. 279–296. London and New York : Routledge.
Mandel, Ruth and Caroline Humphrey (eds). 2002. *Markets and Moralities : Ethnographies of Postsocialism*. Oxford : Berg.
Mannová, Elena. 1990. Spolky a ich miesto v živote spoločnosti na Slovensku v 19. stor. stav a problémy výskumu. *Historický časopis* 38(1) : 15–27.
——— 1991. Prehľad vývoja spolkového hnutia na Slovensku z aspektu formovania občianskej spoločnosti. In *Občianská spoločnosť*. L. Macháček, B. Plávková and J. Stena (eds), pp. 71–80. Bratislava : Sociologický ústav SAV.
——— 1992. Spolky v období sociálno-politických zmien na Slovensku 1938–1951. In *Občianská spoločnosť : Na prahu znovuzrodenia*. Ján Stena (ed.), pp. 21–30. Bratislava : Sociologický ústav SAV.
Marček, Eduard. 2004. Financovanie neziskového sektora po roku 1989. In *Keď ľahostajnosť nie je odpoveď : Príbeh občianskeho združovania na Slovensku po páde komunizumu*. Jozef Majchrák, Boris Strečanský and Martin Bútora (eds), pp. 91–141. Bratislava : IVO.
Matoušek, Stanislav. 1975. *Postavenie Národného Frontu v politickom systéme ČSSR*. Bratislava : Obzor.
Mego, Paul Anthony. 1999. *Nationalist Rhetoric and Political Competition in*

and Gábor Halmai (eds), pp. 1-36, New York : Berghan Books.
Kaneff, Deema. 2002. The Shame and Pride of Market Activity : Morality, Identity and Trading in Postsocialist Rural Bulgaria. In *Markets and Moralities : Ethnographies of Postsocialism*. Ruth Mandel and Caroline Humphrey (eds), pp. 33-51. Oxford : Berg.
Karasz, Pavol. 2001. Main Trends in Slovakia's Economic Development. In *Central Europe in Transition : Towards EU Membership*. Gregorz Grzelak (eds), pp. 88-102. Warsaw : Regional Studies Association.
Keough, Leyla J. 2006."Globalizing Postsocialism" : Mobile Mothers and Neoliberalism on the Margins of Europe. *Anthropology Quarterly* 79(3) : 431-460.
Khasnabish, Alex. 2004. Moment of Coincidence : Exploring the Intersection of Zapatismo and Independent Labour in Mexico. *Critique of Anthropology* 24 : 256-276.
Kideckel, David A.(ed.). 1995. *East European Communities : The Struggle for Balance in Turbulent Times*. Boulder : Westview Press.
Kiliánová, Gabriela. 1992. Vzťah lokálneho spoločenstva k štátu a jeho odraz v hierarchii hodnôt. In *Zmeny v hodnôtových systémon v kontexte každodennej kultúry*. Dušan Ratica (eds), pp. 58-65. Bratislava : Národopisný ústav Slovenská akademia vied.
——— 1994. Etnicita, kultúra a hranice : Prípad strednej Európy. *Etnologické rozpravy* 1994(2) : 45-56.
——— 1998. Determinanty etnickej identity : Na príklade etnických spoločenstiev na hranici. *Etnologické rozpravy* 1998(2) : 9-15.
Kipnis, B. Andrew. 2008. Audit Cultures : Neolibeal Gevernmentality, Socialist Legacy or Techologies of Governing? *American Ethnologist* 35 : 275-289.
Kollár, Daniel. 2000. Slovenská migrácia za prácou do Rakúska : Realita verzus predstavy. *Geografie-Sborník České geofrafická společnosti* 105(1) : 41-49.
——— 2003. Slovensko-Rakúske pohraničie vo výskumoch slovenských humányčh geografov a sociológov v 90. rokoch 20. storočia. In *Mentálna hranica*. Ľubomír Falťan (ed.), pp. 11-22. Bratislava : Sociologický ústav SAV.
Konečný, Antonín. 1999. Z histórie obce. In *Moravský svätý Ján*. Mária Zajíčková and Viera Drahošová (eds), pp. 19-36. Skalica : Záhorské múzeum Skalica.
Kopeček, Lubomír. 2007. *Politické strany na Slovensku 1989 až 2006*. Brno : Cenrtum pro studium demokracie a kultury.
Kovačevičová, Soňa. 1992. Von Hohenau bis Theben—Brücken Fähren und Furten über den Marchfluß. *Unsere Heimat* 63(1) : 23-30.
Krejčí, Jaroslav and Pavel Machonin. 1996. *Czechoslovakia 1918-92 : a laboratory for social change*. Basingstoke : Macmillan Press.
Krivý, Vladimír. 2004. Kontext regionálneho rozvoja pred rokom 1989. In *Regionálny rozvoj Slovenska : Východiská a súčasný stav*. Ľubomír Falťan (ed.), pp. 7-15.

———2010. Broken Chains and Moral Lazarets : The Politicization, Jurificarion and Commodification of Religion after Socialism. In *Religion, Identity, Postsocialism*. Chris Hann (ed.), pp. 3–21. Halle : Max Planck Institute for Social Anthropology.
〈http://www.eth.mpg.de/3026954/religion_report_2010.pdf〉(2015 年 5 月 25 日確認)

Hann, Chris M. (ed.). 2002. *Postsocialism : Ideals, Ideologies and Practices in Eurasia*. London and New York : Routledge.

Hann, Chris and Elizabeth Dunn. 1996. *Civil Society : Challenging Western Models*. London : Routledge.

Hann, Chris, Carolune Humphrey and Katherine Verdery. 2002. Introduction : Postsocialism as a Topic of Anthropological Investigation. In *Postsocialism : Ideals, Ideologies and Practices in Eurasia*. Chris Hann(ed.), pp. 1–28. London and New York : Routledge.

Harmádyová, Valentina. 1991. Viac demokracie alebo republiky? In *Občianská spoločnosť*. L. Macháček, B. Plávková and J. Stena (eds), pp. 20–26. Bratislava : Sociologický ústav SAV.

Harvey, David. 2005. *A Brief History of Neoliberalism*. Oxford : Oxford University Press. (ハーヴェイ, デヴィッド 2007.『新自由主義 : その歴史的展開と現在』渡辺治 (監訳), 作品社.)

Hilgers, Mathieu. 2012. The Historicity of the Neoliberal State. *Social Anthropology* 20 : 80–94.

Hlavová, Viera and Joyef Žatkuliak. 2002. *Novembrová revolúcia a česko-slovanský rozchod*. Bratislava : Literárne informačné centrum.

Holy, Ladislav. 1996. *The Little Czech and The Great Czech Nation*. Cambridge : Cambridge University Press.

Home Office. 2006a. *Control of Immigration Statistics United Kingdom 2005*.
〈 http: //www. official-documents. gov. uk/document/cm69/6904/6904. pdf 〉(2015 年 5 月 25 日確認)

———2006b. *Accession Monitoring Report May 2004-June 2006*.
〈http://news.bbc.co.uk/2/shared/bsp/hi/pdfs/22_08_06_migrantworkers.pdf〉(2015 年 5 月 25 日確認)

Inotai, András. 2000. The Czech Republic, Hungary, Poland, the Slovak Republic and Slovenia. In *Winners and Losers of EU Integration : Policy Issues for Central and Eastern Europe*. Helena Tang (ed.), pp. 17–51. Washington, D.C. : The World Bank.

Jakubíková Kornélia. 1997. Rodinné obyčaje. In *Tradície slovenskej rodiny*. Marta Botíková (ed.), pp. 161–189. Bratislava : VEDA.

Kalb, Don. 2011. Introduction. In *Headlines of Nation, Subtext of Class : Woking-Class Populism and the Return of the Repressed in Neoliberal Europe*. Don Kalb

Neoliberal Govermentality. *American Ethnologist* 29(4) : 981-1002.
Fidrmuc, Jan and Jarko Fidrmuc. 2000. The Slovak Republic. In *Winners and Losers of EU Integration : Policy Issues for Central and Eastern Europe*. Helena Tang (ed.), pp. 189-218. Washington, D.C. : The World Bank.
Filadelfiová, Jarmila, Marianna Dluhá, Eduard Marček and Soňa Košičiarova. 2004. *Poznávanie tretieho sektra na Slovensku*. Bratislava : SPACE.
Filová, Božna. 1975. Spoločenský a rodinnný život. In *Slovensko 3 : Ľud 2.časť*. Ján Mjartan, Oskár Elschcek and Božena Filová (eds), pp. 947-984. Bratislava : Obzor.
Gál, Fedor, Peter Gonda, Miroslav Kollár and Grigorik Mesežnikov et al. 2003. *Slovensko na ceste do neznáma*. Bratislava : IVO.
Gellner, Ernest. 1991. Civil Society in Historical Context. *International Social Science Journal* 129 : 495-510.
Gledhill, John. 2004. Neoliberalism. In *A Companion to the Anthropology of Politics*. David Nugent and Joan Vincent (eds), pp. 332-348. Oxford : Blackwell.
Greenhouse, J. Carol. 2010. Introduction. In *Ethnographies of Neoliberalism*. Carol J. Greenhouse(ed.), pp. 1-10. Philadelphia : University of Pennsylvania.
Gyárfášová, Olga. 2003. Volebné správanie. In *Slovenské voľby* '02 : Výsledky, dôskedky, súvislosti. Grigorij Mesežnikov et al. (eds), pp. 107-127. Bratislava : IVO.
Hajko, Vladimír (ed.). 1980. Národoný front ČSSR. In *Encyklopédia Slovenska IV*. Vladimír Hajko (ed.), pp. 54-55. Bratislava : Encyklopedický ústav SAV.
Hall, Patrik. 2008. Opportunuties for Democracy in Cross-border Regions? Lessons from the Øresund Region. *Reginal Studies* 43(4) : 423-435.
Hallon, Pavol. 1995. *Gajary*. Gajary : obec Gajary.
Hallon, Pavol and Viera Drahošová. 1999. Dejiny školstva. In *Moravský svätý Ján 1949-1999*. Mária Zajíčková and Viera Drahošová (eds), pp. 101-110. Skalica : Záhorské múzeum Skalica.
Hankiss, Elemér. 1988. "The Second Society" Is There an Alternative Social Model Emerging in Comtemporary Hungary? *Social Research* 55(1-2) : 13-42.
Hann, Chris M. 1990. Second Economy and Civil Society. In *Market Economy and Civil Society in Hungary*. Chris M.Hann (ed.), pp. 21-44. Portland : Frank Cass.
——— 1996. Introduction : Political Society and Civil Anthropology. In *Civil Society : Challenging Western Models*. Chris Hann and Elizabeth Dunn (eds), pp. 1-26. London and New York : Routledge.
——— 1995. Philosopher's Models on the Carpathian Lowlands. In *Civil Society : Theory, History, Comparison*. John A. Hall (ed.), pp. 158-182. Cambridge : Policy Press.
——— 2002. Political Ideologies : Socialism and Its Discontents. In *Exotic No More*. Jeremy MacClancy (ed.), pp. 86-98. Chicago : The University of Chicago Press.

Danglová, Oľga. 1997. Podoby chudoby vo vidieckom prostredí južného Slovenska. *Slovenský národopis* 45(1) : 5–25.

De Soto, Hermine G. and David G. Anderson (eds). 1993. *The Curtain Rises : Rethinking Culture, Ideology, and the State in Eastern Europe*. New Jersey : Humanities Press.

Divinský, Boris. 2004. *Migration Trend in Selected EU Applicant Countries*. Bratislava : International Organization for Migration.

Drahošová, Viera. 1999. Divadlo. In *Moravský svätý Ján 1949-1999*. Mária Zajíčková and Viera Drahošová (eds), pp. 152–155. Skalica : Záhorské múzeum Skalica.

———2002. Školstvo. In *Sekule*. Mária Zajíčková and Viera Drahošová (eds), pp. 59–72. Skalica : Záhorské múzeum Skalica.

Drahošová, Viera and Alexander Jiroušek. 2008. *Záhorie : Potulky krajinou*. Košice : SAŠA.

Dudeková, Gabriela. 1998. *Dobrovoľné združovanie na Slovensku v minulosti*. Bratislava : SPACE.

Dunn, C. Elizabeth. 2005. Standards and Person-making in East Central Europe. In *Global Assemblage Technology, Politics and Ethics as Anthropological Problems*. Aihwa Ong and Stephen J. Collier (eds), pp. 173–193. Malden : Blackwell.

European Communities. 2001. *A Guide to Bringing INTERREG and Tacis Funding Together*. Luxembourg : Office for Official Publication of the European Communities.

———2005. *Key Fact and Figures about Europe and the Europeans*. Luxembourg : Office for Official Publication of the European Communities.

Falťan, Ľubomír. 2003. Udalsti sprevádzajúce pád železnej opony z pohľadu záhorského suseda. In *Mentálna hranica*. Ľubomír Falťan (ed.), pp. 51–58. Bratislava : Sociologický ústav SAV Bratislava.

Falťan, Ľubomír (ed.). 2003. *Mentálna hranica*. Bratislava : Sociologický ústav SAV.

———2004. *Regionálny rozvoj Slovenska v európskych integračných kontextoch*. Bratislava : NK UNESO-MOST and Sociologický ústav SAV.

Falťan, Ľubomír, Peter Gajdoš and Ján Pašiak. 1995. *Sociálna marginalita území Slovenska*. Bratislava : S.P.A.C.E.

Falťanová, Ľubica. 1990. Migrácia sezónnych poľnohospodárskych robotníkov do zahraničia. In *Etnografický atlas Slovenska*. Božena Filová (ed.), p.10. Bratislva : VEDA.

———2007. Rozvojové možnosti vedieckych obcí. *Slovenský národopis* 55 : 313–324.

Ferguson, James. 2006. *Global Shadows : Africa in the Neoliberal World Order*. Durham and London : Duke University Press.

Ferguson, James and Akhil Gupta. 2002. Spatializing States : Toward Ethnography of

Bradley, John F. N. 1992. *Czechoslovakia's Velvet Revolution a Political Analysis* (East European Monographs). New York : Columbia University Press.
Bridger, Sue and Frances Pine (eds). 1998. *Surviving Post-Socialism : Local Strategies and Regional Responses in Eastern Europe and the Former Soviet Union.* London : Routledge.
Bryant, Christopher G. A. 1994. Economic Utopianism and Sociological Realism : Strategies for Transformation in East-Central Europe. In *The New Great Transformation? : Change and Continuity in East-Central Europe*. Christopher G.A. Bryant and Edmund Mokrzkycki (eds), pp. 58–77. London and New York : Routledge.
Buchowski, Michal. 2001. *Rethinking Transformation and Anthropological Perspective on Post-socialism*. Poznan : Wydaynictwo Humaniora.
——— 2003. *Redifining Social Relations through Work in a Rural Community in Poland* (Max Planck Institute for Social Anthropology Working Papers). Halle : Max Planck Institute for Social Anthropology.
Buerkle, Karen. 2004. História občianskeho združovania na Slovensku. In *Keď ľahostojnosť nie je odpoveď*. Jozef Majchrák, Boris Strečanský and Martin Bútora (eds), pp. 23–35. Bratislava : IVO.
Burawoy, Michael and Katherine Verdery (eds). 1999. *Uncertain Transition : Ethnographies of Change in the Postsocialist World*. Lanham : Rowman and Littelefield Publishers.
Bútora, Martin. 1995. Spoločenské pozadie rozvoja tretieho sektra. In *Neziskový sektor a dobrovoľníctvo na Slovensku*. Martin Bútora and Zuzana Fialová (eds), pp. 11–24. Bratislava : SAIA-SCTS and FOCUS.
Cohen, Jean L. and Andrew Arato. 1992. *Civil Society and Political Theory*. Cambridge : The MIT Press.
Collier, Stephen J. 2005. Budgets and Biopolitics. In *Global Assemblage : Technology, Politics and Ethics as Anthropological Problems*. Aihwa Ong and Stephen J. Collier(eds), pp. 373–390. Malden : Blackwell.
Comaroff, Jean and John L.Comaroff. 2001. Millennial Capitalism : First Thoughts on a Second Coming. In *Millennial Capitalism and the Culture of Neoliberalism.* Jean Comaroff and John Comaroff (eds), pp. 1–56. Durham : Duke University Press.
Crouch, Colin. 1993. *Industrial Relations and European State Traditions*. Oxford : Clarendon Press.
Čapková, Soňa. 1995. Local Authorities and Economic Development in Slovakia. In *Local Goverment in Eastern Europe*. Andrew Coulson (ed.), pp. 198–213. Cheltenham : Edward Elgar.
Čič, Milan (ed.). 1987. *Československý socialistický štát a právo : Vznik a rozvoj.* Bratislava : VEDA.

文献一覧

欧文文献

Abrahams, Ray (ed.). 1996. *After Socialism : Land Reform and Rural Social Change in Eastern Europe*. Oxford : Berghahn Books.

Anderson, David G. 1993. Civil society in Siberia : The Institutional Legacy of the Soviet State. In *The Curtain Rises : Rethining Culture, Ideology, and the State in Eastern Europe*. Hermine G. De Soto and David G. Anderson(eds), pp.77-98. New Jersey : Humanities Press.

Appaduraj, Arjun. 2002. Deep Democracy : Urban Governmentality and the Horizon of Politics. *Public Culture* 14(1) : 21-47.

Barber, Benjamin R 1998. *A Place for Us : How to Make Society Civil and Democracy Strong*. New York : Hill and Wang. (バーバー，ベンジャミン R. 2007.『〈私たち〉の場所：消費社会から市民社会をとりもどす』山口晃（訳），慶応義塾出版会.）

Bartalská, Ľubica. 2001. Slovo na úvod. In *Sprievodca slovenským zahraničím*. Ľubica Bartalská (ed.), pp. 5-7. Bratislava : Dom zahraničiných Slovákov.

Bartl, Július, Viliam Čičaj, Mária Kohútová and Róbelt Lez et. al. 2002. *Slovak History : Chronology & Lexicon*. Bratislava : SPN.

———2006. *Lexikón slovenských dejín*. Bratislava : SPN.

Batt, Judy 1993. *Czecho-Slovakia in Transition : From Federation to Separation* (RIIA Discussion Papers 46). London : The Royal Institute of International Affairs.

Beblavý, Miroslav, Helena Glaserová-Opitzová, Irena Myslíková and Michal Olexa et al. 2003. Slovak Republic. In *Subnatinal Data Requirements for Fiscal Decentralization : Case Studies from Central and Eastern Europe*. Serdar Yilmaz, Jozsef Hegedus and Micheal E. Bell (eds), Washington, D.C. : The World Bank.

Beňušková, Zuzana. 2007. Cezhraničné regióny : Nové územné identity? In *Trendy regionálneho a miestneho rozvoja na Slovensku*. Zuzana Beňušková and Oľga Danglová (eds), pp. 63-76. Bratislava : VEGA.

Bielik, František. 1980. *Slováci vo svete 2*. Martin : Matica Slovenská.

Bierschenk, Thomas and Jean-Pierre Olivier De Sardan. 2003. Power in the Village : Rural Benin between Democratisation and Decentralisation. *Africa* 73 : 145-173.

Bodnar, John. 1992. *Remaking America : Public Memory, Commemoration, Patriotism in the Twentieth Century*. Princeton : Princeton University Press. (ボドナー，ジョン 1997.『鎮魂と祝祭のアメリカ：歴史の記憶と愛国主義』野村達郎・藤本博・木村英憲・和田光弘・久田由佳子（訳），青木書店.）

別表2　(つづき)

	パヴォル村	スロヴァキア	チェコスロヴァキア
1990年			
4月20日			チェコスロヴァキア社会主義連邦からチェコおよびスロヴァキア連邦共和国に国名を変更する。
6月8日 9日	チェコスロヴァキア総選挙 OFとVPNが勝利する。		
27日		VPNとKHDが与党となりスロヴァキアにメチアル内閣が発足する。	
7月5日		チェコスロヴァキア連邦共和国の大統領にハヴェルが再度選出される。	
11月23日 24日	村議会議員選挙		

パヴォル村VPN活動日誌,「年代記」および［Bartl 2002；2006, Bradley 1992, Wheaton and Kavan 1992］より作成。

	パヴォル村	スロヴァキア	チェコスロヴァキア
3日	近隣の村の賛同者が会合に参加する。		
8日	オーストリアのホーフ村を訪問し，モラヴァ川での対面イベントを提案する。	フリブナーク内閣の退陣が決定，新スロヴァキア首相にチッチが選出される。	
9日		ブラチスラヴァのスロヴァキア―オーストリア国境間の有刺鉄線撤去に多くの人が集まる（新聞記事1，2）。	
10日			フサーク大統領辞任，チャルファ新首相を中心とした新連邦政府が発足する。
19日	プラハの集会に参加する。		
29日		チェコスロヴァキア連邦議会がハヴェルを大統領に選出する。	
30日	モラヴァ川のほとりで対面イベントを行う（写真10）。		
1990年			
1月7日	パヴォル村のVPN中心メンバーがリエカ村のモラヴァ川のイベントに参加する。		
16日	VPN内部の調整委員会の選挙		
3月1日		スロヴァキア社会主義共和国からスロヴァキア共和国への国名変更を決定。	

別表 2　パヴォル村とチェコスロヴァキアの体制転換期（1989 年 11 月～1990 年 11 月）詳細年表

<table>
<tr><th></th><th>パヴォル村</th><th>スロヴァキア</th><th>チェコスロヴァキア</th></tr>
<tr><td>**1989 年**</td><td></td><td></td><td></td></tr>
<tr><td>11 月 17 日</td><td></td><td></td><td>プラハで学生のデモと警察が衝突する。</td></tr>
<tr><td>19 日</td><td></td><td>ブラチスラヴァの芸術家を中心に，VPN（暴力に反対する公衆）が結成される。</td><td>プラハでハヴェルが，OF（市民フォーラム）を結成する。</td></tr>
<tr><td>20 日頃</td><td></td><td></td><td>プラハのヴァーツラフ広場に学生たちに賛同する市民 15 万人が集まる。
OF がプラハ以外の都市にも結成され始める。</td></tr>
<tr><td>23 日</td><td>村役場のそばにスロボダ氏がプラカードを貼る（写真 9）。
村役場のそばのマリア像前に 10 人が集まる。</td><td></td><td></td></tr>
<tr><td>24 日</td><td>マリア像前に 60 人集まる。</td><td></td><td>ヤケシュ共産党書記長が退任する。</td></tr>
<tr><td>25 日</td><td>マリア像前に 150 人集まる。</td><td></td><td></td></tr>
<tr><td>26 日</td><td>有志で「フォーラム」を立ち上げる。
マリア像前に 250 人集まる。</td><td></td><td></td></tr>
<tr><td>27 日</td><td>マリア像前に 350 人集まる。</td><td colspan="2">OF，VPN，学生組織が共同でストライキをし，共産党に自由選挙の実施と 17 日の事件についての調査実施，および自らがメディアを通じて主張をする権利を求める。</td></tr>
<tr><td>29 日</td><td></td><td colspan="2">OF と VPN が共同歩調をとることに合意する。</td></tr>
<tr><td>30 日</td><td>セニツァ町の VPN 支部に行き，パヴォル村の「フォーラム」を VPN へ改称する。</td><td>郡庁所在地のセニツァ町に VPN の支部ができる。</td><td></td></tr>
<tr><td>12 月 1 日</td><td>共産党員と VPN が村役場で話し合いをする。</td><td></td><td></td></tr>
</table>

年	現在のスロヴァキアの領域に関わる出来事	周辺地域の出来事
1989年	11月：体制転換が始まる。 ↑ 〈別表2　体制転換期詳細年表〉も併せて参照のこと	(ル) 12月：チャウセスク処刑
1990年	チェコスロヴァキア総選挙 ↓	
1991年		ユーゴスラヴィア紛争はじまる ソビエト連邦解体
1992年	チェコスロヴァキア総選挙・スロヴァキアでメチアル首相就任	
1993年	チェコスロヴァキア分離	
1994年	メチアル首相罷免の後，再度首相就任	
1998年	スロヴァキア総選挙・メチアル失脚	
1999年		(チ) NATO加盟
2003年	EU加盟国民投票	
2004年	EU加盟，NATO加盟	中東欧諸国を中心に，同時に10ヵ国がEU加盟
2007年	シェンゲン協定発効	(ブ・ル) EU加盟
2009年	ユーロ導入	

(チ) チェコ，(墺) オーストリア，(独) ドイツ，(ハ) ハンガリー，(ソ) ソ連，(ポ) ポーランド，(ル) ルーマニア，(ブ) ブルガリア

別表 1　(つづき)

年	現在のスロヴァキアの領域に関わる出来事	周辺地域の出来事
1843 年	シュトゥールらスロヴァキア系知識人が，スロヴァキア文章語を制定	
1848 年		(墺) ウィーン 3 月革命
1867 年	オーストリア＝ハンガリー二重帝国の成立，ハンガリー領域内のハンガリー化が進められる。	
1914 年		第 1 次世界大戦開始
1918 年	チェコスロヴァキア共和国成立 (見返し地図参照)	
1919 年		パリ講和会議
1933 年		(独) ナチスによる独裁確定
1938 年	ミュンヘン会談	
1939 年	スロヴァキア共和国独立 (1945 年まで)	第 2 次世界大戦開始
1944 年	中部スロヴァキアにて反ファシスト民族蜂起	
1945 年		ドイツ降伏
1948 年	チェコスロヴァキアに社会主義政権確立	
1956 年		(ハ) ハンガリー事件
1968 年	「プラハの春」，およびソ連軍の介入	
1980 年		(ポ) 自主管理労働組合「連帯」発足
1985 年		(ソ) ゴルバチョフが書記長に就任，ペレストロイカ開始
1989 年		(ハ) 5 月：オーストリアとの国境フェンス開放 (ポ) 6 月：自由選挙により「連帯」が議席の多数を獲得 (ハ) 8 月：東ドイツ人がハンガリー経由でオーストリアへ集団脱出を行う。 (独) 11 月：ベルリンの壁崩壊

別表1　スロヴァキアと周辺諸国の年表

年	現在のスロヴァキアの領域に関わる出来事	周辺地域の出来事
		ゲルマン民族の大移動
5世紀末	西スラブ系の人々が現在のスロヴァキアの領域に居住を始める。	
833頃	チェコ東部とスロヴァキア西部を領土とする大モラビア国が成立する。	
10世紀初め	大モラビア国がハンガリー系の人々によって滅ぼされる。	
1000年		ハンガリー王国成立（ハンガリー王イシュトバーンの戴冠）
11世紀末	現在のスロヴァキアの領域ほぼ全てがハンガリーの支配下に入る。	
12世紀半ば	スロヴァキアの諸都市へ現在のドイツから鉱山技師，職人，商人などが移住し始める（14世紀頃まで続く）。	
1355年		(チ) ボヘミア王カレル4世がドイツ(神聖ローマ) 皇帝となり，ボヘミア王国が最盛期を迎える。
1419年		(チ) フス戦争（-1436）
15世紀前半	フス派の思想がスロヴァキアに流入する	
1529年		オスマン・トルコによるウィーン包囲
1541年	オスマン・トルコの侵入によりハンガリー王国の首都がブラチスラヴァ(ハンガリー名：ポショニ) に移動する（1783年まで）。	
1683年		オスマン・トルコによる第2次ウィーン包囲の失敗
1765年		(墺) 神聖ローマ皇帝として，啓蒙君主ヨーゼフ2世が即位
1783年		
	〈この地域の諸民族が民族の自立性を意識した活動を行い始める〉	

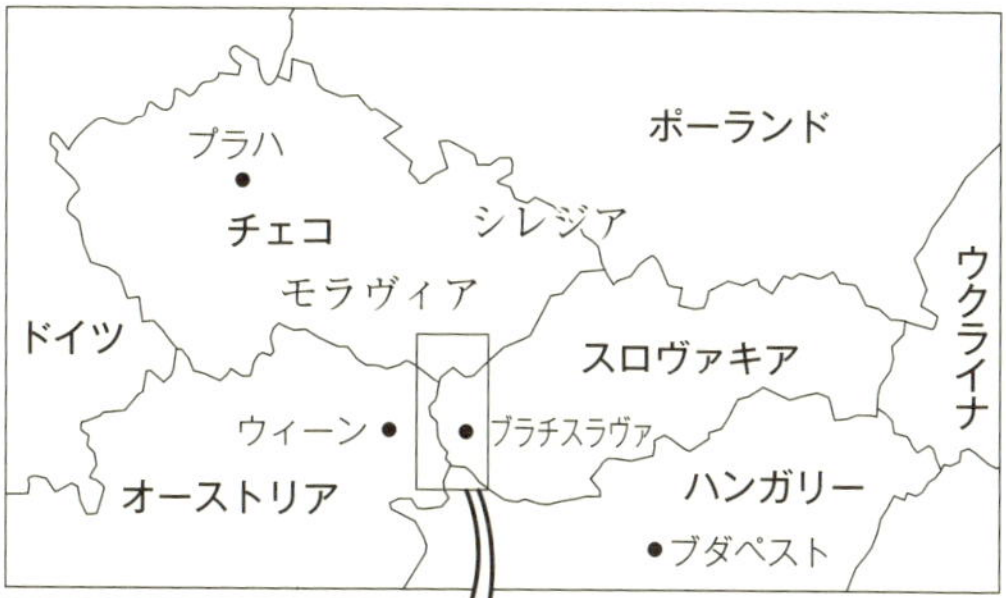

別図 1　中央ヨーロッパ地図

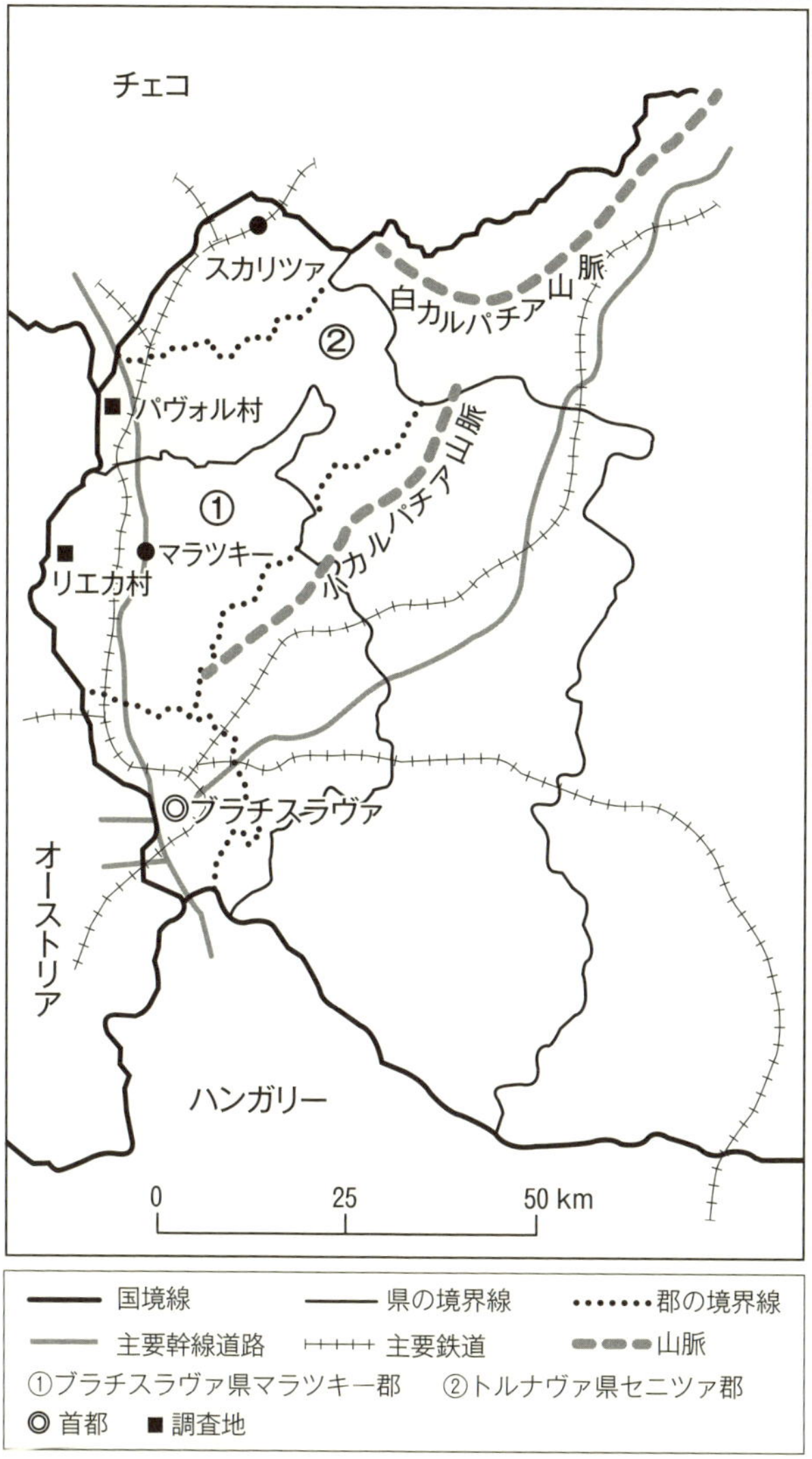

別図 2　調査地周辺拡大図（別図 1 内に範囲を指示）（調査当時）

人名

アラート, A.　45, 46, 237, 278
アリストテレス　29
アーレント, H.　41
アンダーソン, D. G.　34
イエドリツキ, イエジ　24
ヴァーデリー, K.　24, 27, 33, 312
ウェイド, P.　261
ウェーバー, M.　30
エーレンベルク, J.　31, 32, 38
オウスウェイト, W.　45–47
小田亮　41
オンドルシェック, D.　71, 72, 301

加藤敦典　27, 302
柄木田康之　41
キリアーノヴァー, G.　104
クラウチ, C.　26
ゲルナー, E.　65, 67, 310
コーエン, J.　45, 46, 237, 278

佐藤章　40, 45
サラモン, L.　69, 70
澤井安勇　30
塩川伸明　51, 311
神野直彦　30
スウェデンバーグ, T.　167
スカルニーク, P.　66, 67
鈴木義一　263
ステパン, A.　36
ストゥルソヴァー, M.　247

髙橋絵里香　41
田辺明生　26
田辺繁治　41–43
ダン, C. E.　34
千葉眞　30, 32, 312
チャプコヴァー, S.　213, 301
デ・ソト, H.　34
デュルケーム, E.　44, 312
トクヴィル, A.　30, 36
トープラー, S.　70

中川理　268

ハーヴェイ, D.　208
ハヴェル, バーツラフ　3, 30, 64, 133
パウリーニコヴァー, Z.　71–73, 310
ハジェク, M.　22
パットナム, R.　37, 38
ハーバーマス, J.　30, 37, 39–43, 45, 59, 60, 237, 280
ハルマーディヨヴァー, V.　53
パレイ, J.　25, 26, 211
ハン, C. M.　33–35, 41, 50, 65–67, 264, 310, 312
ハンキス, E.　65
ハンフリー, C.　34
フィラデルフィオヴァー, J.　53, 73
フーコー, M.　234
ブダイ, ヤン　4
ブホウスキー, M.　64–67
フレイザー, N.　39, 40, 42
ブルデュー, P.　43
ヘーゲル, G. W. F.　30
ボドナー, J.　134

マッキーヴァー, R. M.　44
マノヴァー, E.　59, 311
マンデル, R.　34
ミッチェルティ, L.　26
ムフ, C.　40, 42

ユルチャック, A.　50, 196
横手慎二　263
吉岡政徳　43, 44

リンス, J.　36
ル・ゴフ, J.　134
ルソー, J. J.　29
レイ, L.　45–47
渡邉日日　33, 34, 240

ヤンの焚火　185-187，241-243，245，273

ユ
有機的連帯　44
友好協定　107，147
有志　12，35，44，95，96，148，182，242，252，258，263，271，280
有刺鉄線　4，80，96，98，100，137，138，140，178
ユーロリージョン　122-124，307

ヨ
ヨーロッパ（地域）　4-6，9，11，12，27，33-35，39，53，54，56，57，60，61，115-117，122，123，128，179，201，209，210，269，313
——への回帰　24，209
ヨーロッパ人　210

ラ
ラディカル・デモクラシー　36，42

リ
リアリティ　50
理念　3，22，24，27，28，30，35，44，45，154，167，261，268，286
リバタリアン　37，38
リベラル　37，38
リベラル・コミュニタリアン論争　37，38
猟友会　61，62，72，73，74，94，97，98，148，152，182，189，190，192，252，302

レ
レトリック　34，265，269
連帯　41，65，225，277
→有機的連帯
→労働組合「連帯」
——経済　211

ロ
労働移動　88，92，103，104，108，109，112，114-120，127，147，152，193，279，308
労働組合　55，60，63，64，102
労働組合「連帯」　30，53，63-65，129
労働市場　11，108，115，116，120，121，307
ローカルな民主主義　25，27
→民主主義
ロマ（系）　9，10，86，170，232，233，302

ワ
賄賂　266

欧文

EU　3，7，8，11，108，114-118，120-126，128，146，157，195，196，197，201，202，210，215-217，220，226，247，252，268-270，283，307，310
EU 加盟　7，10，11，13，80，108，115-118，121，123，201-203，208，216，252，278，308，310
EURES　118
KDH　155，156，158，163，164，173-175，201，304
HZDS　163-165，174，175，200，201-203，247
INTERREG　123，215，216，307
NATO　201
NGO　12，25，28，36，37，40，57，68-70，79，193，195，201，211，248，249，260，261，269，270，278，280，283，311
PHARE CBC　123，146，185，187，215
SNS　200-203
VPN　53，133-138，140-144，154-156，158，163-165，172-176，246，304-306

ホ
忘却　134, 167, 279
亡命（者）　52, 98-101, 107, 136, 142, 160, 174, 308
暴力に反対する公衆（VPN）　53, 133, 134, 172, 246
→ VPN
ポスト社会主義（期，国）　28, 33-36, 45, 66, 70, 74, 103, 114, 120, 123, 134, 208, 264, 286, 298, 312
ポスト・デモクラシー　26
ポピュリズム　24, 31, 200
ホームレス　130, 265
ポーランド　9, 11, 12, 21, 24, 30, 53, 63-65, 104, 108, 116, 117, 119, 122, 128, 129, 161, 184, 186, 202, 273, 288
ボランタリー・アソシエーション　29, 32, 36, 74, 197, 246
ボランティア　22, 23, 150, 154, 156, 190, 191, 197, 198, 227, 229, 234, 235, 237, 239, 246, 248, 254, 257-263, 267, 270, 274, 281, 282, 300, 302, 304, 305

マ
マイノリティ　9, 10, 33, 55, 58, 134, 210, 307
マーケティング・デモクラシー　26
マティツァ・スロヴェンスカー　94, 95

ミ
密告（者）　142, 144
ミュンヘン会議　15, 60
民営化　125, 207, 208, 214
民主化　3, 11, 25, 26, 31, 36, 54, 63, 66, 138, 169, 200, 235, 247, 283, 313
民主主義　3, 8, 9, 11, 12, 22-27, 31-34, 36, 37, 39, 40, 42, 45, 50, 54, 55, 58, 61, 65-68, 143, 159, 160, 162, 201, 209-211, 233, 236, 237, 239, 268, 277, 278, 283, 284, 287, 312
→固有化した民主主義
→参加型民主主義
→ローカルな民主主義
民主スロヴァキア運動（HZDS）　165, 174, 200, 247
→ HZDS
民族衣装　82, 139, 180, 185, 242, 251
民族間結婚　92
→国際結婚
民族誌的現在　49
（民族）舞踊祭　182-190, 216, 242, 280, 303
（民族）舞踊団　63, 73, 103, 180, 182-190, 192, 194-197, 229, 234, 235, 239, 241, 242, 245, 246, 251, 258, 267, 268, 274, 280, 302, 303

ム
「村のため」　237, 259, 263, 264, 265, 267, 268-272, 282, 286, 287
村役場　84, 86, 87, 100, 136-138, 147, 184, 189, 195-197, 214, 216, 226, 228, 229, 235, 239, 254, 256, 259, 268, 270, 271, 280, 309

メ
メイポール　185-187, 190, 191, 241, 243, 250, 251
メディア　3, 48, 114, 116, 132, 133

モ
モラヴァ川　6, 80, 83-86, 88, 90, 92, 96, 97, 107, 121, 122, 132, 138, 140, 145, 146, 169, 176-178, 182, 185, 252
モラリティ　262-264, 269, 271, 272, 282, 283, 286, 287
モラル　26, 33, 49, 264, 312

ヤ
野外活動クラブ　152, 252, 258
野菜　80, 86, 88, 109, 309
野菜売り　88, 91, 306
ヤルモク　157, 250, 255, 262, 273

188-192, 197, 226-230, 234, 235, 237-241, 245, 246, 251, 252, 254, 264, 267, 268, 271, 278, 280, 281, 284, 299, 300, 302, 304, 308, 309
「年代記」　263, 164, 172, 173, 175, 180, 299, 300, 306, 309
年中行事　184, 241, 273

ノ
農業　8, 11, 20, 21, 58, 83, 88, 91, 92, 97, 109, 121, 125, 127, 199, 288, 313

ハ
敗者　19-21, 23, 119, 207, 235
排除　21, 42, 245, 247, 268, 269, 271, 281, 286, 287
博物館　82, 138, 150, 214
橋　80, 81, 83-85, 88, 90, 96, 112, 145, 146, 148, 154, 157, 179, 180, 181, 182, 183, 193, 216-218, 305
パトロン-クライアント関係　65
ハバン小教会　166, 254-257, 304
――記念日祭　254-257, 259, 299
ハビトゥス　43, 49
ハンガリー（国名）　9-11, 14, 15, 20, 31, 57-61, 65, 69, 86, 104, 117, 122, 127, 128, 136, 180, 181, 184, 190
ハンガリー王国（帝国）　14, 15, 31, 57, 58, 82, 88, 117, 128
ハンガリー人（系）　9, 10, 14, 15, 59, 84, 203
ハンガリー連立党（SMK）　201
反体制派　22, 46

ヒ
ピオニエル　176, 177
ビッグマン・シンドローム　66, 67
秘密警察　100, 144, 298
ビロード革命　3, 4, 313
貧困　120, 196
→敗者

フ
ファシアンギ　274
福祉　70, 72, 97, 156, 171, 197, 202, 213, 214, 268, 270, 312
物価　6, 111, 120, 131, 220, 267, 270
物販会　227-231
葡萄　80, 88, 91, 92, 109, 172
プラカード　136, 137
ブラチスラヴァ　4-8, 16, 48, 49, 74, 80-82, 84, 85, 87-89, 97, 110, 111, 118, 121, 124, 131, 133, 134, 137-139, 141, 143, 149, 156, 158, 173, 184, 187, 218, 245, 246, 254, 256, 262, 275, 309, 310
プラハ　3, 11, 84, 133, 136, 137, 158, 199, 302, 310
プラハの春　11, 51, 54, 138, 159, 302
ブリコラージュ　46
ブルジョワ　54, 65
――社会　31
プロジェクト　21, 22, 36, 70, 114, 121, 123, 146, 196, 218, 247, 248, 260, 261, 270, 302
プロパガンダ　232, 298, 311
文化委員会（長）　227, 228
文化活動団体802　152, 253-264, 269-271, 274, 281, 282, 284
文化人類学（者）　3, 8, 9, 19, 23-29, 33, 35, 37, 40-42, 46, 56, 64, 104, 210, 259, 261, 277, 312
文化センター　118, 150, 184, 189, 197, 214, 217, 220, 221, 227-230, 234, 239, 236, 240, 241, 252, 267, 301
分権化　123, 207, 210, 213, 214, 220-223, 225, 226, 233, 235, 239, 245, 281, 301

ヘ
ベッドタウン化　8, 21
返還請求　232, 301

16, 21, 30, 51, 53, 54, 56, 61-64, 68, 81, 88, 94, 95, 102, 129, 130, 133, 138, 140, 146, 159, 177, 183, 184, 198-200, 203, 212
――第一共和国　15, 54, 58, 59, 128, 161, 209, 289
知識人　15, 56, 63, 95, 129, 162, 187, 201, 259, 311
地方自治　13, 165, 198, 209, 224
中欧　9, 10, 14, 15, 24, 65, 69, 70, 74, 95, 109, 114, 115, 123, 127, 128, 198, 289, 302
中央集権　66, 123, 207, 209, 212, 248

ツ

通勤　48, 97, 109
つながり　41, 48, 64, 66, 79, 88, 92, 99, 101, 154, 181, 192, 193
→ネットワーク
→連帯

テ

出稼ぎ　109, 127
鉄道　82, 84, 85, 97, 213, 266
鉄のカーテン　4-6, 10, 92, 104, 125, 138, 193
テニスクラブ　149, 150, 152
デモ　133, 169, 170, 176, 286
デモクラシー　12, 13, 21, 22, 24, 27, 28, 32, 39, 47, 53, 54, 74, 75, 156, 158, 161-163, 166, 167, 196, 208, 210, 231, 240, 247, 261, 271, 277, 278, 280, 282, 285, 287
→討議デモクラシー
→ポスト・デモクラシー
→ラディカル・デモクラシー
伝統社会　43, 49

ト

ドイツ語（圏）　29, 58, 91, 107, 110, 117, 122, 136, 148, 149, 180, 187
ドイツ人の権利　209, 302
東欧　3, 10, 11, 13, 28, 29, 32-34, 38, 41, 50, 53, 55, 56, 103, 114, 116, 127, 129, 233, 313
――革命　3, 30-32, 277
→革命（「革命」）
討議　39, 40, 42, 43, 237, 238, 247, 269, 270, 281, 284, 285
――デモクラシー　237
闘技　40, 42
統治　26, 41, 42, 61, 64, 67, 211, 225, 234, 285
→自己統治
→ネオリベラルな統治
都市　4, 7, 8, 20-22, 44, 46, 48, 54, 58, 63, 66, 68, 73, 74, 79, 80, 110-112, 132-134, 137, 140, 142, 159, 162, 167, 175, 198, 201, 202, 212-214, 226, 235, 242, 246-248, 278, 283, 286, 302
図書館　95, 214, 256-260, 271, 301

ナ

ナショナリズム　24, 27, 31, 33, 34, 58
ナチス・ドイツ　11, 15, 16, 60, 160, 161, 310

ニ

「西」側　11, 23, 33, 68, 79, 98, 107, 110, 114, 121, 123, 151, 167, 194, 201, 202, 279, 284, 310, 313
任意団体　12, 57, 60, 71, 310

ネ

ネオ・コーポラティズム　39
ネオリベラリズム　26, 208, 210, 211, 225, 233, 234, 238-240, 281
ネオリベラルな統治　211, 234, 269
熱狂　5, 6, 21, 28, 107, 145, 146, 150, 178, 193
ネットワーク　39, 65, 108, 119, 120, 193, 231, 232, 258, 308
年金受給者　19, 87, 109, 171, 184, 190-192, 194, 226, 227, 232, 234-240, 265, 281, 282, 302
――会　102, 152, 171, 172, 182,

→村落（の）政治
——意識　31
——参加　26，27，36，46
——社会　45，46，238，278
政治的（な）価値観　3，7，9，13，24，27-29，34，35，47，158，238，240，277，282，284
「正常化」　11，51，68，138，311，313
聖人　147，194，241，255，273
生政治　234
政党　36，54，55，59，61，71，95，133，156，161，163-165，173-175，200，202，218，304，311
制服　176，177
世俗化　264
善意　263，268，269，287
選挙　24，25，58，67，133，155，156，158，163，164，175，200-203，209，215
→自由選挙
→村議会議員選挙
全体主義　37，50，51，96，237
1848年革命　57

ソ

相互扶助組織　59，93，96，311
ソコル　93-96，102，152，193
ソビエト連邦（ソ連）　11，51，62，99，302
→旧ソ連
村議会議員　9，67，132，139，144，147，148，155-159，163-166，172-175，180，181，198，209，211，214，218，219，220，226，227，229，234-237，250，253-255，259，261，264，267，268，282，283，302-304
——選挙　155，156，158，164，175，218，226，227，254，304
村長　107，136，139，147，148，149，155，156，180-182，185，209，211，214，215，218-220，229，232，233，240，250-252，254，262，263，268，282
村落（の）政治　47，67，130，158，209，230，237，238，260，292，280-283，287

タ

代議制民主主義　269
体操クラブ　95，102，189，311
対抗公共性　39
大衆社会　59
体制転換（期）　3，4，6-11，13，19-22，24，27-35，38，44，46-48，50，53-56，60，64-68，70，71，73，74，79，83，84，92，96，101，103-105，107，108，110，111，113，114，119，121，124-126，129-135，142，144-149，151，152，154，155，157，158，162-164，166，167，171-180，184，189，193-196，198，199，202，207-209，212，218-221，224，230-233，235，237-240，246，247，252，261，264-268，277-289，293，294，298，302，312，313
第二次世界大戦　11，39，54，60，96，105，116，159，301，302，309
対面イベント　138，145，147，171，176，177
脱集権化　207
脱集団化　33，34
単純労働　104，120，126

チ

地域社会　3，20，24，28，29，126，147，194，198，233，247，248，261，268，281，285，286
地域振興　72，124，218，219，226，260，268，269，278，280
——コンサルタント　124
チェコ（国名）　9，11，12，14-16，20，22，53，54，57，58，60，62，69，81-86，89，95，104，108，111，117，122，127，128，133，137，139，140，146，147，150，157，159，163，164，180-184，187，190，199，200，203，216，252，253，259，273，284
チェコ人（系）　5，9，15，84，86，92，95，199
チェコスロヴァキア　3，10，11，14-

——時代　6，8，10-12，20，21，24，37，46-50，52，54，57，60，61，63-68，70，71，73，80，81，83，86，92，93，97-104，107，110，111，113，114，123，125，126，129-132，134，135，141-145，147-149，151，152，155，157，159-163，165-167，171-174，177，179，184，194-197，199，207，209，212，219，220，224，225，230-232，235，237，239，248，251，252，265-269，278，279，283-285，298，300-304，306，310-312
——（時代）の遺産　71，167，239，247，280
社会的な（る）もの　40，45，208，277，312
自由　6，25，26，31，32，37，38，57，125，173，208，298
——市場　208
→市場
——選挙　9，209
→選挙
——民主主義　33
集合的記憶　131，132，134，171
集団化　11，97，102，232，301
→脱集団化
障害者協会　62，102，188，189，191，229
勝者　19，20，120，235
消費　33，111-114，152
——社会　23
消防団　12，59，62-64，73，93-96，103，122，129，139，147，149，150，152，154，181，185，188，189，192，194，241，242，250，252，255，263，310
職業集団　44，60，63，70，102
助成金　68，71，248，254-257，259，260，261，270，271，282，283
職人　88，102
初等学校　84，86，95，110，141，144，148，151，158，159，182，183，190，214，222-224，235，242，251，258，262，301，306，309
ジョンズ・ホプキンス大学　36，68，312
自律　29，42，44，67，195，239，249，259，263，269，272，280，282，284，285
自律性　29，39，41，63，65-67，196，197，211，235，239，247，253，272，278，279，281，284，285
人権　5，25，53，64，71，94，263
親密圏　31，43，45
親密性　42

ス

スターリン批判　51
ステレオタイプ　52，120
スパイ　107，266
スポーツクラブ　12，59，63，64，72，73，94-96，102，122，147，150，184，194，242
スポロック　57
スロヴァキア科学アカデミー民族学研究所　7，49，308
スロヴァキア民主キリスト教連合（SDKÚ）　201
スロヴァキア民族党（SNS）　200
スロヴァキア共和国　3，9
スロヴァキア語　15，57，58，107，108，110，111，139，149，180，187，273，274
スロヴァキア人（系）　5，9，10，14，15，60，84，86，88，91，92，95，98，104，108-111，113，117，124，127，139，161，187，199，209，242，289
スローガン　34，35，50，200

セ

生活協同組合　59，62，95，310
生活圏　85，113，125
生活世界　39，42，45，46，237，269，278，280
政治　6，11，24-27，30，31，33，34，36，40，46，58，59，63，64，66，67，95，114，129，141，142，155-157，160，162，164-166，174，208-210，212，219，225，226，230，236-238，250，258，260，266，272，283

サ

サイクリングロード　81, 111, 216, 252
財源　69, 70, 158, 207, 213, 214, 220, 278
財産　32, 48, 212, 213, 256, 301
財団　22, 55, 68, 71, 72, 248, 254-257, 260, 261, 283
→コミュニティ財団
サッカークラブ　63, 102, 149, 152, 181, 189, 242, 250, 255, 263
サードセクター　39, 68, 71-74, 260, 278, 311
サトウダイコン　80, 92, 309
作法　75, 247, 263, 271, 282-287
ザーホリエ地域　82, 83, 85, 86, 122, 127, 169, 220, 249, 305
——自治体連合　220
——ワインの道　218
参加型民主主義　269, 270
→民主主義

シ

自営業者　11, 102, 111, 125, 166, 226, 229, 230, 232, 238, 286
シェンゲン協定　11, 84
自己責任　211, 225
自己統治　196, 211, 225
市場　20, 33, 34, 208, 210, 270
——競争　32
——経済　3, 6, 23, 34, 48, 125, 126, 199, 200, 202, 264
自助努力　222, 225
自治　13, 14, 207-212, 225, 226
「自治」　207, 208, 233, 235, 239, 210, 211, 220, 225, 226, 230, 233-235, 237-240, 245, 247, 248, 259, 261, 263, 268, 271, 272, 278, 281, 282, 284, 285, 287, 300
自治制度　209, 224
自治体　48, 83, 107, 114, 122-124, 157, 165, 207, 208, 210-215, 218-225, 239, 245-247, 250, 270, 287, 301, 309, 310, 313
失業者　19, 87, 123, 130, 132, 232, 270
失業率　19, 20, 80, 82, 84, 85, 116, 200, 202, 248, 270
実践コミュニティ　42
失望　6, 23, 174, 220
私的所有権　208
私的領域　35, 37, 41, 64
自動車工場　80, 87
シビック・ソサエティー　64, 74
資本主義　23, 59, 225, 227, 230-236, 239, 240, 264, 281, 298, 300
市民　21, 25-31, 36, 41, 45, 53-57, 66, 103, 133, 154, 198, 209, 230, 237, 238, 261, 270, 277, 278, 285, 290
——活動（家）　21, 22, 26, 272, 286
市民社会　8, 9, 13, 25, 28-42, 44-47, 53-56, 60, 61, 63-67, 73-75, 79, 129, 130, 237-240, 245-248, 262, 263, 270, 272, 277-287, 289, 290, 310-312
——の伝統　54
——の復活　55, 56, 73, 278
——研究所　36, 68, 70
市民社会論（者）　28-32, 35-38, 55, 56, 73, 74, 129, 240, 245, 260, 272, 277, 278, 312
→グローバル（な）市民社会
市民団体　12, 55, 57, 72, 124, 129, 195, 196, 311
「市民フォーラム」　30, 53, 63, 133, 137
社会運動　13, 25, 35, 36, 45, 46, 55, 73, 74, 130, 175, 277
→新しい社会運動
社会分析センター　68, 72
社会主義（国, 政権, 体制）　2, 7, 9, 11, 16, 22, 23, 26, 32-34, 49-51, 54, 60-63, 65, 67, 83, 96-99, 127, 131, 144, 157, 159, 161, 162, 170, 174, 176-179, 184, 196, 199, 219, 230, 233, 264, 265, 280, 283, 298, 301, 308, 310, 313
→共産主義
→ポスト社会主義

→国家権力

コ

公演　184-188, 195, 246, 267
抗国家性　40, 42
工業化　8, 11, 20, 21
公共圏　31, 39-42, 44, 59, 277, 284, 312
公共性　5, 9, 37, 38, 40-45, 49, 65, 211, 261, 270, 277, 312
→対抗公共性
——の構造転換　59
構造基金　215, 307
公的領域　41, 65, 271
合同ミサ　180
高齢者　19, 88, 110, 226, 232, 233, 251, 252, 265, 266, 269, 281
国営（有）企業　6, 11, 20, 83, 102, 125, 144, 170, 171, 207, 280
国営農場　67, 97, 172
国際結婚　185, 309
→民族間結婚
国民戦線　60-63, 68, 102, 191, 310
国有化　11, 48, 97
コシツェ政府計画　61
個人　26, 32, 35, 36, 38, 42, 45, 47, 57, 59, 65-67, 73, 74, 102, 113, 118, 125, 126, 145, 152, 157, 163, 197, 208, 210, 251, 257, 259, 262, 266, 269-271, 282, 284, 286, 287, 302, 312
国家　24, 25, 29-31, 33, 35-39, 41, 42, 44, 46, 60, 64-68, 70, 73, 95, 101-103, 121, 123, 208, 210, 211, 238, 278, 281, 285
——権力　30, 32, 37, 61, 64, 73
——システム　45, 278
——統制　46, 64
国境　4-6, 11, 14, 48, 52, 61, 79-86, 88, 89, 96-98, 100, 101, 104-113, 117, 121-128, 136-140, 145-148, 150-154, 157, 171, 176-179, 181, 189, 192, 193, 202, 216-218, 252, 253, 279, 305, 308-310
——（の）開放　5, 48, 79, 104, 105, 113, 121, 145, 177, 178, 179, 218, 279, 280
国境管理区域　96, 97, 111
国境警備隊　6, 51, 138, 183, 184, 195
国境警備兵　131, 138, 302
国境警備補助員　97, 98
国境検問　84, 90, 100, 128, 146, 179, 305
国境地域　7, 10, 13, 51, 79-83, 88, 92, 96, 98, 101, 104, 105, 107, 110-115, 117-119, 121-127, 130, 145, 146, 149, 150, 152, 154, 179, 182, 193, 197, 198, 215, 218, 247, 278, 303, 306-309
——協力　114, 115, 121-124, 146, 147, 150-152, 154, 188, 193-196, 210, 220, 235, 253
——交流　114, 121, 122, 123, 146, 147, 150, 151, 153, 154, 179, 180, 182, 183, 185, 188, 192-195, 216, 228, 240, 250, 252, 253, 258, 271, 279, 280, 286, 308
コーポラティズム　39
→権威主義型コーポラティズム
→ネオ・コーポラティズム
コミュニケーション　39, 40, 42, 43, 139, 280
——空間　45
——構造　42
コミュニタリアン　37, 38
コミュニティ　12, 23, 26-28, 32, 37, 41-45, 49, 74, 79, 93, 103, 123, 130, 145, 146, 167, 197, 198, 208, 210, 211, 239, 240, 245, 246-248, 261, 262, 268, 269, 271, 272, 278, 279, 281, 282, 285, 286
→実践コミュニティ
コミュニティ財団　21, 23, 248, 249, 300, 312
固有化した民主主義　26
→民主主義
コンサート　148, 154, 157, 254, 255
コンサルタント（コンサルティング）　124, 219, 270

162, 172, 174, 183, 185, 187, 227, 255
語り　3, 24, 27, 32, 47, 49-51, 101, 130-132, 135, 175, 176, 265-267, 279, 298
価値観　8, 9, 21, 23, 24, 27, 28, 30, 32, 34, 38, 44, 49, 130, 132, 145, 158, 198, 208, 229, 230, 238-240, 264-266, 269, 280-283, 285, 312
→政治的（な）価値観
家畜　157, 172
合唱団　59, 94, 96, 152, 182, 187, 189, 251, 252
家庭菜園愛好者会　102, 152, 251, 299
カトリック（教会）　10, 59, 68, 94-96, 102, 189, 273, 304
環境保護団体　63, 68, 74, 300
観光　106, 216, 218, 306
監視　51, 96, 98-101, 107, 138

キ

記憶　9, 47, 48, 93, 130, 131, 134, 138, 167, 175, 209, 231, 232, 265, 267, 300, 311
→集合的記憶
記憶の場　134
議事録　229, 230, 300
季節労働者　86, 88, 109, 120, 128
帰属意識　222, 225
記念行事　134, 251, 252
記念碑　134
機能分化　45, 46, 238
規範　27-29, 31, 32, 37, 40, 44, 49, 50, 210, 239, 265, 272
——意識　263, 265, 269
寄付　22, 69, 154, 254-258, 262
旧社会主義国　3, 10, 19, 50, 74, 109, 115, 181
旧ソ連　28, 33, 34, 50, 199
→ソビエト連邦（ソ連）
共産党（共産主義）　3, 11, 49, 54, 60-63, 67, 103, 129, 133, 142, 144, 151, 156, 161, 162, 164, 165, 173, 174, 177, 202, 203, 209, 210, 219, 231, 235, 268, 280, 283, 305-310
→社会主義
共産党員（共産主義者）　63, 67, 97, 103, 129, 136, 137, 139, 141-144, 155, 156, 164, 165, 170-174, 196, 209, 219, 231-233, 283, 300-302
協同組合　6, 39, 302
共同性　37, 41-43, 265, 267, 272, 277, 282, 283, 312
共同体　26, 37, 38, 41, 43
協同農場　11, 63, 67, 97, 102, 170-172, 174, 175, 177, 183, 184, 195, 196, 207, 216, 230-232, 265, 266
漁業者会　93, 152, 182, 189, 190, 192
キリスト教民主運動（KDH）　155, 201
→ KDH
儀礼　33, 50, 114, 185, 187, 246, 274, 311

ク

グローバル　29, 37, 110
グローバル（な）市民社会　36, 37, 45

ケ

経済活動　65, 67, 74, 114, 124, 125, 152, 153, 304
経済社会　45, 46, 238, 278, 312
芸術家団体　133, 142, 147
結婚式　185-189, 195, 242
結社　12, 36, 57-60, 102, 311, 312
——活動　57-60, 93
権威主義　31, 39, 200
——型コーポラティズム　61
検閲　100, 101, 106
権限（の）移譲　208, 210, 212, 213
言語の壁（障壁）　88, 108, 110, 116, 149, 183, 193
言説　8, 26, 28, 43, 56, 167, 265, 266, 271, 300
権力　25, 35, 38-40, 51, 52, 64, 134, 156, 157, 167, 200, 298

索　引

（「スロヴァキア」，「村落」は多数のため省略した。）

ア

アイルランド　69，115-117
アスパラガス　109，120
アソシエーション（活動）　9，12，13，15，29，31，32，35-48，53-57，59-64，67，68，70-75，93-96，101-103，107，114，121，129，130，146-152，154，166，167，181，188，189，192-198，207，211，220，228，235，237-242，245-253，257-264，268-272，277-287，300，308，310-313
→ボランタリー・アソシエーション
新しい社会運動　36
→社会運動
アノミー　264

イ

イギリス　68，69，115-118
イースター　273，274
イデオロギー　21，33，34，39，50，144，196，231，238，264
イニシアティブ　194，234，226，238，268，278
インフォーマル　35，209，235，237，240
インフォーマント　7，9，10，48，50，51，93，150，171，209
インフラ　21，208
――（の）整備　114，157，215，216，270，271

エ

映画祭　254
英語（圏）　29，110，117，125，308
エスニシティ　10，34
エリート　23，38，48，56，57，64，120，124，163，200，215，220，230，231，285
演劇　95，96，191，242

オ

欧州地方自治憲章　209
オーストリア（国名）　4-6，9，10，13，48，69，79-92，96-100，104-119，121-128，130，131，134，136-139，145-154，157，167，176-182，184-190，192，194，215-217，250，252，253，284，302，305-310
オーストリア人　84，86，91，92，95，100，104，105，107，110，111，113，124，153，180，181，185，187，299，306，309
オーストリア・ハンガリー（二重）帝国　14，15，58，82，88
オスマン・トルコ　14，127
オロル　93-96，102

カ

懐古　135，167，265-267，269，284，298
外資系企業　6，19，83，118
階層化　40，42
外部資金　247，268
格差　7，8，92，115，119，125，153，199，201，202，215，232，249，261，298
学生団体　57，63，142，311
革命（「革命」）　3，4，13，44，57，129-145，155，156，158，161，164-167，169-171，173，176-179，218，219，231，238，265，277，279，280，282-285，305
→1848年革命，東欧革命，ビロード革命
仮設（の）橋　146，176，179，180，182，187，218
過疎　213
家族　12，21，64，99-101，105-107，131，142，144，145，147，148，160-

〈著者紹介〉

神原ゆうこ（かんばら　ゆうこ）

1977年山口県生まれ。北九州市立大学基盤教育センター准教授。

筑波大学第一学群人文学類卒業，九州大学大学院比較社会文化学府修士課程修了，スロヴァキア政府奨学金生としてコメニウス大学留学を経て，2011年3月に東京大学大学院総合文化研究科博士課程修了。

博士（学術）。

北九州市立大学基盤教育センター講師を経て，2013年4月より現職。

専門は文化人類学，中東欧地域研究。

主な論文に，「スロヴァキアにおける文化人類学と社会主義：政治的イデオロギーの作用に関連して」（『ポスト社会主義人類学の射程（国立民族学博物館調査報告78）』高倉浩樹・佐々木史郎 編，pp. 165-194，国立民族学博物館，2008年），「『共生』のポリシーが支える生活世界：スロヴァキアの民族混住地域における言語ゲームを手がかりとして」（『年報人類学研究』5：45-71，2015年）などがある。

デモクラシーという作法《さほう》
スロヴァキア村落における体制転換後の民族誌

2015年11月30日　初版発行

著　者　神原ゆうこ

発行者　五十川直行

発行所　一般財団法人　九州大学出版会
〒814-0001 福岡市早良区百道浜3-8-34
九州大学産学官連携イノベーションプラザ 305
電話　092-833-9150
URL　http://kup.or.jp/
印刷・製本／大同印刷㈱

ISBN978-4-7985-0169-7

九州大学出版会・学術図書刊行助成

九州大学出版会は，1975 年に九州・中国・沖縄の国公私立大学が加盟する共同学術出版会として創立されて以来，大学所属の研究者等の研究成果発表を支援し，優良かつ高度な学術図書等を出版することにより，学術の振興及び文化の発展に寄与すべく，活動を続けて参りました。

この間，出版文化を取り巻く内外の環境は大きく様変わりし，インターネットの普及や電子書籍の登場等，新たな出版，研究成果発表のかたちが模索される一方，学術出版に対する公的助成が縮小するなど，専門的な学術図書の出版が困難な状況が生じております。

この時節にあたり，本会は，加盟各大学からの拠出金を原資とし，2009 年に「九州大学出版会・学術図書刊行助成」制度を創設いたしました。この制度は，加盟各大学における未刊行の研究成果のうち，学術的価値が高く独創的なものに対し，その刊行を助成することにより，研究成果を広く社会に還元し，学術の発展に資することを目的としております。

第 1 回 道化師ツァラトゥストラの黙示録 ／細川亮一（九州大学）

中世盛期西フランスにおける都市と王権 ／大宅明美（九州産業大学）

第 2 回 弥生時代の青銅器生産体制 ／田尻義了（九州大学）

沖縄の社会構造と意識 — 沖縄総合社会調査による分析 — ／安藤由美・鈴木規之 編著（ともに琉球大学）

第 3 回 漱石とカントの反転光学 — 行人・道草・明暗双双 — ／望月俊孝（福岡女子大学）

第 4 回 フィヒテの社会哲学 ／清水　満（北九州市立大学学位論文）

第 5 回 近代文学の橋 — 風景描写における隠喩的解釈の可能性 — ／ダニエル・ストラック（北九州市立大学）

知覚・言語・存在 — メルロ゠ポンティ哲学との対話 — ／円谷裕二（九州大学）

第 6 回 デモクラシーという作法 ／神原ゆうこ（北九州市立大学）
— スロヴァキア村落における体制転換後の民族誌 —

＊詳細については本会 Web サイト（http://kup.or.jp/）をご覧ください。
（執筆者の所属は助成決定時のもの）